Der Bibel-Guide

Teilung des Roten Meeres
Dieses Wunder ist ein Thema von Exodus 14, als Mose das Rote Meer teilt und dem Volk Gottes ermöglicht, Ägypten zu verlassen und ins Gelobte Land zu ziehen *(siehe S. 30)**.*

Der Bibel-Guide

Henry Wansbrough

Aus dem Englischen von Nikolaus de Palézieux

Titel der englischen Originalausgabe:
The Bible: A Reader's Guide: Expanded Edition.

Die Deutsche Nationalbibliothek verzeichnet diese Publikation in der Deutschen Nationalbibliografie; detaillierte bibliografische Daten sind im Internet über

http://dnb.d-nb.de abrufbar.

Sonderausgabe 2017
Der Konrad Theiss Verlag ist ein Imprint der WBG
© 2014 by WBG
(Wissenschaftliche Buchgesellschaft), Darmstadt

Die Herausgabe des Werkes wurde durch die Vereinsmitglieder der WBG ermöglicht.

Producing: Palmedia Publishing Services, Berlin
Lektorat: Diana Lindner
Satz: Hella Baumeister
Einbandabbildung: © akg / Bildarchiv Steffens
Einbandgestaltung: Stefan Schmid Design, Stuttgart

Gedruckt auf säurefreiem und alterungsbeständigem Papier

Printed in China

Besuchen Sie uns im Internet:
www.wbg-wissenverbindet.de

ISBN 978-3-8062-3609-5

Inhalt

Vorwort

Die Bibel wurde vor Tausenden von Jahren in verschiedenen Sprachen geschrieben, von Menschen, die in vorindustriellen, meist bäuerlichen Gesellschaften lebten. Die folgenden Seiten sollen Ihnen als Wegweiser in dem fremden Land der Bibel dienen. Dieses Buch will Ihr Reiseführer sein, der auf einige wichtige Gegebenheiten hinweist und ihre Bedeutungen im damaligen Zusammenhang sowie für uns Heutige erklärt.

Die Bibel besteht aus sehr unterschiedlichen Arten von Literatur: Geschichten, Dichtung, Weisheiten und Briefe, verfasst von Dutzenden von Menschen, benutzt, wiederverwendet, adaptiert, erweitert und kommentiert – über Hunderte von Jahren hinweg. Seit Tausenden von Jahren hat sie Menschen in aller Welt getröstet und herausgefordert. Reiche und Arme, Berühmte und Unbekannte, Bauern und Wissenschaftler, Dichter und Arbeiter haben alle Trost und Weisheit bei der Lektüre gefunden. Die Sprache der Bibel hat unsere modernen Sprachen beeinflusst und die Botschaft der Bibel hat das Leben von einzelnen Menschen und ganzen Gesellschaften verändert. Unsere modernen Vorstellungen von Gerechtigkeit, Toleranz, Liebe und Menschenrechten gehen sämtlich aus diesem Buch hervor, nachdem es gelesen und in die Praxis umgesetzt wurde.

Die Botschaft der Bibel lautet, dass Gott sich den Menschen offenbart hat, um uns zur Freundschaft mit ihm einzuladen. Dies war ein allmählicher Prozess, der sich über Jahrhunderte erstreckt hat. Und er dauert noch an, indem wir, als Einzelne und gemeinsam, immer umfassender die Bedeutung dieser Offenbarung in Wort und Tat durchdringen. Lesen wir die Bibel, dann erfahren wir mehr über uns, unsere guten und schlechten Regungen, unsere Leistungen und unser Versagen, über die Welt und unser Verhältnis zur göttlichen Macht, die die Welt lenkt. Wir eignen uns dieses Wissen nicht nur durch die Worte an, die von Gottes Boten gesprochen wurden, sondern auch durch die Erzählungen darüber, wie Gott sein Volk führte und wie es Schritt für Schritt zu immer größerer Wertschätzung der Wahrheit gelangte. Wenn man, vom Heiligen Geist geleitet, erkennt, dass dieses tiefere Verständnis Gottes Geschenk an uns ist, können wir intensiver auf das göttliche Freundschaftsangebot eingehen. Absicht dieses Buches ist, zu einer umfassenderen Einsicht in das Buch der Bücher beizutragen.

Die Geschichte beginnt
Geschichte ist das Thema des ersten Kapitels der Bibel, als Gott Himmel, Erde und die Menschen erschuf und die Geschichte beginnt (siehe S. 18).

Über dieses Buch

Dieses Buch soll dem heutigen Bibelleser helfen. Möchten Sie den ethischen Lehren der Bibel folgen? Oder möchten Sie wissen, was die Bibel zum Gebet zu sagen hat? Wollen Sie mehr über die biblische Sicht auf die Geschichte erfahren – und von Gottes Plänen, wie sie die Propheten verkündeten?

Der Schlüssel zu diesem Buch liegt darin, dass jedes Kapitel der Bibel kurz zusammengefasst und je nach Thema mit einem Farbcode versehen wird. Dieses Buch dient als sachkundiger Begleiter, der durch die kulturellen und historischen Zusammenhänge führt und somit Bedeutung und Absicht eines jeden Abschnitts erfassen lässt. So kann der Leser erkennen, wie sich alles zu einem großen Ganzen fügt.

Bibelleser können dieses Buch als Einführung und Leitfaden benutzen. Es hilft, den Wald vor lauter Bäumen zu sehen, und gibt ein grundsätzliches Gespür für Ort und Richtung der Lektüre. Es bewahrt den Leser davor, in diesem fremden Land verloren zu gehen, und hilft ihm, sich sicher und heimisch zu fühlen.

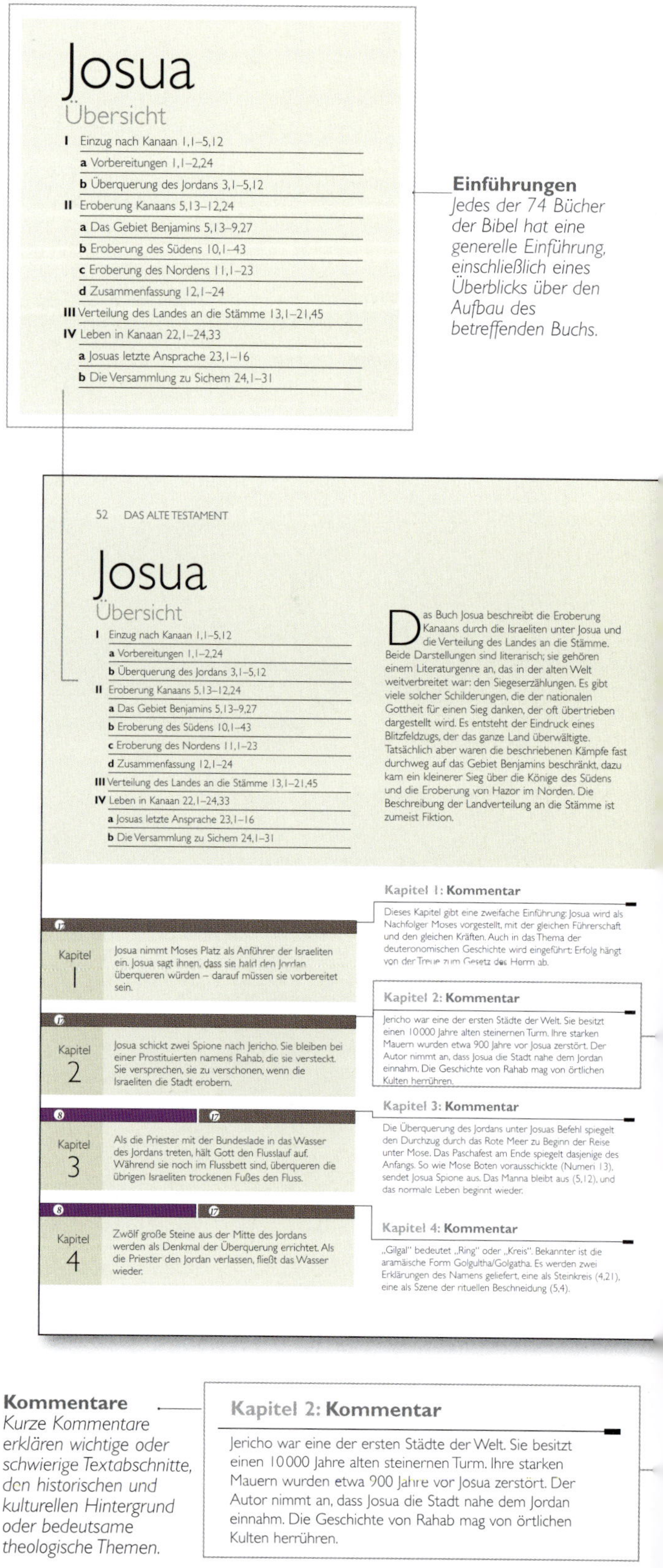

Josua
Übersicht

I Einzug nach Kanaan 1,1–5,12
a Vorbereitungen 1,1–2,24
b Überquerung des Jordans 3,1–5,12
II Eroberung Kanaans 5,13–12,24
a Das Gebiet Benjamins 5,13–9,27
b Eroberung des Südens 10,1–43
c Eroberung des Nordens 11,1–23
d Zusammenfassung 12,1–24
III Verteilung des Landes an die Stämme 13,1–21,45
IV Leben in Kanaan 22,1–24,33
a Josuas letzte Ansprache 23,1–16
b Die Versammlung zu Sichem 24,1–31

Einführungen
Jedes der 74 Bücher der Bibel hat eine generelle Einführung, einschließlich eines Überblicks über den Aufbau des betreffenden Buchs.

52 DAS ALTE TESTAMENT

Josua
Übersicht

I Einzug nach Kanaan 1,1–5,12
a Vorbereitungen 1,1–2,24
b Überquerung des Jordans 3,1–5,12
II Eroberung Kanaans 5,13–12,24
a Das Gebiet Benjamins 5,13–9,27
b Eroberung des Südens 10,1–43
c Eroberung des Nordens 11,1–23
d Zusammenfassung 12,1–24
III Verteilung des Landes an die Stämme 13,1–21,45
IV Leben in Kanaan 22,1–24,33
a Josuas letzte Ansprache 23,1–16
b Die Versammlung zu Sichem 24,1–31

Das Buch Josua beschreibt die Eroberung Kanaans durch die Israeliten unter Josua und die Verteilung des Landes an die Stämme. Beide Darstellungen sind literarisch; sie gehören einem Literaturgenre an, das in der alten Welt weitverbreitet war: den Siegeserzählungen. Es gibt viele solcher Schilderungen, die der nationalen Gottheit für einen Sieg danken, der oft übertrieben dargestellt wird. Es entsteht der Eindruck eines Blitzfeldzugs, der das ganze Land überwältigte. Tatsächlich aber waren die beschriebenen Kämpfe fast durchweg auf das Gebiet Benjamins beschränkt, dazu kam ein kleinerer Sieg über die Könige des Südens und die Eroberung von Hazor im Norden. Die Beschreibung der Landverteilung an die Stämme ist zumeist Fiktion.

17
Kapitel 1
Josua nimmt Moses Platz als Anführer der Israeliten ein. Josua sagt ihnen, dass sie bald den Jordan überqueren würden – darauf müssen sie vorbereitet sein.

Kapitel 1: Kommentar
Dieses Kapitel gibt eine zweifache Einführung: Josua wird als Nachfolger Moses vorgestellt, mit der gleichen Führerschaft und den gleichen Kräften. Auch in das Thema der deuteronomischen Geschichte wird eingeführt: Erfolg hängt von der Treue zum Gesetz des Herrn ab.

17
Kapitel 2
Josua schickt zwei Spione nach Jericho. Sie bleiben bei einer Prostituierten namens Rahab, die sie versteckt. Sie versprechen, sie zu verschonen, wenn die Israeliten die Stadt erobern.

Kapitel 2: Kommentar
Jericho war eine der ersten Städte der Welt. Sie besitzt einen 10 000 Jahre alten steinernen Turm. Ihre starken Mauern wurden etwa 900 Jahre vor Josua zerstört. Der Autor nimmt an, dass Josua die Stadt nahe dem Jordan einnahm. Die Geschichte von Rahab mag von örtlichen Kulten herrühren.

8 17
Kapitel 3
Als die Priester mit der Bundeslade in das Wasser des Jordans treten, hält Gott den Flusslauf auf. Während sie noch im Flussbett sind, überqueren die übrigen Israeliten trockenen Fußes den Fluss.

Kapitel 3: Kommentar
Die Überquerung des Jordans unter Josuas Befehl spiegelt den Durchzug durch das Rote Meer zu Beginn der Reise unter Mose. Das Paschafest am Ende spiegelt dasjenige des Anfangs. So wie Mose Boten vorausschickte (Numeri 13), sendet Josua Spione aus. Das Manna bleibt aus (5,12), und das normale Leben beginnt wieder.

8 17
Kapitel 4
Zwölf große Steine aus der Mitte des Jordans werden als Denkmal der Überquerung errichtet. Als die Priester den Jordan verlassen, fließt das Wasser wieder.

Kapitel 4: Kommentar
„Gilgal" bedeutet „Ring" oder „Kreis". Bekannter ist die aramäische Form Golgultha/Golgatha. Es werden zwei Erklärungen des Namens geliefert, eine als Steinkreis (4,21), eine als Szene der rituellen Beschneidung (5,4).

Kommentare
Kurze Kommentare erklären wichtige oder schwierige Textabschnitte, den historischen und kulturellen Hintergrund oder bedeutsame theologische Themen.

Kapitel 2: Kommentar
Jericho war eine der ersten Städte der Welt. Sie besitzt einen 10 000 Jahre alten steinernen Turm. Ihre starken Mauern wurden etwa 900 Jahre vor Josua zerstört. Der Autor nimmt an, dass Josua die Stadt nahe dem Jordan einnahm. Die Geschichte von Rahab mag von örtlichen Kulten herrühren.

Anmerkungen zur Übersetzung der Bibel

Dieses Buch kann mit jeder guten Bibelübersetzung benutzt werden.

Die hier verwendeten Bibelzitate wurden der „Einheitsübersetzung" (1972/1974, Revision 1979/80), dem offiziellen Bibeltext aller römisch-katholischen deutschsprachigen Bistümer, entnommen. Das Zweite Vatikanische Konzil (1962–65) erlaubte für den liturgischen Gebrauch nicht mehr nur die lateinische Sprache, sondern ebenso die jeweilige Landessprache. Für den deutschsprachigen Raum war somit eine Überarbeitung des Bibeltextes vonnöten, die sich durch Verständlichkeit, Genauigkeit und einen gehobenen, modernen Sprachstil auszeichnen sollte. Die Erarbeitung der „Einheitsübersetzung" unter Mitwirkung evangelischer Theologen beruht auf hebräischen, aramäischen und griechischen Urfassungen und nicht mehr, wie bis dahin üblich, auf der Vulgata, dem lateinischen Bibeltext.

Themenfinder
Jedem Kapitel werden ein bis drei Themen zugewiesen, die durch Farbe und Zahl markiert sind.

8 | 17

Danach beschneiden die Israeliten alle Männer und feiern das Paschafest. Zum ersten Mal essen die Israeliten kanaanitisches Essen. Es fällt kein Manna mehr vom Himmel.

Kapitel 5

Kapitelzusammenfassungen
Jedes Kapitel der Bibel wird zusammengefasst.

8 | 17

Die Israeliten marschieren sechs Tage lang einmal täglich um Jericho, dann sieben Mal am siebten Tag. Dann fallen die Mauern der Stadt nieder. Die Israeliten erobern Jericho.

Kapitel 6

Viele der hier wiedergegebenen Geschichten, vor allem diejenigen vom Gebiet Benjamins, sind Ursprungsmythen, die Besonderheiten der Landschaft oder örtliche Gebräuche erklären und eher darauf als auf historischen Tatsachen beruhen. Sie sind wertvoll, um das Vertrauen auf Gott und seinen Diener Josua zu zeigen. Josua ist der erwählte Nachfolger Moses, und es wird geschildert, dass er dessen Arbeit fortsetzt. Die tatsächlichen historischen Befunde sind aber schwierig zu interpretieren. Außer der zeitgenössischen Zerstörung Hazors kann die Archäologie keinerlei Bestätigung der Besiedlung Kanaans durch die Hebräer liefern.

Rahab
Als Josua Spione nach Jericho aussandte, besuchten sie die Prostituierte Rahab. Sie beschützte die Spione, und als die Israeliten Jericho eroberten und die Bevölkerung töteten, verschonten sie Rahab und ihre Familie.

Als Josua bei Jericho war und Ausschau hielt, sah er plötzlich einen Mann mit einem gezückten Schwert in der Hand vor sich stehen. Josua ging auf ihn zu und fragte ihn: Gehörst du zu uns oder zu unseren Feinden? Er antwortete: Nein, ich bin der Anführer des Heeres des Herrn. Ich bin soeben gekommen. Da warf sich Josua vor ihm zu Boden, um ihm zu huldigen, und fragte ihn: Was befiehlt mein Herr seinem Knecht?
Josua 5,13–14

8 | 17

Danach beschneiden die Israeliten alle Männer und feiern das Paschafest. Zum ersten Mal essen die Israeliten kanaanitisches Essen. Es fällt kein Manna mehr vom Himmel.

Kapitel 5

Kapitel 6: Kommentar

Zwei Berichte der Umzüge sind miteinander verwoben. Die militärische Operation wird zu einer liturgischen Prozession.

8 | 17

Die Israeliten marschieren sechs Tage lang einmal täglich um Jericho, dann sieben Mal am siebten Tag. Dann fallen die Mauern der Stadt nieder. Die Israeliten erobern Jericho.

Kapitel 6

Kapitel 7: Kommentar

Dass die Beute Gott geweiht wird, kennzeichnet den Krieg als Heiligen Krieg. Es gibt keine historischen Hinweise, dass ein solcher umfassender Völkermord je vorkam. Wahrscheinlich ist die Weihe einfach der Ausdruck einer nachexilischen Fremdenfeindlichkeit, die eine Vermischung der Gemeinde mit der örtlichen Bevölkerung verhinderte (Esra 9; Nehemia 10,31). Die Geschichte soll eine Besonderheit der Landschaft erklären (Vers 26).

9 | 17

Achan stiehlt Beutegut aus Jericho, anstatt Jericho zu zerstören. Als Folge verlieren die Israeliten eine Schlacht bei Ai. Achan und seine Familie werden wegen des Diebstahls gesteinigt.

Kapitel 7

Kapitel 8: Kommentar

Die Geschichte der Eroberung Ais (hebräisch für „Ruine") erklärt die große Ruine nahe dem alten Heiligtum von Bet-El. Die Stadt wurde 100 Jahre vor Josua zerstört. Alternativ ist diese Geschichte vielleicht auch ein an falscher Stelle befindlicher Bericht des Angriffs auf Bet-El selbst.

11 | 17

Die Israeliten erobern die kleine Stadt Ai. Josua errichtet auf dem Berg Ebal einen Altar, bringt Opfer dar, und Segen und Fluch des Bundes werden laut verlesen.

Kapitel 8

Themenschlüssel

Jedes Kapitel der Bibel wird kurz zusammengefasst und den Themen entsprechend farblich markiert. Die 18 Themen der Texte sollen dem Leser einen generellen Überblick über die wichtigsten Punkte der Kapitel vermitteln. Für weitere Informationen zu diesen Themen siehe die Seiten 10–13.

Lobpreis	1
Vergebung	2
Ethische Unterweisung	3
Klage	4
Dichtung	5
Gleichnisse	6
Prophetie	7
Wunder	8
Urteil	9
Liebe	10
Anbetung	11
Gebet	12
Apokalypse	13
Vertrag	14
Engel und Dämonen	15
Verzeichnisse	16
Geschichte	17
Weisheitsliteratur	18

Ausklappseite: der Themenschlüssel
Gegenüber von S. 287 finden Sie eine ausklappbare Seite mit einem Überblick über das Farb- und Zahlensystem, das die Themen aufschlüsselt. Halten Sie die Seite bei der Lektüre dieses Buchs geöffnet, bis Sie mit dem System vertraut sind.

Als Josua bei Jericho war und Ausschau hielt, sah er plötzlich einen Mann mit einem gezückten Schwert in der Hand vor sich stehen. Josua ging auf ihn zu und fragte ihn: Gehörst du zu uns oder zu unseren Feinden? Er antwortete: Nein, ich bin der Anführer des Heeres des Herrn. Ich bin soeben gekommen. Da warf sich Josua vor ihm zu Boden, um ihm zu huldigen, und fragte ihn: Was befiehlt mein Herr seinem Knecht?
Josua 5,13–14

Ausgewählte Zitate
Es gibt wichtige Zitate aus den Büchern der Bibel.

Über die Themen

Prophet in Gefahr!
Als Daniel sich weigerte, andere Götter außer Gott anzubeten, warf Darius ihn den Löwen vor (Daniel 6). Geschichte wird zum beherrschenden Thema dieses Kapitels (siehe S. 202).

Ein Engel erscheint
Gabriel offenbart dem Propheten Daniel die Zukunft (Daniel 9). Die Themen dieses Kapitels sind Prophetie, Gebet und Apokalypse (siehe S. 202).

In den ursprünglichen Bibelfassungen existierte noch keine Einteilung in Kapitel und Verse. Die Kapitelanordnung wurde zuerst von Stephen Langton, Erzbischof von Canterbury († 1228), vorgenommen. Die Verseinteilung wiederum führte Santes Pagnini 1527 ein. Nicht alle Bibeln halten sich an diese Strukturen: Der hebräische und der griechische Text stimmen manchmal nicht überein. Das wird vor allem bei den Psalmen schwierig, weil die griechischen und die hebräischen Texte die Psalmen an mehreren Stellen unterschiedlich gliedern. Die Kapiteleinteilungen entsprechen nicht immer den Sinneinheiten, die wir heute wahrnehmen. In diesem Buch halten sich die Kapitelüberschriften (von R. P. Nettelhorst) an die biblischen Kapiteleinteilungen; zum Nutzen all jener Leser, die es vorziehen, jeweils immer nur ein Kapitel zu lesen.

Die Bibel enthält viele unterschiedliche Textsorten. Ehe man mit der Lektüre beginnt, ist es oft hilfreich zu wissen, welche Textart man vor sich hat. Die verschiedenen Themen, gleichfalls von R. P. Nettelhorst aufgelistet, sind auf 18 reduziert worden. Doch bieten diese nur einen ungefähren Hinweis auf die hauptsächliche Bedeutung eines Abschnitts. Das Thema „Bestandsverzeichnisse" umfasst Genealogien, Materiallisten zum Bau des Tempels, Aufzeichnungen von Volkszählungen, Listen von Priestern, Gebieten und Eroberungen. Das Thema „Geschichte" umfasst alles, was als Geschichte aufgeschrieben wurde, obwohl es nicht unbedingt Geschichte im heutigen Sinne sein muss. Es schließt auch Fiktion mit ein, wie etwa die Geschichten von Jona oder Tobit, die im historischen Gewand gewichtige ethische Lehren vortragen. Die Rubrik „Ethische Unterweisung" umfasst die Gesetze Moses, die Worte Jesu, die Unterweisungen des Paulus und Ermutigungsworte an örtliche christliche Gemeinschaften.

Es folgt ein Schlüssel zu den Farbfeldern und ihren entsprechenden Themen, zusammen mit kontextuellen Informationen.

Lobpreis

Die Menschen loben Gott, indem sie seine wunderbaren Eigenschaften preisen und über all das Großartige berichten, was er für sie, ihre Nächsten oder ihr Land getan hat. Gewöhnlich wird Gott gelobt in Erwiderung seiner Taten: weil er Einzelne oder eine Gruppe aus Schwierigkeiten befreit hat, oder auch als generelle Anerkennung Gottes als Schöpfer und alltäglicher Wohltäter. Lob soll die Menschen davon abhalten, das Leben und seine Freuden als selbstverständlich hinzunehmen.

Klage

Klage ist der nach außen gerichtete Ausdruck von Sorge angesichts persönlichen oder nationalen Leids, Verlustes oder Unglücks. Oft ist sie mit der Hoffnung auf eine bessere Zukunft verbunden. Klage wird oft dichterisch ausgedrückt und ist häufig ritualisiert. Gewöhnlich richtet sie sich direkt als Beschwerde an Gott, mit der ausgesprochenen oder unausgesprochenen Bitte und der Hoffnung, Gott möge antworten und den Grund der Klage verringern sowie Wohlstand, Frieden und Freude erneuern.

Vergebung

In der Bibel bitten die Sünder Gott um Gnade, wenn sie erkennen, dass sie für ein Vergehen bestraft werden. Gott möge ihnen Befreiung gewähren. Dafür lassen die Sünder von ihrer Schlechtigkeit ab, beginnen ein rechtschaffenes Leben und entschuldigen sich. Doch zunächst gewährt Gott seine Vergebung. Gottes Vergebung ist eine unverdiente Freundlichkeit, die er gnädig denen zuteilwerden lässt, die noch seine Feinde sind. Selbst denen, die dieselbe Sünde immer wieder begehen, vergibt Gott, wenn sie darum bitten.

Dichtung

Dichtung ist Ausdruck von Gefühlen, die auf erinnerbare und kunstvolle Weise ausgedrückt werden. Während viele Kulturen in ihrer Dichtung die Klänge reimen, reimt die biblische Dichtung Ideen. Dichtung trifft mehr das Herz als den Kopf, was meist auch für Gebete, den Lobpreis und die Klagen gilt. In der gesamten Bibel findet sich Dichtung, im Alten wie im Neuen Testament. Die Psalmen, Sprichwörter und die meisten Prophezeiungen der Bibel gehören dazu.

Ethische Unterweisung

Die ethische Unterweisung der Bibel erklärt, wie die Menschen einander behandeln sollten, was unter anderem auch alle Gebote und Gesetzestexte der Bibel einschließt. Auch Jesu Worte an seine Jünger gehören dazu, Unterweisungen zum Gebet und die Anforderungen an Diakone und Pastoren sowie die Seligpreisungen und die Worte des Trostes und der Ermutigung an all jene, die schwierige Zeiten durchleben. Die ethischen Unterweisungen werden in dem Gebot zusammengefasst, einander zu lieben.

Gleichnisse

Gleichnisse und Fabeln sind kurze Geschichten, die in der Bibel immer wieder auftauchen. In Fabeln sind Tiere und Pflanzen, in Gleichnissen dagegen Menschen die handelnden Figuren. Gleichnisse und Fabeln haben eine Moral. Sie wollen nicht nur der Unterhaltung dienen, sondern vor allem belehren und eine Änderung im Verhalten bewirken. Meistens haben Gleichnisse und Fabeln nur ein Anliegen. Jesus lehrte stets mithilfe von Gleichnissen, und so stammen die meisten Gleichnisse in der Bibel von ihm.

Prophetie

Eine Prophetie warnt vor Gottes Gericht und beschreibt zukünftige Ereignisse. Die meisten Prophetien der Bibel sind poetisch abgefasst. Die Beschreibungen sind oft kryptisch und erweisen ihre Sinnhaftigkeit eher nach als vor den erwähnten Ereignissen. Selten werden Prophetien befolgt. Sie kommen von Gott durch seine Sprecher, die Propheten. Prophetien tauchen in der gesamten Bibel auf, im Alten und im Neuen Testament, nicht nur innerhalb der Bücher, die allgemein als die prophetischen gelten.

Liebe

Nach Jesus sind alle Gebote in der Liebe zu Gott und den Menschen zusammengefasst. Die Menschen verletzen nicht diejenigen, die sie lieben. Liebe ist das übergreifende Thema der Bibel. Liebe heißt, das zu wollen, was für andere am besten ist. Liebe beschreibt Empfindungen, vom sexuellen Begehren bis zu den gegenseitigen Gefühlen von Eltern, Kindern, Geschwistern und Freunden. Sie bezieht sich auch auf die Verpflichtungen, die aus vertraglichen Beziehungen resultieren, etwa dem Bund zwischen Gott und Israel.

Wunder

Obwohl man Wunder meist als Verstöße gegen die Naturgesetze auffasst, weist die moderne Theologie dies generell als Definition zurück. Gott verletzt die Naturgesetze so wenig wie die ethischen Normen. Wunder sind eine eindrucksvolle und merkliche Einmischung des Göttlichen in menschliche Angelegenheiten: So teilte Gott das Rote Meer, verwandelte Jesus Wasser in Wein oder schlug die unterlegene israelitische Armee ihre Feinde.

Anbetung

Anbetung heißt, sich durch das Ritual auf Gott zu konzentrieren. Generell kann jeder Aspekt des Lebens als Anbetung gelten. Besonders verehrt wird Gott jedoch in der Darbringung von Opfern, dem Sprechen von Gebeten, bei öffentlichen Zusammenkünften zu Lobpreis oder Dank sowie beim Feiern von Festtagen. Anbetung bezieht Tempel, Altäre, Ausstattung und sogar Kleidung der Priester mit ein. Auch das Fasten, die Beschneidung, der Verzicht auf bestimmte Nahrung und die Beachtung des Sabbats gehören dazu.

Urteil

Urteil ist die verdiente Strafe für die Verletzung von Verträgen, Beziehungen, Gesetzen, Anordnungen und Bräuchen. Gott verurteilt die Menschen, wenn sie die Abmachungen verletzen, die sie mit ihm geschlossen haben, so wie Regierungen diejenigen verurteilen, die die Gesetze des Landes brechen, und wie Eltern ihre Kinder bestrafen, die sich schlecht benehmen. Urteile stehen immer im Zusammenhang mit einem bestimmten Verhältnis zu Gott, zu Regierungen oder Menschen. Gottes Urteile wollen korrigieren und erlösen.

Gebet

In einem Gebet sprechen Menschen zu Gott. Sie lassen ihn wissen, wie sie sich fühlen, was sie wünschen und brauchen. Manchmal ist das Gebet formell und öffentlich, bisweilen informell und privat. Die Menschen suchen Gottes Rat und Hilfe, danken ihm für persönliches und nationales Heil, bitten um Vergebung für individuelle und gemeinschaftliche Sünden. Gebete bewegen und beeinflussen Gott, bewegen und beeinflussen aber auch den, der betet.

Apokalypse

In Zeiten der Bedrängnis drückte die apokalyptische Literatur das Verlangen nach einem Urteil gegen die dafür Verantwortlichen aus. In der Apokalypse wird die Hoffnung bekundet, dass Gott ein Reich der Rechtschaffenheit und Gerechtigkeit errichten werde. Diese Art der Literatur war vor allem im letzten Jahrhundert vor und im ersten Jahrhundert nach Christi Geburt üblich. Die Apokalypse erscheint bei den Propheten des Alten Testaments, im Neuen Testament vor allem in der Offenbarung.

Verzeichnisse

Verzeichnisse umfassen alle Listen in der Bibel: Genealogien, Namen und Anzahl von Menschen, ihr Eigentum, Landzuweisungen an Volksstämme, Steuerberichte, Zuwendungen, Baumaterial für den Tempel, Zeremonien, Soldaten oder Vertriebene. Die Listen veranschaulichten den ersten Lesern der Bibel, dass die Geschichten von ihren eigenen Verwandten handelten. Dass die Geschichten auch Weltliches umfassten, zeigte Gottes Sorge nicht nur um Länder und Reiche, sondern auch um Menschen und ihre alltäglichen Belange.

Vertrag

Verträge sind formale, gesetzlich bindende Übereinkünfte zwischen Einzelnen, zwischen Völkern und zwischen Gott und seinem Volk. Ein älterer, von Theologen verwendeter Begriff für Verträge ist „Bund" oder „Testament". So wird die gesamte Bibel eingeteilt in zwei Verträge, genannt das Alte und das Neue Testament. Die vertragliche Natur der Beziehungen Gottes erklärt, wie die Menschen in der Bibel sich mit Gott verbanden und warum Gott an ihnen so handelte, wie er es tat.

Geschichte

Geschichte ist der mehr oder weniger chronologisch abgefasste Bericht dessen, was den Menschen und Völkern im Laufe der Zeit geschah. In der Bibel erklärt Geschichte die Bedeutung vergangener Ereignisse im Leben des Gottesvolks, was sowohl die Gemeinschaft als auch den Einzelnen umfasst. Wie Paulus im Neuen Testament schreibt: „Das aber geschah an ihnen, damit es uns als Beispiel dient; uns zur Warnung wurde es aufgeschrieben, uns, die das Ende der Zeiten erreicht hat." (1. Korinther 10,11)

Engel und Dämonen

Die guten übernatürlichen Wesen, die als Gottes Abgesandte fungieren, nennt man Engel. Die Dämonen und Satan sind wohl Engel, die böse wurden und gegen Gott rebellierten. Die Engel, die Dämonen und Satan spielen in der Bibel keine große Rolle. Nur drei Engel – Michael, Gabriel und Raphael – haben Namen erhalten. Die Begriffe „Satan" und Teufel" sind Bezeichnungen, keine Namen. Nur ein einziges Mal erscheinen weibliche Engel in der Bibel (Sacharja 5,9), und viele Engel haben keine Flügel.

Weisheitsliteratur

Weisheitsliteratur erklärt, wie man gut leben kann. Generell ist sie sehr praktisch und erläutert, wie man den unvermeidlichen Zwangslagen und Versuchungen des Lebens begegnet. Sie besteht aus Geschichten, die die Bedeutung einer guten Entscheidung unterstreichen, aus Abhandlungen über den Sinn des Lebens und aus Sprichwörtern. Die Weisheitsliteratur umfasst das Buch der Sprichwörter und das Buch Ijob, dazu einige Psalmen, Ecclesiastes, Jakobus und die Josefsgeschichte in der Genesis.

Turmbau zu Babel
Israel in Gefangenschaft und der Turmbau zu Babel,
Gemälde aus dem 19. Jahrhundert von Antonio Caimi.

Das Alte Testament

Es dauerte eine Weile, bis die jüdischen und die christlichen Gemeinschaften entschieden, welche Bücher zum heiligen Text gehörten, der uns Gottes Wort auf besondere und normative Weise vermittelt. Unabhängig voneinander – aber mehr oder weniger zeitgleich – kamen beide Gemeinschaften im Verlauf des 2. Jahrhunderts zu ihren Schlüssen, auch wenn die christliche Tradition sich erst nach zwei oder drei weiteren Jahrhunderten vollständig festigte. Die hebräische Bibel wurde in drei Teile geteilt: das Gesetz, die Propheten und die Schriften. Die christliche Bibel fügte mehrere Bücher (und Teile davon) hinzu, die nur auf Griechisch vorlagen. Luther richtete sich nach Hinweisen des heiligen Hieronymus, dem die erste vollständige lateinische Bibelübersetzung zugeschrieben wird (405 n. Chr.), und schloss diese griechischen Teile von seinem Schriftkanon aus. Dies kann in vielen protestantischen Bibelausgaben bis heute nachvollzogen werden.

Die Anordnung des Alten Testaments im vorliegenden Band entspricht derjenigen der griechischen Bibel: Geschichtsbücher, Schriften der Weisheit, dann die Propheten. Die Geschichtsbücher umfassen viele unterschiedliche Textsorten. Manches davon ist nicht als Geschichte im heutigen Sinne zu begreifen, sondern entspricht eher Mythen oder Legenden. Es ändert aber nichts daran, dass sie als wahrer Ausdruck von Gottes Wort und Lehre gelten. Die Erzählungen der ersten Stammväter Israels sind Volksgeschichten, jahrhundertelang mündlich tradiert. Für die späteren Geschichten wurden seriöse Quellen benutzt wie Aufzeichnungen des königlichen Hofes, oft durch Zeugnisse benachbarter Kulturen gestützt, etwa aus Assyrien, Ägypten und Babylon. Doch jede Geschichtsschreibung hat einen Zweck. Hier dient sie dazu, Gottes Handeln an dem Volk Israel zu verstehen und zu deuten. Gegen Ende der Geschichtsbücher stehen drei kleine Bücher, die wiederum kaum historisch sind, dafür jeweils eine wichtige Botschaft in historischer Form übermitteln: Tobit, Judit und Ester. In der hebräischen Bibel werden zwei dieser Bücher den Schriften zugeordnet, und Judit fehlt dort vollständig. Ganz am Ende folgen die beiden Makkabäerbücher, die nur auf Griechisch vorliegen.

Die Weisheitsliteratur ist die am wenigsten homogene Schriftsammlung – sie beinhaltet viele unterschiedliche Textsorten. Besonders bedeutsam sind die Gebete, vor allem die Psalmen. Dabei handelt es sich um Gebete, die Israels Anbetung, Lobpreis und Trauer zeigen. Mit ihnen reagiert Israel in Freude, Angst und Leid durch den Verlauf seiner Geschichte hindurch auf den HERRN. Manche Psalmen wurden lange vor König David verfasst, einige kurz vor Christi Geburt. Sie geben wirklich die gesamte Bandbreite des Lebens Israels wieder. Zur Weisheitsliteratur gehören auch Sammlungen pragmatischer Sprichwörter, Betrachtungen über das Leben und das Zurechtkommen in der Welt. Viele dieser Überlegungen wurden durch das Wissen erhöht, dass wahre Weisheit und Erfolg von Gott kommen. Offensiver sind die beiden Bücher, in denen gegen Gott aufbegehrt wird, Ijob und Kohelet, die den Sinn des Lebens insgesamt sowie den anerkannten Rahmen jüdischer Werte infrage stellen. Die Gläubigen, die die Bücher der Bibel zusammenstellten, waren fest genug in ihrem Glauben, um diese Herausforderungen an konventionelles Denken und Theologie dennoch in den Kanon aufzunehmen. Verborgen zwischen den Büchern dieser Sammlung sind ein halbes Dutzend schöner Liebesgedichte, darunter das Hohelied, das man stets als poetische Feier der Liebe zwischen Gott und Israel gedeutet hat.

Der Schlussteil des Alten Testaments – und hier stimmen griechische und hebräische Bibel wieder überein – besteht aus den Büchern der Propheten. Gruppen von Propheten, die eher ein Schattendasein führten, waren in Israel schon seit Beginn des Königtums bekannt. Doch während dieses Königtums rücken sie ins Bewusstsein Israels und sprechen die Warnung des HERRN vor dem Unheil aus, verursacht durch fortgesetzten Götzendienst, Wucherei, Materialismus und Ungerechtigkeit. Im 8. Jahrhundert begann man damit, die Aussprüche der Propheten aufzuzeichnen, anfangs vermutlich nur durch mündliche Überlieferung, um sie später unter dem Namen großer prophetischer Gestalten niederzuschreiben. Wir können nicht sicher sein, ob tatsächlich alle Worte, die diesen Propheten zugeschrieben werden, auch von ihnen stammen. Ähnliche Aussprüche sind offenbar hinzugekommen, die viele Wissenschaftler als Spiegel späterer Zustände und Probleme ansehen. Sie liefern uns wertvolle Hinweise auf die göttliche Führung, die oft vergebens dem in diesen Zeiten umherziehenden Volk Gottes angeboten wurde. Für Christen geben sie zudem einen Vorgeschmack auf die Hoffnungen und Erwartungen des Reiches Gottes, das durch den Messias verwirklicht werden sollte.

Genesis 1. Buch Mose

Übersicht

I Geschichten von den Anfängen 1,1–11,26

- **a** Die Schöpfung 1,1–2,4a
- **b** Der Fall 2,4b–4,26
- **c** Genealogien 5,1–32
- **d** Noach und die Sintflut 6,1–9,17
- **e** Von der Sintflut zu Abraham 9,18–11,32

II Geschichte Abrahams 12,1–25,18

III Geschichte Isaaks und Jakobs 25,19–37,1

IV Geschichte Josefs 37,2–50,26

In der hebräischen Bibel ist dieses Buch nach seinem ersten Wort „Bereschit" benannt: „Im Anfang". „Genesis" stammt aus dem Griechischen und bedeutet „Ursprung".

Die ersten elf Kapitel dieses Buchs enthalten Geschichten, die die Welt erklären. Sie ist die Schöpfung eines allmächtigen Gottes, der die Menschen nach seinem Bild schuf. Die Geschichten erläutern, wie menschliches Fehlverhalten und seine Folgen in die Welt kommen, auch wenn der liebende Gott stets vergibt. Die Bilderwelt ist derjenigen der babylonischen Ursprungslegenden ähnlich; das Bild Gottes und die Stellung der Menschen unterscheiden sich jedoch erheblich. Wie viele Ursprungsmythen sind die Geschichten formal historisch, verweisen den Leser aber stets auch auf die Gegenwart.

Es folgt die Geschichte eines Volks: von seinen Anfängen als Nomadenfamilie, die später zum Kern der Israeliten wurde, die den Völkern der Welt Gottes Segen brachten. Sie ist ein Epos um drei Helden,

17

Kapitel 1

Gott erschafft das Universum innerhalb von sechs Tagen und ruht am siebten.

17

Kapitel 2

Gott erschafft Adam und Eva und versetzt sie in den Garten Eden. Er warnt sie: Sie können von allen Bäumen essen, außer vom Baum der Erkenntnis von Gut und Böse.

9 15 17

Kapitel 3

Adam und Eva essen Früchte vom einzig verbotenen Baum und werden sterblich. Gott vertreibt sie aus dem Garten Eden, um sie vom Baum des Lebens fernzuhalten.

9 16 17

Kapitel 4

Gott verbannt Kain, einen der Söhne Adams und Evas, nach dem Mord an seinem Bruder Abel; Kain heiratet, erbaut eine Stadt und hat viele Nachkommen.

Kapitel 1: **Kommentar**

Dieser Schöpfungsbericht ist logisch, nicht historisch angelegt: zunächst als Grundlage Licht und Dunkelheit, dann die drei Elemente Himmel, Meer und Erde, danach Pflanzen und Sterne. Es folgt das, was sich bewegt: Fische, Vögel und Tiere. Endlich der Höhepunkt: Mann und Frau, nach dem Bilde Gottes geschaffen.

Kapitel 2 und 3: **Kommentar**

Diese Kapitel erklären, wie das Böse in die Welt kam: durch die Versuchung der Frau und des Mannes, die denken, sie wüssten es besser als Gott. Sie sind nackt und schutzlos und werden aus dem Garten der Vollkommenheit gewiesen. Gott lässt sie nicht im Stich, sondern bedeckt ihre Scham und verspricht, das Böse würde nicht für immer sein. Was war die Ursünde? Stolz oder Unabhängigkeit? Andere Geschichten stellen Eifersucht (Kain und Abel) oder Stolz (Turmbau zu Babel) als Ursünde dar.

Abraham, Isaak und Jakob, mit Familiengeschichten, rühmlichen und unrühmlichen Episoden und Ereignissen, die Namen und Gebräuche erklären. Das alles wird durchzogen von der an Abraham gerichteten Verheißung zahlreicher Nachkommen und eines Landes, das sie besitzen würden. Am Ende folgt die Geschichte Josefs, der seine Familie nach Ägypten führte, wo sie jahrhundertelang bleiben sollte.

Die Geschichten von Abraham und seiner Familie wurden über Generationen hinweg mündlich weitergegeben, ehe sie, vielleicht erst im 4. Jh. v. Chr., aufgeschrieben wurden. Drei verschiedene Merkmale lassen sich unterscheiden: Der als Jahwist bekannte Autor verwendet die Bezeichnungen „Jahwe" oder „Der HERR" für Gott und zeichnet ein warmes, liebevolles Bild von ihm. Der Elohist nimmt das bekannte „Elohim" für Gott und zeigt ihn eher distanziert und stark auf moralisches Verhalten bedacht. Die Priesterschrift schließlich ergänzt diese Berichte um zwei Geschichten über Rituale und religiöse Bräuche der Juden.

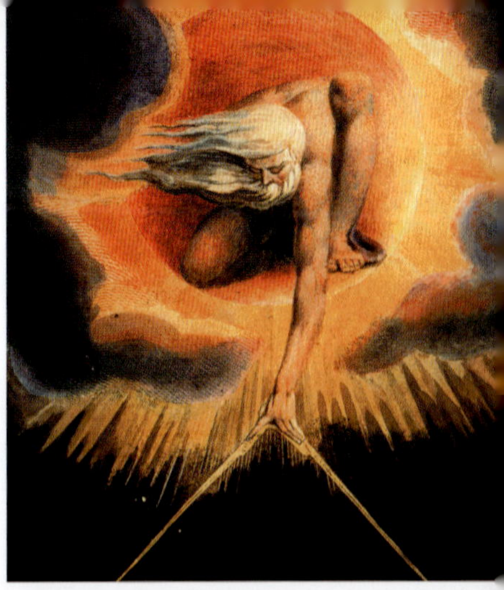

Erschaffung des Universums
Die Bibel beginnt mit der Erschaffung des Universums. Im Gegensatz zu den babylonischen Mythen jener Tage beschäftigt sich die Bibel nicht mit dem Ursprung Gottes..

16

Eine Genealogie von Adam bis Noach, einschließlich Metuschelachs, von dem es heißt, er lebte länger als jeder andere in der Bibel: bemerkenswerte 969 Jahre.

Kapitel 5

9 17

Gott ist zornig wegen des Verhaltens der Menschen und beschließt, alle zu ertränken bis auf Noach, dem er befiehlt, ein großes Schiff für sich, seine Familie und alle Tiere zu bauen.

Kapitel 6

Kapitel 6: Kommentar

Die „Söhne Gottes" ist ein traditioneller Ausdruck für die Engel. Dieses seltsame Fragment entstammt vielleicht einem Mythos um Unsterblichkeit durch Sexualität. In vielen Kulturen gibt es solche Sintflutgeschichten. Hier ist die Welt so verdorben, dass Gott sie nur durch die Flut reinigen kann. Einzig der gläubige Noach und seine Familie führen die Menschheit fort. In diesem Bericht sind zwei Versionen vereint.

9 17

Nachdem Noach, seine Familie und die Tiere das von ihm gebaute Schiff betreten haben, bedeckt ein Regen von 40 Tagen die Erde mit Wasser und ertränkt alle außer denjenigen auf dem Schiff.

Kapitel 7

17

Nach fast einem Jahr an Bord des Schiffes gehen Noach und seine Familie mit den Tieren an Land. Noach dankt Gott mit einem Opfer für ihr Überleben.

Kapitel 8

Dann wartete er noch weitere sieben Tage und ließ wieder die Taube aus der Arche. Gegen Abend kam die Taube zu ihm zurück […]: In ihrem Schnabel hatte sie einen frischen Olivenzweig. Jetzt wusste Noach, dass nur noch wenig Wasser auf der Erde stand. Er wartete weitere sieben Tage und ließ die Taube noch einmal hinaus. Nun kehrte sie nicht mehr zu ihm zurück.

Genesis 8,10–12

14 17

Gott macht einen Vertrag mit den Menschen, den er mit einem Regenbogen besiegelt: Er wird die Welt nie wieder durch eine Flut zerstören. Danach betrinkt sich Noach und verflucht seinen Enkel Kanaan.

Kapitel 9

Kapitel 9: Kommentar

Warum verflucht Noach seinen Enkel Kanaan? Diese Geschichte erklärt den niederen Status der Kanaaniter, die später von Abrahams Nachkommen erobert wurden. Levitikus 18,8 legt nahe, dass der Ausdruck „sah die Blöße seines Vaters" vielleicht bedeute, dass Ham mit Noachs Frau Geschlechtsverkehr hatte; das würde den Fluch erklären.

16

Eine Genealogie der Nachkommen von Noachs drei Söhnen Sem, Ham und Jafet.

Kapitel 10

9 16

Kapitel 11

Noachs Nachkommen erbauen Stadt und Turm zu Babel. Gott verwirrt ihre Sprache, sodass sie sich über die Welt verstreuen: Sems Genealogie endet mit Abram.

7 17

Kapitel 12

Gott schickt Abram ins Land Kanaan und verspricht ihm zukünftigen Segen. Nach einer Hungersnot in Kanaan erleben Abram und seine Frau in Ägypten ein Abenteuer.

7 17

Kapitel 13

Abram lässt sich westlich vom Jordan nieder, während sein Neffe Lot nach Osten in die Nähe von Sodom zieht. Gott verspricht Abram Nachkommen, so zahlreich wie der „Staub auf der Erde".

14 17

Kapitel 14

Abram sammelt eine Armee um sich, greift die mesopotamischen Eroberer Sodoms an und rettet so seinen Neffen Lot. Zum Dank gibt Abram ein Zehntel der Beute an Melchisedek, König und Priester von Salem.

14

Kapitel 15

Gott schließt einen Vertrag mit Abram und sichert ihm zu, dass er ein Kind haben werde, das sein Erbe würde, und nicht sein Diener, Eliëser von Damaskus.

17

Kapitel 16

Da Sarai unfähig ist, ein Kind zu gebären, nimmt sich Abram deren Dienerin Hagar als Zweitfrau. Hagar gebärt einen Sohn Ismael, was Konflikte zwischen ihr und Sarai hervorruft.

7 14

Kapitel 17

Gott legt die Beschneidung als Zeichen des Bundes zwischen Abram und Gott fest und ändert Abrams Namen in Abraham, Sarais Namen in Sara.

7 15 17

Kapitel 18

Gott und zwei Engel kommen in Abrahams Haus; Abraham lädt sie zum Essen ein. Gott offenbart seine Absicht, Sodom wegen dessen Schlechtigkeit zu zerstören.

Kapitel 12: **Kommentar**

Gottes Verheißung an Abram ist Grundlage der gesamten biblischen Geschichte und die Basis der jüdischen und christlichen Hoffnung. Der Segen gilt nicht nur für Abrams Familie, sondern für alle Völker. Abrams Glaube an Gottes Treue entgegen aller Wahrscheinlichkeit (denn er hatte keinen Sohn und Erben) ist Modell für den christlichen Glauben. Es gibt zwei andere Versionen dieser Verheißung, in Kap. 15 und 17. Im letzteren wird die Beschneidung als Zeichen des Glaubens an Gottes Verheißung eingeführt.

Sofort danach riskiert Abram, seine Frau an den Pharao zu verlieren. Diese Geschichte wird noch zweimal berichtet, von Abraham (Kap. 20) und von Isaak (Kap. 26). Das ist typisch für Volkserzählungen.

Ich werde dich zu einem großen Volk machen, dich segnen und deinen Namen groß machen. Ein Segen sollst du sein. Ich will segnen, die dich segnen; wer dich verwünscht, den will ich verfluchen. Durch dich sollen alle Geschlechter der Erde Segen erlangen.

Genesis 12,2–3

Kapitel 14: **Kommentar**

Traditionell gilt Melchisedek als Priesterkönig Jerusalems. Weil er angeblich von keinem Menschen abstammt, gilt er nach dem Hebräerbrief als Vorläufer Christi. Abrahams Abgabe des Zehnten an ihn soll die Überlegenheit der Priesterschaft Christi über diejenige der Linie Abrahams aufzeigen. Dieser geringfügige Vorfall passt zu keiner bekannten Geschichtsperiode.

Kapitel 18: **Kommentar**

Dieser Besuch der drei übernatürlichen Gestalten wird von vielen frühchristlichen Autoren als Urbild der Trinität gesehen. In den frühen Büchern der Bibel scheint der „Engel des HERRN" oft eine Manifestation Gottes selbst zu sein. Einige Details der Geschichte sind ein Spiel mit Isaaks Namen, der so viel bedeutet wie „lächeln" oder „lachen".

Kapitel 19: Kommentar

Mehrere Einzelheiten dieser Geschichte (Lots Frau als Salzsäule) werden eingesetzt, um das Unheimliche der Landschaft um das Tote Meer zu unterstreichen. Es ist nicht klar, ob die letzte Sünde der Bewohner Sodoms eine sexuelle ist oder ein Angriff auf die heilige Pflicht der Gastfreundschaft.

Als die Sonne über dem Land aufgegangen […] war, ließ der Herr auf Sodom und Gomorra Schwefel und Feuer regnen, vom Herrn, vom Himmel herab. Er vernichtete von Grund auf jene Städte und die ganze Gegend, auch alle Einwohner der Städte und alles, was auf den Feldern wuchs. Als Lots Frau zurückblickte, wurde sie zu einer Salzsäule.

Genesis 19,24–26

Kapitel 22: Kommentar

Diese Geschichte der letzten Prüfung von Abrahams Glauben wird mit großer Spannung erzählt. Kindesopfer waren in benachbarten Kulturen üblich und wurden selbst im abergläubischen Israel praktiziert. Diese Geschichte soll zeigen, dass dergleichen nie mehr geschehen darf.

Und sprach: Ich habe bei mir geschworen – Spruch des Herrn: Weil du das getan hast und deinen einzigen Sohn mir nicht vorenthalten hast, will ich dir Segen schenken in Fülle und deine Nachkommen zahlreich machen wie die Sterne am Himmel und den Sand am Meeresstrand. Deine Nachkommen sollen das Tor ihrer Feinde einnehmen. Segnen sollen sich mit deinen Nachkommen alle Völker der Erde, weil du auf meine Stimme gehört hast.

Genesis 22,16–18

Kapitel 23: Kommentar

Endlich erwirbt Abraham Land, als Erfüllung von Gottes Verheißung. Die orientalische Höflichkeit verschleiert das harte Verhandeln um Rechte und Pflichten. Verkaufsdokumente aus jener Zeit erwähnen immer auch die Bäume, die in einem solchen Kauf eingeschlossen waren.

Kapitel 25: Kommentar

Jakob war ein Betrüger, bis er sich wandelte (Kap. 32). Erst überlistete er seinen Bruder Esau, dann seinen Onkel Laban. Damals scheint das Betrügen anderer Menschen höher bewertet gewesen zu sein als Ehrenhaftigkeit. In der Geschichte repräsentieren die beiden Brüder die benachbarten Völker Israel und Edom, die oft im Krieg miteinander lagen.

9 15 17

Kapitel 19

Lot und zwei seiner Töchter verlassen Sodom, ehe es zerstört wird, doch seine Frau schafft es nicht. Dann machen Lots Töchter ihn betrunken, damit er die beiden schwängert.

17

Kapitel 20

Abraham belügt König Abimelech bezüglich seiner Beziehung zu Sara. In einem Traum jedoch enthüllt Gott die Wahrheit, sodass Abimelech Abraham und Sara mit Geschenken, Schafen, Vieh und Sklaven, fortschickt.

14 17

Kapitel 21

Endlich gebärt Sara einen Sohn, Isaak. Nachdem er abgestillt ist, zwingt Sara Abraham, Hagar und Ismael ins Exil zu schicken. Inzwischen schließt Abraham einen Friedensvertrag mit Abimelech.

11 17

Kapitel 22

Gott prüft Abraham, indem er ihm befiehlt, Isaak als Brandopfer auf einem Berg zu opfern, doch im letzten Moment lässt Gott einen Widder an Isaaks Stelle treten.

4 14 17

Kapitel 23

Nachdem Sara im Alter von 127 Jahren stirbt, erwirbt Abraham von Efron, dem Hetiter, Land sowie eine Höhle in Hebron, wo er Sara beerdigt.

17

Kapitel 24

Abraham schickt einen seiner Diener in das Dorf Nahors, damit dieser eine Frau für seinen Sohn Isaak findet. Der Diener kehrt mit Rebekka zurück, der Schwester Labans.

16 17

Kapitel 25

Abraham heiratet erneut und hat weitere Kinder, ehe er im Alter von 175 Jahren stirbt. Esau, Isaaks erstgeborener Sohn, verkauft sein Erstgeburtsrecht an seinen Bruder Jakob – als Tausch für ein Linsengericht.

14 17

Kapitel 26

Als eine Hungersnot aufkommt, schließt Gott einen Bund mit Isaak und sagt ihm, er solle nicht nach Ägypten gehen. So geht Isaak nach Gerar. Er belügt Abimelech bezüglich seiner Beziehung zu Rebekka.

17

Kapitel 27

Esau ist wütend, nachdem Jakob seinen Vater Isaak durch Betrug dazu bringt, ihm und nicht Esau seinen Segen zu spenden. So schickt Rebekka Jakob fort, damit er bei ihrem Bruder Laban lebt.

7 14 17

Kapitel 28

Auf dem Weg zu Laban träumt Jakob von einer Leiter bis zum Himmel, und Gott verspricht ihm weiteren Segen. Jakob schwört, Gott anzubeten und ihm den Zehnten seines Verdienstes zu geben.

Kapitel 26: Kommentar

Außer dieser Geschichte, in Kap. 12 und 20 von Abraham berichtet, handelt das meiste von Streitigkeiten um Brunnen und Wasserrechte. Isaak scheint sich im Norden der Negeb-Wüste angesiedelt zu haben, in einem schwierigen und trockenen, dennoch bewohnbaren Landstrich.

Halte dich als Fremder in diesem Land auf! Ich will mit dir sein und dich segnen. Denn dir und deinen Nachkommen gebe ich alle diese Länder und erfülle den Eid, den ich deinem Vater Abraham geleistet habe. Ich mache deine Nachkommen zahlreich wie die Sterne am Himmel und gebe ihnen alle diese Länder. Mit deinen Nachkommen werden alle Völker der Erde sich segnen.

Genesis 26,3–4

Kapitel 28: Kommentar

Die Leiter in Jakobs Traum spiegelt die riesigen stufenförmigen Türme Mesopotamiens wider. Der Stein, den er durch Ölung weiht, ist vermutlich der Kultstein des israelitischen Heiligtums Bet-El („Haus Gottes").

Jakob machte das Gelübde: Wenn Gott mit mir ist und mich auf diesem Weg, den ich eingeschlagen habe, behütet, wenn er mir Brot zum Essen und Kleider zum Anziehen gibt, wenn ich wohlbehalten heimkehre in das Haus meines Vaters und der Herr sich mir als Gott erweist, dann soll der Stein, den ich als Steinmal aufgestellt habe, ein Gotteshaus werden, und von allem, was du mir schenkst, will ich dir den zehnten Teil geben.

Genesis 28,20–22

Die Jakobsleiter
Jakob träumte, dass er Engel eine Himmelsleiter auf- und absteigen sah, als Gott ihm versprach, für ihn zu sorgen, während er fern seiner Heimat wäre.

Kapitel 29: Kommentar

Laban kann Jakob betrügen und ihm die falsche Tochter geben, weil es zu dunkel ist, als sie ihren Brautschleier entfernt. Jakobs eigener Betrug an Laban beruht auf dem primitiven Glauben an eine Verbindung zwischen dem, was bei der Paarung zu sehen war, und dem resultierenden Nachwuchs.

Kapitel 31: Kommentar

Die Haus-Götzenbilder fungieren als Besitztitel. Rahel hilft ihrem Mann beim Betrug an ihrem Vater, indem sie die Götzenbilder versteckt und vorgibt, sie wäre zu unpässlich, um aufzustehen.

Jakob sagte zu seinen Brüdern: Tragt Steine zusammen! Da holten sie Steine und legten einen Steinhügel an. Dort auf dem Steinhügel aßen sie. Laban nannte ihn Jegar-Sahaduta, und Jakob nannte ihn Gal-Ed. Dieser Steinhügel, sagte Laban, soll heute Zeuge sein zwischen mir und dir. Darum gab er ihm den Namen Gal-Ed.

Genesis 31,45–48

Kapitel 32: Kommentar

Jakobs Kampf mit Gott bzw. dem Engel Gottes in Gestalt eines Wassergeistes hat seine Bekehrung zur Folge. Penuël, wo sich dies ereignet, bedeutet „Angesicht Gottes". Gott segnet ihn mit einer neuen Natur und einem neuen Namen (Israel bedeutet „Der Mann, der Gott sieht"), doch behält er das Geheimnis seiner Göttlichkeit und weigert sich, seinen eigenen Namen zu nennen.

Kapitel 34: Kommentar

Die Geschichte vom Verrat, angehängt an die Erwähnung Sichems in 33,18, ist als Hinweis darauf bezeichnet worden, dass diese beiden Söhne Jakobs nie nach Ägypten gingen. Tatsächlich wurde der Stamm Simeon bald vom Stamme Juda absorbiert, und der priesterliche Stamm Levi besaß nie eigenes Land.

10 | 17

Jakob arbeitet sieben Jahre unter seinem Onkel Laban, um Rahel zu heiraten. Laban betrügt ihn, sodass Jakob auch ihre Schwester Lea heiratet. Lea gebärt ihm vier Söhne, aber Rahel bleibt kinderlos.

Kapitel 29

17

Rahels Dienerin Bilha und Leas Dienerin Silpa heiraten gleichfalls Jakob. Lea, Bilha und Silpa gebären sechs weitere Söhne und eine Tochter, ehe Rahel letztlich Josef zur Welt bringt.

Kapitel 30

14 | 17

Nachdem er bald 20 Jahre für Laban gearbeitet hat, setzt sich Jakob mit seiner Familie heimlich nach Kanaan ab. Der wütende Laban verfolgt sie, schließt am Ende jedoch einen Friedensvertrag mit Jakob.

Kapitel 31

17

Der besorgte Jakob schickt Boten mit Geschenken zu seinem Bruder Esau, um ihm seine Rückkehr anzukündigen. Jakob verbringt eine Nacht im Kampf mit Gott, der Jakobs Namen in Israel ändert.

Kapitel 32

17

Als Jakob endlich auf seinen Bruder Esau trifft, entdeckt er, dass Esau ihm vergeben hat. Jakob und seine Familie lassen sich danach nahe der Stadt Sichem nieder.

Kapitel 33

9 | 14 | 17

Der Fürst von Sichem entführt Jakobs Tochter Dina und vergewaltigt sie. Jakobs Söhne Simeon und Levi retten ihre Schwester und töten jedermann in Sichem.

Kapitel 34

4 | 14 | 16

Rahel stirbt bei der Geburt ihres zweiten Sohnes Benjamin. Sie wird in Betlehem begraben. Insgesamt hat Jakob zwölf Söhne. Sein Vater Isaak stirbt im Alter von 180 Jahren.

Kapitel 35

16

Eine Genealogie führt alle Kinder Esaus auf, zusammen mit ihren Nachkommen. Esau wird auch Edom genannt und sein Volk bringt viele Könige hervor.

Kapitel 36

4 17 18

Kapitel 37

Jakob bevorzugt seinen Sohn Josef. Also wird Josef von seinen Brüdern in die Sklaverei nach Ägypten verkauft, doch geben sie vor, er wäre von wilden Tieren getötet worden.

10 17 18

Kapitel 38

Zwei von Judas Söhnen heiraten Tamar, sterben dann aber. Juda verbietet, dass ein weiterer Sohn sie heiratet. Also verkleidet sich Tamar als Prostituierte, schläft mit Juda und bekommt Zwillinge.

17 18

Kapitel 39

In Ägypten versucht die Frau Potifars, Josef zu verführen. Wütend wegen seiner Weigerung, klagt sie ihn der versuchten Vergewaltigung an, weshalb Potifar, Josefs Herr, ihn ins Gefängnis wirft.

7 17 18

Kapitel 40

Im Gefängnis deutet Josef die verstörenden Träume vom Mundschenk und vom Bäcker des Pharaos; der Mundschenk wird in seine Stellung zurückkehren; der Bäcker wird hingerichtet.

7 17 18

Kapitel 41

Josef deutet die Träume des Pharao: sieben Jahre Überfluss und sieben Jahre Hungersnot. Also beauftragt der Pharao Josef mit der Vorbereitung auf die Hungersnot.

17 18

Kapitel 42

Jakob schickt Josefs Brüder nach Ägypten, um Korn zu kaufen. Josef steckt seinen Bruder Simeon ins Gefängnis und verspricht, ihn freizulassen, wenn die Brüder den Jüngsten, Benjamin, bringen.

17 18

Kapitel 43

Jakob schickt die Brüder ein zweites Mal nach Ägypten und erlaubt nur widerwillig, dass Benjamin mitgeht. Als sie wieder in Ägypten sind, lässt Josef Simeon frei und richtet ein Bankett aus.

17 18

Kapitel 44

Josef lässt heimlich einen wertvollen Becher in Benjamins Tasche stecken und klagt die Brüder dann des Diebstahls an. Sein Bruder Juda bittet, Benjamins Strafe auf sich nehmen zu dürfen.

Kapitel 37: Kommentar

Die Geschichte Josefs zieht sich bis zum Ende des Buches durch. Zwei Versionen von Josefs Verschleppung nach Ägypten werden zusammengeführt: Die Söhne Jakobs wollen ihn töten, doch Ruben überredet sie, ihn in einem Brunnen abzukühlen, wo er durch Midianiter entführt wird. Die Söhne Israels, angeführt von Juda, verkaufen ihn an die Ismaeliten.

Kapitel 38: Kommentar

Wenn ein verheirateter Mann ohne Erben stirbt, muss sein nächster männlicher Verwandter seine Witwe schwängern, um einen Erben sicherzustellen. Weil Onan den Besitz für sich bewahren will, vermeidet er, Tamar zu schwängern. Tamar nimmt die Angelegenheit selbst in die Hände und Juda merkt nicht, dass die verschleierte Prostituierte seine eigene Schwiegertochter ist.

Kapitel 39: Kommentar

Ähnliches ereignet sich in der alten ägyptischen Literatur: Eine Frau versucht, den jüngeren Bruder ihres Mannes zu verführen. Eventuell wurde diese Geschichte zu einem späteren Zeitpunkt in die Bibel aufgenommen, als ägyptische Weisheitsliteratur in Israel verbreitet war.

An einem solchen Tag kam er ins Haus, um seiner Arbeit nachzugehen. Niemand vom Hausgesinde war anwesend. Da packte sie ihn an seinem Gewand und sagte: Schlaf mit mir! Er ließ sein Gewand in ihrer Hand und lief hinaus. Als sie sah, dass er sein Gewand in ihrer Hand zurückgelassen hatte und hinausgelaufen war, rief sie nach ihrem Hausgesinde und sagte zu den Leuten: Seht nur! Er hat uns einen Hebräer ins Haus gebracht, der seinen Mutwillen mit uns treibt. Er ist zu mir gekommen und wollte mit mir schlafen; da habe ich laut geschrien.

Genesis 39,11–15

Kapitel 42: Kommentar

Die Zuhörer dieser Geschichte, die mehr wissen als die handelnden Personen, genießen die Ironie der Rache Josefs. Es besteht zudem eine gewisse Doppelung, die nahelegt, dass zwei Versionen vereint wurden. Der Trick mit dem Sack würde kaum zweimal funktioniert haben.

Ihr Vater Jakob sagte zu ihnen: Ihr bringt mich um meine Kinder. Josef ist nicht mehr, Simeon ist nicht mehr und Benjamin wollt ihr mir auch noch nehmen. Nichts bleibt mir erspart.

Genesis 42,36

Er begann so laut zu weinen, dass es die Ägypter hörten; auch am Hof des Pharao hörte man davon.
Josef sagte zu seinen Brüdern: Ich bin Josef. Ist mein Vater noch am Leben? Seine Brüder waren zu keiner Antwort fähig, weil sie fassungslos vor ihm standen.

Genesis 45,2–3

17 18

Endlich enthüllt Josef seinen Brüdern seine wahre Identität und lässt Jakob und die Familien der Brüder nach Ägypten holen, damit sie mit ihm in Wohlstand leben.

Kapitel 45

16 17 18

Jakob und seine gesamte Familie reisen nach Goschen in Ägypten, wo Josef und sein Vater Jakob endlich wieder vereint werden.

Kapitel 46

Er segnete Josef und sprach: Gott, vor dem meine Väter Abraham und Isaak ihren Weg gegangen sind, Gott, der mein Hirt war mein Lebtag bis heute, der Engel, der mich erlöst hat, von jeglichem Unheil, er segne die Knaben. Weiterleben soll mein Name durch sie, auch der Name meiner Väter Abraham und Isaak. Im Land sollen sie sich tummeln, zahlreich wie die Fische im Wasser.

Genesis 48,15–16

17 18

Josef stellt seinen Vater dem Pharao vor, der ihnen Sicherheit und Wohlstand garantiert. Inzwischen bringt Josef die meisten Ägypter in ständige Leibeigenschaft.

Kapitel 47

Kapitel 48: Kommentar

Jakob nimmt die beiden Knaben auf seine Knie, ein Ritus der väterlichen Adoption. Das erklärt, warum die beiden nördlichen Stämme, eng miteinander verwandt, diesen besonderen Status haben, obwohl sie gebürtig nur Enkelsöhne Jakobs sind.

17 18

Jakob adoptiert Josefs Söhne Manasse und Efraim und gewährt dem zweitgeborenen Efraim vor Manasse die Rechte als Erstgeborener.

Kapitel 48

Kapitel 49: Kommentar

Der Segen, den Jakob spendet, sagt die Zukunft der Stämme voraus; er ist eine wertvolle Einschätzung des Zustands eines jeden dieser Stämme. Die Vorstellung eines Bundes von zwölf Stämmen war eine spätere Entwicklung. Bei diesem Segen ist Juda bereits der Anführer, was nahelegt, dass der Segen die Zustände zur Zeit König Davids beschreibt.

16 17 18

Dann spricht Jakob den Segen über jeden seiner zwölf Söhne. Kurz vor seinem Tod bittet er darum, in Abrahams Grab in Hebron begraben zu werden.

Kapitel 49

Josef aber antwortete ihnen: Fürchtet euch nicht! Stehe ich denn an Gottes Stelle? Ihr habt Böses gegen mich im Sinne gehabt, Gott aber hatte dabei Gutes im Sinn, um zu erreichen, was heute geschieht: viel Volk am Leben zu erhalten. Nun also fürchtet euch nicht! Ich will für euch und eure Kinder sorgen. So tröstete er sie und redete ihnen freundlich zu.

Genesis 50,19–21

4 17 18

Nach 70 Tagen der offiziellen Trauer führen Josef, seine Brüder und Repräsentanten des Pharao den Leichnam Jakobs nach Hebron und begraben ihn. Josef stirbt im Alter von 110 Jahren.

Kapitel 50

Josefs Identität
Josef enthüllte seinen Brüdern seine Identität. Sie erfuhren nur ungern, dass er lebte.

Exodus 2. Buch Mose

Überblick

Das Buch Exodus beschreibt die Bildung eines Volks, des Volks Gottes. Unter Moses Führung, entmutigt und als Leibeigene ohne Hoffnung in einem mächtigen, gut organisierten und feindlichen Land, entwickelte sich aus einem Haufen entlaufener Sklaven ein geschlossenes Volk mit einer Verfassung, einem Beschützer und einer Bestimmung. Der Bund, den das Volk Israel mit Gott einging, und das Leben, das dadurch vorgeschrieben wurde, sollte Israel durch die Jahrhunderte hindurch formen. Beim Bruch und der Erneuerung des Bundes offenbarte sich ihr Gott als liebender, vergebender Gott, der ihnen treu bleiben und sie weiterhin von ihrer Untreue und Rebellion erretten würde.

Dieses Buch, grundlegend für Israels Lebensweise, enthält Volksdichtung und Gesetze. Man kann die genauen historischen Ereignisse des Auszugs aus Ägypten nicht mehr rekonstruieren. Israel bewahrte

Mose in einem Korb
Moses Mutter legt ihn in einen Korb und setzt ihn dort in den Nil, wo Pharaos Töchter baden.

17

Kapitel 1

Nachdem Josef und seine Brüder gestorben sind, wächst das Volk Israel schnell. Um dessen Bevölkerungswachstum einzudämmen, verfügt der Pharao den Tod aller männlichen israelitischen Neugeborenen.

17

Kapitel 2

Nachdem sie ihn aus dem Schilfkorb gerettet hat, zieht die Tochter des Pharao Mose als ihren Sohn auf. Später tötet Mose einen Ägypter, flieht nach Midian, heiratet und lebt als Schäfer.

Kapitel 2: **Kommentar**

Geschichten von Rettungen in der Kindheit werden über viele historische Gestalten erzählt. Diese Geschichte ist mit der Erklärung des Namens „Mose" durch das Verb *masah* („herausziehen") verbunden, denn Mose wurde aus dem Wasser gezogen. Oft aber wird der Name auch als Kurzform eines Namens in Verbindung mit einem göttlichen Namen gedeutet, wie in Ramose oder Thutmosis.

Als sie es nicht mehr verborgen halten konnte, nahm sie ein Binsenkästchen, dichtete es mit Pech und Teer ab, legte den Knaben hinein und setzte ihn am Nilufer im Schilf aus. Seine Schwester blieb in der Nähe stehen, um zu sehen, was mit ihm geschehen würde.

Die Tochter des Pharao kam herab, um im Nil zu baden. Ihre Dienerinnen gingen unterdessen am Nilufer auf und ab. Auf einmal sah sie im Schilf das Kästchen und ließ es durch ihre Magd holen. Als sie es öffnete und hineinsah, lag ein weinendes Kind darin. Sie bekam Mitleid mit ihm und sie sagte: Das ist ein Hebräerkind.

Exodus 2,3–6

die Erinnerung an den „starken rechten Arm des HERRN", der den Pharao zwang, das Volk gehen zu lassen, und Versuche scheitern ließ, es wieder einzufangen. Zeitpunkt, Anzahl der Menschen und Wegstrecke bleiben jedoch im Dunkeln. Zur Zeit des Auszugs war wahrscheinlich Ramses II. (1290–1224 v. Chr.) der Pharao, dessen Monumente auch heute noch in Ägypten sichtbar sind. Vor allem erinnerte sich Israel an die Erfahrung Gottes auf dem Berg Sinai, die sich durch Erdbeben, Donner und Blitz manifestierte, und als Gott das Volk ein für alle Mal annahm und ihm Bund und Gesetz gab, wonach es als sein Volk leben sollte. Die früheste Gesetzessammlung, die Gesetze eines noch in der Wüste Sinai umherwandernden Nomadenvolks, ist im Bundesbuch niedergelegt. Grundlegendes Ziel dieser Gesetze sind Ehrung und Anbetung dieses Ehrfurcht gebietenden Gottes und die Behandlung aller Menschen mit Respekt, der seinen Auserwählten gebührt.

Mose begegnet Gott
Als Mose den brennenden Busch sieht, wird ihm gesagt, er solle seine Sandalen ausziehen, denn er stehe auf heiligem Boden.

Kapitel 3: Kommentar

Es gibt zwei Berichte der Berufung des Moses, hier und in Kap. 6,2–13. Einen Namen zu geben ist ein Zeichen für Vertrauen und Freundschaft. Der hier gegebene Gottesname ist aber zu Ehrfurcht gebietend und intim, um ausgesprochen zu werden; die Bedeutung des Namens ist unklar. Hebräische Namen wurden oft durch ähnliche Worte erklärt. Die griechische Version der Bibel deutet den Namen mit dem Verb „sein", also als „der, der ist".

Da antwortete Gott dem Mose: Ich bin der „Ich-bin-da". Und er fuhr fort: So sollst du zu den Israeliten sagen: Der „Ich-bin-da" hat mich zu euch gesandt.

Weiter sprach Gott zu Mose: So sag zu den Israeliten: Jahwe, der Gott eurer Väter, der Gott Abrahams, der Gott Isaaks und der Gott Jakobs, hat mich zu euch gesandt.

Das ist mein Name für immer und so wird man mich nennen in allen Generationen.

Exodus 3,14–15

8 17

Kapitel 3

Gott spricht zu Mose aus einem brennenden Busch und schickt ihn nach Ägypten, die Israeliten aus der Sklaverei zu befreien. Gott bezeichnet sich als den HERRN, den Gott Abrahams, Isaaks und Jakobs.

8 17

Kapitel 4

Mose kehrt nach Ägypten zurück und ist in der Lage, drei Wunder zu bewirken. Gott versucht, Moses unbeschnittenen Sohn zu töten, und zwingt Moses Frau, ihn zu beschneiden, um sein Leben zu retten.

8 12 17

Kapitel 5

Mose und Aaron bitten den Pharao, das Volk eine dreitägige Reise in die Wüste machen zu lassen, um dort dem HERRN zu opfern. Der Pharao weigert sich und unterdrückt die Sklaven noch mehr.

7 16

Kapitel 6

Gott versichert Mose, dass der Pharao die Israeliten schließlich gehen lassen wird, trotz Moses ernsthafter Zweifel. Es folgt eine Genealogie der Familie Moses.

8 9

Kapitel 7

Der 80-jährige Mose verwandelt seinen Stab in eine Schlange und bringt die erste Plage: Alles Wasser in Ägypten verwandelt sich in Blut. Der Pharao weigert sich, das Volk gehen zu lassen.

8 9

Kapitel 8

Die zweite Plage: Frösche. Die dritte: Mücken. Die vierte: Fliegen. Und dennoch weigert sich der Pharao, das Volk ziehen zu lassen.

8 9

Kapitel 9

Die fünfte Plage: Alles Vieh stirbt. Die sechste: Alle bekommen Eiterbeulen. Die siebte: Hagel. Und wieder weigert sich der Pharao, die Israeliten gehen zu lassen.

Kapitel 5: Kommentar

Der Starrsinn des Pharao und die immer stärkere Demonstration der Macht Gottes sollen zeigen, dass man sich dem göttlichen Willen nicht widersetzen kann. Es scheint, als würde der Pharao absichtlich verhärtet, um Gottes Macht aufzuzeigen, doch in der Bibel wird zwischen dem verursachenden und dem gewährenden Gott kein Unterschied gemacht.

Gott redete mit Mose und sprach zu ihm: Ich bin Jahwe. Ich bin Abraham, Isaak und Jakob als El-Schaddai (Gott, der Allmächtige) erschienen, aber unter meinem Namen Jahwe habe ich mich ihnen nicht zu erkennen gegeben. Auch habe ich einen Bund mit ihnen geschlossen und habe versprochen, ihnen das Land Kanaan zu geben, das Land, in dem sie als Fremde lebten. Ferner habe ich gehört, wie die Israeliten darüber stöhnen, dass die Ägypter sie wie Sklaven behandeln. Da habe ich meines Bundes gedacht und deshalb sag zu den Israeliten: Ich bin Jahwe. Ich führe euch aus dem Frondienst für die Ägypter heraus und rette euch aus der Sklaverei.

Exodus 6,2–6

Kapitel 7: Kommentar

Die Anzahl und Beschaffenheit der ägyptischen Plagen variieren in den verschiedenen biblischen Berichten (vgl. Psalm 78 und Weisheit 11). Hier werden sie in drei Gruppen zu je drei Plagen gezeigt, die dann in der letzten Plage gipfeln. Die Plagen beruhen auf einer Verstärkung von Naturereignissen jener Region wie etwa der Verfärbung und dem Hochwasser des Nils und der Verbreitung von Insekten. Es tritt eine gewisse Doppelung auf: Das Vieh wird zweimal getötet und Mücken sowie Pferdebremsen könnten identisch sein. Dies soll die Hilflosigkeit der ägyptischen Magier zeigen.

Als Mose und Aaron vom Pharao weggegangen waren, schrie Mose zum Herrn um Befreiung von der Froschplage, die er über den Pharao gebracht hatte. Der Herr erfüllte Mose die Bitte und die Frösche in den Häusern, in den Höfen und auf den Feldern starben. Man sammelte sie zu riesigen Haufen, und das ganze Land stank davon. Als der Pharao sah, dass die Not vorbei war, verschloss er sein Herz wieder und hörte nicht auf sie. So hatte es der Herr vorausgesagt.

Exodus 8,12–15

Die Plagen Ägyptens
Gott schickt dem Pharao Ägyptens zehn Plagen, die eine menschliche und finanzielle Katastrophe verursachen.

Da streckte Mose seinen Stab über Ägypten aus, und der Herr schickte den Ostwind in das Land, einen ganzen Tag und eine ganze Nacht lang. Als es Morgen wurde, hatte der Ostwind die Heuschrecken ins Land gebracht. Sie fielen über ganz Ägypten her und ließen sich in Schwärmen auf dem Gebiet von Ägypten nieder. […] Sie bedeckten die Oberfläche des ganzen Landes und das Land war schwarz von ihnen. Sie fraßen allen Pflanzenwuchs des Landes und alle Baumfrüchte auf, die der Hagel verschont hatte, und an den Bäumen und Feldpflanzen in ganz Ägypten blieb nichts Grünes.

Exodus 10,13–15

Kapitel 11: Kommentar

Ist Gott hier mörderisch ungerecht? Die Überlieferung hat an dieser Stelle vielleicht einen geringeren Vorfall übertrieben. Die Einbeziehung der erstgeborenen Tiere legt eine Verwechslung mit dem israelitischen freiwilligen Opfer der Erstgeborenen für Gott nahe, als Anerkennung der göttlichen Macht über alle Fruchtbarkeit und alles Leben.

Kapitel 12: Kommentar

Der Bericht vom Paschafest entspricht tatsächlich einer Reihe von Anweisungen zur Befolgung der Feier oder dessen, was einst zwei Feste waren. Das Paschafest beruht auf einem alten nomadischen Fest zum ersten Vollmond im Frühling, als die Nomaden ihrem Gott ein wertvolles Tier aus der Herde opferten, um für den Rest Schutz zu erhalten; ein Schutz, der durch das Blut an den Türpfosten besiegelt wurde. Dann machten sie sich auf ihre Reise von den Winter- zu den Sommerweiden. Israel übernahm dieses Fest, um an die große 40-jährige Reise zu erinnern. Später kam das Fest der ungesäuerten Brote hinzu, was den Beginn der bäuerlichen Gerstenernte markiert; das aber kann erst nach der Ankunft in Kanaan geschehen sein. Die Anzahl von 600 000 kämpfenden Männern würde eine Bevölkerung von sieben Millionen Menschen nahelegen, was kaum zum Rest der Geschichte passt. Die Zahl mag einer späteren Volkszählung entstammen oder ist eben übertrieben. Alternativ kann das als „tausend" übersetzte Wort auch „Familie" bedeuten, was 600 Familien ergäbe.

8 9

Die achte Plage: Heuschrecken. Der Pharao stimmt zu, die Menschen gehen zu lassen, doch Gott ist nicht zufrieden. Die neunte Plage bringt Finsternis und wieder verneint der Pharao Moses Anliegen.

Kapitel 10

8 9

Mose warnt den Pharao vor der zehnten Plage. Alle Erstgeborenen Ägyptens würden um Mitternacht sterben, die Israeliten aber verschont bleiben. Der Pharao weigert sich, dies anzuhören.

Kapitel 11

4 8 11

Gott stiftet das Paschafest, um sein Volk an den Auszug aus Ägypten zu erinnern. Nachdem die Erstgeborenen gestorben sind, lässt der Pharao das Volk gehen und seinen Gott anbeten.

Kapitel 12

8 17

Die Israeliten verlassen Ägypten, Gott zieht vor ihnen her und erscheint ihnen bei Tag als Wolkensäule, bei Nacht als Feuersäule.

Kapitel 13

Begegnung mit dem Pharao
Mose und Aaron standen vor dem Pharao und verlangten, dass er die Israeliten freilässt, damit sie ihren HERRN anbeten können.

Durchzug durch das Meer
Nachdem die Winde eine Nacht lang bliesen, öffnete sich ein Durchgang durch das Meer und erlaubte den Israeliten, vor ihren ägyptischen Verfolgern zu fliehen.

8 17

Kapitel 14

Als der Pharao merkt, dass die Israeliten nicht zurückkehren, schickt er ihnen seine Armee nach. Gott teilt das Rote Meer, sodass die Israeliten entkommen können, und ertränkt dann die Armee der Ägypter.

1 5 8

Kapitel 15

Mose und die Israeliten singen für den HERRN. Dann singt und tanzt Mirjam, Moses Schwester. Drei Tage später wirft Mose ein Stück Holz in eine bittere Quelle, um sie trinkbar zu machen.

8

Kapitel 16

In der Wüste Sin wünscht sich das Volk Nahrung, wie es sie in Ägypten genoss. So schickt Gott ihnen Wachteln als Fleisch und gibt jeden Morgen Manna als Brot.

Kapitel 14: **Kommentar**

Der hebräische Text beschreibt den Zug durch das Schilfmeer. Es gibt viele seichte, mit Schilf bestandene Seen, wo heute der Sueskanal verläuft. Der Ausdruck „Rotes Meer" kommt nur von der griechischen Version. Grundlage der Erzählung ist vermutlich die Überquerung eines solchen verschilften Sees. Ein wundersamer starker Wind ließ den Wasserstand des Sees genügend absinken, sodass die Israeliten ihn überqueren konnten. Als der Wind nachließ, wurden die ägyptischen, nicht an Wasser gewöhnten Einheiten vom Wasser eingeschlossen und gerieten in Panik.

Kapitel 16: **Kommentar**

Die Geschichte vom Manna beruht auf dem süßen Sekret des Tamarindenbaumes, der im Sinai wächst. Die Verbindung dieser Geschichte mit dem Sabbat belegt die Hand des priesterlichen Autors, vermutlich während oder nach dem Babylonischen Exil. Während des Vogelzugs findet man oft erschöpfte Wachteln im Sinai. Die Geschichte betont Gottes liebevolle Fürsorge für sein Volk.

Kapitel 20: Kommentar

Die Zehn Gebote stehen für ein Leben, das auf der Verehrung des einen Gottes und dem Respekt für alle Menschen beruht. Sie bringen ein Wertesystem zum Ausdruck, das die Bedürfnisse von Familien und Individuen berücksichtigt.

Die traditionelle jüdische Anordnung der Zehn Gebote ist die folgende:

1. *Ich bin der Herr, dein Gott*
2. *Du sollst keine anderen Götter neben mir haben und keine Götzenbilder anfertigen*
3. *Du sollst den Namen Gottes nicht missbrauchen*
4. *Gedenke des Sabbats und heilige ihn*
5. *Ehre deinen Vater und deine Mutter*
6. *Du sollst nicht töten*
7. *Du sollst keinen Ehebruch begehen*
8. *Du sollst nicht stehlen*
9. *Du sollst kein falsches Zeugnis geben*
10. *Du sollst nicht begehren*

Kapitel 21: Kommentar

Viele dieser Gesetze erscheinen auch in anderen nahöstlichen Gesetzessammlungen. Sie sind aus individuellen Entscheidungen und Überlieferungen einzelner Fälle entstanden und erhalten nun einen höheren Wert als unmittelbar von Gott für sein eigenes Volk erlassene Gesetze und Bräuche. Sie betonen die Würde und den Selbstrespekt, den jeder Mensch verdient. Dieses Bundesbuch betrifft eine Gesellschaft von noch nicht sesshaften Hirten und Schäfern. Das Prinzip der proportionalen Wiedergutmachung „Auge für Auge, Zahn für Zahn" (Vers 24) soll die Rache begrenzen. Im Neuen Testament wird Jesus die Rache insgesamt ächten.

Kapitel 23: Kommentar

Die drei großen Pilgerfeste mit dem Tempel von Jerusalem im Zentrum sind die der Ungesäuerten Brote, des Erntebeginns und der Lese am Ende des bäuerlichen Jahres. Das Verbot, eine junge Ziege in der Milch ihrer Mutter zu kochen (Vers 19), ächtet eine magische Praxis in Kanaan; es wurde zur Grundlage der Speisegesetze im Judentum.

Kapitel 24: Kommentar

Der Bund wird doppelt geschlossen, indem er zuerst mündlich von allen Menschen angenommen und dann rituell durch die Opfer bekräftigt wird. Blut ist das Zeichen des Lebens und so werden Altar (der Gott symbolisiert) und Menschen mit dem Blut besprengt. Dies wird durch eine weitere Begegnung Moses mit der Ehrfurcht gebietenden Anwesenheit des Herrn auf dem Berg vervollständigt, von dem Mose in Kap. 32 zurückkehrt.

---

8 | 17

Kapitel 17

Als Mose auf den Felsen am Berg Horeb schlägt, ergießt sich Wasser, trotz der Sorgen der Israeliten. Sie schlagen die Amalekiter, solange Mose seinen Stab über dem Kopf hält.

8 | 17

Kapitel 18

Moses Schwiegervater Jitro besucht ihn und bringt Moses Frau Zippora und seine Söhne mit. Auch hilft er Mose beim Aufbau einer Organisation, um die Israeliten zu regieren.

14 | 17

Kapitel 19

Mose und sein Volk ziehen in die Wüste und lagern vor dem Berg Sinai. Gott ruft Mose auf den Berggipfel, doch warnt er das Volk Israel, es solle unten bleiben.

3 | 14

Kapitel 20

Auf dem Berggipfel gibt Gott Mose die Zehn Gebote und verbietet das Anfertigen von Götzenbildern. Auch erklärt Gott, wie man Altäre richtig baut.

3 | 14

Kapitel 21

Gott regelt die Behandlung der hebräischen Sklaven, erklärt, wie man persönliches Unrecht behandeln soll und begründet das Prinzip des „Auge um Auge", wodurch er die Härte von Strafen begrenzt.

3 | 14

Kapitel 22

Gott gibt Mose Gesetze, die Eigentum, Entschädigung für Verlust und die Regulierung sexuellen Verhaltens betreffen wie auch den Schutz für Fremde, Witwen und Waisen.

3 | 14

Kapitel 23

Gott verlangt unparteiische Gerechtigkeit. Er begründet die Sechstagewoche und drei jährliche Feste: die Feste der Ungesäuerten Brote, der Ernte und Lese. Gott verbietet den Handel mit den Kanaanitern.

8 | 14 | 17

Kapitel 24

Mose, Aaron, Nadab, Abihu und 70 Älteste Israels besteigen den Berg Sinai, um ein Mahl mit Gott abzuhalten und ihren Bund mit ihm zu bekräftigen.

11

Kapitel 25

Gott bittet die Israeliten, Mose das Material zum Bau des Heiligtums zu bringen. Gott erklärt, wie die Bundeslade, der Tisch und der Leuchter herzustellen sind.

11

Kapitel 26

Gott belehrt die Israeliten, wie sein Heiligtum zu errichten ist, das als transportabler Tempel der Anbetung Gottes dienen soll.

11

Kapitel 27

Gott sagt den Israeliten, sie sollten einen Altar für die Brandopfer errichten, und erklärt alle Utensilien, die dazu gebraucht werden. Er beschreibt auch, wie das Öl für den Leuchter herzustellen ist.

11

Kapitel 28

Gott erklärt, wie die Priesterkleidung anzufertigen ist: das *Efod*, ein goldenes Bruststück mit zwölf Edelsteinen, die Roben, die Tuniken und selbst die Unterkleidung.

11

Kapitel 29

Gott legt fest, wie die Priester während sieben Tagen geweiht werden sollen: die Kleidung, die Salbung, die Opfer, das Blut, das besondere Brot und die Trankopfer.

11

Kapitel 30

Gott bestimmt das Aussehen des Räucheraltars; das Räucherwerk, das Salböl und das bronzene Waschbecken. Jeder Israelit muss einen halben Schekel Steuern für das Heiligtum bezahlen.

11

Kapitel 31

Gott erwählt Bezalel und Oholiab, dass sie sämtliche Materialien herstellen, die für die Anbetung Gottes gebraucht werden. Dann gibt Gott Mose zwei Steintafeln mit den Zehn Geboten.

9 17

Kapitel 32

Mose sieht, dass die Israeliten eine Götzenfigur in Form eines Kalbes anbeten und Feste feiern. Er zerschmettert die Tafeln und das Götzenbild. Dann erschlagen die Leviten 3000 Israeliten und Gott sendet eine Plage.

Kapitel 25: **Kommentar**

Die Anweisungen für den Bau des Heiligtums und deren Erfüllung in Kap. 35–40 sind viel zu kompliziert für ein transportables Heiligtum in der Wüste. Sie beziehen sich auf den Tempel, der schließlich in Jerusalem gebaut wurde, und belegen, dass die liturgische Ausstattung des Tempels immer schon integraler Bestandteil des Bundes war. Einige Elemente können natürlich auf das tragbare Zelt der Begegnung für die Wüste zurückgehen.

Du aber befiehl den Israeliten, dass sie dir reines Öl aus gestoßenen Oliven für den Leuchter liefern, damit immer Licht brennt. Im Offenbarungszelt außerhalb des Vorhangs vor der Bundesurkunde sollen es Aaron und seine Söhne zurichten; es soll vom Abend bis zum Morgen vor dem Herrn brennen, als eine ständig eingehaltene Verpflichtung bei den Israeliten von Generation zu Generation.

Exodus 27,20–21

Kapitel 32: **Kommentar**

Der Zug durch die Wüste wird zuweilen als eine Art Feier der vollkommenen Treue, zuweilen als Zeit der Probe und des Aufruhrs gesehen. Hier dominiert das letztere Motiv, denn Israels Götzendienst bricht das erste Gebot. Das „Goldene Kalb" ist eine Verniedlichung. Es wird tatsächlich ein Bulle gewesen sein, im Nahen Osten wegen seiner Stärke und Lebenskraft oft Abbild der Göttlichkeit. Götter werden dort auf einem Bullen stehend dargestellt.

Josua hörte das Lärmen und Schreien des Volkes und sagte zu Mose: Horch, Krieg ist im Lager.

Mose antwortete: Nicht Siegesgeschrei, auch nicht Geschrei nach Niederlage ist das Geschrei, das ich höre.

Als Mose dem Lager näher kam und das Kalb und den Tanz sah, entbrannte sein Zorn. Er schleuderte die Tafeln fort und zerschmetterte sie am Fuß des Berges. Dann packte er das Kalb, das sie gemacht hatten, verbrannte es im Feuer und zerstampfte es zu Staub. Den Staub streute er in Wasser und gab es den Israeliten zu trinken.

Exodus 32,17–20

Kapitel 33–34: Kommentar

Erschrocken über das Verhalten des Volks, leistet Mose Fürsprache und bittet, die Herrlichkeit des HERRN schauen zu dürfen. Kein Mensch kann Gott erblicken und weiterleben, doch der HERR erscheint vor Mose und enthüllt die Bedeutung des heiligen Namens Jahwe und ruft: „Ein barmherziger und gnädiger Gott […] reich an Huld und Treue." Dies ist die Vorstellung von Gott, die Israel geformt hat; sie wird oft in der Bibel zitiert und ist Referenz.

Brechen des Gesetzes
Als Mose 40 Tage lang mit Gott auf dem Berge Sinai war, wandten sich die Israeliten dem Götzendienst zu. Nach seiner Rückkehr zerschmettert Mose voller Wut die Tafeln mit den Zehn Geboten.

Kapitel 40: Kommentar

Die Wolke ist das Symbol der göttlichen Gegenwart. Das gleiche Phänomen tritt bei Salomos Tempelweihe in 1. Könige 8 sowie bei Jesajas Vision im Tempel in Jesaja 6 auf. Dieses Bild erscheint auch in der Wolkensäule, die die Israeliten durch die Wüste führt.

2 12

Mose bittet Gott, den Israeliten zu vergeben, was auch geschieht. Danach bittet Mose darum, Gottes Herrlichkeit zu sehen, doch Gott lässt ihn nur seinen Rücken schauen.

Kapitel 33

3 8 17

Gott beauftragt Mose, Ersatz für die beiden zerbrochenen Steintafeln zu leisten und mit ihm dann auf dem Berg Sinai wieder zusammenzutreffen, damit er für ihn erneut die Zehn Gebote aufschreibt.

Kapitel 34

11

Das Volk bringt das Material zum Bau des Heiligtums und der entsprechenden Gegenstände. Dann machen sich Bezalel, Oholiab und weitere geschickte Männer an die Arbeit.

Kapitel 35

11 16

Die Israeliten spenden mehr Material, als die Arbeiter brauchen. Der Bau und das Aussehen des Heiligtums werden detailliert wiedergegeben.

Kapitel 36

11 16

Bezalel baut die Bundeslade. Details ihres Materials, ihrer Form und Größe werden genannt. Andere stellen das Heiligtum, den Leuchter und den Räucheraltar her.

Kapitel 37

11 16

Die anderen Arbeiter bauen den Brandopferaltar, das Becken und den Hof. Es folgt eine detaillierte Liste des benutzten Materials.

Kapitel 38

11 16

Geschickte Handwerker fertigen zuletzt die priesterlichen Gewänder an. Nachdem alles hergestellt worden ist, überprüft Mose die Ergebnisse und segnet dann die Menschen für ihre schwere Arbeit.

Kapitel 39

8 11

Gott beauftragt Mose, das Heiligtum zu errichten, die Priester zu weihen und die Gebotstafeln in die Bundeslade zu stellen. Danach erfüllt die Herrlichkeit Gottes das Heiligtum.

Kapitel 40

Levitikus 3. Buch Mose

Übersicht

Das Buch Levitikus schreibt Israels liturgische Antwort auf Gott fest und zeigt, wie Israel die Heiligkeit Gottes verstand. Es heißt „Levitikus", weil der Stamm Levi der Priesterstamm war, die Wächter des Opferrituals und der Feste, die den Rhythmus des Lebens Israels vorgaben. Das Opferritual war zentral für Israels Sicht auf das Leben und seine Beziehung zu Gott.

Der erste Teil des Buchs schreibt die Vorbereitung und Einsetzung der Priester für die Ausführung des Opferrituals vor. Der zweite Teil teilt die Elemente des Lebens in rein und unrein. Viele dieser Regeln beruhen auf offensichtlichen Hygienegrundsätzen,

11

Kapitel 1

Mose soll ein Brandopfer darbringen: Welches Tier verbrannt wird, beruht darauf, wie viel der Opfernde sich leisten kann.

11

Kapitel 2

Gott erklärt die Anforderungen für ein Speiseopfer.

11

Kapitel 3

Gott erklärt die Anforderungen für ein Heilsopfer.

11

Kapitel 4

Gott erklärt die Anforderungen für ein Sündopfer. Welches Tier zu opfern ist, hängt davon ab, wer gesündigt hat: Priester, Gemeinde oder jemand aus dem Volk.

3 11

Kapitel 5

Gott erklärt, dass jeder, der nicht Zeugnis ablegt, wenn er danach gefragt wird, ein Sündopfer darbringen muss. Die, die unabsichtlich sündigen, müssen ein Schuldopfer darbringen.

Kapitel 1: Kommentar

Die ersten drei Kapitel beschreiben das Ritual der drei wichtigsten Opferarten: Ein Tier wird vollständig verbrannt; ein Speiseopfer, von dem ein Teil den Priestern gegeben wird; ein Opfer, das zwischen Gott und dem Opfernden geteilt wird. Diese letzte Opferart ist die rituelle Schlachtung eines Tieres zum Essen; dabei wird anerkannt, dass das durch Blut versinnbildlichte Leben eine Gabe Gottes ist. Die Geste der Handauflegung auf den Kopf des Tieres symbolisiert die Identifizierung des Opfernden mit dem Tier.

Ist seine Opfergabe ein Brandopfer vom Rind, so bringe er ein männliches Tier ohne Fehler dar; er soll es an den Eingang des Offenbarungszeltes bringen, damit es vor dem Herrn Annahme findet. Er lege seine Hand auf den Kopf des Opfertiers, damit es für ihn angenommen werde, um ihn zu entsühnen. Er soll dann den Stier vor dem Herrn schlachten, und die Söhne Aarons, die Priester, sollen das Blut darbringen. Sie sollen es ringsum an den Altar sprengen, der am Eingang des Offenbarungszeltes steht. Dann soll er das Opfer abhäuten und es in Stücke zerlegen.

Levitikus 1,3-6

Kapitel 4: Kommentar

Eine versehentlich begangene Sünde mag ein Widerspruch in sich sein, doch man spürte, dass sie die natürliche Ordnung verletzen konnte, vor allem, wenn sie die Grenzen von rein und unrein überschritt. Auch Sorglosigkeit kann schuldhaft sein.

andere auf Aberglauben; ihre Bedeutung ist für uns unklar. Der dritte Teil wird Heiligkeitsgesetz genannt. Es sind Regeln, mit denen Israel ausdrückt, dass Werden und Vergehen überwältigend sind, speziell in Verbindung mit der göttlichen Heiligkeit.

Obwohl die in diesem Buch vorgeschriebenen Rituale alt und oft mysteriös sind, erlangten das Buch und seine Lehren ihre letzte Form vermutlich erst am Ende des Babylonischen Exils, vielleicht erst im 5. Jh. v. Chr. Die Zuschreibung zu Mose und die Stellung des Buchs unter den ersten Büchern der Bibel zeigen seine Bedeutung für Israels Leben und Gesinnungen.

11

Kapitel 6

Das Schuldopfer gilt auch für den, der einen Nachbarn täuscht. Es folgen detaillierte Regeln zum Brandopfer, zum Speiseopfer und zum Sündopfer.

11

Kapitel 7

Gott erklärt das Schuldopfer und das Heilsopfer. Er verbietet, Fett und Blut zu essen, und entscheidet, welche Teile des Opfers den Priestern gehören.

11

Kapitel 8

Auf Gottes Geheiß setzt Mose Aaron und seine Söhne zu Gottes Priestern ein; die Einsetzungszeremonie wird genau beschrieben.

11

Kapitel 9

Aaron und seine Söhne vollziehen einige Sündopfer, Brandopfer, Heilsopfer und Speiseopfer. Dann erscheint ein Feuer und verschlingt die Brandopfer.

Kapitel 6: Kommentar

Das tägliche Opfer im Tempel war ein Zeugnis für Israels anhaltende Treue zu Gott. Es wurde nur durch die Plünderung des Tempels durch Nebukadnezzar und die Entweihung des Tempels durch Antiochus Epiphanes unterbrochen. Erst nach der Plünderung des Tempels durch die Römer im Jahre 70 n. Chr. wurde es dauerhaft nicht mehr dargebracht.

Da sagte Mose zu Aaron: Das ist es, was der Herr meinte, als er sprach: An denen, die mir nahe sind, erweise ich mich heilig, und vor dem ganzen Volk zeige ich mich herrlich. Aaron schwieg.

Levitikus 10,3

3 9 11

Kapitel 10

Nadab und Abihu opfern das falsche Räucherwerk, weshalb Gott sie tötet. Dann warnt Mose Aaron und seine Söhne, sie sollen keinen Alkohol trinken, während sie im Heiligtum dienen.

3 16

Kapitel 11

Gott führt die Tiere an, die die Israeliten essen dürfen, etwa Kühe und Grashüpfer, und jene, die sie nicht essen dürfen, wie Schweine und Reptilien.

Kapitel 11: Kommentar

Viele dieser Tabus beruhen auf Hygienetheorien, doch spiegeln sie auch das Leben der Israeliten wider (so wie das Essen von Hunden in vielen modernen Gesellschaften tabuisiert ist). Vor allem Aasfresser und Reptilien werden gemieden, und der einzig erlaubte Fisch ist derjenige, der durch Einsalzen haltbar gemacht werden kann.

3

Kapitel 12

Frauen waren, abhängig vom Geschlecht ihres Kindes, ab der Geburt 40 oder 80 Tage lang zeremoniell unrein. Söhne müssen am achten Tag nach der Geburt beschnitten werden.

Kapitel 12: Kommentar

Das Gesetz der Unreinheit nach der Geburt soll die Frauen zu einem wichtigen Zeitpunkt vor sexueller Belästigung schützen. Männliche Beschneidung, einst ein Pubertätsritual der Reinheit, wurde zum Zeichen der Zugehörigkeit zu Gottes Volk und damit zum Zeichen des Glaubens.

3

Kapitel 13

Gott erklärt, wie man jemanden behandeln soll, der mit einer Hautkrankheit wie Lepra darniederliegt. Gott erklärt auch, wie man Schimmel auf Stoff behandeln soll.

3

Kapitel 14

Wenn jemand von einer Hautkrankheit oder verschimmeltem Stoff gereinigt worden ist, bestätigt der Priester dies und bringt Opfergaben dar.

3

Kapitel 15

Gott erklärt, was mit körperlichen Absonderungen unterschiedlicher Art zu tun sei – wie Blut, Eiter oder Samen –, und die Opfergaben, die als Teil des Reinigungsrituals dargebracht werden sollen.

3

Kapitel 16

Einmal im Jahr, am Versöhnungstag, betritt der Hohepriester das Allerheiligste, um ein Opfer für die kollektiven Sünden der Israeliten darzubringen.

3 11

Kapitel 17

Opfer dürfen nur von offiziellen Priestern vollzogen werden und nur im Heiligtum. Das Essen von Blut oder tot aufgefundenen Tieren ist verboten.

3

Kapitel 18

Die Israeliten dürfen sich nicht wie die Ägypter oder Kanaaniter verhalten und verschiedene Sexualpraktiken sind verboten. Die Israeliten dürfen ihre Kinder nicht dem Gott Moloch opfern.

3

Kapitel 19

Gott wiederholt die Zehn Gebote, erweitert sie und verbietet verschiedene okkulte Praktiken. Er sagt den Menschen, sie sollen andere lieben, die Alten respektieren und Fremde gut behandeln.

Kapitel 13: **Kommentar**

Die biblische Vorstellung von Lepra geht viel weiter als die moderne Diagnose des *Microbacterium leprae*. Sie bezieht sich auch auf verschiedene Hautkrankheiten und Schimmel oder Pilze auf Mauern oder Stoff. Sinn dieser Regeln ist die Vermeidung von Ansteckung. Die Befreiung von der Indikation muss durch eine qualifizierte Person bestätigt werden.

Kapitel 15: **Kommentar**

Die Regeln um die lebensspendenden Vorgänge der Sexualität zeigen die Heiligkeit dieser Teilhabe an der göttlichen Gabe des Lebens. Sie begrenzen zudem durch Sexualität übertragene Krankheiten und schützen die Rechte der Frauen.

Kapitel 16: **Kommentar**

Die Feiern am jährlichen Versöhnungstag vereinen mehrere Rituale. Die Austreibung des Sündenbocks ist ein uraltes Symbol für die Vertreibung des Bösen. Das versprengte Opferblut auf Altar und Menschen versinnbildlicht die Erneuerung und das Teilen des Lebens. Fasten ist ein Symbol für Reue: Wenn man bedrückt ist, ist einem nicht nach Essen zumute.

Kapitel 17: **Kommentar**

Das Heiligkeitsgesetz (Kap. 17–26) ist der jüngste Teil des Buchs, wahrscheinlich nachexilisch. Es hebt Israel von anderen Völkern ab und zeigt ihm, wie es an der Heiligkeit Gottes Anteil haben kann.

[…] Ich bin der Herr. Wenn bei dir ein Fremder in eurem Land lebt, sollt ihr ihn nicht unterdrücken. Der Fremde, der sich bei euch aufhält, soll euch wie ein Einheimischer gelten und du sollst ihn lieben wie dich selbst; denn ihr seid selbst Fremde in Ägypten gewesen. Ich bin der Herr, euer Gott.

Levitikus 19,32–34

Das Heiligtum
Gott gab den Israeliten genaue Anweisungen für den Bau eines Anbetungs- und Opferzelts und erklärte die Details der Kleidung für die Priester.

Sechs Tage soll man arbeiten, aber am siebten Tag ist vollständiger Ruhetag, ein Tag heiliger Versammlung, an dem ihr keinerlei Arbeit verrichten dürft. Es ist ein Feiertag zur Ehre des Herrn überall, wo ihr wohnt.

Levitikus 23,3

3

Gott erklärt die Strafen, die nach der Verletzung einzelner Gesetze Gottes notwendig sind, und wiederholt dabei viele der zuvor aufgezählten Verbote.

Kapitel 20

3 11

Das Verhalten der Priester wird geregelt: wen sie heiraten dürfen und wie sie sich verhalten sollen, wenn jemand stirbt. Behinderte können nicht Priester werden.

Kapitel 21

11

Zeremoniell unreine Priester sind vom Opferdienst ausgeschlossen. Gott geweihte Nahrung kann nur von Priestern und ihren Familien gegessen werden. Gewisse Opfer sind verboten.

Kapitel 22

Kapitel 25: Kommentar

Das Sabbatjahr. So wie jeder siebte Tag ein Tag der Ruhe für die Menschen ist, bedeutet jedes siebte Jahr eine Ruhezeit für die Erde und das Anerkennen, dass alles vom HERRN kommt. Im Jubeljahr (so genannt nach *jobél* (Trompete), die dieses Jahr verkündete) sollten alle hebräischen Sklaven freigelassen, alle Schulden erlassen, alles Land an seine früheren Besitzer zurückgegeben werden. Zu gewissen Zeiten werden diese Jahre mehr oder weniger treu befolgt worden sein.

11

Die festgelegten Feiertage Israels: Sabbat, Pascha und Fest der Ungesäuerten Brote, Erstlingsfrüchte, Wochenfest, Neujahrstag, Versöhnungsfest, Laubhüttenfest.

Kapitel 23

3 9 11

Zwölf Laibe Brot liegen auf einem Tisch im Heiligtum. Gott befiehlt die Tötung eines der Blasphemie schuldigen Mannes und wiederholt mehrere andere Gesetze.

Kapitel 24

Wenn ihr nach meinen Satzungen handelt, auf meine Gebote achtet und sie befolgt, so gebe ich euch Regen zur rechten Zeit; die Erde liefert ihren Ertrag, und der Baum des Feldes gibt seine Früchte; die Dreschzeit reicht bei euch bis zur Weinlese und die Weinlese bis zur Aussaat. Ihr esst euch satt an eurem Brot und wohnt in eurem Land in Sicherheit. Ich schaffe Frieden im Land: Ihr legt euch nieder, und niemand schreckt euch auf. Ich lasse die Raubtiere aus dem Land verschwinden. Kein Schwert kommt über euer Land.

Levitikus 26,3–6

3

Jedes siebte Jahr dürfen die Felder weder gepflügt noch geerntet werden. Jedes 50. Jahr müssen Schulden erlassen, Land an die ursprünglichen Besitzer zurückgegeben und Sklaven befreit werden.

Kapitel 25

3 14

Gott verspricht den Israeliten Segen und Wohlstand, wenn sie seine Gesetze einhalten, Strafe für Ungehorsam und Vergebung für Sündenbekenntnis und Buße.

Kapitel 26

Kapitel 27: Kommentar

Dieser Zusatz wurde nach dem Exil angehängt. *Herem*, der Bann des Unreinen (Verse 28–29), sollte die Verunreinigung Israels durch andere Völker und Gebräuche verhindern; man sollte erkennen, dass aller Sieg von Gott kommt. Oft ist er als bloße Theorie abgetan worden, doch wird er in 1. Samuel 15,33 ohne Mitleid angewandt.

3

Gott erklärt die Bestimmungen, wie man Gott etwas weiht, ebenso die Kosten, um es wieder auszulösen. Auch erklärt er, was nicht zurückgekauft werden kann.

Kapitel 27

Numeri 4. Buch Mose

Übersicht

- **I** Die Volkszählung 1,1–4,49
- **II** Verschiedene Gesetze 5,1–8,26
- **III** Pascha und Wüstenwanderungen 9,1–14,45
- **IV** Gesetze zur Regelung der Liturgie 15,1–19,22
- **V** Weitere Wüstenwanderungen 20,1–25,16
- **VI** Weitere Gesetzgebung 26,1–36,13

Der griechische Titel „Numeri" für dieses Buch ist von der Volkszählung zu Beginn und am Ende des Buchs abgeleitet. Passender ist der hebräische Titel nach den ersten Worten des Buchs: „In der Wüste", denn das Buch beschreibt hauptsächlich die Wanderungen des Volks Israel durch die Wüste sowie Begebenheiten, die die Tradition und die spätere Lebensweise des Volks formten, nachdem es sich in Kanaan niedergelassen hatte. Einiges von

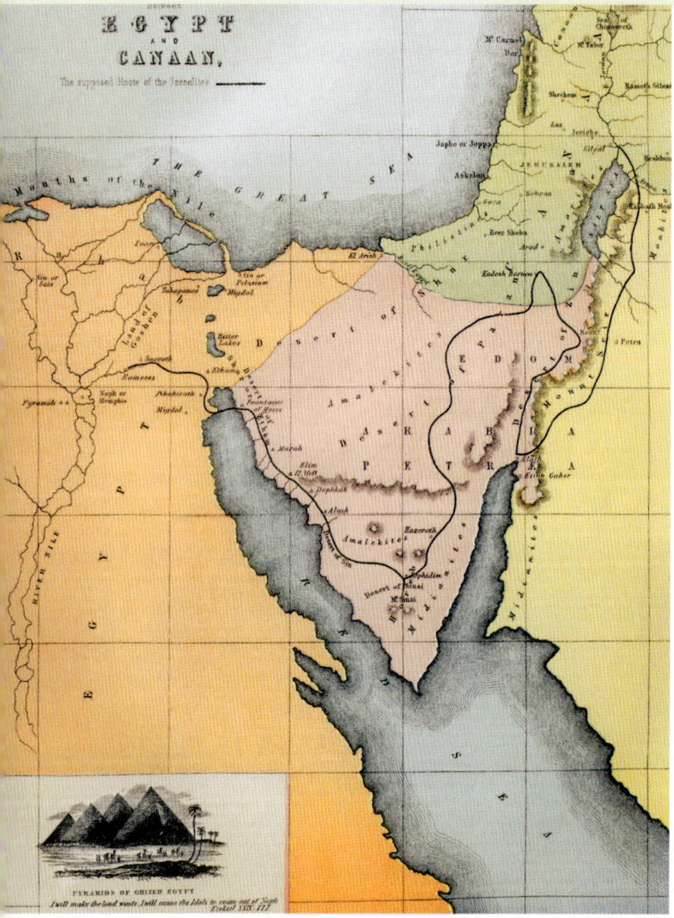

Die Wanderung
Die Israeliten verließen die Gegend um Goschen in Ägypten und wanderten 40 Jahre lang in dem Gebiet, das heute die Halbinsel Sinai ist. Die schwarze Linie auf der Karte zeigt den Weg, den der Stamm nahm.

Kapitel 1: Kommentar

Vieles von dem hier Dargestellten spiegelt Zeiten, die nach dem Exodus liegen. Wie viele Zahlen in der Bibel sind auch diese eher symbolisch als historisch. Sie würden einer Bevölkerung von insgesamt zwei Millionen Menschen entsprechen. Die zwölf Stämme sind zudem ein späteres Konstrukt: Nicht alle kamen aus Ägypten. Der Stamm Juda scheint später aus mehreren Untergruppen gebildet worden zu sein.

Am ersten Tag des zweiten Monats im zweiten Jahr nach dem Auszug aus Ägypten sprach der Herr in der Wüste Sinai im Offenbarungszelt zu Mose: Ermittelt die Gesamtzahl der Israeliten in der Gemeinde, geordnet nach Sippenverbänden und Großfamilien; zählt mit Namen alle Männer, die zwanzig Jahre und älter sind, alle wehrfähigen Israeliten. Mustert sie für ihre Heeresverbände, du und Aaron! Aus jedem Stamm soll euch dabei ein Mann helfen, und zwar jeweils das Haupt einer Großfamilie.

Numeri 1,1–4

16

Kapitel 1

Mose nimmt eine Zählung der israelitischen Männer ab 20 Jahren nach Stämmen vor. Insgesamt kommt er auf 603 550 Männer, den Stamm Levi ausgenommen.

dem Material, einschließlich alter magischer Praktiken, mag aus früheren Zeiten herrühren; andere Geschichten handeln von Davids Eroberung und Reich; die weitere Gesetzgebung stammt von der priesterlichen Gesetzgebung nach der Rückkehr aus dem Exil. Insgesamt bildet das Buch eine reiche Sammlung an Bräuchen, aber auch Sorgen des Volks Israel. Besonders bedeutsam für die Hoffnungen Israels ist der Vorfall mit Bileam (Kap. 22–24).

Mirjam, die Schwester Moses
Mirjam, Moses Schwester, half, Mose zu verstecken, als er ein Säugling war, war Vorsängerin für die Israeliten und machte Mose die Führerschaft über die Israeliten streitig (Numeri 12).

Hiermit nehme ich die Leviten als Ersatz für alle erstgeborenen Israeliten, die den Mutterschoß durchbrechen. Die Leviten gehören mir; denn alle Erstgeborenen gehören mir. Als ich in Ägypten alle Erstgeborenen erschlug, habe ich alle Erstgeborenen in Israel mir geheiligt, bei den Menschen und beim Vieh. Mir gehören sie; ich bin der Herr.

Numeri 3,12–13

16

Immer wenn die Israeliten auf ihrer Reise zum gelobten Land innehalten, bilden die zwölf Stämme ein Lager um das Heiligtum, drei Stämme auf jeder Seite.

Kapitel 2

16

Mose zählt die Leviten und die erstgeborenen männlichen Israeliten. Es gibt 273 mehr erstgeborene Israeliten als levitische Männer; jeder der Überzähligen muss fünf Schekel zahlen.

Kapitel 3

Kapitel 5: Kommentar

Frauen, die des Ehebruchs verdächtigt wurden, waren barbarischen Prozessen unterworfen, was bis ins Mittelalter anhielt.

16

Mose zählt die Kehatiter im Stamme Levi und weist ihnen ihre Aufgaben zu. Das Gleiche geschieht mit den Gerschonitern und den Meraritern, weiteren Teilen des Stammes Levi.

Kapitel 4

[…] Wenn ein Mann oder eine Frau etwas, das dem Herrn gehört, veruntreut hat, […] dann ist dieser Mensch schuldig geworden. Sie sollen die Sünde, die sie begangen haben, bekennen, und der Schuldige soll das, was er schuldet, voll ersetzen und dem, an dem er schuldig geworden ist, noch ein Fünftel dazugeben.

Numeri 5,6–7

3

Die zeremoniell Unreinen sitzen außerhalb des Lagers. Wer ungerecht behandelt wurde, muss entschädigt werden. Ein Mann, der seine Frau für untreu hält, hat bestimmte Möglichkeiten.

Kapitel 5

3 5 11

Kapitel 6

Ein Israelit kann ein Nasiräergelübde ablegen, demzufolge er fermentierten Getränken, Trauben, Rosinen und dem Haareschneiden entsagt. Er muss Leichen meiden. Die Priester geben den Segen.

11 16

Kapitel 7

Während der zwölf Tage, die man braucht, um das Heiligtum zu weihen und für die Anbetung zu öffnen, bringt jeder Stamm Geschenke aus Silber, Gold und Opfertieren.

11

Kapitel 8

Die Leviten werden in einer öffentlichen Zeremonie zum Dienst an Gott geweiht. Nur Leviten, die 25 bis 50 Jahre alt sind, dürfen im Heiligtum dienen.

8 11

Kapitel 9

Während des zweiten Jahres außerhalb Ägyptens feiert das Volk das Paschafest. Danach bedeckt Gottes Wolke das Heiligtum. Die Israeliten nehmen ihre Reise erst dann wieder auf, wenn die Wolke sich erhebt.

16

Kapitel 10

Zwei Silbertrompeten werden hergestellt, um die Gemeinde zusammenzurufen und das Lager abzubrechen. Nachdem sich Gottes Wolke erhebt, verlassen die Israeliten den Sinai und reisen drei Tage lang.

7 9

Kapitel 11

Das Volk beschwert sich über das Essen und Mose vermittelt für sie. Gott sendet seinen Geist auf die 70 Ältesten Israels, damit sie Mose helfen.

Der Herr segne dich und behüte dich.
Der Herr lasse sein Angesicht über dich leuchten und sei dir gnädig.
Der Herr wende sein Angesicht dir zu und schenke dir Heil.
So sollen sie meinen Namen auf die Israeliten legen, und ich werde sie segnen.

Numeri 6,24–27

Kapitel 6: Kommentar

Nazir bedeutet „sich absondern". Das ungeschnittene Haar ist ein Symbol für Stärke, die dem HERRN geweiht ist. Verzicht auf Trauben bedeutet das Meiden von jeglichem Luxus, die strikten Reinheitsregeln ähneln denen der priesterlichen Weihe.

Kapitel 9: Kommentar

In der ganzen Bibel ist die Wolke oft das Symbol für die Gegenwart Gottes. Sie bewegt sich geheimnisvoll und unvorhersehbar. Als Salomo den Tempel weiht, ist dieser von einer solchen Wolke erfüllt (1. Könige 8). Wenn die Gegenwart Gottes den Tempel im Exil verlässt, geschieht das in einer Wolke (Ezechiel 10). Bei der Verklärung Jesu ist er von einer leuchtenden Wolke umhüllt (Matthäus 17).

[…] Als man die Wohnstätte aufstellte, bedeckte eine Wolke […] das Zelt der Bundesurkunde. Am Abend legte sie sich wie ein Feuerschein über die Wohnstätte und blieb dort bis zum Morgen. So war es die ganze Zeit: Bei Tag bedeckte die Wolke die Wohnstätte und bei Nacht der Feuerschein. […] Wenn sich die Wolke über dem Zelt erhob, brachen die Israeliten auf, und wo sich die Wolke niederließ, dort schlugen die Israeliten ihr Lager auf.

Numeri 9,15–17

Mose sagte zum Herrn: Warum hast du deinen Knecht so schlecht behandelt, und warum habe ich nicht deine Gnade gefunden, dass du mir die Last mit diesem ganzen Volk auferlegst? Habe denn ich dieses ganze Volk in meinem Schoß getragen, oder habe ich es geboren, dass du zu mir sagen kannst: Nimm es an deine Brust, wie der Wärter den Säugling, und trag es in das Land, das ich seinen Vätern mit einem Eid zugesichert habe? Woher soll ich für dieses ganze Volk Fleisch nehmen? Sie weinen vor mir und sagen zu mir: Gib uns Fleisch zu essen!

Numeri 11,11–15

Kapitel 13–14: Kommentar

Dies ist eine zusammengesetzte Erzählung. Das Original beschreibt eine Erkundung Kanaans; die meisten Boten geben ungünstige Berichte und eine halbherzige Attacke schlägt fehl. Ein deuteronomischer Zusatz (13,13–25) ermöglicht es dem Stamme Kaleb, von Süden einzudringen, obwohl die Mehrheit Israels von Osten eindrang, nördlich des Toten Meeres. Ein weiterer Zusatz (13,26–28) schickt die Expedition weit in den Norden, wenige Kilometer vor Damaskus.

Von dort kamen sie in das Traubental. Dort schnitten sie eine Rebe mit einer Weintraube ab und trugen sie zu zweit auf einer Stange, dazu auch einige Granatäpfel und Feigen. Den Ort nannte man später Traubental wegen der Traube, die die Israeliten dort abgeschnitten hatten. Vierzig Tage, nachdem man sie zur Erkundung des Landes ausgeschickt hatte, machten sie sich auf den Rückweg.

Numeri 13,23–25

Sie erzählten Mose: Wir kamen in das Land, in das du uns geschickt hast: Es ist wirklich ein Land, in dem Milch und Honig fließen; das hier sind seine Früchte. Aber das Volk, das im Land wohnt, ist stark, und die Städte sind befestigt und sehr groß. Auch haben wir die Söhne des Anak dort gesehen. Amalek wohnt im Gebiet des Negeb, die Hetiter, die Jebusiter und Amoriter wohnen im Gebirge, und die Kanaaniter wohnen am Meer und am Ufer des Jordan.

Numeri 13,27–29

Kapitel 16: Kommentar

Die Strafe für Rebellion. Scheol ist die Unterwelt, das Reich der Toten, wo alle ein kraftloses Halbleben führen, unfähig, selbst Gott zu preisen. Der Glaube an ein Leben nach dem Tod wird erst in 2 Makkabäer 7 und Daniel 12 entwickelt, obwohl er in mehreren Psalmen angedeutet wird.

2 | 9 | 17

Kapitel 12

Mose heiratet eine Kuschiterin, weshalb Mirjam und Aaron über Moses Führerschaft klagen. Gott sagt ihnen, dass Mose zu Recht damit betraut ist, und macht Mirjam für eine Woche leprös.

17

Kapitel 13

Mose sendet zwölf Männer aus, die Kanaan erforschen sollen. Zehn von ihnen sagen, es sei unmöglich, Kanaan zu erobern, doch Josua und Kaleb stimmen dem nicht zu.

Die Trauben Kanaans
„Dort schnitten sie eine Rebe mit einer Weintraube ab und trugen sie zu zweit auf einer Stange." (Numeri 13,23).

2 | 9 | 12

Kapitel 14

Die Israeliten wollen aufgeben und nach Ägypten zurückkehren. Daher sagt Gott ihnen, dass die, die älter als 20 Jahre sind, in der Wildnis sterben werden.

3 | 9

Kapitel 15

Weitere Regelungen: Sühne für Vergehen aus Nachlässigkeit. Die Nichteinhaltung des Sabbats wird mit dem Tode bestraft.

9

Kapitel 16

Korach, Datan und Abiram rebellieren gegen Moses Autorität und werden bestraft, indem die Erde sie verschluckt.

8 17

Kapitel 17

Gott setzt der Unzufriedenheit gegen Mose und Aaron ein für alle Mal ein Ende, als von zwölf namentlich gekennzeichneten Stäben nur derjenige Aarons sprießt, Knospen bildet und Mandeln trägt.

11

Kapitel 18

Nur Aaron und seine Nachkommen können Priester werden. Die anderen Leviten dienen als Hilfskräfte. Kein Priester oder Levit darf eigenes Land besitzen.

11

Kapitel 19

Eine rote Färse wird geopfert. Die Asche wird an einen zeremoniell reinen Ort gebracht, um bei Bedarf mit Wasser vermischt zu werden, um all die zu „reinigen", die Tote berührt haben.

4 17

Kapitel 20

Moses Schwester Mirjam stirbt. Nachdem die Edomiter den Israeliten den Durchzug durch ihr Land verboten haben, stirbt Moses Bruder Aaron.

9 17

Kapitel 21

Einnahme von Arad in der nördlichen Negeb-Wüste. Israels Klagen lösen eine Schlangenplage aus, die durch ein Zaubermittel eingedämmt werden kann.

8 17

Kapitel 22

Als Bileam sich anschickt, die Israeliten zu verfluchen, wie Moabs König Balak es will, spricht Bileams Esel zu ihm. Ein Engel ermahnt Bileam, er solle nur Gottes Worte sprechen.

5 7 17

Kapitel 23

Anstatt die Israeliten zu verfluchen, segnet Bileam sie zweimal. Der wütende Balak führt Bileam an einen anderen Ort und befiehlt ihm, Israel zu verfluchen.

5 7 17

Kapitel 24

Anstelle eines Fluchs segnet Bileam die Israeliten erneut. Der wütende Balak schickt Bileam ohne Lohn fort, weshalb Bileam vier weitere Segnungen für Israel verkündet.

Mose berichtete es den Israeliten. Darauf gaben ihm alle Stammesführer die Stäbe, jede Großfamilie eines Stammesführers einen, im Ganzen also zwölf Stäbe. Auch Aarons Stab war darunter. Mose legte die Stäbe im Offenbarungszelt vor dem Herrn nieder. Als Mose am nächsten Tag zum Zelt der Bundesurkunde kam, da war der Stab Aarons, der das Haus Levi vertrat, grün geworden; er trieb Zweige, blühte und trug Mandeln.

Numeri 17,6–8

Kapitel 19: **Kommentar**

Rot ist die Farbe des Bluts und des Lebens. Diese und andere magische Riten wurden von Nachbarvölkern übernommen, so etwa das Gericht durch Gottesurteil (5,16–28) und der Sündenbock (Levitikus 16,5–10).

Kapitel 20: **Kommentar**

Auch in Exodus 17 wird beschrieben, wie Mose auf den Felsen schlägt. Seine Bestrafung scheint in keinem Verhältnis zu seinem Vergehen zu stehen. Vielleicht war sein wirklicher Fehler so schwerwiegend, dass dieser aus Verehrung für diesen großen Anführer unterschlagen wurde.

Kapitel 21: **Kommentar**

Dieser Gleichheitszauber – eine Schlange, um Schlangen abzuwehren – wird mit den antiken Bronzen von Timna verbunden, wo kupferne Schlangen gefunden wurden. Hier liegt zugleich der Ursprung des Zeichens für Medizin, das bis heute benutzt wird. Die Geschichten vom Streit mit Transjordanien sind historisch problematisch: Damals gab es keinen König von Moab, und das Land war nicht genügend bewohnt oder organisiert, um einen Durchzug zu verhindern. Diese Lesart wurde vielleicht bewirkt durch spätere Konflikte zwischen Israel und den Gebieten von Moab und Edom.

Kapitel 22: **Kommentar**

Die Geschichte Bileams ist voller Ironie und Humor. Solche professionellen Seher kannte man in Mesopotamien, aber nicht alle ihre Esel konnten sprechen, schon gar nicht ihre Herren belehren. Bileams letztes Orakel erinnert an königliche messianische Verheißungen (24,17) und an den Streit mit den Philistern (24,24).

Gott ist kein Mensch, der lügt, kein Menschenkind, das etwas bereut.
Spricht er etwas und tut es dann nicht, sagt er etwas und hält es dann nicht?
Sieh her, ich habe es übernommen zu segnen; so muss ich segnen, ich kann's nicht widerrufen.

Numeri 23,19–20

Der Herr sprach zu Mose: Steig auf das Abarimgebirge dort, und sieh dir das Land an, das ich den Israeliten gegeben habe. Wenn du es gesehen hast, wirst du mit deinen Vorfahren vereint werden wie dein Bruder Aaron; denn ihr habt euch in der Wüste Zin meinem Befehl widersetzt, als die Gemeinde aufbegehrte.

Numeri 27,12–14

9 | 17

Anführer des Volks beteiligen sich an der Anbetung fremder Götter. Pinhas durchbohrt ein Paar, das götzendienerische Fruchtbarkeitsriten vollzieht.

Kapitel 25

16

Nach der Plage zählt Mose ein zweites Mal die Israeliten. Alle, die bei der ersten Zählung erfasst wurden, waren während der 40 Jahre der Wanderschaft gestorben.

Kapitel 26

3 | 17

Die Töchter von Zelofhad sind die ersten Frauen, die Erbschaftsrechte erhalten. Josua wird zum Führer des Volkes in der Nachfolge Moses ernannt.

Kapitel 27

3 | 17

Eine Aufzählung der regulären Gaben und Opfer: die täglichen, wöchentlichen und monatlichen Opfer, zum Paschafest und zum Wochenfest.

Kapitel 28

Kapitel 28: Kommentar

Die Regelungen für die Feste müssen nach dem Exil entstanden sein, als sich die jüdische Gemeinde im Heiligen Land unweit von Jerusalem sammelte. Diese und andere Regelungen sind anachronistisch dem Mose zugeschrieben worden, obwohl es ein festes Sanktuarium zu dieser Zeit nicht gab. So soll gezeigt werden, dass die gesamte jüdische Lebensweise als Konsequenz der Gründung des Volks Gottes zum Zeitpunkt des Auszugs zu sehen ist.

Aarons blühender Stab
Nach Korachs Rebellion gegen Mose und Aaron erhielt Mose auf Gottes Geheiß zwölf Stäbe, einen von jedem Anführer der Stämme Israels. Nur der Stab Aarons erblühte.

11

Kapitel 29

Eine Aufzählung der Gaben und Opfer für das Neujahrsfest, den Versöhnungstag und das Laubhüttenfest.

3

Kapitel 30

Schwüre können nicht gebrochen werden, doch der Vater einer unverheirateten oder der Ehemann einer verheirateten Frau können jeden Schwur der jeweiligen Frau für ungültig erklären, wenn sie davon erfahren.

9 17

Kapitel 31

Die Israeliten töten alle männlichen Moabiter und Midianiter, einschließlich König Balaks und des Propheten Bileam, und nehmen ihre Frauen, Kinder und Herden als Beute.

17

Kapitel 32

Den Stämmen von Ruben, Gad und Manasse wird erlaubt, sich östlich des Jordan niederzulassen, wenn ihre Männer zustimmen, an der Seite der anderen Stämme zu kämpfen, bis das ganze Land Kanaan erobert ist.

Kapitel 30: **Kommentar**

Die Regeln dieses Kapitels zeigen den anhaltend niederen Status der Frauen, bieten ihnen aber zumindest auch eigene Sicherheit.

Wenn ein Mann dem Herrn ein Gelübde ablegt oder sich durch einen Eid zu einer Enthaltung verpflichtet, dann darf er sein Wort nicht brechen.
Numeri 30,2

Kapitel 31: **Kommentar**

Diese Regeln zur Widmung von Gefangenen und Beute an den HERRN zeigen die nachexilische Angst vor Verschmelzung mit der Religion von Nachbarvölkern. Sie blieben Theorie; es gibt keinen Nachweis, dass sie generell in die Praxis umgesetzt wurden.

Pascha-Seder
Alljährlich sollten sich die Israeliten daran erinnern, wie Gott sie aus der ägyptischen Sklaverei rettete und ins Gelobte Land brachte.

Jüdische Feiertage Bezeichnungen (deutsch, hebräisch)	*Datum (hebräisch und modern)*
Sabbat, Shabbat	*alle sieben Tage*
Pascha, Pesach	*15. – 16. Nisan (März–April)*
Wochenfest, Pfingsten, Shavuot	*6. – 7. Sivan (Mai–Juni)*
Neujahr, Rosh Hashana	*1. Tisri (September–Oktober)*
Versöhnungstag, Jom Kippur	*9. Tisri (September–Oktober)*
Laubhüttenfest, Sukkot	*15. – 21. Tisri (September–Oktober)*

Der jüdische Kalender ist ein Mondkalender. Deshalb weichen die Feiertage alljährlich von unserem gregorianischen Kalender ab, der ein Sonnenkalender ist.

Bileam und sein Esel
Bileams Esel ging nicht weiter, weil er sah, dass ein Engel den Weg versperrte. Bileam schlug den Esel, der daraufhin erklärte, warum er sich weigerte weiterzugehen.

Dann nehmt das Land in Besitz, und lasst euch darin nieder; denn ich habe es euch zum Besitz gegeben. Verteilt das Land durch das Los an eure Sippen! Einem großen Stamm gebt großen Erbbesitz, einem kleinen Stamm gebt kleinen Erbbesitz! Worauf das Los eines jeden fällt, das soll ihm gehören. Teilt das Land so unter die Stämme eurer Väter auf! Wenn ihr die Einwohner des Landes vor euch nicht vertreibt, dann werden die, die von ihnen übrig bleiben, zu Splittern in euren Augen und zu Stacheln in eurer Seite. Sie werden euch in dem Land, in dem ihr wohnt, in eine große Gefahr bringen. Dann werde ich mit euch machen, was ich mit ihnen machen wollte.

Numeri 33,53–56

Unter den Städten, die ihr ihnen abgebt, sollen sechs Asylstädte sein, die ihr als Zufluchtsorte für den bestimmt, der einen Menschen erschlagen hat.

Numeri 35,6

16 17

Eine Zusammenfassung des Zugs der Israeliten von der Zeit an, als sie Ägypten verließen, bis sie gegenüber von Jericho auf der Ebene von Moab standen.

Kapitel 33

16

Die Grenzen Kanaans. Ein Mann aus jedem Stamm soll Eleasar und Josua bei der Landverteilung helfen.

Kapitel 34

16

Die Leviten lassen einige, über das Land verteilte Städte zu. Sechs dieser Städte wurden Fluchtorte für diejenigen, die sich unwillentlich des Totschlags schuldig gemacht hatten.

Kapitel 35

3

Die Töchter von Zelofhad dürfen nur Mitglieder ihres eigenen Stammes heiraten, damit das Eigentum ihres Vaters nicht auf andere Stämme übergeht.

Kapitel 36

Deuteronomium 5. Buch Mose

Übersicht

I Einführende Reden 1,1–11,32

a Erste Rede von Mose 1,1–4,43

b Zweite Rede von Mose 4,44–11,32

II Die Deuteronomische Gesetzessammlung 12,1–26,15

III Schlussreden 26,16–30,20

a Zweite Rede von Mose, Schluss 26,16–28,69

b Dritte Rede 29,1–30,20

IV Letzte Taten und Tod des Mose 31,1–34,12

Angesichts der Bedrohung durch die wachsende Macht der Könige von Babylon brachte König Joschija von Juda 612 v. Chr. eine Reformbewegung in Gang, die die religiöse Aktivität auf Jerusalem konzentrierte und die götzendienerischen Zeremonien lokaler Schreine abschaffte. Während des Wiederaufbaus des Tempels wurde dort ein Buch aufgefunden, das als zweite Version des Gesetzes Mose gepriesen wurde. Heute können Alter und Umfang dieses Buchs nicht mehr rekonstruiert werden; es mag das Produkt der kurzlebigen Reform König Hiskijas 50 Jahre früher gewesen sein. Diese Version des Gesetzes, die sich eng ans Original hielt, dabei aber einer fortschrittlicheren und stabileren Zivilisationsform angepasst wurde, ist Grundlage des Buchs Deuteronomium. Das Buch hat seine Grundlage in drei verschiedenen Perioden: dem von Mose selbst abgeleiteten Gesetz, der Zeit von Joschijas Reform am Vorabend des Exils sowie der Zeit des Exils selbst. Vermutlich bekam es seine endgültige Gestalt sogar

14 17

Kapitel 1

40 Jahre, nachdem die Israeliten Ägypten verlassen haben, erklärt Mose, wie sie in der Wüste umherwanderten, bis von der ursprünglichen Gruppe nur noch Josua und Kaleb übrig blieben.

Kapitel 1: Kommentar

Der Reisebericht der ersten drei Kapitel übernimmt die Daten aus Numeri 13, 14 und 21 und betont die wiederholten Rebellionen Israels, was im gesamten Buch hervorgehoben wird. Dies war eine Zeit der Prüfung und des wiederholten Scheiterns.

14 17

Kapitel 2

Mose fasst die Geschichte zusammen, seit die Israeliten Kadesch-Barnea verließen, bis sie Sihon schlugen, den König von Heschbon.

Denn welche große Nation hätte Götter, die ihr so nah sind, wie Jahwe, unser Gott, uns nah ist, wo immer wir ihn anrufen? Oder welche große Nation besäße Gesetze und Rechtsvorschriften, die so gerecht sind wie alles in dieser Weisung […]?

Deuteronomium 2,7

14 17

Kapitel 3

Auch Og wird geschlagen. Das Land von Sihon und Og wird den Stämmen Ruben und Gad gegeben. Mose darf das Gelobte Land nicht betreten. Josua wird seinen Platz einnehmen.

3 14

Kapitel 4

Gott wird die Israeliten verurteilen, wenn sie nicht gehorchen, doch es kann ihnen vergeben werden. Gott ist groß und liebt sie. Bezer, Ramot und Golan werden Asylstädte.

Denn welche große Nation hätte Götter, die ihr so nah sind, wie Jahwe, unser Gott, uns nah ist, wo immer wir ihn anrufen? Oder welche große Nation besäße Gesetze und Rechtsvorschriften, die so gerecht sind wie alles in dieser Weisung […]?

Deuteronomium 4,7–8

nach der Rückkehr aus dem Exil, denn einige Gesetze sind auf eine kleine Gemeinde zugeschnitten, wie etwa diejenige um die wieder errichtete Stadt Jerusalem.

Das Grundmuster des Buchs liefert das Thema der sogenannten Deuteronomischen Geschichte, des wichtigsten Teils der Geschichtswerke der Bibel, vom Anfang Josuas bis zum Ende der Bücher der Könige. Diese wurden verfasst, um das gleiche Grundmuster in der Beziehung zwischen Israel und Gott zu zeigen: einen Zyklus von Israels Untreue, Bestrafung durch fremde Eindringlinge, Reue und Rettung durch Gott. Dieses Grundmuster wird in der Geschichte des auserwählten Volks öfter wiederholt. Immer wieder wird in diesen Geschichtsbüchern darauf verwiesen. Die Abschnitte, wo der Bearbeiter der Geschichtswerke die Lehre hervorhebt, sind durch den charakteristischen, wiederholenden Stil des Buchs Deuteronomium gekennzeichnet und müssen derselben Denkschule entstammen.

Mose und der Bund
Das Buch Deuteronomium war der förmliche Vertrag, der den Besitz Israels von Ägypten auf Gott übertrug.

Kapitel 6: Kommentar

Die Verse 4–6 sind das zentrale Bekenntnis und Gebet des Judentums, das *Schma*, von jedem frommen Juden täglich gebetet. Auch von Jesus wird es zitiert als das Wichtigste der Gebote, von dem alle anderen abhängen.

Höre, Israel! Jahwe, unser Gott, Jahwe ist einzig. Darum sollst du den Herrn, deinen Gott, lieben mit ganzem Herzen, mit ganzer Seele und mit ganzer Kraft. Diese Worte, auf die ich dich heute verpflichtete, sollen auf deinem Herzen geschrieben stehen. Du sollst sie deinen Söhnen wiederholen. Du sollst von ihnen reden, wenn du zu Hause sitzt und wenn du auf der Straße gehst, wenn du dich schlafen legst und wenn du aufstehst. Du sollst sie als Zeichen um das Handgelenk binden. Sie sollen zum Schmuck auf deiner Stirn werden.

Deuteronomium 6,4–9

3 | 14

Nachdem er die Zehn Gebote wiederholt hat, erinnert Mose die Israeliten, dass er ihr Vermittler zu Gott geworden ist, weil sie Gottes Stimme nicht mehr hören wollten.

Kapitel 5

3 | 14

Mose sagt den Menschen, dass sie Gott lieben und seine Gebote halten und diese ihren Kindern und zukünftigen Generationen lehren sollen.

Kapitel 6

3 | 14

Kapitel 7

Mose befiehlt den Israeliten, die Kanaaniter und ihre Religion zu zerstören. Gott erwählt die Israeliten, weil er sie liebt; er wird ihren Gehorsam segnen und ihren Ungehorsam bestrafen.

3 | 14

Kapitel 8

Die Israeliten sollen Gott nicht vergessen, nachdem sie in ihrem neuen Land wohlhabend geworden sind. Mose warnt sie, dass Gott sie strafen wird, wenn sie ihn vergessen.

3 | 14

Kapitel 9

Gott gibt Kanaan den Israeliten, nicht weil sie rechtschaffen sind, sondern weil die Kanaaniter böse waren. Tatsächlich haben auch die Israeliten eine Geschichte des Ungehorsams.

3 | 14 | 17

Kapitel 10

Mose erinnert die Israeliten daran, wie er die Zehn Gebote ersetzte, nachdem er die Gesetzestafeln zerstört hatte. Gott ist mächtig. Das Volk soll ihn lieben und auch einander lieben.

Kapitel 7: Kommentar

Es gibt keinen Beweis für die Ausführung dieser Zerstörung. Die Gesetzgebung ist vermutlich nach dem Exil entstanden und bloße Theorie, die die Furcht der verletzlichen nachexilischen Gemeinde zeigt, dass sie sich durch Vermischung mit umliegenden Völkern auflösen könnte. Die Archäologie, die sich mit der Zeit des Eintritts in das Land Kanaan beschäftigt, zeigt kaum Zeichen der Eroberung; dieser Eintritt war vermutlich eher Ergebnis eines allmählichen Eindringens als militärischer Gewalt.

Wenn der Herr, dein Gott, dich in ein prächtiges Land führt, ein Land mit Bächen, Quellen und Grundwasser, das im Tal und am Berg hervorquillt, ein Land mit Weizen und Gerste, mit Weinstock, Feigenbaum und Granatbaum, ein Land mit Ölbaum und Honig, ein Land, in dem du nicht armselig dein Brot essen musst, in dem es dir an nichts fehlt, ein Land, dessen Steine aus Eisen sind, aus dessen Bergen du Erz gewinnst; wenn du dort isst und satt wirst und den Herrn, deinen Gott […] preist.

Deuteronomium 8,7–10

Ernte auf dem Land
Mose sagt dem Volk, es solle auf dem reichen Land ernten und Gott loben für das, was er gegeben hat.

Darum sollst du den Herrn, deinen Gott, lieben und dein Leben lang auf seine Dienstordnung, auf seine Gesetze, Rechtsvorschriften und Gebote achten.

Deuteronomium 11,1

3 14 11

Kapitel 11

Gott segnet Gehorsam und verflucht Ungehorsam. Wenn die Israeliten das Land betreten, müssen sie diese Segnungen vom Berg Garizim verkünden und vom Berg Ebal diese Flüche.

Kapitel 12: Kommentar

Die Deuteronomische Gesetzessammlung wiederholt frühere Gesetze, angepasst an die sesshafte Zivilisation. Der Schwerpunkt liegt auf dem religiösen Gehorsam und auf der Zentrierung um den Tempel von Jerusalem. Joschijas Reformen wollen die Götzenanbetung in den örtlichen Schreinen durch diese Zentrierung abschaffen, allerdings wäre die Anbetung allein in Jerusalem nur für die kleine nachexilische Gemeinde umsetzbar.

3 14

Kapitel 12

Die Israeliten sollen nur den HERRN anbeten, nur auf vorgeschriebene Weise und nur am vorgeschriebenen Ort. Nie sollen sie den Gesetzen Gottes etwas hinzufügen oder wegnehmen.

Ihr sollt auf den vollständigen Wortlaut dessen, worauf ich euch verpflichte, achten und euch daran halten. Ihr sollt nichts hinzufügen und nichts wegnehmen.

Deuteronomium 12,32

3 14

Kapitel 13

Wenn ein Prophet die Zukunft vorhersagt und Wunder wirkt, dabei aber zur Anbetung anderer Götter ermutigt, muss er übergangen und alle, die andere Götter anbeten, müssen vernichtet werden.

3 14

Kapitel 14

Nur bestimmte Tiere, Vögel und Fische darf man essen. Die Israeliten müssen ein Zehntel ihres Einkommens für die Unterstützung der Leviten, Fremden, Waisen und Witwen geben.

3 14

Kapitel 15

Alle sieben Jahre müssen Schulden erlassen und Sklaven freigelassen werden. Sklaven können nicht mit leeren Händen fortgeschickt, erstgeborene männliche Tiere müssen geopfert werden.

Kapitel 16: Kommentar

Das Paschafest wurde ursprünglich als Familienfest gefeiert. Seine Zentrierung auf Jerusalem war ein wichtiger Teil von König Joschijas Reformen. Weitere Neuerungen: keine Erwähnung, dass Blut an die Türpfosten geschmiert wird (das würde nur zu einem häuslichen Fest passen), und die Verbindung zur Woche des Ungesäuerten Brotes, dem Anfang der Gerstenernte.

3 14

Kapitel 16

Die Israeliten müssen den Feiertag heiligen, in jeder Stadt ehrliche Richter und Beamte ernennen und dürfen nie Aschera-Stäbe oder heilige Steine errichten.

3 14

Kapitel 17

Fehlerhafte Tiere dürfen nicht geopfert werden. Wer andere Götter anbetet, muss sterben. Die Priester des Heiligtums sind oberstes Gericht. Der König von Israel muss den Gesetzen gehorchen.

Kapitel 18: Kommentar

Priester der örtlichen Schreine wären durch die Zentralisierung des Kults überflüssig geworden. Wenn sie ihre priesterliche Position behalten möchten, müssen sie nach Jerusalem ziehen. Das Kapitel will auch abergläubische Praktiken wie das Kinderopfer ächten, das in Krisenzeiten für die gesamte Geschichte Israels bezeugt ist. Die Erwartung eines weiteren Propheten wie Mose (Verse 15, 18) war wichtiger Teil der Hoffnungen Israels zur Zeit Jesu. Im Matthäusevangelium wird Jesus als dieser zweite Mose beschrieben.

3 14

Kapitel 18

Die abergläubischen Praktiken der Nachbarvölker sind verboten. Der HERR wird einen weiteren Propheten wie Mose senden, der Israel zur Wahrheit führen wird.

3 14

Kapitel 19

Mindestens drei Asylstädte müssen westlich des Jordans erbaut, Grenzsteine dürfen nicht bewegt werden. Ein Zeuge reicht nicht, um jemanden eines Verbrechens zu überführen. Falsche Zeugen müssen bestraft werden.

3 14

Kapitel 20

Nur wer willens und ohne Furcht und Verstrickung ist, darf im Krieg kämpfen. Friedensverträge können mit fernen Völkern, aber nicht mit den Kanaanitern geschlossen werden.

3 14

Kapitel 21

Unaufgeklärte Morde verlangen das Opfer eines Tieres. Rechte der Erstgeborenen werden begründet. Israeliten dürfen Frauen heiraten, die sie im Krieg gefangen nehmen. Rebellische Söhne dürfen getötet werden.

3 14

Kapitel 22

Es gibt Gesetze, die Themen wie verlorene Tiere, Hausdächer, Saaten, Tierhaltung, Kleidung, Ehebruch, Vergewaltigung und falsche Anklage betreffen.

3 14

Kapitel 23

Menschen mit angeborenen Behinderungen können von der Versammlung der Israeliten ausgeschlossen werden. Entlaufene Sklaven müssen geschützt, Schwüre gehalten, die Armen beschützt, die Nachlese muss erlaubt werden.

3 14

Kapitel 24

Neuheirat nach Scheidung wird reguliert. Frisch Verheiratete dürfen ein Jahr lang nicht in den Krieg ziehen. Entführer müssen getötet werden. Fremde, Waisen und Witwen müssen beschützt werden.

3 14

Kapitel 25

Nicht mehr als 40 Peitschenhiebe. Witwen ohne Söhne müssen den Bruder ihres Mannes heiraten. Eine Frau verliert ihre Hand, wenn sie während eines Streits die Genitalien eines Mannes ergreift. Amalekiter müssen sterben.

3 14

Kapitel 26

Die Opfer der ersten Früchte und des Zehnten müssen Gott als Dank für seine Vorsorge dargebracht werden. Die Israeliten müssen Gottes Gebote sorgfältig achten, da sie ihnen freiwillig zugestimmt haben.

Dann sollen die Listenführer zum Kriegsvolk sagen: Ist unter euch einer, der ein neues Haus gebaut und noch nicht eingeweiht hat? Er trete weg und kehre zu seinem Haus zurück, damit er nicht im Kampfe fällt und ein anderer es einweiht. Ist unter euch einer, der einen Weinberg angelegt und noch nicht die erste Lese gehalten hat? Er trete weg und kehre nach Hause zurück, damit er nicht im Kampfe fällt und ein anderer die erste Lese hält. Ist unter euch einer, der sich mit einer Frau verlobt und sie noch nicht geheiratet hat? Er trete weg und kehre nach Hause zurück, damit er nicht im Kampfe fällt und ein anderer seine Frau heiratet.

Deuteronomium 20,5–8

Du sollst nicht untätig zusehen, wie ein Esel oder ein Ochse deines Bruders auf dem Weg zusammenbricht. Du sollst […] ihm helfen, sie wieder aufzurichten.

Deuteronomium 22,4

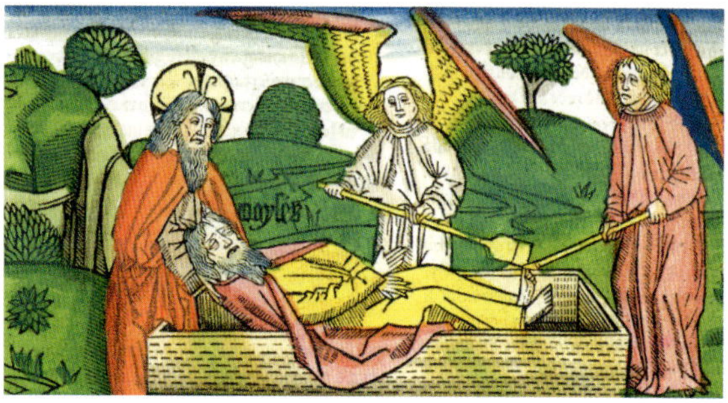

Der Tod Moses

Weil er Gottes Gebot nicht folgte, ließ Gott Mose nicht erleben, wie die Israeliten das Gelobte Land betreten.

Kapitel 23: Kommentar

Da die Biologie als Wissenschaft noch kaum entwickelt war, konnten menschliche und agrarische Fruchtbarkeit besondere Sorgen auslösen. Sakrale Prostitution in örtlichen Bergschreinen wird von den Propheten oft verurteilt. „Hund" (Vers 19) ist ein verächtlicher Ausdruck für einen männlichen Prostituierten.

Kapitel 25: Kommentar

Das Leviratsgesetz (*levir* bedeutet „Schwager") sollte den Namen und das Erbe eines Familienmitglieds bewahren. Wichtig war das vor allem, als es kein Bewusstsein für ein Leben nach dem Tode gab. Das Spucken betont die Schande, diese brüderliche Pflicht zu verweigern.

Der Herr macht dich zum Kopf und nicht zum Schwanz. Du kennst nur den Aufstieg, du kennst keinen Abstieg, wenn du auf die Gebote des Herrn, deines Gottes, auf die ich dich heute verpflichte, hörst, auf sie achtest und sie hältst. Von allen Worten, die ich euch heute vorschreibe, sollst du weder rechts noch links abweichen. Du sollst nicht anderen Göttern nachfolgen und ihnen dienen.

Deuteronomium 28,13–14

Kapitel 27

Nach dem Überqueren des Jordans müssen die Israeliten zum Berg Ebal ziehen, das Gesetz auf verputzte Steine schreiben, einen Altar errichten, Gesetzesbrecher verfluchen und Heilsopfer darbringen.

Kapitel 28

Segen kommt über die Israeliten für Gehorsam, Fluch für Ungehorsam. Fortgesetzter Ungehorsam würde dazu führen, dass die Israeliten ihr Land verlassen müssen.

Kapitel 28: Kommentar

Segen und Fluch für Treue oder Bruch sind wichtige Bestandteile des Grundmusters nahöstlicher Bündnisse von Lehnsherr und Vasall, hiernach ist das Deuteronomium strukturiert. Die Drohungen am Ende dieses Kapitels lassen das Babylonische Exil vorausahnen, das der Verfasser als direktes Ergebnis von Israels Untreue gegenüber dem Bund ansah.

Kapitel 29

Aufgrund der Wunder, die die Israeliten seit dem Auszug aus Ägypten gesehen haben, müssen sie Gottes Geboten gehorchen. Andernfalls wird Gott sie ins Exil schicken.

Und wenn alle diese Worte über dich gekommen sind, der Segen und der Fluch, die ich dir vorgelegt habe, wenn du sie dir zu Herzen nimmst mitten unter den Völkern, unter die der Herr, dein Gott, dich versprengt hat, und wenn du zum Herrn, deinem Gott, zurückkehrst und auf seine Stimme hörst in allem, wozu ich dich heute verpflichte, du und deine Kinder, mit ganzem Herzen und mit ganzer Seele, dann wird der Herr, dein Gott, dein Schicksal wenden, er wird sich deiner erbarmen, sich dir zukehren und dich aus allen Völkern zusammenführen, unter die der Herr, dein Gott, dich verstreut hat.

Deuteronomium 30,1–3

Kapitel 30

Wenn die Flüche kommen, können die Israeliten stets Gottes Vergebung erbitten. Mose ruft Himmel und Erde als Zeugen dieses Vertrags zwischen Israel und Gott an.

Kapitel 31

Da Mose bald sterben wird, nimmt Josua seinen Platz ein. Alle sieben Jahre, wenn die Schulden erlassen werden, muss Gottes Gesetz den Israeliten vorgelesen werden.

Kapitel 32: Kommentar

Dieses Gedicht kontrastiert Gottes unfehlbare Sorge für Israel mit dessen eigener Untreue und wiederholtem Versagen. Das Fehlen jeder klaren Anspielung auf das Exil legt nahe, dass das Gedicht davor geschrieben wurde.

Kapitel 32

Mose trägt ein Lied vor, das den Himmel als Zeugen dafür anruft, dass Gott groß ist, die Israeliten aber böse sind und Strafe erleiden werden, bevor sie bereuen.

Kapitel 33: Kommentar

Die Segnungen Moses entsprechen der Situation der Stämme zu einem späteren Zeitpunkt als die Segnungen Jakobs in Genesis 49. Juda steht an der Spitze, gefolgt vom Priesterstamm Levi, doch liegt die Betonung auf den nördlichen Stämmen. Die Segen sind voller Anspielungen auf die Lebensumstände der Stämme.

Kapitel 33

Mose spricht einen Segen in Form eines Gedichts für jeden der zwölf Stämme Israels.

Kapitel 34: Kommentar

Der Bericht vom Tod Moses schließt die Behauptung aus, dass er Autor des Pentateuch sei. Natürlich war er nach Gott Autor in dem Sinne, dass er die Bewegung anführte, die aus dem Gottesvolk entstand, dessen Verfassung es vorschreibt. Manche meinen, dass Mose eine Figur aus mehreren Personen sei und dass kein einzelner Mensch die ganze Bewegung anführte.

Kapitel 34

Mose steigt auf den Berg Nebo, sieht das Gelobte Land und stirbt. Gott bestattet Mose. Danach beklagen die Israeliten 30 Tage lang seinen Tod.

Josua

Übersicht

- **I** Einzug nach Kanaan 1,1–5,12
  - **a** Vorbereitungen 1,1–2,24
  - **b** Überquerung des Jordans 3,1–5,12
- **II** Eroberung Kanaans 5,13–12,24
  - **a** Das Gebiet Benjamins 5,13–9,27
  - **b** Eroberung des Südens 10,1–43
  - **c** Eroberung des Nordens 11,1–23
  - **d** Zusammenfassung 12,1–24
- **III** Verteilung des Landes an die Stämme 13,1–21,45
- **IV** Leben in Kanaan 22,1–24,33
  - **a** Josuas letzte Ansprache 23,1–16
  - **b** Die Versammlung zu Sichem 24,1–31

Das Buch Josua beschreibt die Eroberung Kanaans durch die Israeliten unter Josua und die Verteilung des Landes an die Stämme. Beide Darstellungen sind literarisch; sie gehören einem Literaturgenre an, das in der alten Welt weitverbreitet war: den Siegeserzählungen. Es gibt viele solcher Schilderungen, die der nationalen Gottheit für einen Sieg danken, der oft übertrieben dargestellt wird. Es entsteht der Eindruck eines Blitzfeldzugs, der das ganze Land überwältigte. Tatsächlich aber waren die beschriebenen Kämpfe fast durchweg auf das Gebiet Benjamins beschränkt, dazu kam ein kleinerer Sieg über die Könige des Südens und die Eroberung von Hazor im Norden. Die Beschreibung der Landverteilung an die Stämme ist zumeist Fiktion.

17

Kapitel 1

Josua nimmt Moses Platz als Anführer der Israeliten ein. Josua sagt ihnen, dass sie bald den Jordan überqueren würden – darauf müssen sie vorbereitet sein.

Kapitel 1: Kommentar

Dieses Kapitel gibt eine zweifache Einführung: Josua wird als Nachfolger Moses vorgestellt, mit der gleichen Führerschaft und den gleichen Kräften. Auch in das Thema der deuteronomischen Geschichte wird eingeführt: Erfolg hängt von der Treue zum Gesetz des Herrn ab.

17

Kapitel 2

Josua schickt zwei Spione nach Jericho. Sie bleiben bei einer Prostituierten namens Rahab, die sie versteckt. Sie versprechen, sie zu verschonen, wenn die Israeliten die Stadt erobern.

Kapitel 2: Kommentar

Jericho war eine der ersten Städte der Welt. Sie besitzt einen 10 000 Jahre alten steinernen Turm. Ihre starken Mauern wurden etwa 900 Jahre vor Josua zerstört. Der Autor nimmt an, dass Josua die Stadt nahe dem Jordan einnahm. Die Geschichte von Rahab mag von örtlichen Kulten herrühren.

8 17

Kapitel 3

Als die Priester mit der Bundeslade in das Wasser des Jordans treten, hält Gott den Flusslauf auf. Während sie noch im Flussbett sind, überqueren die übrigen Israeliten trockenen Fußes den Fluss.

Kapitel 3: Kommentar

Die Überquerung des Jordans unter Josuas Befehl spiegelt den Durchzug durch das Rote Meer zu Beginn der Reise unter Mose. Das Paschafest am Ende spiegelt dasjenige des Anfangs. So wie Mose Boten vorausschickte (Numeri 13), sendet Josua Spione aus. Das Manna bleibt aus (5,12), und das normale Leben beginnt wieder.

8 17

Kapitel 4

Zwölf große Steine aus der Mitte des Jordans werden als Denkmal der Überquerung errichtet. Als die Priester den Jordan verlassen, fließt das Wasser wieder.

Kapitel 4: Kommentar

„Gilgal" bedeutet „Ring" oder „Kreis". Bekannter ist die aramäische Form Golgultha/Golgatha. Es werden zwei Erklärungen des Namens geliefert, eine als Steinkreis (4,21), eine als Szene der rituellen Beschneidung (5,4).

Viele der hier wiedergegebenen Geschichten, vor allem diejenigen vom Gebiet Benjamins, sind Ursprungsmythen, die Besonderheiten der Landschaft oder örtliche Gebräuche erklären und eher darauf als auf historischen Tatsachen beruhen. Sie sind wertvoll, um das Vertrauen auf Gott und seinen Diener Josua zu zeigen. Josua ist der erwählte Nachfolger Moses, und es wird geschildert, dass er dessen Arbeit fortsetzt. Die tatsächlichen historischen Befunde sind aber schwierig zu interpretieren. Außer der zeitgenössischen Zerstörung Hazors kann die Archäologie keinerlei Bestätigung der Besiedlung Kanaans durch die Hebräer liefern.

Als Josua bei Jericho war und Ausschau hielt, sah er plötzlich einen Mann mit einem gezückten Schwert in der Hand vor sich stehen. Josua ging auf ihn zu und fragte ihn: Gehörst du zu uns oder zu unseren Feinden? Er antwortete: Nein, ich bin der Anführer des Heeres des Herrn. Ich bin soeben gekommen. Da warf sich Josua vor ihm zu Boden, um ihm zu huldigen, und fragte ihn: Was befiehlt mein Herr seinem Knecht?

Josua 5,13–14

Kapitel 6: Kommentar

Zwei Berichte der Umzüge sind miteinander verwoben. Die militärische Operation wird zu einer liturgischen Prozession.

Kapitel 7: Kommentar

Dass die Beute Gott geweiht wird, kennzeichnet den Krieg als Heiligen Krieg. Es gibt keine historischen Hinweise, dass ein solcher umfassender Völkermord je vorkam. Wahrscheinlich ist die Weihe einfach der Ausdruck einer nachexilischen Fremdenfeindlichkeit, die eine Vermischung der Gemeinde mit der örtlichen Bevölkerung verhinderte (Esra 9; Nehemia 10,31). Die Geschichte soll eine Besonderheit der Landschaft erklären (Vers 26).

Kapitel 8: Kommentar

Die Geschichte der Eroberung Ais (hebräisch für „Ruine") erklärt die große Ruine nahe dem alten Heiligtum von Bet-El. Die Stadt wurde 100 Jahre vor Josua zerstört. Alternativ ist diese Geschichte vielleicht auch ein an falscher Stelle befindlicher Bericht des Angriffs auf Bet-El selbst.

Rahab

Als Josua Spione nach Jericho aussandte, besuchten sie die Prostituierte Rahab. Sie beschützte die Spione, und als die Israeliten Jericho eroberten und die Bevölkerung töteten, verschonten sie Rahab und ihre Familie.

8 | 17

Danach beschneiden die Israeliten alle Männer und feiern das Paschafest. Zum ersten Mal essen die Israeliten kanaanitisches Essen. Es fällt kein Manna mehr vom Himmel.

Kapitel 5

8 | 17

Die Israeliten marschieren sechs Tage lang einmal täglich um Jericho, dann sieben Mal am siebten Tag. Dann fallen die Mauern der Stadt nieder. Die Israeliten erobern Jericho.

Kapitel 6

9 | 17

Achan stiehlt Beutegut aus Jericho, anstatt Jericho zu zerstören. Als Folge verlieren die Israeliten eine Schlacht bei Ai. Achan und seine Familie werden wegen des Diebstahls gesteinigt.

Kapitel 7

11 | 17

Die Israeliten erobern die kleine Stadt Ai. Josua errichtet auf dem Berg Ebal einen Altar, bringt Opfer dar, und Segen und Fluch des Bundes werden laut verlesen.

Kapitel 8

14 17

Kapitel 9

Kanaanitern aus Gibeon gelingt es durch Täuschung, mit den Israeliten einen Friedensvertrag zu schließen. Als die Israeliten von dieser Täuschung erfahren, versklaven sie die Gibeoniter.

Kapitel 9: Kommentar

Diese Geschichte der Täuschung erklärt die Anwesenheit einer ethnisch fremden Gruppe auf dem Territorium Benjamins sowie ihren ungewöhnlichen Status.

5 8 17

Kapitel 10

Josua und die Israeliten retten die Gibeoniter vor einem Angriff von fünf Königen. Die Israeliten erobern den Großteil des südlichen Kanaan.

Kapitel 10: Kommentar

Das berühmte Wunder der stillstehenden Sonne ist ein Missverständnis. Wie Vers 13 nahelegt, handelt es sich um eine poetische Übertreibung aus einem Siegesgesang.

Damals, als der Herr die Amoriter den Israeliten preisgab, redete Josua mit dem Herrn; dann sagte er in Gegenwart der Israeliten: Sonne, bleib stehen über Gibeon, und du, Mond, über dem Tal von Ajalon! Und die Sonne blieb stehen, und der Mond stand still, bis das Volk an seinen Feinden Rache genommen hatte. Das steht im „Buch des Aufrechten". Die Sonne blieb also mitten am Himmel stehen, und ihr Untergang verzögerte sich, ungefähr einen ganzen Tag lang. Weder vorher noch nachher hat es je einen solchen Tag gegeben, an dem der Herr auf die Stimme eines Menschen gehört hätte; der Herr kämpfte nämlich für Israel.

Josua 10,12–14

17

Kapitel 11

Josua und die Israeliten schlagen die meisten Könige und Städte im nördlichen Kanaan.

Kapitel 11: Kommentar

Die große Stadt Hazor, zehnmal größer als Jerusalem, kontrolliert noch immer den nördlichen Zugang nach Israel. Nur ein kleiner Teil davon wurde bislang ausgegraben, doch es ist die Stadt, wo archäologische Beweise eine Plünderung zur Zeit Josuas bestätigen.

Josua nahm das ganze Land ein, genau so, wie es der Herr zu Mose gesagt hatte, und Josua verteilte es als Erbbesitz an Israel entsprechend seiner Stammeseinteilung. Dann war der Krieg zu Ende, und das Land hatte Ruhe.

Josua 11,23

16 17

Kapitel 12

Eine Liste aller Könige und ihrer Städte, die die Israeliten schlugen und eroberten.

16 17

Kapitel 13

Eine Liste der noch zu erobernden Gebiete in Kanaan. Das Land östlich des Jordans wird zwischen Ruben, Gad und dem halben Stamm Manasse aufgeteilt.

16 17

Kapitel 14

Das Land westlich des Jordans wird durch Los zwischen den übrigen neuneinhalb Stämmen aufgeteilt. Der 85-jährige Kaleb erhält die Stadt Hebron als persönliches Erbe.

16 17

Kapitel 15

Das Juda zugewiesene Land wird mit seinen Grenzen dargestellt.

Und Kaleb sagte: Wer Kirjat-Sefer besiegt und einnimmt, dem gebe ich meine Tochter Achsa zur Frau. Otniël, der Sohn des Kenas, ein Bruder Kalebs, nahm die Stadt ein, und Kaleb gab ihm seine Tochter Achsa zur Frau.

Josua 15,16–17

16 17

Kapitel 16

Das Efraim zugewiesene Land wird mit seinen Grenzen dargestellt.

Die ganze Gemeinde der Israeliten versammelte sich in Schilo. Dort schlugen sie das Offenbarungszelt auf; das ganze Land lag unterworfen vor ihnen. Aber noch waren von den Israeliten sieben Stämme übrig, die ihren Erbbesitz nicht zugeteilt bekommen hatten. Da sagte Josua zu den Israeliten: Wie lange wollt ihr noch zögern, hinzugehen und das Land in Besitz zu nehmen, das der Herr, der Gott eurer Väter, euch gegeben hat?

Josua 18,1–3

Kapitel 20: **Kommentar**

Im alten Israel gab es keine Polizei. Es war Verwandtenpflicht, eine Tötung zu rächen. Die Asylstädte sollen sicherstellen, dass der, der versehentlich tötet, lange genug lebt, um ein gerechtes Verfahren zu erhalten, damit dieser Tatbestand festgestellt werden kann. Beim Tode des Hohepriesters scheint es eine Amnestie gegeben zu haben.

Deshalb sagten wir uns: Wir wollen einen Altar errichten, nicht für Brandopfer und nicht für Schlachtopfer; er soll vielmehr ein Zeuge sein zwischen uns und euch und zwischen den Generationen nach uns dafür, dass wir den Dienst vor dem Angesicht des Herrn durch Brandopfer, Schlachtopfer und Heilsopfer verrichten dürfen. Dann können eure Söhne morgen nicht unseren Söhnen sagen: Ihr habt keinen Anteil am Herrn.

Josua 22,26–27

Kapitel 23: **Kommentar**

Josuas letzte Ansprache fasst die Theologie des Deuteronomiums und des Deuteronomischen Geschichtswerks zusammen: Treue gegenüber den Geboten wird Gottes Schutz bewirken. Die Sprache ist durch und durch deuteronomisch.

Kapitel 24: **Kommentar**

Die religiöse Bedeutung Sichems war groß, denn Abraham errichtete hier einen Altar. Vielleicht wurde es deshalb als Ort der großen Erneuerung des Bundes ausgewählt, wodurch alle Teile Israels, einst getrennten Ursprungs, zur Anbetung des HERRN vereint wurden. Ein aufrecht stehender Stein, zuweilen beschriftet, wird meist als Zeugnis eines solchen Bundes aufgestellt.

16 17

Das Manasse zugewiesene Land wird mit seinen Grenzen dargestellt.

Kapitel 17

16 17

Das Heiligtum wird in Schilo errichtet. Die verbleibenden sieben Stämme teilen das Land durch Los und vermessen es. Das Benjamin zugewiesene Land wird mit seinen Grenzen dargestellt.

Kapitel 18

16 17

Das Simeon, Sebulon, Issachar, Ascher, Naftali und Dan zugewiesene Land wird mit seinen Grenzen dargestellt. Josua erhält die Stadt Timnat-Serach als persönliches Erbe.

Kapitel 19

3 16 17

Die Asylstädte werden gebaut, damit diejenigen, die versehentlich töten, eine Zufluchtsstätte vor der Blutrache haben.

Kapitel 20

16 17

Die Leviten erhalten Städte inmitten anderer Stammesbesitzungen, um darin zu wohnen, da die Leviten kein eigenes Land besitzen.

Kapitel 21

17

Die Männer der Stämme Ruben, Gad und der halbe Stamm Manasse kehren in ihr Land östlich des Jordans zurück. Sie errichten an der Grenze einen Altar zur Erinnerung an ihre Union mit Israel.

Kapitel 22

3 17

Gegen Ende seines Lebens erinnert Josua die Israeliten, die Gesetze des HERRN zu beachten und keine anderen Götter anzubeten.

Kapitel 23

3 17

Josua erneuert den Bund zwischen Gott und den Israeliten. Danach stirbt er im Alter von 110 Jahren und wird begraben.

Kapitel 24

Richter

Übersicht

I Erste Einführung 1,1–2,5

II Zweite Einführung 2,6–3,6

III Die Geschichte der Richter 3,7–16,31

- **a** Ehud 3,11–30
- **b** Debora und Barak 4,1–5,31
- **c** Gideon 6,1–8,35
- **d** Abimelech 9,1–57
- **e** Jiftach 10,6–12,7
- **f** Simson 13,1–16,31

IV Zusätze 17,1–21,25

- **a** Die Geschichte Dans 17,1–18,31
- **b** Der Krieg gegen Benjamin 19,1–21,25

Das Buch der Richter deckt die Zeit der Geschichte Israels zwischen dem Tode Josuas und der Entstehung des Königtums in Israel ab. Eine erste Einführung vermittelt ein detailliertes Bild der Situation dieser Einwanderergruppen, die sich, wo sie sich niederlassen wollten, etablierten Bevölkerungen und Kräften gegenübersahen. Nicht alle schafften es, sich das Land anzueignen, das ihnen durch Josua „zugewiesen" war. Eine zweite Einführung zieht die Lehre, die dieses zweite Buch des Deuteronomischen Geschichtswerks formt: dass Israels Erfolg oder Fehlschlag von der Treue gegenüber dem HERRN abhängt. Ein Kreislauf der Untreue führte zur Bestrafung durch Eindringlinge; erst dann bereute Israel, kehrte zum HERRN zurück und wurde von den Eindringlingen befreit. Dieser Kreislauf hat seinen Höhepunkt im Babylonischen Exil.

17

Kapitel 1

Nach Josuas Tod nehmen die Israeliten ihren Kampf gegen die übrigen Kanaaniter wieder auf und erobern weiteres Territorium, doch sie scheitern damit, alle Kanaaniter zu vertreiben.

Kapitel 1: Kommentar

Der südliche Stamm Juda wird gesondert behandelt. Er scheint sich abgegrenzt zu haben, denn er nimmt nicht teil an den Aktionen der nördlichen Stämme, die in Richter 5 dargestellt werden. Der Stamm Juda wurde möglicherweise später aus Untergruppen gebildet. Der Bericht der Nordstämme macht deutlich, dass sie nicht in der Lage waren, große Städte zu erobern. Einige Stämme mussten sich mit dem Status als Leibeigene begnügen.

3 15 17

Kapitel 2

In Bochim mahnt der Engel des HERRN die Israeliten, dass Gott wegen ihrer Götzenanbetung nicht alle Kanaaniter vertreiben wird und sie wiederholt Unterdrückung zu gewärtigen haben.

Kapitel 2: Kommentar

Der deuteronomische Bearbeiter stellt die in der gesamten Geschichte Israels wiederholten Lehren dar: Untreue führt zu Bestrafung, Reue zu göttlicher Errettung. Fremde Völker sind vor allem als Prüfung Israels in Kanaan geblieben.

9 17

Kapitel 3

Otniël errettet die Israeliten aus Aram-Naharaim. Dann ermordet Ehud Eglon, den König von Moab, indem er ihn in den Bauch sticht. Schamgar tötet 600 Philister mit einem Ochsenstecken.

Kapitel 3: Kommentar

Die Zahl von zwölf *Suphetim* entspricht den zwölf Stämmen Israels. Der Geist des HERRN ergreift sie, gewährt entweder militärische Stärke oder juristische Weisheit. Ehud ist Linkshänder, also trägt er seine Waffe auf der rechten Hüfte, wo man sie nicht bemerkt.

9 17

Kapitel 4

Debora führt die Israeliten in eine erfolgreiche Schlacht gegen Jabin und schlägt dessen General Sisera. Jaël tötet den schlafenden Sisera, indem sie einen Zeltpflock durch sein Haupt schlägt.

Kapitel 4–5: Kommentar

Diese beiden Kapitel berichten denselben Sieg, in Prosa und in Dichtung; die letztere Version ist die ältere. Debora und Jaël sind die ersten Kriegsheldinnen Israels. Jaëls geschlechtlicher Rollentausch ist beeindruckend: zuerst die Milchgabe, dann ihr Zeltpflock, den sie in Sisera schlägt.

Innerhalb dieses Rahmens wird die Geschichte mithilfe zweier Gruppen berichtet. Die erste besteht aus kämpferischen Anführern, Männern und Frauen, die vom Geist des HERRN angestiftet werden, sich zu erheben und Israel zu ermutigen, die Eindringlinge zu vertreiben. Dazu kommt eine zweite Gruppe mit eher friedliebenden Anführern. Ihre hebräische Bezeichnung *Suphetim* gleicht sie den *Supheten* an, den herrschenden Beamten der Nachbarkulturen Phönizien und Karthago.

Das Buch endet mit wachsender Spannung, äußerer wie innerer. Der starke Held Simson schafft es, Missstimmung wegen der wachsenden Bedrohung durch die Philister zu erregen, bis er durch eine klassische Falle ausgeschaltet wird. Die Berichte über Unruhen in den Stämmen Dan und Benjamin zeigen die zunehmende Anarchie und hemmungslose Unmoral der Stammesgruppen. Die Zeit ist reif für eine stärkere und stabilere Führerschaft durch die Könige.

Barak und Deborah
Debora, die Richterin Israels, führt mit ihrem General Barak die Israeliten im Kampf gegen Jabin, den König Kanaans in Hazor, zum Sieg.

Kapitel 5: Kommentar

Die unterschiedlichen Reaktionen der Stämme, ihre Bereitschaft, ihr Zögern oder ihre Weigerung, den anderen Israeliten zu helfen, zeigen, wie schwach die Bande damals noch waren. Wenn es überhaupt eine Liga aller zwölf Stämme gab, war sie sehr ineffektiv.

5 17

Debora und Barak stimmen einen Gesang an, der ihren Sieg über Jabin und seinen General Sisera feiert.

Kapitel 5

Kapitel 6: Kommentar

Die Geschichte der Berufung Gideons war vermutlich die Gründungsgeschichte des Heiligtums von Ofra (dessen Lage heute unbekannt ist). Der geringe Status Gideons und seine Unlust zeigen, dass seine Macht von Gott kommt, nicht aus ihm selbst. Auch die stete Verringerung seiner Kräfte belegt, dass der Sieg dem HERRN gehört.

8 9 17

Gideon zerstört die Götter seines Vaters, stellt eine Armee gegen die unterdrückenden Midianiter auf und bittet den HERRN, ihm ein Zeichen seiner Gunst zu senden, indem er Wolle mit Tau benetzt.

Kapitel 6

8 17

Gideon schlägt auf wunderbare Weise mit nur 300 Männern die Midianiter, nachdem der Großteil der versammelten israelitischen Armee ihn verlässt.

Kapitel 7

Als Gideon tot war, trieben die Israeliten wieder Abgötterei mit den Baalen und machten den „Baal des Bundes“ zu ihrem Gott. Die Israeliten dachten nicht mehr an den Herrn, ihren Gott, der sie aus der Gewalt all ihrer Feinde ringsum befreit hatte. Auch dem Haus Jerubbaal-Gideon erwiesen sie kein Wohlwollen, wie es all dem Guten entsprochen hätte, das es für Israel getan hatte.

Richter 8,33–35

17

Nachdem Gideons 300 Männer die Midianiter geschlagen haben, fertigt er einen goldenen *Efod* (Brustplatte des Hohepriesters) an. Nach 40 Jahren Frieden stirbt Gideon und die Israeliten beten erneut kanaanitische Götter an.

Kapitel 8

6 | 9 | 17

Kapitel 9

Gideons Sohn Abimelech macht sich selbst zum König von Sichem, nachdem er alle seine Brüder bis auf einen umgebracht hat. Der überlebende Bruder warnt Sichem mit einer Fabel vor einer Katastrophe.

9 | 17

Kapitel 10

Tola führt Israel 23 Jahre lang als Richter, dann Jaïr für 22 Jahre. Israel kehrt dann zum Götzendienst zurück und wird von Philistern und Ammonitern unterdrückt, bis es bereut und einen Anführer sucht.

9 | 17

Kapitel 11

Das Volk von Gilead wählt Jiftach als Anführer. Jiftach verspricht Gott, das Erste zu opfern, das er nach seinem Sieg sieht. Er ist siegreich und opfert seine Tochter.

9 | 17

Kapitel 12

Jiftach und seine Gefährten aus Gilead kämpfen gegen den Stamm Efraim. Nach dem Tod Jiftachs folgen ihm Ibzan, Elon und Abdon als Anführer Israels.

15 | 17

Kapitel 13

Manoachs Frau kann nicht schwanger werden. Ein Engel verspricht ihr einen Sohn, der von Geburt an Nasiräer sein wird. Er wird Israel von den Philistern befreien. Sein Name ist Simson.

8 | 9 | 17

Kapitel 14

Simson heiratet eine Philisterin und stellt ein Rätsel. Seine Frau verrät die Lösung. Simson tötet 30 Philister, um eine Wette einzulösen. Seine Frau wird zwischenzeitlich einem anderen Mann gegeben.

8 | 9 | 17

Kapitel 15

Als Simson entdeckt, dass seine Frau einem anderen gegeben wurde, brennt er die Felder der Philister nieder. Er tötet die Philister, die seine Frau und seinen Schwiegervater ermorden.

Kapitel 9: **Kommentar**

Obwohl Gideon, Abimelechs Vater, die Königswürde ablehnte, bedeutet Abimelech „mein Vater ist König". Abimelechs Mutter war eine Konkubine aus Sichem. Dieser vollkommen gottlose Bericht seiner Regentschaft zeigt die schlechtesten Seiten des Königtums. In Jotams Warnung erscheint aber zum ersten Mal in der Bibel eine Naturerzählung als Parabel für menschliches Verhalten.

Kapitel 11: **Kommentar**

Grundlage dieser Geschichte mag die Kultlegende eines Frauenfests in Gilead sein. Jiftach war ein erfolgreicher Bandit zweifelhafter Herkunft. In Israel wurde das Kinderopfer zu verschiedenen Zeiten praktiziert, obwohl es durch das Gesetz verboten war. Jiftach opfert aber, damit er seinen Schwur erfüllen kann. Seine Botschaft an die Ammoniter zeigt, dass er auch die Existenz anderer Götter anerkannte. Dieser Henotheismus war damals gewöhnliche Überzeugung: Der HERR war Israels einziger Gott, was aber die Möglichkeit nicht ausschloss, dass andere Völker ihre eigenen Götter hatten. Der Monotheismus (ein Gott für das ganze Universum) wurde erst zur Zeit des Babylonischen Exils erreicht.

Kapitel 13: **Kommentar**

Simson ragt aus den anderen Gestalten als individueller Volksheld heraus. Seine Possen provozieren die Philister nur, bringen Israel aber keine Befreiung. Seine fast magische Stärke ist an seinen levitischen Schwur gebunden. Derartige Volkssagen haben keine große religiöse Bedeutung. Sie sind Legenden, die auf Besonderheiten der Landschaft beruhen. Die grundlegende Botschaft ist die wachsende Bedrohung durch die Philister, was die Israeliten zum Königtum führt.

Kapitel 14: **Kommentar**

Simsons Ehe, die nur gelegentliche Besuche aber keinen ständigen Aufenthalt zur Folge hat, findet Parallelen in orientalischen Kulturen. Ein solches Arrangement ermöglicht natürlich ein Verhalten, das auch doppeldeutige Rätsel zulässt.

Er fand den noch blutigen Kinnbacken eines Esels, ergriff ihn mit der Hand und erschlug damit tausend Männer. Damals sagte Simson: Mit dem Kinnbacken eines Esels habe ich sie gründlich verprügelt; mit einem Eselskinnbacken habe ich tausend Männer erschlagen. Als er das gesagt hatte, warf er den Kinnbacken weg; daher nannte man den Ort Ramat Lehi (Kinnbackenhöhe).

Richter 15,15–17

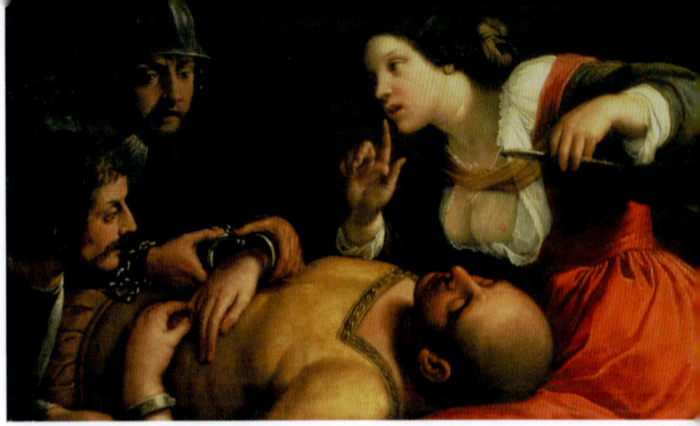

Simson und Delilah
Simson verliebte sich in Delila, doch sie betrog und täuschte ihn und übergab ihn seinen Feinden, den Philistern.

Delila ließ Simson auf ihren Knien einschlafen, [rief einen Mann] und schnitt dann die sieben Locken auf seinem Kopf ab. So begann sie ihn zu schwächen, und seine Kraft wich von ihm. Dann rief sie: Simson, die Philister kommen! Er erwachte aus seinem Schlaf und dachte: Ich werde auch diesmal wie bisher entkommen und die Fesseln abschütteln. Denn er wusste nicht, dass der Herr ihn verlassen hatte. Da packten ihn die Philister und stachen ihm die Augen aus. Sie führten ihn nach Gaza hinab und fesselten ihn mit Bronzeketten und er musste im Gefängnis die Mühle drehen. Doch sein Haar, das man abgeschnitten hatte, fing wieder an zu wachsen.

Richter 16,19–22

8 12 17

Nach einer Nacht mit einer Prostituierten zerstört Simson die Stadttore. Später schneidet Delila ihm das Haar ab. Die Philister fangen und blenden ihn. Sein Haar wächst wieder und er nimmt Rache.

Kapitel 16

Kapitel 17: Kommentar

Micha ist eine Kurzform von Micayehu („Wer ist wie der HERR?"). Die Geschichte des Zugs der Stämme nach Norden wird vor dem Hintergrund von Anarchie, Diebstahl, Banditentum, Untreue und Götzendienst berichtet. Sie enthält den einzigen eindeutigen Fall in der Bibel eines Kultbildes für den HERRN.

11 17

Micha stiehlt seiner Mutter Silber. Als er es zurückgibt, formt sie daraus ein Götterbild. Micha beschäftigt einen Leviten aus Betlehem, der als Priester für dieses Götterbild dienen soll.

Kapitel 17

17

Als der Stamm Dan sich aufmacht, Lajisch zu erobern, stehlen sie Micha das Kultbild und bitten seinen Priester, den Leviten, sich ihnen anzuschließen. Der Priester zieht mit ihnen nach Lajisch.

Kapitel 18

Kapitel 19: Kommentar

Die Geschichte ist nach derjenigen Lots in Sodom aufgebaut (Genesis 19,1–11). In beiden Fällen ist unklar, ob Homosexualität oder die Übertretung des Gebots der Gastfreundschaft das größere Verbrechen ist. Der Levit ist so bestürzt, dass er seine ermordete Nebenfrau in zwölf Stücke schneidet und den zwölf Stämmen schickt: eine Aufforderung, ihm zu folgen und Rache an den Vergewaltigern zu nehmen.

17

Ein Levit verbringt die Nacht in Gibea, das zum Stamm Benjamin gehört. Dort wird seine Nebenfrau vergewaltigt und ermordet. Er schneidet ihren Körper in zwölf Teile, die er an die zwölf Stämme verteilt.

Kapitel 19

9 17

Der Stamm Benjamin weigert sich, die Mörder der Gerechtigkeit zu übergeben, weshalb die anderen Stämme gegen ihn Krieg führen. Sie töten fast alle aus dem Stamm Benjamin.

Kapitel 20

Kapitel 21: Kommentar

Die beiden Lösungen in Vers 1–14 und 15–23 schließen einander aus. Letztere beruht auf einem Ritual der Eheanbahnung beim Fest der Traubenernte in Schilo.

17

Die Israeliten hatten geschworen, niemals ihre Töchter an die Benjaminiten zu verheiraten. Deshalb raten sie den Überlebenden dieses Stammes, stattdessen ihre Töchter zur Heirat zu entführen.

Kapitel 21

In jenen Tagen gab es noch keinen König in Israel; jeder tat, was ihm gefiel.

Richter 21,25

Rut

Übersicht

Diese tröstliche Geschichte der Vorfahren Davids steht in der hebräischen Bibel in der dritten Abteilung, bei den Schriften und nicht bei den Geschichtsbüchern. Sie weist zwei Motive auf: die Vorfahren Davids zu legitimieren und der Furcht entgegenzutreten, Israel könne durch fremde Gebräuche verunreinigt werden. Eine solche Fremdenfeindlichkeit ist charakteristisch für die nachexilische Zeit, als die Juden eine verletzliche Gemeinde waren, die sich um Jerusalem scharte. Die Spuren des Aramäischen in der Sprache des Buchs legen zudem nahe, dass dessen letzte Bearbeitung aus jener Zeit datiert, doch das ist alles andere als sicher.

Vor allem ist das Buch eine Geschichte der Treue, der Loyalität der verwitweten Rut gegenüber ihrer verwitweten Schwiegermutter, die in einem fremden Land gestrandet ist, der neu erwachten Liebe Noomis für ihre Schwiegertochter, der Güte von Boas und des Respekts vor seinen familiären Verpflichtungen. Es beginnt mit Verzweiflung und Hoffnungslosigkeit, denn

Rut und Boas
Als Boas nach dem Erntefest Rut bei sich im Bett fand, wusste er, dass er die Situation klären und sie heiraten musste.

Noomi sagte: Du siehst, deine Schwägerin kehrt heim zu ihrem Volk und zu ihrem Gott. Folge ihr doch! Rut antwortete: Dränge mich nicht, dich zu verlassen und umzukehren. Wohin du gehst, dahin gehe auch ich, und wo du bleibst, da bleibe auch ich. Dein Volk ist mein Volk und dein Gott ist mein Gott. Wo du stirbst, da sterbe auch ich, da will ich begraben sein. Der Herr soll mir dies und das antun – nur der Tod wird mich von dir scheiden.
Rut 1,15–17

⑰

Kapitel 1

Noomis Mann und Söhne sterben, während sie in Moab leben. Noomi entschließt sich, in ihre Heimat Betlehem zurückzukehren. Ihre verwitwete Schwiegertochter Rut beschließt mitzugehen.

⑰

Kapitel 2

Rut beginnt damit, auf dem Feld des Boas, eines Verwandten von Noomis Ehemann, Ähren zu lesen. Boas bemerkt Rut und sorgt dafür, dass sie beschützt wird und zusätzliches Korn erhält.

Kapitel 2: Kommentar

Boas' Verhalten zeigt seine Güte und Großzügigkeit, aber auch noch weitere Motive. Rut liest 25 Kilo Getreide auf. Noomi erkennt, dass Boas zu denen gehört, die verpflichtet sind, die Erbfolge zu verlängern, obwohl er nicht unbedingt der nächste Verwandte ist.

die verwitweten Frauen haben keine Unterstützung, und es endet mit großzügiger Belohnung für ihre pflichtbewusste Ergebenheit.

Der rechtliche Hintergrund des ganzen Buchs ist das levitische Gesetz (Deuteronomium 25,5–10), wonach der nächste männliche Verwandte die Witwe des Toten heiraten und ihren Erben aufziehen muss, der Namen und Erbe des Toten fortführen wird.

Rut und Noomi
Rut war eine Moabiterin. Als ihr Mann starb, kehrte sie mit ihrer Schwiegermutter Noomi nach Betlehem zurück. .

Kapitel 3: Kommentar

Es gibt subtile Anspielungen in diesem Kapitel, die auf Geschlechtsverkehr hindeuten könnten, aber nicht müssen.

Als Boas gegessen und getrunken hatte […], ging er hin, um sich neben dem Getreidehaufen schlafen zu legen. Nun trat sie leise heran, deckte den Platz zu seinen Füßen auf und legte sich nieder. Um Mitternacht schrak der Mann auf, beugte sich vor und fand eine Frau zu seinen Füßen liegen. Er fragte: Wer bist du? Sie antwortete: Ich bin Rut, deine Magd. Breite doch den Saum deines Gewandes über deine Magd, denn du bist Löser.

Rut 3,7–9

17

Noomi und Rut verschwören sich, um Boas zu zwingen, Rut zu heiraten. In der Nacht des großen Erntefests, nachdem Boas betrunken eingeschlafen war, wacht er auf und findet Rut neben sich liegen.

Kapitel 3

Kapitel 4: Kommentar

Der nächste männliche Verwandte stimmt zu, das Land zurückzukaufen, doch schreckt er noch davor zurück, die Witwe zu heiraten, denn ein Sohn der beiden würde als Sohn und Erbe von Ruts totem Ehemann, nicht von ihm, gelten. In der deuteronomischen Gesetzgebung muss die Witwe dem Verwandten ins Gesicht spucken, der seine Pflicht verweigert, und symbolisch muss sie ihn entmannen, indem sie ihm eine Sandale nimmt. Hier hat die Sandale eine andere Bedeutung.

16 18

Boas trifft sofort die notwendigen Vorkehrungen und heiratet Rut. Ihr Sohn Obed wird der Großvater König Davids.

Kapitel 4

I. Samuel

Übersicht

Die Bücher Samuel bildeten früher eine fortlaufende Erzählung. Sie wurde irgendwann in zwei Teile geteilt, um der Standardlänge der Schriftrollen zu entsprechen, wobei sich als Trennstelle der Tod Sauls anbot. Das erste Buch Samuel erzählt den Übergang Israels von der unsteten Herrschaft charismatischer Führer, die Invasionen abwehrten, hin zur relativ stabilen Herrschaft der Könige. Saul wurde zum König gesalbt, um die Einfälle der Philister aufzuhalten, die in das Hügelland Israels eindringen wollten. Seine Dynastie war nur kurzlebig und wich derjenigen Davids, die zum Modell des israelitischen Königtums werden sollte. Geschichte wird von Siegern geschrieben, und so wird die Geschichte Sauls aus der Sicht Davids erzählt. Es wird gezeigt, wie David vom Königshof als Opfer von Sauls Eifersucht verjagt wird. Doch eine genauere Lesart der Geschichte hat auch vermuten lassen, dass David ein skrupelloser junger Emporkömmling war, den Saul erfolglos in Schach zu halten versuchte.

12 17

Kapitel 1

Weil Hanna Probleme hat, schwanger zu werden, verspricht sie Gott, dass ihr Erstgeborener ein Nasiräer würde, vom Hohepriester aufgezogen. Sie wird schwanger und erfüllt ihren Schwur.

Ich habe um diesen Knaben gebetet, und der Herr hat mir die Bitte erfüllt, die ich an ihn gerichtet habe. Darum lasse ich ihn auch vom Herrn zurückfordern. Er soll für sein ganzes Leben ein vom Herrn Zurückgeforderter sein. Und sie beteten dort den Herrn an.

1. Samuel 1,27–28

1 5 17

Kapitel 2

Hanna lobt und dankt Gott. Der Hohepriester Eli hat boshafte Söhne, die Opfer stehlen und mit Tempelprostituierten schlafen. Gott warnt vor dem kommenden Urteil.

Kapitel 2: Kommentar

Hannas Danksagungslied wird ihr vom Verfasser in den Mund gelegt. Dieser Hymnus ist durch die spätere Spiritualität der Armen des HERRN gekennzeichnet. Sein abschließender Bezug zum König erlaubt es, den Hymnus mindestens in die Zeit des Königtums zu datieren. Marias Lobgesang, das Magnifikat, ist dem nachempfunden, dabei aber viel persönlicher.

7 17

Kapitel 3

Gott beruft Samuel zu seinem Propheten und sagt ihm, dass Eli und seine Familie von Gott verurteilt werden.

9 17

Kapitel 4

Die Philister rauben die Bundeslade und töten Elis Söhne. Eli fällt bestürzt von seinem Stuhl und bricht sich den Hals, eine seiner Schwiegertöchter bekommt die Wehen und stirbt bei der Geburt.

Kapitel 4: Kommentar

Die Geschichte der Bundeslade bildet einen eigenen Zyklus, in dem Samuel keine Rolle spielt. Die Lade ist das Symbol der Gegenwart Gottes in Israel und ihr Verlust macht Israel trostlos. Ihre neuen Besitzer können mit ihr nicht umgehen. Ihr eigener Gott Dagon verbeugt sich unfreiwillig vor ihr. Sie richtet so lange verheerenden Schaden an, bis sie auf Israels Gebiet zurückgebracht wird, wo sie offenbar unbeachtet herumliegt, bis sie von David gerettet wird (2. Samuel 6).

Das Buch bezieht sich auf mehrere Quellen. Manches ist noch Volkserzählung: Es werden zwei Versionen der Sünde geliefert, die zu Sauls Verstoßung führten. Gleich drei nicht miteinander vereinbare Versionen gibt es von Davids erstem Auftreten: als Schäferjunge, als Harfenspieler und als Sieger über Goliath. Dem folgen zwei parallele Versionen von Davids Aufstieg zur Macht (Kap. 24 entspricht Kap. 26). Diese Erzählungen sollen die Hand Gottes zeigen, der die Geschichte durch die faszinierende und skrupellose charismatische Führerschaft Davids zum Davidischen Königtum hinführt. Der Schlussbearbeiter aber verwebt diese Geschichten mit der größeren des Deuteronomischen Geschichtswerks, dessen Botschaft der vierfache Zyklus von Israels Untreue ist, die zur Katastrophe führt. Es folgt die Bekehrung zum HERRN und die Errettung vom Feind. In diesem Buch wird die Lehre vor allem durch die Geschichte von Verlust und Wiedergewinnung der Bundeslade des HERRN vermittelt.

Samuel wird Eli vorgeführt
Samuels Mutter Hanna versprach Gott, ihren Erstgeborenen Gott zu weihen. Als Samuel abgestillt war, übergab sie ihn dem Hohepriester Eli zur Adoption.

Die Hand des Herrn lastete schwer auf den Einwohnern von Aschdod, und er versetzte sie in Schrecken und schlug Aschdod und sein Gebiet mit der Beulenpest. Als die Einwohner von Aschdod sahen, was geschah, sagten sie: Die Lade des Gottes Israels darf nicht bei uns bleiben; denn seine Hand liegt schwer auf uns und auf unserem Gott Dagon. Sie sandten (Boten) zu allen Fürsten der Philister, riefen sie bei sich zusammen und fragten sie: Was sollen wir mit der Lade des Gottes Israels machen? Die Fürsten erklärten: Die Lade des Gottes Israels soll nach Gat hinüberziehen. Darauf brachte man die Lade des Gottes Israels nach Gat.

1. Samuel 5,6–8

Kapitel 8: Kommentar

Samuel weist auf die Gefahren des Königtums hin: Ein König fordert Steuern und persönlichen Dienst. Vor allem wird der Wunsch nach einem König als Mangel an Vertrauen in den HERRN als König Israels und als Beschützer vor den Feinden gesehen. Doch schließlich lässt sich Samuel überzeugen, Israel einen König zu geben. Durch eine Offenbarung wird er zu Saul geführt, den er heimlich zum König salbt. Danach erfasst der Heilige Geist Saul, und er wird vom Volk gewählt. In einer dritten Geschichte (Kap. 11) bringt Saul die Menschen dazu, seine Führerschaft anzuerkennen. Nach einem großen Sieg wird er als König gefeiert.

9 17

Die Philister setzen die Bundeslade im Tempel Dagons ab. Wiederholt fällt Dagon vor der Lade auf sein Angesicht. Später beschließen die Philister, die Lade den Israeliten zurückzugeben.

Kapitel 5

9 17

Spontan wird die Lade nach Bet-Schemesch gebracht, an der Grenze zum Hügelland, von zwei Kühen gezogen. Durch die Lade erschreckt, schicken die Einwohner sie weiter nach Kirjat-Jearim.

Kapitel 6

11 17

Die Bundeslade bleibt 20 Jahre in Kirjat-Jearim. Samuel wird erwachsen, führt Israel und ruft das Volk nach Mizpa, damit sie sich dem HERRN neu verpflichten. Danach schlagen sie die Philister.

Kapitel 7

17

Als Samuel alt ist, bitten die Israeliten ihn um einen König. Samuel warnt, dass der König sie besteuern und ihre Kinder als Diener und Krieger verpflichten wird, dennoch verlangen sie einen König.

Kapitel 8

17

Kapitel 9

Eines Tages sucht Saul aus dem Stamm Benjamin nach den verlorenen Eseln seines Vaters. Er trifft auf Samuel, der ihn zum Abendessen einlädt.

17

Kapitel 10

Samuel sagt Saul, dass die Esel in Sicherheit sind, dass er der König Israels wird und dass er weissagen wird. Danach verabredet Samuel eine Zusammenkunft in Gilgal, wo er Saul zum König ausruft.

17

Kapitel 11

Die Ammoniter bedrohen Jabesch-Gilead. Saul führt eine Armee gegen die Ammoniter und schlägt sie. Das Volk Israels bekräftigt Sauls Königtum.

9 17

Kapitel 12

Samuel sagt den Israeliten, sie hätten Gott missfallen, als sie um einen König baten. So fällt während der Weizenernte Regen. Samuel ermutigt zum Gehorsam gegenüber Gottes Geboten.

9 17

Kapitel 13

Die Philister versammeln sich zu einem großen Krieg, nachdem Jonatan Geba angegriffen hat. Saul wird ungeduldig und gehorcht Samuel nicht, der ihm das Ende seiner Herrschaft verkündet.

14 17

Kapitel 14

Trotz Sauls Schwur, dass niemand essen soll, isst Jonatan Honig. Dank Jonatan verjagen die Israeliten die Philister. Sauls Soldaten hindern Saul, Jonatan wegen der Verletzung des Schwures zu töten.

Als sich Saul nun umwandte, um von Samuel wegzugehen, verwandelte Gott sein Herz. Und noch am gleichen Tag trafen alle diese Zeichen ein. Als sie, Saul und sein Knecht, nach Gibea gelangten, kam ihnen tatsächlich eine Schar von Propheten entgegen. Der Geist Gottes kam über Saul und Saul geriet mitten unter ihnen in prophetische Verzückung. Alle, die ihn von früher kannten, sahen, wie er zusammen mit den Propheten in Verzückung war. Die Leute sagten zueinander: Was ist denn nur mit dem Sohn des Kisch geschehen? Ist auch Saul unter den Propheten?

1. Samuel 10,9–11

Kapitel 12: Kommentar

Samuels Aufzählung und Vorhersage der Geschichte bei seiner letzten Ansprache weist erneut auf die deuteronomische Lehre hin, dass Gott der König ist, der für Israel sorgt. Irdisches Königtum wird Israel am Ende nichts nützen, sondern es zur Untreue verleiten, die schließlich im Babylonischen Exil mündet.

Kapitel 13: Kommentar

Der Bericht von Sauls Herrschaft steht zwischen zwei Abweisungen durch Samuel im Namen des HERRN. Kein Vergehen scheint aber entsprechend gewichtig zu sein: weder Sauls Ungeduld, als Samuel eine Verabredung nicht einhält und Sauls Armee desertiert, noch Sauls Unfähigkeit, seinen königlichen Kriegsgefangenen zu töten. Man hat den Eindruck, als seien große Siege errungen worden, doch heutige Historiker sehen dies als Übertreibung an und halten Saul eher für einen geringen Stammesfürsten.

Die Söhne Sauls waren Jonatan, Jischwi und Malkischua. Die ältere seiner beiden Töchter hieß Merab, die jüngere Michal. Sauls Frau hieß Ahinoam; sie war eine Tochter des Ahimaaz. Sein Heerführer hieß Abner; er war ein Sohn Ners, des Onkels Sauls; Kisch, der Vater Sauls, und Ner, der Vater Abners, waren Söhne Abiëls. Der harte Krieg gegen die Philister hörte nicht auf, solange Saul lebte. Jeden starken und kriegstüchtigen Mann, den Saul sah, nahm er in seinen Dienst.

1. Samuel 14,49–52

Kapitel 16: Kommentar

Mit drei Geschichten wird David vorgestellt: als gesalbter Hirtenjunge (später wird er in Hebron noch einmal zum König von Juda gesalbt, danach zum König von Israel), als Held, der den Riesen Goliat tötet, und als besänftigender Musikant. Davids anziehende Persönlichkeit, seine ergebene Herrschaft wie auch sein schonungsloser Ehrgeiz scheinen durch sämtliche Geschichten seines Aufstiegs zur Macht hindurch.

Als sie kamen und er den Eliab sah, dachte er: Gewiss steht nun vor dem Herrn sein Gesalbter. Der Herr aber sagte zu Samuel: Sieh nicht auf sein Aussehen und seine stattliche Gestalt, denn ich habe ihn verworfen; Gott sieht nämlich nicht auf das, worauf der Mensch sieht. Der Mensch sieht, was vor den Augen ist, der Herr aber sieht das Herz.

1. Samuel 16,6–7

9 17

Kapitel 15

Saul verschont Agag, den König der Amalekiter, sowie einige Tiere. Samuel sagt Saul, dass Gott ihn durch einen neuen König ersetzen werde. Danach tötet Samuel Agag.

17

Kapitel 16

In Betlehem salbt Samuel David zum neuen König anstelle von Saul. David tritt in Sauls Dienste als Musiker und Waffenträger. Davids Spiel auf der Leier lindert Sauls Schwermütigkeit.

17

Kapitel 17

David besucht seinen Bruder in Sauls Armee, nimmt die Herausforderung durch Goliat an und tötet ihn mit einer Steinschleuder. Die Armee der Philister flieht, die Israeliten verfolgen sie.

Kapitel 18: Kommentar

Geschichte wird von Siegern geschrieben. In der Bibel wird die Geschichte aus Davids Sicht erzählt und so dargestellt, dass David vom mörderischen Saul verfolgt wird. Doch es gibt auch andere Lesarten. Saul war nicht ohne Grund eifersüchtig auf Davids Erfolg und seinen Ehrgeiz. Ohne Zweifel war der Brautpreis, den Saul verlangte, eine Herausforderung für David und zugleich Sauls Hoffnung, dass sein junger Rivale getötet würde. Doch dieser Plan schlug fehl.

10 17

Kapitel 18

David und Jonatan werden Freunde. David schließt sich Sauls Armee an und erringt Siege. Saul wird verrückt. David wird Sauls Schwiegersohn, nachdem er als Brautpreis 200 Philistervorhäute bringt.

Nach dem Gespräch Davids mit Saul schloss Jonatan David in sein Herz. Und Jonatan liebte David wie sein eigenes Leben. Saul behielt David von jenem Tag an bei sich und ließ ihn nicht mehr in das Haus seines Vaters zurückkehren. Jonatan schloss mit David einen Bund, weil er ihn wie sein eigenes Leben liebte. Er zog den Mantel, den er anhatte, aus und gab ihn David, ebenso seine Rüstung, sein Schwert, seinen Bogen und seinen Gürtel.

David zog ins Feld, und überall, wohin Saul ihn schickte, hatte er Erfolg, sodass Saul ihn an die Spitze seiner Krieger stellte. David war beim ganzen Volk und bei den Dienern Sauls beliebt.

1. Samuel 18,1–5

David als Musiker
Nachdem Saul von Gott zurückgewiesen wurde, wurde er schwermütig. Er beschäftigte David, damit dieser musizierte und es ihm besser ginge.

10 17

Kapitel 19

Saul beschließt, David zu töten. Davids Frau Michal verhilft ihm zur Flucht aus dem Palast, indem sie ein Götterbild in Davids Bett legt und Sauls Dienern erklärt, David sei krank.

Kapitel 19: Kommentar

Die Frauen in den Gemeinden wie auch Sauls Kinder Michal und Jonatan sind in den jungen Krieger vernarrt. Einige Geschichten sind offenkundig alternative Versionen desselben Vorfalls: Davids Pakt mit Jonatan (Kap. 19 und 20) und Davids Nachsicht mit Saul (Kap. 24 und 26).

10 14 17

Kapitel 20

Jonatan bestätigt David, dass sein Vater ihn töten will. Sie versprechen einander ewige Freundschaft und Jonatan sagt, er erwarte, David würde eines Tages König.

17

Kapitel 21

David flieht nach Nob, wo der Priester Ahimelech ihm Brot und Goliats Schwert gibt. David sucht Zuflucht bei Achisch, dem König von Gat, wobei er Geisteskrankheit vortäuscht.

Kapitel 21: Kommentar

Davids Geschichte verschafft ihm nicht nur Nahrung, sondern auch Goliats Schwert. Ahimelech wird für seine Leichtgläubigkeit mit dem Leben bezahlen, doch für David war Gerissenheit wichtiger als Wahrheit, wie er (Verse 14 und 27,5–12) durch seine Verhandlungen mit den Philistern zeigt.

David nahm sich diese Worte zu Herzen, und er fürchtete sich sehr vor Achisch, dem König von Gat. Darum verstellte er sich vor ihnen und tat in ihrer Gegenwart so, als sei er wahnsinnig; er kritzelte auf die Flügel des Tores und ließ sich den Speichel in den Bart laufen.

Achisch sagte zu seinen Dienern: Seht ihr nicht, dass der Mann verrückt ist? Warum bringt ihr ihn zu mir? Gibt es bei mir nicht schon genug Verrückte, sodass ihr auch noch diesen Mann zu mir herbringt, damit er bei mir verrücktspielt? Soll der etwa auch noch in mein Haus kommen?

1. Samuel 21,12–15

17

Kapitel 22

David schickt seine Eltern zum Schutz nach Moab und schart eine Bande von Freibeutern um sich. Inzwischen metzelt Saul Ahimelech und die Priester nieder, die David in Nob geholfen haben.

17

Kapitel 23

David und seine Männer schlagen die Philister, die Keïla angreifen, doch die Einwohner wollen ihn Saul übergeben. David muss fliehen und sich vor Saul in der Steppe von Sif verbergen.

17

Kapitel 24

Als Saul eine Höhle bei En-Gedi betritt, um seine Notdurft zu verrichten, schneidet der versteckte David ihm einen Zipfel der Kleidung ab. Damit zeigt er Saul, dass er ihn hätte töten können, wenn er gewollt hätte.

Jetzt weiß ich, dass du König werden wirst und dass das Königtum in deiner Hand Bestand haben wird. Darum schwöre mir nun beim Herrn, dass du meine Nachkommen nicht ausrotten und meinen Namen nicht aus dem Haus meines Vaters austilgen wirst. Und David schwor es Saul. Saul zog nach Hause, David aber und seine Männer stiegen wieder in die unzugänglichen Berge hinauf.

1. Samuel 24,20–22

Sauls Selbstmord *Die Philister schlagen die israelitische Armee und verwunden Saul schwer, der sich danach selbst tötet.*

Kapitel 25: Kommentar

David hatte mit dem reichen Landbesitzer Nabal (was „grob" bedeutet) eine Schutzgebühr verabredet, der so dumm ist, das Geld nicht zu bezahlen, und sich praktischerweise zu Tode isst. So kommt David zu zwei Frauen, Sauls Exfrau Ahinoam und Nabals Witwe (Vers 43). Monogamie ist noch nicht die Norm.

David zog mit seinen Männern aus, und sie unternahmen Raubzüge bei den Geschuritern, den Geresitern und den Amalekitern; diese bewohnen von jeher das Gebiet in Richtung Schur und nach Ägypten zu. David verheerte das Land und ließ weder Männer noch Frauen am Leben; Schafe und Rinder, Esel, Kamele und Kleider aber nahm er mit. […]

1. Samuel 27,8–9

Kapitel 28: Kommentar

Nachdem Saul sich selbst Geisterbeschwörung und Zauberei versagt hat (Vers 9, vgl. Deuteronomium 18,10–12), aber seinen eigenen Propheten verloren hat, gerät er in Verzweiflung. Die Versuche der Frauen, ihn zu trösten, sind rührend, aber wirkungslos.

Kapitel 30: Kommentar

Da die Anführer der Philister David nicht vertrauten, der sich ihnen im Norden gegen sein eigenes Volk anschließen wollte, baut er seine Machtbasis im Süden auf und verteilt seine Beute an die Ältesten Judas.

Um Saul selbst entstand ein schwerer Kampf. Die Bogenschützen hatten ihn getroffen und er war sehr schwer verwundet.

Da sagte Saul zu seinem Waffenträger: Zieh dein Schwert, und durchbohre mich damit! Sonst kommen diese Unbeschnittenen, durchbohren mich und treiben ihren Mutwillen mit mir. Der Waffenträger wollte es nicht tun; denn er hatte große Angst. Da nahm Saul selbst das Schwert und stürzte sich hinein.

1. Samuel 31,3–5

17

Samuel stirbt. In Karmel weigert sich Nabal, David das Geld für die Schutzgebühr zu bezahlen, also bezahlt seine Frau für ihn. Nabal stirbt und David heiratet seine Frau.

Kapitel 25

17

David hat die Möglichkeit, den schlecht bewachten Saul im Schlaf zu töten. Später lässt er Saul aus sicherer Distanz wissen, was er hätte tun können. Saul beendet seine Jagd auf David.

Kapitel 26

17

David und seine Männer ziehen in das Land der Philister, schließen sich der Armee des Königs von Gat an und erhalten von ihm Ziklag. David übergibt die Beute seiner Überfälle den Ältesten von Juda.

Kapitel 27

7 17

Die Philister mit David und seinen Männern bereiten sich auf die Schlacht gegen Israel vor. In En-Dor nimmt ein Medium für Saul mit dem toten Samuel Kontakt auf. Der enthüllt, dass die Philister Saul töten werden.

Kapitel 28

17

Achisch schickt David und seine Männer zurück nach Ziklag, da die anderen Philisterkönige nicht wollen, dass David sich ihnen im Kampf gegen die Israeliten anschließt.

Kapitel 29

17

Die Amalekiter haben Ziklag abgebrannt und alle Frauen und Kinder mit sich genommen. David und seine Männer retten ihre Familien und ihr Eigentum. David schickt den Ältesten von Juda Geschenke.

Kapitel 30

9 17

Die Philister schlagen Israel, verwunden Saul und töten Jonatan. Saul tötet sich selbst. Die Philister entledigen die Toten ihrer Rüstungen, schneiden Sauls Kopf ab und hängen die Leichen an der Mauer von Bet-Schean auf.

Kapitel 31

2. Samuel

Übersicht

I Tod Sauls 1,1–27

II Die Herrschaft Davids 2,1–20,26

- **a** David, König von Juda 2,1–4,12
- **b** David, König von Juda und Israel 5,1–8,18
- **c** Davids Familie und Nachfolge 9,1–20,26

III Ergänzungen 21,1–24

Dieses Buch entspricht der zweiten Hälfte der Samuel-Rolle. Es berichtet die Herrschaft Davids, des Modells des israelitischen Königtums. Mithilfe seines brutalen, prinzipienlosen Cousins, seines Generals Joab, beseitigt David Sauls Erben und wird König des gesamten Landes. Nachdem er Jerusalem eingenommen hat, das die Verbindung der beiden Territorien darstellt, macht er es zu seiner Hauptstadt. Indem er die Bundeslade dorthin bringt, macht er Jerusalem auch zur Hauptstadt Gottes, zum Symbol von Gottes Gegenwart. Die Herrschaft Davids und das Ausmaß seiner Macht gelten als der glanzvollste Moment in

4 5 17

Kapitel 1

David erfährt von Sauls Tod und dem Tode Jonatans. Für beide stimmt David einen Klagegesang an.

Kapitel 1: Kommentar

Davids Behandlung des Boten zeigt, dass man es sich mit dem Gesalbten des HERRN nicht verderben sollte. Davids Klage über seine Freunde, bewahrt in einer alten Gedichtsammlung, ist ein Meisterwerk, doch fällt auf, dass es keine Erwähnung oder Anspielung auf Gott gibt.

Ihr Töchter Israels, um Saul müsst ihr weinen; er hat euch in köstlichen Purpur gekleidet, hat goldenen Schmuck auf eure Gewänder geheftet. Ach, die Helden sind gefallen mitten im Kampf. Jonatan liegt erschlagen auf deinen Höhen. Weh ist mir um dich, mein Bruder Jonatan. Du warst mir sehr lieb. Wunderbarer war deine Liebe für mich als die Liebe der Frauen. Ach, die Helden sind gefallen, die Waffen des Kampfes verloren.

2. Samuel 1,24–27

17

Kapitel 2

David wird König von Juda in Hebron, während Abner, der Kommandeur von Sauls Armee, Sauls Sohn Ischbaal zum König Israels macht. Zwischen beiden bricht ein Bürgerkrieg aus.

17

Kapitel 3

David wird mächtiger, während Ischbaal schwächer wird. David hat von seinen Frauen in Hebron viele Söhne. Abner läuft zu David über, doch Joab misstraut ihm und ermordet ihn.

Kapitel 3: Kommentar

Als Linkshänder hatte Joab den Vorteil, unerwartet eine versteckte Waffe benutzen zu können. Das nutzt er für den Mord an Abner, später an Amasa (20,9). Aber selbst David konnte seinen draufgängerischen, skrupellosen Cousin nicht kontrollieren. Das wird deutlich bei Joabs Rache an Abschalom (18,6–19,9).

17

Kapitel 4

Rechab und Baana ermorden Ischbaal, den König Israels und Sohn Sauls, in seinem Bett, schneiden ihm den Kopf ab und bringen ihn David. David tötet Rechab und Baana.

Israels Geschichte, auch wenn manche Wissenschaftler diese Darstellung bezweifeln, da es keinerlei archäologische Belege gibt. Zentraler Teil dieses Buchs, die Hofgeschichte Davids, ist die großartigste Biografie, die uns aus der Alten Welt überliefert ist. Mit der intimen Kenntnis der beteiligten Charaktere muss sie auf Augenzeugenberichten der Ereignisse beruhen, die sie beschreibt. Dennoch wird das Thema des Deuteronomischen Geschichtswerks weiterverfolgt, denn Davids Ehebruch mit Batseba und seine schwache Kontrolle seiner Familie bringen die Katastrophe in Gestalt von Abschaloms Rebellion und Tod. Das Buch schließt mit ergänzenden Informationen.

Kapitel 6: **Kommentar**

Weil er die Bundeslade, das Symbol der Gegenwart Gottes, zur Heiligung seines persönlichen Machtbereichs nach Jerusalem brachte, wurde David zum Modell eines messianischen Königs. Doch da er Blut vergossen hatte, durfte er nicht den Tempel errichten, er erwarb nur das Land dafür. Die Ehrfurcht gebietende Heiligkeit der Bundeslade wird durch das Schicksal Usas verdeutlicht: Usa maßte sich an, die Lade, von der er meinte, dass sie fallen würde, abzustützen und Gott dadurch zu beschützen.

Dein Haus und dein Königtum sollen durch mich auf ewig bestehen bleiben; dein Thron soll auf ewig Bestand haben.

2. Samuel 7,16

Kapitel 8: **Kommentar**

Hier beanspruchte David, ein größeres Gebiet zu kontrollieren, als Israel es je besaß, vom Orontes im Norden bis zum Eufrat im Osten. Wegen des Fehlens jeglicher archäologischer Befunde haben Historiker angenommen, dass diese Ansprüche übertrieben sind oder dass David sogar kaum mehr als ein kleiner Stammesfürst war.

Kapitel 11: **Kommentar**

Nachdem er Urijas Frau geschwängert hat, versucht David, den gehörnten Ehemann dazu zu bringen, mit seiner Frau zu schlafen, sodass das Kind als seines gelten kann. Die Kriegsregeln verboten das aber, sodass David dafür sorgt, dass Urija in der Schlacht fällt. Ehebruch galt als bedeutend verwerflicher als ein einmaliges Liebesabenteuer mit einer unverheirateten Frau.

17

David wird König des vereinten Israel. Danach erobert David Jerusalem, erbaut seinen Palast, nimmt sich weitere Frauen und hat noch mehr Kinder. David schlägt die Philister.

Kapitel 5

11 17

Beim ersten Versuch, die Bundeslade von Schilo nach Jerusalem zu bringen, stirbt Usa. Der zweite Versuch gelingt, doch Davids Frau Michal kritisiert ihn, weil er vor der Bundeslade tanzte.

Kapitel 6

7 12 17

David möchte einen Tempel für den HERRN errichten, doch Gott sagt ihm, dass erst sein Sohn ihn erbauen wird. Gott verspricht, dass Davids Königreich für immer andauert. David dankt Gott im Gebet.

Kapitel 7

17

David besiegt die Philister, die Aramäer, Edom, Moab, die Ammoniter und Amalek. Seine Herrschaft über Israel ist fest begründet.

Kapitel 8

14 17

David nimmt Jonatans behinderten Sohn Merib-Baal auf und sorgt gut für ihn und seine Familie.

Kapitel 9

17

Als der König von Ammon stirbt, schickt David eine Delegation, um sein Beileid auszudrücken. Die Delegation wird schlecht behandelt, also erobert David Ammon und dessen Verbündete, die Aramäer.

Kapitel 10

17

Während Davids Armee gegen Ammon kämpft, bleibt David zu Hause und hat eine Affäre mit Urijas Frau Batseba. Nachdem sie schwanger wird, lässt er ihren Mann töten und heiratet sie.

Kapitel 11

2 9 17

Der Prophet Natan tadelt David wegen seiner Affäre und des Mords. Er sagt ihm, er würde für den Rest seines Lebens Ärger haben. Das Kind, das Batseba zur Welt bringt, stirbt.

Kapitel 12

9 | 17

Kapitel 13

Amnon vergewaltigt seine Halbschwester Tamar. Zwei Jahre darauf tötet ihr Bruder Abschalom Amnon, flieht vor seinem Vater David zu Talmai, dem König von Geschur, wo er drei Jahre bleibt.

2 | 17

Kapitel 14

Endlich kann Abschalom mit der Hilfe von Davids General Joab nach Jerusalem zurückkehren. Er versöhnt sich mit seinem Vater David.

9 | 17

Kapitel 15

Abschalom nimmt an einer Verschwörung teil, um David zu stürzen. David flieht aus Jerusalem, nimmt Verbündete mit, lässt einige Priester, zehn Nebenfrauen und seinen Ratgeber Huschai zurück, um Abschalom zu schwächen.

9 | 17

Kapitel 16

Merib-Baals Diener Ziba behauptet, dass Merib-Baal sich gegen David gewandt hat. Schimi, ein Verwandter Sauls, verflucht David. Abschalom schläft mit Davids zehn Nebenfrauen.

17

Kapitel 17

Ahitofel rät Abschalom, David sofort zu verfolgen und ihn zu töten. Doch Huschai rät ihm, zu warten und eine Armee aufzustellen. Abschalom stimmt zu, weshalb sich Ahitofel erhängt.

4 | 9 | 17

Kapitel 18

Davids Armee schlägt Abschaloms Armee in die Flucht. Abschalom verfängt sich mit seinem langen Haar in den Ästen eines Baumes. Davids General Joab tötet ihn. David beklagt seinen Tod.

2 | 17

Kapitel 19

David kehrt im Triumph nach Jerusalem zurück. Merib-Baal sagt, dass Ziba über ihn Lügen verbreitet habe, weshalb David den Besitz zwischen ihnen aufteilt. Schimi erbittet für seine Cousins Vergebung.

9 | 17

Kapitel 20

Scheba führt eine Rebellion gegen David an. Joab führt die Armee gegen Scheba, der in Abel-Bet-Maacha Zuflucht sucht. Die Ältesten der Stadt köpfen ihn und beenden so die Rebellion.

In ganz Israel gab es keinen schöneren und lobenswerteren Mann als Abschalom. Vom Scheitel bis zur Sohle war kein Makel an ihm. Und wenn er sein Haar schneiden ließ – das geschah von Zeit zu Zeit, weil es so schwer wurde, dass er es schneiden lassen musste – und man wog sein Haar, dann wog es zweihundert Schekel nach königlichem Gewicht.

2. Samuel 14,25–26

Kapitel 17: Kommentar

Der Rat der beiden Berater Davids, einer loyal, der andere verräterisch, steht in einem Abschnitt von blendender, blumiger Rhetorik. Als Ahitofel sieht, dass sein Rat nicht beachtet wird, begeht er den einzigen Selbstmord in der hebräischen Bibel, womit er einen Präzedenzfall für einen weiteren Verräter liefert, nämlich Judas im Neuen Testament.

Der Kampf breitete sich über die ganze dortige Gegend aus und der Wald verschlang an jenem Tag mehr Krieger als das Schwert. Plötzlich kam Abschalom in das Blickfeld der Krieger Davids; er ritt auf einem Maultier.

Als das Maultier unter den Ästen einer großen Eiche hindurchlief, blieb Abschalom mit dem Kopf fest an der Eiche hängen, sodass er zwischen Himmel und Erde schwebte und das Maultier unter ihm weglief.

Jemand sah es und meldete Joab: Ich habe gerade Abschalom an einer Eiche hängen sehen. […] Die zehn Waffenträger Joabs umringten Abschalom und schlugen ihn tot.

2. Samuel 18,8–10, 15

Man meldete Joab: Der König weint und trauert um Abschalom. So wurde der Tag der Rettung für das ganze Volk zu einem Trauertag; denn die Leute hörten an diesem Tag: Der König ist voll Schmerz wegen seines Sohnes. Die Leute schlichen sich an jenem Tag in die Stadt, wie sich Leute davonschleichen, die Schande auf sich geladen haben, weil sie im Kampf geflohen sind. Der König aber hatte sein Gesicht verhüllt und rief laut: Mein Sohn Abschalom! […]'

2. Samuel 19,1–4

Dann redete die kluge Frau mit allen Leuten (in der Stadt), und sie schlugen Scheba, dem Sohn Bichris, den Kopf ab und warfen ihn Joab zu. Da ließ Joab das Widderhorn blasen, und alle zogen von der Stadt ab […]; Joab aber kehrte nach Jerusalem zum König zurück.

2. Samuel 20,22

Kapitel 21: Kommentar

Es folgen sechs Ergänzungen zur Hofgeschichte. Wir wissen nicht, was Saul den Gibeonitern antat, doch lieferte dies einen hinreichenden Vorwand für David, Sauls Familie auszulöschen, mögliche Rivalen. Deshalb verflucht ihr Stammesmitglied Schimi David als Mann des Blutvergießens (16,7). David hielt seinen Schwur gegenüber Jonatan und ließ Merib-Baal, Jonatans verkrüppelten Sohn, weiterleben – unter Hausarrest.

9 18

Kapitel 21

Um eine Hungersnot zu beenden, lässt David die Gibeoniter, die Sauls versuchten Völkermord überlebt haben, sieben von Sauls Nachkommen töten. Davids Kriege gegen die Philister sind erfolgreich.

1 5

Kapitel 22

David stimmt einen Lobgesang für den HERRN an, weil er David von seinen Feinden befreit hat.

Die Bande der Unterwelt umstrickten mich, über mich fielen die Schlingen des Todes. In meiner Not rief ich zum Herrn und rief zu meinem Gott. Aus seinem Heiligtum hörte er mein Rufen, mein Hilfeschrei (drang) zu seinen Ohren.

2. Samuel 22,6–7

Der Mord an Amnon
Abschalom, Davids drittältester Sohn, ermordete Amnon, Davids ältesten Sohn und Thronerben, weil Amnon Abschaloms Schwester vergewaltigte und ohne Strafe geblieben war.

Der Gott Israels sprach, zu mir sagte der Fels Israels: Wer gerecht über die Menschen herrscht, wer voll Gottesfurcht herrscht, der ist wie das Licht am Morgen, wenn die Sonne aufstrahlt an einem Morgen ohne Wolken, der nach dem Regen grünes Gras aus der Erde hervorsprießen lässt.

2. Samuel 23,3–4

1 5 16

Kapitel 23

Auf Davids letzte Worte, ein Gedicht zum Lobe Gottes, folgt eine Liste der Namen und Taten von Davids berühmtesten Soldaten.

Kapitel 24: Kommentar

Die Volkszählung gilt vielleicht deshalb als Sünde, weil sie das Eigentum des HERRN an seinem Volk relativiert. Diese Geschichte weist ein typisch volkstümliches Motiv auf mit drei Wahlmöglichkeiten und dazu unmöglich hohen Zahlen: 11 000 Bewaffnete entsprechen einer Bevölkerung von mehreren Millionen.

9 15 17

Kapitel 24

David versündigt sich, indem er eine Volkszählung durchführt. Gott schickt eine Plage, die vor Jerusalem anhält, als David auf der Tenne des Jebusiters Arauna einen Altar baut und opfert.

1. Könige

Übersicht

Die zwei Bücher der Könige beschließen das Deuteronomische Geschichtswerk, das zeigen sollte, dass Treue zum Bund Erfolg, Untreue heilsame Bestrafung bringt. Das Material stammt aus den königlichen Annalen und den Zyklen der Propheten Elija und Elischa, vielleicht auch aus einem Geschichtenzyklus der Aramäerkriege. In diesem Buch ist Salomo zentrale Gestalt, berühmt wegen seiner göttlichen Gabe der Weisheit als Herrscher. Er ist Begründer der Weisheitstradition Israels. Er erbaute einen Palast und den Tempel, entwickelte einen Hofstaat und häufte großen Reichtum durch Handel an. Er verursachte aber auch Katastrophen durch seine ehelichen Verbindungen, die die

17

Kapitel 1

Davids Sohn Adonija will den Thron Israels für sich beanspruchen, doch der Versuch misslingt. David setzt stattdessen seinen Sohn Salomo als nächsten König ein.

9 17

Kapitel 2

David sagt Salomo, er solle Gottes Gesetzen gehorchen und Rache an denen nehmen, die ihm Unrecht taten. Nach dem Tode Davids tötet Salomo Adonija, setzt Abjatar ab und bringt Joab und Schimi um.

12 17 18

Kapitel 3

Salomo bittet Gott um Weisheit, die ihm gewährt wird. Als zwei Prostituierte behaupten, die Mutter eines Säuglings zu sein, sagt Salomo ihnen, sie sollten das Kind in zwei Teile schneiden.

16

Kapitel 4

Eine Liste von Salomos Beamten, täglichen Nahrungsrationen und des Reichtums Israels unter seiner Herrschaft. Salomo schreibt Sprichwörter auf, komponiert Lieder und zeigt seine Kenntnis der Natur.

17

Kapitel 5

Salomo leiht von Hiram, dem König von Tyrus, Arbeiter und Material, um den Tempel Gottes in Jerusalem zu bauen.

Kapitel 1–2: Kommentar

David wird als leicht senil gezeigt und von den Müttern möglicher königlicher Rivalen manipuliert. Diese beiden Kapitel bilden das Ende der Folgeerzählung von 2. Samuel. Salomo löscht erbarmungslos mögliche Rivalen und Davids alte Garde aus und versucht, David die Schuld für seine Rücksichtslosigkeit zuzuschieben.

Kapitel 3: Kommentar

Salomo wurde als Quell der Weisheitstradition Israels verehrt, sodass mehrere der Weisheitsbücher ihm zugeschrieben werden. Seine Weisheit zeigte sich in seinen Urteilen und dem Hofstaat, doch auch in seinem wirtschaftlichen Erfolg. Daher rührt die Bewunderung der Königin von Saba. Er war der Mittelsmann, der anatolische Pferde nach Ägypten verkaufte und ägyptische Streitwagen nach Anatolien. Sein „Königsweg" nach Akaba am Roten Meer ist noch immer eine wirtschaftliche Lebensader des Königreichs Jordanien. Doch Salomo legte auch den Keim für Unglück, Götzenanbetung und Feindschaft, die zum Zerbrechen des Königtums führen sollten.

Kapitel 5: Kommentar

Mangels eigener Vorbilder musste Salomo beim Tempelbau auf kanaanitische Vorbilder sowie phönizisches Material und Handwerker zurückgreifen. Jerusalem war bedeutend erweitert worden. Gewaltige Festungsanlagen wurden in Geser, Hazor und Megiddo gebaut, von denen viele von Archäologen wiederentdeckt wurden. Die Ausmaße von Tempel und Palast Salomos in Jerusalem lassen den früheren Bau als bloße Palastkapelle des späteren wirken (Grundrisspläne von 1 200 bzw. 5 000 Ellen im Quadrat, Höhen von 20 bzw. 25 Ellen).

Götzenanbetung in das Herz des Königreichs brachten, und indem er die nördlichen Stämme durch Zwangsarbeit gegen sich aufbrachte. Danach wurde im Zuge des Schismas ein Götzentempel in Bet-El errichtet, und ein König nach dem anderen wurde verurteilt, weil er die Götzenanbetung nicht aufhielt oder die unreine Religion der Fruchtbarkeitsschreine in den Bergen nicht beseitigte. Gegen Ende des Buchs wird die Aufmerksamkeit auf die prophetische Tradition Elijas und seines Nachfolgers Elischa besonders im nördlichen Königreich gelenkt, das eher durch diese Tradition als durch Davids dynastische Versprechungen gestützt wurde.

17

Salomo braucht sieben Jahre, um den Tempel des HERRN zu bauen, wozu er große Mengen an Zedernholz und Gold verwendete.

Kapitel 6

16 17

Salomo braucht 13 Jahre, um einen Palast für sich zu bauen. Es folgt eine Beschreibung der Ausstattung des Tempels.

Kapitel 7

11 12 17

Die Bundeslade wird in den Tempel gebracht. Salomo weiht den Tempel mit einem Gebet, vielen Opfern und einem Fest, das 14 Tage dauert.

Kapitel 8

Jerobeam und das Goldene Kalb
Jerobeam führte erfolgreich eine Rebellion gegen Rehabeam an und begründete ein neues Königreich, das aus den zehn nördlichen Stämmen bestand.

14 16 17

Kapitel 9

Der HERR sagt Salomo, dass sein Thron für immer bestehen würde, wenn seine Nachkommen Gott gehorchen. Salomo besiegt Feinde, baut Schiffe und heiratet die Tochter des Pharao.

16 17

Kapitel 10

Die Königin von Saba besucht Salomo, nachdem sie von seiner Weisheit gehört hat. Salomo erwirbt durch seinen ausgedehnten Handel mit Nachbarländern großen Reichtum.

Als nun die Königin von Saba die ganze Weisheit Salomos erkannte, als sie den Palast sah, den er gebaut hatte, die Speisen auf seiner Tafel, die Sitzplätze seiner Beamten, das Aufwarten der Diener und ihre Gewänder, seine Getränke und sein Opfer, das er im Haus des Herrn darbrachte, da stockte ihr der Atem. Sie sagte zum König: Was ich in meinem Land über dich und deine Weisheit gehört habe, ist wirklich wahr.

1. Könige 10,4–6

17

Kapitel 11

Salomo heiratet ausländische Frauen, baut Tempel für ihre Götter und opfert ihnen. Gottes Urteil gegen Salomo besagt, dass Jerobeam zehn Stämme Israels von Rehabeam übernehmen soll.

9 17

Kapitel 12

Salomo stirbt. Sein Sohn Rehabeam wird König. Zehn der Stämme rebellieren und machen Jerobeam zu ihrem König. Jerobeam errichtet Tempel mit Bildern eines Goldenen Kalbs in Bet-El und Dan.

Kapitel 12: Kommentar

Trotz der Warnungen vor Jerobeams Rebellion durch den Propheten Ahija haben die jungen Leute nur eine grobe Erwiderung („Lenden" in Vers 10 ist ein Euphemismus) auf die Bitte der Nordstämme um eine bessere Behandlung. Auf die politische Unabhängigkeit folgte die religiöse, denn die Nordstämme konnten im Tempel ihrer Gegner nicht beten. Der Schrein und das „Kalb" (Bulle) in Bet-El werden von Hosea und Amos verflucht und während der Reformen Joschijas zerstört.

7 17

Kapitel 13

Ein Prophet sagt Jerobeam, dass Joschija eines Tages menschliche Knochen auf dem Altar verbrennen wird, den er in Bet-El erbauen ließ. Danach stirbt der Prophet auf seinem Heimweg, weil er an eine Lüge glaubt.

Während Jerobeam am Altar stand, um zu opfern, kam ein Gottesmann aus Juda im Auftrag des Herrn nach Bet-El. Er rief im Auftrag des Herrn gegen den Altar: Altar, Altar! So spricht der Herr: Dem Haus David wird ein Sohn geboren mit Namen Joschija. Dieser wird auf dir die Höhenpriester hinschlachten, die auf dir opfern, und die Gebeine von Menschen wird man auf dir verbrennen.

1. Könige 13,1–2

7 17

Kapitel 14

Ahija sagt den Tod von Jerobeams Sohn und die Zerstörung seines Königreichs voraus. Der Pharao dringt in Jerusalem ein und plündert die Stadt. Nadab folgt auf Jerobeam, Abija auf Rehabeam.

Juda aber tat, was dem Herrn missfiel. Die Sünden, die sie begingen, reizten ihn mehr als alles, was ihre Väter getan hatten. Denn auch sie errichteten Kulthöhen, Steinmale und Kultpfähle auf allen hohen Hügeln und unter jedem üppigen Baum. Sogar Hierodulen gab es im Land. Die Israeliten ahmten alle Gräuel der Völker nach, die der Herr vor ihnen vertrieben hatte.

1. Könige 14,22–24

Salomo und die Königin von Saba
Die Königin von Saba besuchte Salomo und war von seinem Reichtum und seiner Weisheit beeindruckt.

Ahab, der Sohn Omris, wurde König von Israel […] und tat, was dem Herrn missfiel, mehr als alle seine Vorgänger. Es war noch das wenigste, dass er an den Sünden Jerobeams, des Sohnes Nebats, festhielt. Er nahm Isebel, die Tochter Etbaals, des Königs der Sidonier, zur Frau, ging hin, diente dem Baal und betete ihn an. Im Baalstempel, den er in Samaria baute, errichtete er einen Altar für den Baal. Auch stellte er einen Kultpfahl auf und tat noch vieles andere, womit er den Herrn, […] mehr erzürnte als alle Könige Israels vor ihm.

1. Könige 16,30–33

Kapitel 18: **Kommentar**

Königin Isebel, Tochter des Priesterkönigs von Tyrus, wird zum sprichwörtlichen schlechten Einfluss. Der Status der Propheten, die sie abschlachten lässt, ist unsicher. Sie sind schon früher aufgetreten: mit Saul (1. Samuel 19,23). Sie erscheinen in verschiedenen Städten (2. Könige 2,3–7) und am Königshof, wo sie weissagen, um dem König zu gefallen (1. Könige 22). Die Rivalität mit den Propheten Baals zeigt, dass der Monotheismus sich noch nicht durchgesetzt hatte.

Kapitel 19: **Kommentar**

Propheten von Mose über Jeremia bis zu Jona versuchen, der undankbaren Aufgabe auszuweichen, die Strafen des HERRN zu verkünden. Die Tatsache, dass der HERR sich hier in einem „Klang der Stille" und nicht in einem Sturm manifestiert, heißt nicht, dass der Inhalt der Botschaft sanft sein wird, wie das Blutvergießen durch Hasaël und Jehu belegen wirdt.

Kapitel 21: **Kommentar**

Das Verbrechen Ahabs und Isebels wird durch verschiedene Faktoren verschlimmert: Nabot war es gesetzlich verboten, das Land seiner Vorfahren zu veräußern. Der König sollte Gottes Stellvertreter sein und sich um die Rechte der Armen und Hilflosen kümmern. Stattdessen wird Nabot fälschlicherweise der Gotteslästerung bezichtigt, sodass sein nun besitzloses Land an den König zurückfällt.

Kapitel 22: **Kommentar**

Michas Vision, wie Gott, umgeben von seinem himmlischen Hof, auf seinem Thron sitzt, ist der Beginn einer Reihe solcher biblischer Szenen: Ijob 1–2, Jesaja 6, Ezechiel 1, Daniel 7 und schließlich Offenbarung 4–5. Ahab spürt offensichtlich, dass Micha zunächst die Hofpropheten verhöhnt.

17

Abija, König von Juda, regiert kurz. Ihm folgt Asa, der den HERRN anbetet, sich mit Ben-Hadad zusammenschließt und gegen Bascha Krieg führt, den König von Israel.

Kapitel 15

17

Nach zwei Jahren ermordet Bascha Nadab. Simri ermordet Baschas Sohn Ela. Omri ermordet Simri und gründet Samaria als seine Hauptstadt. Sein Sohn Ahab heiratet Isebel.

Kapitel 16

7 8 17

Der Prophet Elija sagt eine Dürre voraus, versteckt sich vor Ahab, zuerst bei einem Bach, dann bei einer Witwe in Sarepta nahe Sidon, die auf wundersame Weise ernährt wird. Elija lässt ihren toten Sohn wiederauferstehen.

Kapitel 17

7 9 17

Nach drei Jahren lässt Elija einen Wettstreit auf dem Berg Karmel austragen, um festzustellen, welchen Gott man anbeten soll: den HERRN oder Baal. Baal verliert, Elija lässt die Propheten Baals töten. Danach endet die Dürre

Kapitel 18

7 17

Isebel droht, Elija zu töten, weshalb er flieht. Gott ermutigt Elija und sagt ihm, er solle Elischa zu Israels nächstem Propheten erwählen. Elischa wird Elijas Schüler und Diener.

Kapitel 19

7 17

Ahab schlägt Ben-Hadad, den König von Aram, als er Samaria angreift, doch Ahab lässt ihn leben und gewährt ihm einen günstigen Friedensvertrag. Ein Prophet verdammt Ahab wegen seiner Nachsicht.

Kapitel 20

7 17

Ahabs Frau Isebel lässt Nabot töten, sodass Ahab dessen Weinberg stehlen kann. Elija weissagt, dass Ahabs Nachkommen sterben werden und dass Hunde Isebel fressen werden.

Kapitel 21

7 9 17

Joschafat schließt sich Ahab zu einer Allianz gegen Aram an, um Ramot-Gilead anzugreifen. Der Prophet Micha sagt Ahabs Tod voraus. Joschafat und Ahab ziehen dennoch in den Krieg und Ahab stirbt.

Kapitel 22

2. Könige

Übersicht

Dieses zweite Buch der Könige setzt das erste ohne Unterbrechung fort und beschließt den Elija-Zyklus. Die Zyklen dieser beiden großen Propheten zeigen die letzten Augenblicke des Wohlstands vor dem immer schneller voranschreitenden Untergang und Fall der beiden Reiche unter den Hammerschlägen zunächst Assyriens, dann Babylons.

7 9 17

Kapitel 1

Ahabs Sohn Ahasja verletzt sich selbst. Er schickt Boten zu Beelzebul, dem Gott von Ekron. Elija fängt sie ab und sagt ihnen, dass Ahasja sterben wird.

7 8 9

Kapitel 2

Elija wird von einem feurigen Streitwagen fortgebracht. Elischa überquert den Jordan, reinigt eine Quelle und ruft Bären, die die Jungen töten sollen, die seinen Kahlkopf verspottet haben.

17

Kapitel 3

Ahabs Sohn Joram folgt Ahasja als König. Er regiert zwölf Jahre lang. Während seiner Herrschaft revoltiert Moab erfolgreich gegen Israel und erlangt seine Unabhängigkeit.

7 8 17

Kapitel 4

Elischa hilft einer Witwe, die Gläubiger ihres Mannes zu bezahlen. Er erweckt einen toten Jungen wieder zum Leben, macht einen vergifteten Eintopf genießbar und vermehrt Brotlaibe für die Speisung des Volks.

7 9 17

Kapitel 5

Elischa heilt Naaman, den Feldherrn des Königs von Aram, von der Lepra. Elischa verweigert die Bezahlung, doch Gehasi bezahlt ihn heimlich. Also straft Elischa Gehasi mit Lepra.

Kapitel 1: Kommentar

Dies ist eine typische Volksgeschichte mit dem Motiv der dreifachen Wiederholung, was die Gefahren des fehlenden Respekts für die Boten des HERRN illustriert.

Darauf sandte der König einen anderen Hauptmann […] zu ihm. Auch dieser ergriff das Wort und rief Elija zu: Mann Gottes, so spricht der König: Komm sofort herab! Doch Elija antwortete ihnen: Wenn ich ein Mann Gottes bin, so falle Feuer vom Himmel und verzehre dich […]. Sogleich fiel das Feuer Gottes vom Himmel und verzehrte ihn und seine Leute.

2. Könige 1,11–12

Kapitel 2: Kommentar

Elischa wird als Erbe Elijas dargestellt (er erhält als ältester Sohn ein doppeltes Erbteil), so wie Josua der Erbe Moses war. Die Parallele zwischen den beiden Propheten ist deutlich: Beide wirken ein Ölwunder für eine Witwe, beide teilen das Wasser, beide erwecken ein Kind von den Toten. Doch Elischa ist eher politisch tätig, statt ein Moralkritiker zu sein wie Elija. Er scheint sogar die Ermordung Jerobeams gutzuheißen, und einige seiner Wunder sind bloße Machtdemonstrationen ohne religiösen Gehalt.

Während sie miteinander gingen und redeten, erschien ein feuriger Wagen mit feurigen Pferden und trennte beide voneinander. Elija fuhr im Wirbelsturm zum Himmel empor. Elischa sah es und rief laut: Mein Vater, mein Vater! Wagen Israels und sein Lenker! Als er ihn nicht mehr sah, fasste er sein Gewand und riss es mitten entzwei.

2. Könige 2,11–12

Der Adjutant hatte dem Gottesmann geantwortet: Selbst wenn der Herr Schleusen am Himmel anbrächte, könnte dies nicht geschehen. Und Elischa hatte ihm erwidert: Du wirst es mit deinen Augen sehen, aber nicht davon essen. So geschah es ihm nun: Das Volk trat ihn im Tor nieder, sodass er starb.

2. Könige 7,19–20

8 17

Elischa blendet eine Armee und führt sie gefangen nach Samaria. Der König von Samaria will, dass Elischa getötet wird, als die Belagerung Samarias zum Kannibalismus führt.

Kapitel 6

7 8 17

Elischa verkündet, dass die Hungersnot enden wird. Die aramäische Armee tritt unerwartet den Rückzug an und lässt viel Nahrung zurück. Leprakranke entdecken sie und berichten dem König davon.

Kapitel 7

Elijas Streitwagen
Der Prophet Elija fährt mit einem Streitwagen, von einem Wirbelsturm emporgehoben, zum Himmel auf. Sein Diener Elischa bezeugt das und wird der Prophet, der ihm nachfolgt..

17

Kapitel 8

Die Mutter des wiederauferstandenen Jungen lässt ihr Land wiederherstellen, nachdem Gehasi dem König ihre Geschichte erzählt hat. Hasaël ermordet Ben-Hadad, König von Aram. Auf Joram, König von Juda., folgt Ahasja.

Als Ahasja, der König von Juda, dies sah, floh er in Richtung Bet-Gan. Doch Jehu verfolgte ihn und rief: Schlagt auch diesen nieder! Man schlug ihn beim Anstieg nach Gur, das bei Jibleam liegt, im Wagen nieder. Er kam noch bis Megiddo, wo er starb. Seine Diener brachten ihn nach Jerusalem und begruben ihn bei seinen Vätern in seinem Grab in der Davidstadt. Im elften Jahr Jorams, des Sohnes Ahabs, war Ahasja König von Juda geworden.

2. Könige 9,27–29

7 9 17

Kapitel 9

Elischa sendet einen Propheten, um Jehu zum König von Israel zu salben. Jehu tötet Joram, König von Israel, und Ahasja, König von Juda. Danach tötet er Isebel, die von Hunden aufgefressen wird.

Dann ging Jehu hinein, um zu essen und zu trinken. Schließlich befahl er: Seht nach dieser Verfluchten, und begrabt sie; denn sie ist eine Königstochter. Doch als sie hinkamen, um sie zu begraben, fanden sie von ihr nur noch den Schädel, die Füße und die Hände. Und sie kamen zurück, um es ihm zu melden. Er aber sagte: Das ist das Wort, das der Herr durch seinen Knecht Elija aus Tischbe verkündet hat: Auf der Flur von Jesreel werden die Hunde das Fleisch Isebels fressen. Die Leiche Isebels soll wie Mist auf dem Feld in der Flur Jesreels liegen […]

2. Könige 9,34–37

Die geschminkte Isebel
Isebel, Mutter von Joram, dem König Israels, wird aus einem Fenster geworfen und stirbt auf Befehl von Jorams General Jehu, der bereits den König getötet und seinen Platz auf dem Thron eingenommen hatte.

Nach Beendigung des Brandopfers befahl er den Läufern und ihren Hauptleuten: Kommt her und macht sie nieder! Keiner darf entrinnen. Die Läufer und ihre Hauptleute erschlugen sie mit scharfem Schwert und warfen die Leichen hinaus. Dann machten sie sich über den Tempel des Baal her, schafften das Steinmal des Baalstempels weg und verbrannten es. Sie zerschlugen das Steinmal des Baal, rissen den Baalstempel nieder und machten ihn zu einer Stätte des Unrats; das blieb er bis zum heutigen Tag. So beseitigte Jehu den Baal aus Israel.

2. Könige 10,25–28

Kapitel 11: Kommentar

Atalja, Tochter Isebels und Enkelin des Priesterkönigs von Tyrus, war der Führungsschicht in Jerusalem höchst verdächtig. Sie war zugleich eine Verehrerin Baals. Schnell tötet sie alle möglichen Rivalen.

Elischa starb und man begrub ihn. In jenem Jahr fielen moabitische Räuberscharen in das Land ein. Als man einmal einen Toten begrub und eine dieser Scharen erblickte, warf man den Toten in das Grab Elischas und floh. Sobald aber der Tote die Gebeine Elischas berührte, wurde er wieder lebendig und richtete sich auf.

2. Könige 13,20–21

Kapitel 15: Kommentar

Der unaufhaltsame Aufstieg Assyriens erreicht nun auch Israel. Bald wird Assyrien das nördliche Königreich schlucken. Pul (Vers 19) ist ein Thronname für Tiglat-Pileser, König von Assyrien (745–727 v. Chr.). In den assyrischen Annalen wird Menahem 738 v. Chr. als tributpflichtig geführt, und Hoschea soll Bestechungsgeld gezahlt haben, um den Thron Israels besteigen zu können (Vers 30).

Er tat, was dem Herrn missfiel; er ließ nicht von den Sünden ab, zu denen Jerobeam, der Sohn Nebats, Israel verführt hatte. In den Tagen Pekachs, des Königs von Israel, zog Tiglat-Pileser, der König von Assur, heran. Er eroberte Ijon, Abel-Bet-Maacha, Janoach, Kedesch, Hazor, Gilead, Galiläa, das ganze Land Naftali, und verschleppte ihre Bewohner nach Assur.

2. Könige 15,28–29

9 17

Kapitel 10

Jehu schlachtet den Rest von Ahabs Familie ab, tötet die Verehrer Baals, zerstört Baals Tempel und macht Baals Altar und die heiligen Steine zur Latrine.

17

Kapitel 11

In Juda tötet Ahasjas Mutter Atalja alle königlichen Söhne bis auf einen und macht sich zur Königin. Sieben Jahre später wird Joasch nach einer erfolgreichen Rebellion gegen Atalja König.

17

Kapitel 12

Joasch regiert 40 Jahre. Er restauriert den Tempel in Jerusalem, nimmt dessen Gold, um Hasaël zu bezahlen, damit er Jerusalem nicht angreift. Nach Joaschs Ermordung wird sein Sohn Amazja König.

7 17

Kapitel 13

Joahas rebelliert gegen Hasaël. Während der Herrschaft seines Sohnes Joasch stirbt Elischa, nachdem er vorausgesagt hatte, dass Joasch Aram drei Mal schlagen wird. Auf Hasaël folgt sein Sohn Ben-Hadad.

17

Kapitel 14

Amazja, König von Juda, kämpft erfolglos gegen Israel. Er wird ermordet. Sein Sohn Asarja wird König. Jerobeam II. wird König von Israel und stellt dessen Grenzen wieder her.

9 17

Kapitel 15

Asarja hat Lepra, also regiert sein Sohn Jotam. Ahas folgt auf Jotam. In Israel ermordet Schallum Secharja. Menahem ermordet Schallum, Pekach ermordet Pekachja, Hoschea ermordet Pekach.

Atalja
Judas einzige Königin kam durch Massenmord auf den Thron und wurde auch selbst ermordet.

17

Kapitel
16

Ahas betet Götzen an und opfert einen Sohn. Als Rezin, König von Aram, und Pekach, König von Israel, gegen ihn marschieren, bezahlt er Tiglat-Pileser, König von Assyrien, damit er gegen sie kämpft.

9 17

Kapitel
17

Als Gottes Gericht wegen ihres Götzendienstes erobert Salmanassar, König Assyriens, Samaria, die Hauptstadt Israels. Er entführt König Hoschea und die Oberschicht nach Assyrien.

11 17

Kapitel
18

Hiskija, König von Juda, reformiert den Kult. Juda feiert zum ersten Mal das Paschafest als Pilgerfest in Jerusalem. Sanherib, König Assyriens, bedroht Jerusalem und belagert es.

Kapitel 16: Kommentar

Das beschämende Verhalten von Ahas wird als Grund angeführt, warum nun auch Juda Tribut an Assyrien zahlt. Das Abreißen des salomonischen Altars und die Ersetzung durch einen assyrischen bedeuten Anerkennung der Überlegenheit der assyrischen Götter.

Kapitel 17: Kommentar

Hoschea geriet in Verzug mit seinen Tributzahlungen und suchte die Hilfe Ägyptens. Nach dem Fall Samarias legt der Verfasser ausführlich die Gründe für diese Katastrophe dar: kultische Untreue und Gesetzesbruch. Die Politik Assyriens war es, das Reich zu einen, indem die Bevölkerungen ausgetauscht werden, um deren ethnische Identität zu brechen. Dennoch blieben zumindest Spuren des Jahwismus zurück.

Kapitel 18: Kommentar

Hiskija wird wegen seiner religiösen Reformen mehr gepriesen als jeder König seit David. Assyrische Berichte halten zudem fest, dass 701 v. Chr. Sanherib 46 Städte in Juda belagerte und Hiskija einschloss „wie einen Vogel im Käfig“. Zu den Berichten der assyrischen Gesandtschaft und zum Rückzug vgl. Jesaja 36–39.

Sanheribs Armee stirbt
Hiskija und Juda überleben dank einer Plage, die die Armee des assyrischen Königs vernichtet. Das ist das Ende der Belagerung Jerusalems.

Hiskija nahm das Schreiben von den Boten in Empfang und las es. Dann ging er zum Haus des Herrn hinauf, breitete das Schreiben vor dem Herrn aus und betete vor dem Herrn; er sagte: Herr, Gott Israels, der über den Kerubim thront, du allein bist der Gott aller Reiche der Erde. Du hast den Himmel und die Erde gemacht. Wende mir dein Ohr zu, Herr, und höre! Öffne, Herr, deine Augen und sieh her! Hör alles, was Sanherib sagt, der seinen Boten hergesandt hat, um den lebendigen Gott zu verhöhnen.

2. Könige 19,14–16

7 | 12 | 17

Hiskija bittet um Hilfe und der Prophet Jesaja sagt Befreiung voraus. Sanheribs Armee geht an einer Plage zugrunde, Sanherib zieht sich zurück. Zu Hause ermorden ihn zwei seiner Söhne.

Kapitel 19

7 | 8 | 12

Hiskija wird krank, erholt sich aber. Er zeigt Abgesandten Babylons seinen Reichtum. Jesaja weissagt die Eroberung durch Babylon. Hiskija stirbt. Sein Sohn Manasse wird Nachfolger.

Kapitel 20

Kapitel 21: Kommentar

Die Herrschaft Manasses war die längste in Juda, doch seine wie auch die assyrischen Berichte betonen, dass er ein loyaler Untertan Assyriens war. Das Errichten einer Statue Ascheras, der kanaanitischen Fruchtbarkeitsgöttin, war eine Entweihung.

9 | 17

Manasse betet falsche Götter an, opfert einen Sohn, praktiziert Wahrsagerei, bittet Medien um Rat und begeht Morde. Sein Sohn Amon wird ermordet. Amons Sohn Joschija tritt an seine Stelle.

Kapitel 21

Kapitel 22: Kommentar

Das „Buch der Weisungen" ist zentral für Joschijas Reformen. Es war vermutlich das Buch Deuteronomium, zumindest der Kern dieses Werks, der aus der vorangegangenen Reform Hiskijas datieren könnte. Hauptaspekte der Reform waren die Abschaffung der lokalen, synkretistischen Kulte und die Zentralisierung des Kults in Jerusalem wie auch die Abschaffung assyrischer Astralkulte und kanaanitischer Fruchtbarkeitsriten. Joschija zerstörte auch den nördlichen Schrein in Bet-El. Das Paschafest war immer schon ein Familienfest gewesen, das zu Hause gefeiert wurde; seine Zentralisierung in Jerusalem war wesentlicher Bestandteil der Reform.

7 | 17

Während der Erneuerung des Tempels unter Joschija finden die Priester das „Buch der Weisungen". Die Prophetin Hulda sagt, dass über Juda gerichtet wird, aber nicht zu Joschijas Lebzeiten.

Kapitel 22

Kapitel 23: Kommentar

Die assyrische Macht wurde 612 v. Chr. durch Babylon gebrochen. Ägypten ergriff die Gelegenheit, über den Eufrat vorzustoßen. Joschija wurde im Kampf um Karkemisch getötet, als er versuchte, den Pharao Necho aufzuhalten.

11 | 17

Joschija entfernt alle Götzenbilder und feiert wieder das Paschafest. Er stirbt, als er in den Krieg gegen den Pharao Necho bei Megiddo zieht. Jojakim wird König und zahlt Nericho Tribut.

Kapitel 23

Kapitel 24: Kommentar

Mit Nebukadnezzars Invasion von Babylon beginnt die letzte Stufe der Unterwerfung Judas. Eine Reihe von Rebellionen wird mit Deportation bestraft – zunächst der Vornehmen und der Schmiede und Schlosser (Vers 14), dann des „Rests der Bevölkerung" (25,11). Unbekannt ist, wie viele zurückblieben, doch das Buch der Klagelieder zeigt, dass in den Ruinen des Tempels weiter gebetet wurde.

9 | 17

Nebukadnezzar, der König von Babylon, erobert Juda. Jojakim widersetzt sich. Als Jojachin nach Jojakim König wird, ersetzt Nebukadnezzar ihn durch Zidkija.

Kapitel 24

9 | 17

Zidkija rebelliert, weshalb Nebukadnezzar angreift, seine Söhne tötet, ihn blendet und mit sich nimmt. Nebukadnezzar zerstört Jerusalem und führt alle Bewohner bis auf die Armen ins Exil nach Babylon.

Kapitel 25

1. Chronik

Übersicht

I Genealogien 1,1–9,44

II David, Begründer der Tempelliturgie 10,1–29,30

In der griechischen Bibel werden die Bücher der Chronik *Paraleipomena* oder „Nachträge" genannt. Der Titel „Chronik" stammt von Hieronymus, spätes 4. Jahrhundert. Die beiden Bücher behandeln dasselbe Thema wie die Bücher Samuel und Könige, bringen aber auch Zusätzliches. Sie sind eine Adaption des vorangegangenen Berichts aus einem anderen Blickwinkel. Die Bücher Samuel und Könige gehörten zum großen Deuteronomischen Geschichtswerk. Nach diesen Büchern hängt Erfolg von der Treue zum HERRN ab, die Strafe für Untreue hingegen ist Misserfolg und Züchtigung durch Feinde. Der Fokus der Chroniken richtet sich auf den Tempel und seine Liturgie, wobei David wie auch Salomo als

16 17

Kapitel 1

Die Genealogien von Noachs Söhnen Jafet, Ham und Sem, einschließlich der Nachkommen Abrahams, Ismaels, der Söhne Esaus und der Könige von Edom.

16 17

Kapitel 2

Israel, auch Jakob genannt, hat zwölf Söhne. Die Genealogie von Israels Sohn Juda.

16 17

Kapitel 3

Die Genealogie Davids, aufgeführt sind die Könige bis zum Babylonischen Exil, dazu auch Davids Nachkommen nach dem Babylonischen Exil.

16 17

Kapitel 4

Die Genealogien der anderen Familien des Stammes Juda und die Genealogie Simeons.

16 17

Kapitel 5

Die Genealogien von Ruben, Gad und dem halben Stamm Manasse.

Kapitel 1–9: Kommentar

Diese Kapitel bestehen fast vollständig aus Namenslisten. Viele dieser Namen sind Ortsnamen und zeigen die Beziehungen zwischen Dörfern an. Die Bedeutung dieser Listen liegt nicht in den Namen selbst, sondern in der Betonung, dass das nachexilische Volk Gottes legitimer Erbe des alten Israel ist. Davids Stamm Juda wird besonders betont (Kap. 3): David wird fast als eine messianische Figur, als eine Art zweiter Mose gezeigt, der sein Volk formt und leitet. Die Leviten werden ebenfalls besonders hervorgehoben (5,27–6,66), Gleiches gilt für die Liturgen von Jerusalem (Kap. 9).

Jabez war angesehener als seine Brüder. Seine Mutter hatte ihn Jabez genannt, denn sie sagte: Ich habe ihn unter Beschwerden geboren. Doch Jabez rief zum Gott Israels und sprach: Möchtest du mich segnen und mein Gebiet erweitern. Möchte deine Hand mit mir sein, dass du mich freimachst von Unheil und ich ohne Beschwerden bleibe. Und Gott erfüllte seine Bitte.

1. Chronik 4,9–10

Begründer der Tempelliturgie gepriesen werden. So wird das sehr persönliche Porträt Davids und die traurige Geschichte seines schwachen Auftretens gegenüber seiner Familie ausgelassen. Kein Wort auch über die Zankereien um die Nachfolge Davids. Seine fremdländischen Frauen und ihre Götzen werden still übergangen. Könige werden nicht nach ihrer Treue zum Bund beurteilt wie in 1. und 2. Könige, sondern nach ihrer Hingabe an die Tempelliturgie. Der Autor ist von Details dieser Liturgie und von den verschiedenen Ämtern der Priester und Leviten fasziniert. Wiederholt betont er die Freude bei den Tempelfesten und die Großzügigkeit der Menschen, die treu zum Tempel halten.

Kapitel 10: Kommentar

Der erste König Israels wird nur kurz behandelt. Wir hören von seinem Ungehorsam, seiner Schande und seinem Tod. Er erscheint als dunkler Hintergrund im Kontrast zum hellen Licht Davids.

So starb Saul wegen der Treulosigkeit, die er gegen den Herrn begangen hatte. Er hatte das Wort des Herrn nicht befolgt und den Totengeist befragt, um Auskunft zu suchen; an den Herrn aber hatte er sich nicht gewandt. Darum ließ er ihn sterben und übergab das Königtum David, dem Sohn Isais.

1. Chronik 10,13–14

Kapitel 11–20: Kommentar

Diese Kapitel wollen weniger die Geschichte Davids wiedergeben als vielmehr zeigen, dass Israel unter seiner starken Führerschaft vereint war.

Kapitel 13: Kommentar

Diese Beschreibung des Transports der Bundeslade nach Jerusalem zeigt die wahre Absicht des Verfassers. Die schlichte Prozession aus 2. Samuel 6 wird zu einem herrlichen Schauspiel, einem Fest für „ganz Israel“, mit Orchester und liturgischem Glanz. Der Verfasser beschreibt weniger, was geschah, sondern was hätte passieren müssen.

17 17

Die Genealogien von Levi und seinen verschiedenen Familien, zusammen mit den Städten, die ihnen von den anderen Stämmen zugewiesen werden.

Kapitel 6

16 17

Die Genealogien von Issachar, Benjamin, Naftali, Manasse, Efraim und Ascher.

Kapitel 7

16 17

Die Genealogien von Benjamin mit der Betonung der Linie König Sauls.

Kapitel 8

16 17

Die Liste derjenigen, die als Erste nach dem Babylonischen Exil nach Jerusalem zurückkehren, gefolgt von einer Genealogie König Sauls.

Kapitel 9

17

Die Philister greifen Israel an. König Saul und seine Söhne bekämpfen sie und sterben im Kampf. Saul stirbt, weil er dem HERRN gegenüber untreu war.

Kapitel 10

16 17

David wird anstelle von Saul König, erobert die jebusitische Stadt Jerusalem und nimmt sie in Besitz. Eine Liste von Davids besten Soldaten mit einigen ihrer Taten.

Kapitel 11

16 17

Eine Liste derjenigen, die sich David anschließen, während er sich vor Saul in Ziklag versteckt. Eine Liste derjenigen, die sich David in Hebron anschließen, als sie ihn zum König von ganz Israel machen.

Kapitel 12

17

David beginnt, die Bundeslade von Kirjat-Jearim nach Jerusalem zu transportieren, doch als Usa dabei getötet wird, lässt er sie im Haus von Obed-Edom aus Gat.

Kapitel 13

16 | 17

Kapitel 14

Hiram, König von Tyrus, beliefert David mit allem, was zum Bau des Palastes in Jerusalem nötig ist. David heiratet mehrere Frauen und hat viele Kinder. Wiederholt schlägt er die Philister.

16 | 17

Kapitel 15

David bringt die Bundeslade nach Jerusalem, die von den Leviten getragen wird. David tanzt vor der Lade, seine Frau Michal verachtet ihn dafür.

Kapitel 15: Kommentar

Die große Feier und gewaltige Prozession, die unterbrochen wurde, um Davids Erfolge in der Fremde darzustellen, wird nun fortgesetzt.

5 | 11

Kapitel 16

Am Heiligtum gibt es Opfer und Musik. Asaf und seine Verbündeten loben den HERRN. Die Priester opfern weiterhin täglich auf der Kulthöhe in Gideon.

7 | 12

Kapitel 17

Gott wird David keinen dauerhaften Tempel bauen lassen. Er verspricht ihm Königreich und Thron für die Ewigkeit. Sein Sohn wird stattdessen den Tempel errichten. David dankt Gott.

Kapitel 17: Kommentar

Das Geheimnis von Davids Größe ist immer noch seine persönliche Beziehung zu Gott und Gottes Verheißungen an ihn. Dieser Bericht hält sich eng an sein Vorbild in 2. Samuel 7, lässt aber bezeichnenderweise jeden Hinweis auf Fehlverhalten und Strafe aus (2. Samuel 7,14). Er betont vielmehr, dass Tempel und Souveränität nicht David, sondern Gott gehören. Nirgendwo gibt es einen Hinweis auf Davids Ehebruch mit Batseba und den Mord an ihrem Mann.

Ich will meinem Volk Israel einen Platz zuweisen und will es einpflanzen, damit es an seinem Ort (sicher) wohnen kann und sich nicht mehr ängstigen muss und schlechte Menschen es nicht zugrunde richten wie am Anfang, seit den Tagen, als ich Richter in meinem Volk Israel eingesetzt habe. Ich werfe alle deine Feinde nieder und mache dich groß. Der Herr aber wird dir ein Haus bauen.

1. Chronik 17,9–10

16 | 17

Kapitel 18

Eine Liste von Davids militärischen Siegen über die Philister, Moabiter, Aramäer, Edomiter, Ammoniter und Amalekiter. Eine Liste wichtiger Regierungsbeamter.

17

Kapitel 19

Hanun, der neue König von Ammun, beleidigt Davids Boten, weshalb David sein Reich angreift und erobert. Außerdem unterwirft David die Aramäer, die sich mit den Ammonitern verbündet hatten.

17

Kapitel 20

David nimmt Rabba ein, die Hauptstadt Ammons, und kämpft gegen die Philister in Geser und Gat.

Dann kam es noch einmal bei Gat zum Kampf. Da trat ein Mann von riesenhafter Größe auf; er hatte je sechs Finger und sechs Zehen, zusammen vierundzwanzig; auch er stammte von Rafa ab. Als er Israel verhöhnte, erschlug ihn Jonatan, der Sohn von Davids Bruder Schima.

1. Chronik 20,6–7

9 | 15 | 17

Kapitel 21

David führt eine Volkszählung in Israel durch, obwohl Joab dagegen ist. Gott schickt eine Plage gegen Israel, die endet, als David die Tenne des Arauna erwirbt und ein Opfer darbringt.

Arauna antwortete David: Du magst ihn nehmen; mein Herr und König tue, was er für gut findet. Ich gebe dir die Rinder für die Brandopfer, die Dreschschlitten als Brennholz und den Weizen zum Speiseopfer; ich will dir alles geben. Doch König David sagte zu Arauna: Nein, ich will dir den Platz zum vollen Preis abkaufen. Ich will nicht dein Eigentum wegnehmen und dem Herrn unbezahlte Brandopfer darbringen.

1. Chronik 21,23–24

Kapitel 22: Kommentar

Subtile, aber bedeutende Veränderungen schleichen sich in die Darstellung des Tempelbaus ein. Nun wird die Arbeit von Fremden verrichtet, nicht durch israelitische Zwangsarbeiter, deren Ärger zur Aufteilung des Königreichs führte. Davids Tribut an den HERRN ist gewaltig vergrößert. Die folgenden Kapitel, die ohne Parallele im früheren Bericht sind, zeigen die vielen Tempeldiener und ihre detailliert beschriebenen Pflichten. Man sieht, wie sehr ein Volk auf die liturgische Anbetung seines HERRN bedacht ist.

Sieh her, trotz aller Not konnte ich für das Haus des Herrn hunderttausend Talente Gold und eine Million Talente Silber bereitstellen. Bronze und Eisen sind in solchen Mengen vorhanden, dass sie nicht gewogen werden können. Auch Holz und Steine habe ich herbeigeschafft und du wirst noch mehr dazutun. Du hast Handwerker in großer Anzahl, Steinmetzen, Maurer, Zimmerleute und zahllose Künstler, die jede Arbeit in Gold, Silber, Bronze und Eisen ausführen können. Auf denn, geh ans Werk und der Herr sei mit dir.

1. Chronik 22,14–16

Die Zahl derer, die noch nicht zwanzig Jahre alt waren, hatte David nicht aufnehmen lassen; denn der Herr hatte versprochen, dass er Israel zahlreich werden lasse wie die Sterne des Himmels. Joab, der Sohn der Zeruja, hatte die Zählung begonnen, aber nicht zu Ende geführt, da ihretwegen ein Zorngericht über Israel gekommen war. So wurde ihre Zahl nicht in die Chronik des Königs David aufgenommen.

1. Chronik 27,23–24

Kapitel 28: Kommentar

David durfte den Tempel nicht selbst bauen, da er durch seine Kriege Blut vergossen hatte. Im ursprünglichen Bericht bezog sich diese Beschuldigung auf die Vernichtung der Familie Sauls, potenzieller Rivalen (2. Samuel 16,7–8). David trifft allerlei Vorbereitungen: Nicht nur erwirbt er das Land für den Tempel (wie in 2. Samuel), sondern er übergibt riesige Mengen kostbaren Baumaterials und trifft detaillierte Vorbereitungen für die Liturgie, als deren Begründer er gelten kann. Ein Talent entspricht ungefähr 30 Kilogramm.

16 | 17

Kapitel 22

David erklärt, dass der zukünftige Tempel auf der Tenne gebaut wird. Dann trifft er umfangreiche Vorbereitungen zum Bau, wobei er Salomo und den Anführern Israels Anweisungen gibt.

16 | 17

Kapitel 23

David macht Salomo vor seinem Tod zum König. Er zählt die Leviten, organisiert sie und betraut sie damit, Aarons Nachkommen beim Unterhalt des zukünftigen Tempels zu helfen.

16 | 17

Kapitel 24

David organisiert Aarons Nachkommen. Die verschiedenen aaronischen Familien werden sich im Tempel abwechseln, ebenso wie die levitischen Familien.

16 | 17

Kapitel 25

David organisiert den Musikdienst im Tempel und legt fest, wer wann spielen wird und womit jede Familie betraut wird.

16 | 17

Kapitel 26

Eine Liste der Familien und Menschen, die als Torwächter dienen sollen. Eine Liste der Kämmerer und anderer Regierungsbeamter.

16 | 17

Kapitel 27

Eine Liste der Familienoberhäupter. Eine Liste der Armeekommandeure und ihrer Divisionen, die abwechselnd Dienst tun. Eine Liste der Stammesführer und anderer Regierungsbeamter.

16 | 17

Kapitel 28

David wiederholt seinen Wunsch, einen Tempel zu bauen, und gibt eine detaillierte Übersicht über das Aussehen des Tempels.

5 | 12 | 17

Kapitel 29

David und andere Wohlhabende Israels geben große Spenden für den zukünftigen Tempel. David lobt Gott. Salomo wird als nächster König anerkannt. Dann stirbt David.

2. Chronik

Übersicht

Das zweite Buch der Chronik präsentiert eine wechselvolle Geschichte vom Königreich Davids bis zum Ende der Monarchie. Da es nach der Rückkehr aus dem Exil geschrieben wurde, ist es nicht überraschend, dass das nördliche Königreich von Israel darin kaum von Bedeutung ist. Die Betonung liegt auf dem südlichen Königreich von Juda, wohin die Menschen aus dem Exil zurückkehrten. Das Interesse an liturgischer Aktivität und Tempeldienst ist so groß wie im ersten Buch, und eine gleiche Geschichtsinterpretation in den Reden der Beteiligten weist auf das Wesentliche hin. Erfolg

17

Kapitel 1

Nachdem Salomo König geworden ist, gibt Gott ihm Weisheit, damit er das Volk Israels besser regieren kann. Gott gibt ihm auch Reichtum und Ehre.

17

Kapitel 2

Salomo befiehlt den Bau des Tempels. Hiram, König von Tyrus, liefert das Holz und die geeigneten Handwerker. Salomo verpflichtet Nichtisraeliten zu schweren Hilfsarbeiten.

16 17

Kapitel 3

Salomo baut den Tempel. Eine Liste des Materials, das für den Bau gebraucht wurde.

16 17

Kapitel 4

Eine ausführliche Liste der Tempelausstattung und des Materials, das dazu gebraucht wurde.

Kapitel 1: Kommentar

Es ist verwirrend, dass Salomo weiterhin im Zelt der Begegnung in Gideon, nicht weit von Jerusalem, opfert, nach all den Vorbereitungen für den Bau des Tempels in Jerusalem als Gottes Aufenthaltsort. Außerdem wird sein persönlicher Besuch, der in einem Offenbarungstraum mündet, in eine nationale Prozession verwandelt. Die Gabe der Weisheit gilt als höchste Herrschertugend. In Salomos Fall schließt dies auch die Fähigkeit ein, Geld für den Bau des Tempels und die Liturgie zu erwerben. Er gewann seinen Reichtum (Verse 16–17) als Händler von Streitwagen aus Ägypten und Pferden aus Koë.

Kapitel 3: Kommentar

Der Bericht des Tempelbaus ist kürzer als in 1. Könige 6–7. Natürlich existierte der Tempel nach dem Exil nicht mehr, und der Verfasser ist mehr an den Details der Liturgie interessiert, vor allem der Rolle, die die Leviten dabei spielen, die es zu Salomos Zeiten noch nicht gab.

hängt von der Treue zu liturgischen Normen ab: Manche Herrscher fangen gut an, verfallen aber dem Stolz, während andere schlecht beginnen und später bekehrt werden. Das Grundmuster entspricht dem der Bücher der Könige, aber es gibt viele und oft ausführliche Zusätze, die von anderen historischen Werken nicht bestätigt werden. Ob sie authentische Geschichte sind oder nicht, können wir nicht beurteilen. So wie sie dastehen, drücken sie das Geschichtsverständnis des Chronisten aus, können aber auch auf wahren historischen Begebenheiten beruhen, von denen wir sonst nichts wissen.

Der Tempel
In Jerusalem ersetzte Salomo das wandernde Heiligtum, indem er einen dauerhaften Tempel baute.

Als Salomo sein Gebet beendet hatte, fiel Feuer vom Himmel und verzehrte das Brandopfer und die Schlachtopfer. Die Herrlichkeit des Herrn erfüllte den Tempel. Die Priester konnten das Haus des Herrn nicht betreten, da die Herrlichkeit des Herrn es erfüllte. Alle Israeliten sahen, wie das Feuer herabfiel und wie die Herrlichkeit des Herrn über dem Tempel erschien. Sie warfen sich mit dem Gesicht zur Erde auf das Steinpflaster nieder, beteten den Herrn an und priesen ihn: „Denn er ist gütig, denn seine Huld währt ewig."

2. Chronik 7,1–3

Wenn ich den Himmel verschließe und kein Regen fällt oder wenn ich der Heuschrecke gebiete, das Land kahl zu fressen, wenn ich die Pest in mein Volk sende und mein Volk, über das mein Name ausgerufen ist, sich demütigt und betet, mich sucht und von seinen schlechten Wegen umkehrt, dann höre ich es im Himmel. Ich verzeihe seine Sünde und bringe seinem Land Heilung.

2. Chronik 7,13–15

11 | 17

Nachdem der Tempel erbaut wurde, wird die Bundeslade dorthin gebracht und im Allerheiligsten aufgestellt. Opfer werden dargebracht und Feiern werden abgehalten. Gottes Herrlichkeit erfüllt den Tempel.

Kapitel 5

1 | 11 | 12

Salomo segnet das versammelte Volk, lobt Gott und spricht ein Widmungsgebet.

Kapitel 6

1 | 14 | 17

Feuer verzehren die Opfer, die Herrlichkeit Gottes erfüllt den Tempel. Die Feier dauert wochenlang. Gott verspricht, Salomo zu segnen, wenn er treu bleibt, er wird ihn verfluchen, wenn er untreu wird.

Kapitel 7

17

Salomo versklavt die Nichtisraeliten im Land, baut einen Palast für seine Frau, die Tochter des Pharaos, bringt Opfer für den Herrn dar, baut eine Handelsflotte auf und wird reich.

Kapitel 8

Hiskijas Zeichen von Gott
Gott gab Hiskija ein Zeichen, dass er von seiner Krankheit geheilt würde: Der Schatten auf den Stufen bewegte sich um zehn Schritte zurück.

17

Kapitel 9

Die Königin von Saba besucht Salomo wegen seiner Weisheit. Sie preist ihn und den Reichtum seines Königreiches. Salomo stirbt nach einer Herrschaft von 40 Jahren.

9 17

Kapitel 10

Die zehn Stämme nördlich von Juda rebellieren gegen Salomos Sohn Rehabeam, weil er sich weigert, ihre Steuerlast zu senken. Also errichten sie ein rivalisierendes Königreich unter Jerobeam.

17

Kapitel 11

Gott hält Rehabeam davon ab, Israel anzugreifen. Die meisten Leviten und Priester verlassen Israel und ziehen nach Juda. Rehabeam hat viele Frauen und Kinder.

7 9 17

Kapitel 12

Der ägyptische Pharao Schischak greift Jerusalem an. Der Prophet Schemaja erklärt dies zum Gottesurteil. Es herrscht Krieg zwischen Rehabeam und Jerobeam, bis Rehabeam stirbt.

Kapitel 9: Kommentar

Der Chronist zeigt Salomo in seiner Herrlichkeit, sagt aber kein Wort über die Verkleinerung des Reichs oder über seine fremdländischen Frauen, die den Götzendienst einführten, wie in 1. Könige 11 berichtet. Der Autor verschweigt gleichfalls die erste Revolte Jerobeams und Ahijas Prophezeiung der Teilung des Königreichs. Das entzieht Jerobeams Tat jede Legitimation. Das Buch der Könige und die Chroniken unterscheiden sich vor allem durch das fehlende Interesse an der Geschichte des Nordreichs in Letzteren. Die Leviten des Nordens verlassen ihren Götzenschrein und fliehen ins südliche Reich (11,13–17). Für die nachexilische Gemeinde um den Tempel in Juda liegt die Geschichte des nördlichen Königreichs in weiter Vergangenheit.

Die jungen Leute, die mit ihm groß geworden waren, sagten zu ihm: So sollst du dem Volk antworten, das zu dir sagt: Dein Vater hat uns ein schweres Joch auferlegt. Erleichtere es uns! So sollst du zu ihnen sagen: Mein kleiner Finger ist stärker als die Lenden meines Vaters. Hat mein Vater euch ein schweres Joch aufgebürdet, so werde ich es noch schwerer machen. […]

2. Chronik 10,10–11

Kapitel 12: Kommentar

Der parallele Bericht in 1. Könige 14 erwähnt Pharao Schischaks Plünderung des Tempels, aber nicht die Reue des Königs angesichts der Warnung des Propheten, die Rehabeam ermöglichte, seine alte Stärke wiederzugewinnen. Das Gleiche passiert zwei Jahrhunderte später, als Sanherib eindringt und die Reue von König Hiskija Jerusalem die vollständige Zerstörung erspart (Kap. 32). Die moralische Botschaft ist klar.

Kapitel 13: Kommentar

Diese Konfrontation zwischen Abija und dem illegitimen Nordkönig mit einer doppelt so großen Armee steht nicht in den Büchern der Könige. Der Verfasser betont, dass der Sieg aus der legitimen Anbetung des einen und der Götzenanbetung des anderen resultiert. Ein ähnlicher Sieg der Armee des Reformers Asa mit seinen 500 000 Mann über eine Million eindringende Kuschiter (Äthiopier) folgt (14,8–14). Im Gegensatz dazu wird Asa von Krankheit befallen und stirbt, als er Misstrauen gegenüber dem HERRN zeigt, sich mit den Aramäern verbündet und sich weigert, den Propheten Hanani anzuhören (16,1–12).

17

Abija, Rehabeams Sohn, wird König von Juda. Er kritisiert die Nordstämme, weil sie Jerobeam folgen, und schlägt diesen danach im Kampf. Er hat viele Frauen und Kinder.

Kapitel 13

17

Nach dem Tod Abijas wird sein Sohn Asa König, genießt zehn Jahre des Friedens, beseitigt Kulthöhen, errichtet Judas Abwehr und verteidigt Juda erfolgreich gegen die Kuschiter.

Kapitel 14

Über Asarja, den Sohn Odeds, kam der Geist Gottes. Er ging zu Asa hinaus und sagte zu ihm: Hört mich an, Asa und ihr alle von Juda und Benjamin! Der Herr ist mit euch, wenn ihr zu ihm haltet. Wenn ihr ihn sucht, lässt er sich von euch finden; wenn ihr ihn aber verlasst, verlässt er euch. Lange Zeit lebte Israel ohne den wahren Gott, ohne einen belehrenden Priester, ohne Gesetz. In ihrer Not bekehrten sie sich zum Herrn, dem Gott Israels. […]

2. Chronik 15,1–4

17

Asa lässt Götzenbilder entfernen, schwört dem HERRN Gehorsam und setzt seine Großmutter Mascha als Königinmutter ab, weil sie einen Aschera-Pfahl errichtet hatte.

Kapitel 15

7 9 17

Asa verbündet sich gegen Israel mit Ben-Hadad, König von Aram. Als der Prophet Hanani Asa dafür kritisiert, nimmt Asa ihn gefangen. Asa stirbt, nachdem er sich den Ärzten und nicht dem HERRN anvertraut hatte.

Kapitel 16

Da sagte Micha: Ich sah ganz Israel über die Berge zerstreut wie Schafe, die keinen Hirten haben. Und der Herr sagte: Sie haben keine Herren mehr. So gehe jeder in Frieden nach Hause. Da wandte sich der König von Israel an Joschafat: Habe ich es dir nicht gesagt? Er weissagt mir nie Gutes, sondern immer nur Schlimmes.

2. Chronik 18,16–17

16 17

Joschafat lässt die Kulthöhen und Aschera-Pfähle entfernen. Er schickt die Leviten aus, damit sie das Volk aus dem Buch des Gesetzes belehren. Er unterhält ein großes stehendes Heer und befestigt das Land.

Kapitel 17

7 9 17

Ahab bittet Joschafat, gegen Ramot-Gilead zu kämpfen. Der Prophet Micha weissagt eine Katastrophe: Ahab wird sterben. Weder Joschafat noch Ahab hören darauf, und Ahab stirbt.

Kapitel 18

Kapitel 19–20: Kommentar

Die Gesetzesreformen Joschafats und das wundersame Eingreifen des HERRN in den Kampf sind historisch nicht belegt. Joschafats Reden, die liturgischen Formalitäten und der freudige Tempeldienst sind typisch für den Chronisten. Doch sind das bloße erzählerische Details. Das ganze Geschehen wird der Absicht des Chronisten dienlich gemacht, Treue zu belohnen.

7 17

Der Prophet Jehu weissagt gegen Joschafat. Joschafat beruft Richter von den Leviten, Priester und Oberhäupter der israelitischen Familien, um Streitigkeiten zu schlichten und Gerechtigkeit walten zu lassen.

Kapitel 19

7 12 17

Kapitel
20

Die Moabiter und Ammoniter greifen Joschafat an. Er betet, und Jahasiël prophezeit den Sieg. Er erbaut Handelsschiffe mit Ahasja, dem König Israels. Eliëser weissagt deren Zerstörung.

Wirst du, unser Gott, nicht über sie Gericht halten? Wir sind machtlos vor dieser gewaltigen Menge, die gegen uns zieht, und wissen nicht, was wir tun sollen. Nur auf dich sind unsere Augen gerichtet.

2. Chronik 20,12

7 17

Kapitel
21

Joram wird König. Er tötet seine Brüder, heiratet eine der Töchter Ahabs und betet andere Götter an. Edom und Libna revoltieren, und der Prophet Elija weissagt seinen Tod.

Doch Joram erhob sich gegen das Königtum seines Vaters, gewann die Oberhand und ließ alle seine Brüder und auch einige führende Männer Israels mit dem Schwert hinrichten. Joram war zweiunddreißig Jahre alt, als er König wurde, und regierte acht Jahre in Jerusalem. Er folgte den Wegen der Könige von Israel, wie es das Haus Ahab getan hatte; denn er hatte eine Tochter Ahabs zur Frau und er tat, was dem Herrn missfiel.

2. Chronik 21,4–6

Joschafat führt Juda an

Nach dem Gebet führte Joschafat Juda zum Sieg über die Moabiter und Ammoniter, die ihn angegriffen hatten.

17

Kapitel
22

Ahasja, König von Juda, wird mit Joram, König von Israel, getötet, als Jehu gegen Joram rebelliert. Ahasjas Mutter Atalja tötet alle außer Joasch und macht sich zur Königin von Juda.

17

Kapitel
23

Sieben Jahre später, als Joasch acht Jahre alt ist, rebelliert Jojada gegen Atalja, tötet sie, und Joasch wird König. Jojada eliminiert den Götzendienst in ganz Juda.

Kapitel 23: **Kommentar**

Diese Version der Beseitigung Ataljas ist typisch für für die kleinen Abwandlungen der Geschichte durch den Chronisten: Die fremden Söldner in 2. Könige 1 werden durch Leviten ersetzt, weil Fremde im Heiligtum nicht zugelassen sind. Zu den Trompetern kommen Kantoren, die die Hymnen anführen.

7 9 17

Kapitel
24

Joasch erneuert den Tempel, betet aber Götzen an. Secharja weissagt gegen ihn, Joasch lässt ihn steinigen. Bei einem aramäischen Angriff schwer verwundet, wird Joasch in seinem Bett ermordet.

Kapitel 24: **Kommentar**

Joaschs Reformen werden auch in 2. Könige 12 bezeugt, wie auch die Invasion der Aramäer. Dort aber kauft man sich von den Aramäern mit dem Tempelschatz frei. Hier wird Joaschs Untreue drastischer durch seinen schleichenden Tod bestraft. Seine Niederlage gegen die kleinere Armee (Vers 24) unterstreicht, dass dies eine göttliche Strafe war.

Der König ließ nun einen Kasten anfertigen und außen am Tor des Hauses des Herrn aufstellen. Dann rief man in Juda und Jerusalem aus, man solle die Abgabe für den Herrn entrichten, die Mose, der Knecht Gottes, den Israeliten in der Wüste befohlen hat. Alle führenden Männer und das ganze Volk waren darüber erfreut. Sie brachten ihre Beiträge und warfen sie in den Kasten, bis er voll war.

2. Chronik 24,8–10

7 9 17

Kapitel 25

Amazja lässt Joaschs Mörder hinrichten, erneuert die Anbetung des HERRN in Juda, betet aber später edomitische Götzen an. Er verliert einen Krieg mit Israel. Schließlich wird er ermordet.

7 9 17

Kapitel 26

Usija verbrennt Räucherwerk im Tempel. Der Priester Asarja fordert ihn heraus, aber Usija reagiert wütend. Er bekommt Lepra, was ihn dazu zwingt, seine Tage in Isolation zu verbringen.

17

Kapitel 27

Usijas Sohn Jotam herrscht 16 Jahre lang. Auch wenn er dem HERRN treu ist, das Volk Judas ist es nicht. Er besiegt die Ammoniter.

7 17

Kapitel 28

Ahas betet Baal an und opfert seine Kinder. Israel nimmt viele Menschen aus Juda gefangen, bis der Prophet Oded sagt, sie sollten freigelassen werden. Ahas bezahlt für Hilfe aus Assyrien.

16 17

Kapitel 29

Hiskija herrscht 29 Jahre lang und ist Gott treu. Er erneuert den wahren Tempeldienst und reinigt den Tempel.

Kapitel 26: Kommentar

In 2. Könige 15 werden keine Einzelheiten für den Grund der Lepra Usijas gegeben. Hier aber wird sie seiner Anmaßung priesterlicher Vorrechte zugeschrieben, Räucherwerk am Altar zu verbrennen, was ausreichte, um alle seine guten Werke für die Völker aufzuwiegen. In der Bibel ist Lepra ein umfassenderer Begriff als die heutige Hansen-Krankheit, die man als Lepra kennt. Sie umfasst auch andere Hautkrankheiten (Levitikus 13–14), für die Quarantäne vorgeschrieben ist. Wie bei anderen Königen wird der grundlegende Fehler im Stolz gesehen (Vers 16), auch wenn dieser hier in liturgischer Übertretung besteht.

Kapitel 28: Kommentar

Mehr Informationen über den syro-efraimitischen Krieg von 726 v. Chr. werden in 2. Könige 16 und Jesaja 7–9 gegeben. Er bezeichnet den Anfang vom Ende, denn Ahas wurde genötigt, Tribut (oder Schmiergeld) an den König Assyriens zu zahlen, der durch syrisches Territorium marschierte. Weil das assyrische Reich seine Macht verlor, ehe es Juda verschlingen konnte, war es dann sein mesopotamischer Nachfolger Babylon, der Jerusalem zerstörte. In der antiken Welt bedeutete die Bitte um Schutz durch ein anderes Land zugleich Anerkennung von dessen Göttern und damit Untreue gegenüber dem HERRN.

Er folgte den Wegen der Könige von Israel. Auch ließ er Gussbilder für die Baale anfertigen, opferte im Tal Ben-Hinnom, verbrannte seine Söhne im Feuer und ahmte so die Gräuel der Völker nach, die der Herr vor den Augen der Israeliten vertrieben hatte.

2. Chronik 28,2–3

Kapitel 29–32: Kommentar

Die energische, aber kurzlebige Reform Hiskijas reichte aus, um Sanheribs Invasion 701 v. Chr. abzuwehren. Sanherib überrannte die meisten Städte Judas, doch nach den „freimütigen Diskussionen" von 32,10–19 ließ er unerklärlicherweise oder wunderbarerweise Jerusalem intakt. Der Wassertunnel unter Jerusalem, in 32,30 erwähnt, kann noch heute besichtigt werden.

Usija erkrankt an Lepra
König Usija versuchte, im Tempel Räucherwerk darzubringen, wodurch er an Lepra erkrankte.

11 17

Kapitel 30

Hiskija feiert das Paschafest und lädt Menschen aus ganz Juda und Israel dazu ein. Zwei Wochen lang begehen sie das Fest.

16 17

Kapitel 31

In ganz Israel und Juda werden heilige Steine und Aschera-Pfähle zerstört. Die Israeliten bringen viele Tiere als Zehnten und als Opfer zum Tempel von Jerusalem.

Böser König
Hiskijas Sohn Manasse war ein böser König, der andere Götter anbetete, seine Kinder als Brandopfer darbrachte und den Propheten Jesaja ermordete.

7 8 17

Kapitel 32

Sanherib, König von Assyrien, bedroht Jerusalem. Eine Plage löscht seine Armee aus. Hiskija erholt sich von Krankheit, unterhält auf Besuch weilende Babylonier und baut einen Wasserkanal für Jerusalem.

2 9 17

Kapitel 33

Manasse betet andere Götter an und opfert seine Kinder. Nach dem Exil in Babylon bereut er und kehrt in sein Königreich zurück. Sein Sohn Amon betet falsche Götter an und wird ermordet.

Die Eilboten zogen von Stadt zu Stadt durch das Gebiet von Efraim und Manasse bis nach Sebulon. Doch man lachte und spottete über sie. Nur einige Männer von Ascher, Manasse und Sebulon beugten sich und kamen nach Jerusalem. Auch in Juda waltete die Hand Gottes und bewirkte, dass sie einmütig den Befehl des Königs und der führenden Männer befolgten, wie es dem Wort des Herrn entsprach.

2. Chronik 30,10–12

Da sandte der Herr einen Engel, der alle Kriegshelden, Fürsten und Hauptleute im Lager des Königs von Assur vernichtete. Sanherib musste, mit Schande bedeckt, in sein Land zurückkehren. Als er in den Tempel seines Gottes kam, machten ihn dort seine eigenen Söhne mit dem Schwert nieder. So befreite der Herr den Hiskija und die Einwohner Jerusalems aus der Hand Sanheribs, des Königs von Assur, und aus der Hand aller Feinde. Er verlieh ihnen ringsum Ruhe.

2. Chronik 32,21–22

Kapitel 33: **Kommentar**

Manasse betrieb mit Inbrunst Aberglauben und Götzendienst. Beides war während der Geschichte Israels mehr oder weniger präsent. Heute kann man unmöglich beurteilen, wie sehr dies die volkstümliche Vorstellungskraft beeinflusste. War die Anbetung des HERRN die Religion der Mehrheit oder der Minderheit? Bis zu welchem Ausmaß wurde diese durch Aberglauben und andere Götter verwässert? Kultobjekte, Fruchtbarkeitstalismane und Kinderopfer sind in allen Perioden der Geschichte Israels zu finden. Manasses Konversion nach der Gefangenschaft in Assyrien (wahrscheinlicher ist Babylon) wird sonst nicht bezeugt – vielleicht eine theologische Schlussfolgerung, um seine lange Herrschaft von 55 Jahren zu erklären.

Kapitel 34: Kommentar

Joschijas letzte Reform schließt die Reinigung des gesamten Landes ein, doch – typisch für den Chronisten – hat sie ihren Höhepunkt in der sorgfältig erarbeiteten Liturgie für das Paschafest. Dennoch kommt die Katastrophe, weil Joschijas Stolz ihn daran hindert, die göttliche Warnung zu beachten, die vom Pharao Necho (35,22) ausgesprochen wird.

7 17

Joschija erneuert den Tempel und zerstört Götzenbilder. Priester finden das Buch der Gesetze. Die Prophetin Hulda weissagt, dass Gott Juda verurteilen wird, wenn auch nicht zu Joschijas Lebzeiten.

Kapitel 34

11 17

Joschija feiert das Paschafest mit dem Volk von Juda und dem von Israel, das nicht nach Assyrien deportiert worden war. Joschija kämpft gegen den Pharao Necho und stirbt im Kampf.

Kapitel 35

Kapitel 36: Kommentar

Für den Chronisten sind historische Einzelheiten unwichtig. Er gibt uns keinerlei Information über das Exil und konzentriert sich auf die Zerstörung seines geliebten Tempels und die Erfüllung von Jeremias prophetischer Warnung (Vers 21). Die letzten beiden Verse werden als Eröffnung des Buches Esra wiederholt.

7 9 17

Necho entthront Joahas. Nebukadnezzar ersetzt Jojakim, zunächst durch Jojachin, dann durch Zidkija. Danach zerstört er Jerusalem und schickt die gefangenen Israeliten nach Babylon.

Kapitel 36

Jerusalem niedergebrannt
Nebukadnezzars Armee zerstörte Jerusalem, nahm die Bevölkerung gefangen und brannte den jüdischen Tempel nieder.

Esra

Übersicht

I Rückkehr aus dem Exil und Neuaufbau der Gemeinde 1,1–6,22

- **a** Kyrus erlaubt die Rückkehr der Verbannten 1,1–11
- **b** Liste der zurückkehrenden Verbannten 2,1–70
- **c** Die Wiederaufnahme des Kultes in Jerusalem 3,1–13
- **d** Widerstand von den Samariern 4,1–24
- **e** Der Tempel wird fertiggestellt 5,1–6,22

II Die Organisation der zurückgekehrten Gemeinde 7,1–10,44

- **a** Esras Mission 7,1–8,36
- **b** Das Problem der Mischehen 9,1–10,44

In der hebräischen und der griechischen Bibel bilden die Bücher Esra und Nehemia ein Ganzes. Sie sind aus verschiedenen Quellen zusammengestellt, einschließlich einer Reihe authentischer Zeitdokumente, die sich lose um zwei recht unterschiedliche Hauptfiguren gruppieren. Esra war ein Schriftgelehrter, gesandt vom persischen König Artaxerxes (wahrscheinlich Artaxerxes I., 458 v. Chr., vielleicht aber auch Artaxerxes II., 398 v. Chr.). Er sollte die Einhaltung des Gesetzes regeln und war mit Geldern ausgestattet, um im erneuerten Tempel Jerusalems das Opfersystem korrekt aufzubauen. Er liest dem Volk das Gesetz vor, bringt es dazu, sich daran zu halten und dessen Befolgung zu schwören. Nehemia war dagegen Mundschenk bei König Artaxerxes und erhielt von ihm 445 v. Chr. den Auftrag, nach Jerusalem zu gehen, um Verwaltungsprobleme zu lösen. In seinen zwölf Jahren dort überwachte er den Neubau der

16 17

Kapitel 1

Kyrus verkündet, dass das Volk von Juda und Jerusalem heimkehren kann, und übergibt die Gegenstände, die Nebukadnezzar aus dem Tempel nahm, Scheschbazzar, der sie mitnehmen soll.

Kapitel 1: Kommentar

Kyrus der Meder eroberte 539 v. Chr. Babylon „ohne Blutvergießen". Seine Anordnung, die Verbannten freizulassen, damit sie heimkehren und ihre Tempel restaurieren können, ist bis heute auf dem „Kyrus-Zylinder" im British Museum in London zu sehen.

Im ersten Jahr des Königs Kyrus von Persien sollte sich erfüllen, was der Herr durch Jeremia gesprochen hatte. Darum erweckte der Herr den Geist des Königs Kyrus von Persien und Kyrus ließ in seinem ganzen Reich mündlich und schriftlich den Befehl verkünden: So spricht der König Kyrus von Persien: Der Herr, der Gott des Himmels, hat mir alle Reiche der Erde verliehen. Er selbst hat mir aufgetragen, ihm in Jerusalem in Juda ein Haus zu bauen. Jeder unter euch, der zu seinem Volk gehört – sein Gott sei mit ihm –, der soll nach Jerusalem in Juda hinaufziehen und das Haus des Herrn, des Gottes Israels, aufbauen; denn er ist der Gott, der in Jerusalem wohnt.

Esra 1,1–3

Die Verbannten kehren heim
Während seines ersten Regierungsjahres gab der persische König Kyrus ein Dekret heraus, das dem exilierten jüdischen Volk die Rückkehr in seine Heimat gestattete.

Stadtmauern, ging danach zurück an den persischen Hof, ehe er erneut kurz zu Besuch kam.

Der Hintergrund dazu: Nach den 70 Jahren des Exils in Babylon gestattete König Kyrus den Juden, in ihr Heimatland zurückzukehren. Manche nahmen dies wahr, während andere in Babylon blieben. Bis zu diesem Zeitpunkt hatten sie eine Lebensweise entwickelt, die zum Judentum werden sollte, mit Beschneidung, Beachtung des Sabbats und Gesetzen für koschere Nahrung. Dieser Lebensstil verband sie und unterschied sie von den Babyloniern. Als sie in ihre Heimat zurückkehrten, trafen sie auf heftigen Widerstand derer, die entweder zurückgeblieben oder von anderswo gekommen waren und nicht denselben Lebensstil hatten. Dieses zweifache Buch ist Erinnerung daran, wie die Juden mit den Problemen fertig wurden, mit denen sie sich konfrontiert sahen, ein unschätzbares Zeugnis dieser zentralen Epoche in der Entwicklung des frühen Judentums.

Esra kehrt ins jüdische Heimatland zurück
Esra, Priester und Schriftgelehrter, kehrte in die jüdische Heimat zurück und lehrte die heimkehrenden Israeliten das Gesetz des Moses.

Kapitel 2: Kommentar

Diese Liste erscheint auch in Nehemia 7 und im nicht kanonischen 1. Esdras.

16 17

Kapitel 2

Die Liste der Menschen, die nach Juda zurückkehrten.

Kapitel 3: Kommentar

Eine solche Begeisterung für den Neubau des Tempels wird durch die Propheten Haggai und Sacharja Lügen gestraft, die ihre Landsleute wegen ihrer Nachlässigkeit in dieser Sache tadeln. Sie werden auch behindert durch den Streit um das Recht, den Tempel neu aufzubauen, wiedergegeben in den Kap. 5 bis 6. Erst 515 v. Chr. war der Tempel fertiggestellt.

17

Kapitel 3

Die zurückgekehrten Verbannten erneuern den Altar für den HERRN, bringen Opfer und beginnen danach mit dem Neubau des Tempels.

Kapitel 4: Kommentar

Die Rückkehrer provozierten die einheimische Bevölkerung durch ihren Willen, sich abzusondern. Die hier zitierten Dokumente sind auf Aramäisch verfasst, der offiziellen Sprache des persischen Reichs, und müssen authentisch sein. Der Streit um den Neubau der Stadtmauern ereignete sich unter den Königen Xerxes und Artaxerxes (486–425), ein Jahrhundert später als der Streit um den Tempel (siehe Kap. 5–6).

17

Kapitel 4

Serubbabel verbietet, dass Nichtisraeliten beim Neubau des Tempels helfen. Die Nichtisraeliten schicken Briefe an Artaxerxes, den König von Persien, er solle den Neubau unterbrechen lassen.

17

Kapitel 5

Die Propheten Haggai und Sacharja ermutigen das Volk, wieder mit dem Neubau zu beginnen. Sie schicken einen Brief an König Darius, worin sie erklären, dass Kyrus ihnen den Neubau befohlen hatte.

17

Kapitel 6

Darius entdeckt, dass das stimmt, und befiehlt, dass der Tempel sofort neu gebaut werden soll. So wird der Tempel neu erbaut, und die Israeliten feiern das Paschafest.

Und die Ältesten der Juden bauten weiter. Dank der Wirksamkeit Haggais, des Propheten, und Sacharjas, des Sohnes Iddos, kamen sie gut voran. Sie konnten den Bau vollenden, wie der Gott Israels es geboten und wie Kyrus und Darius sowie der Perserkönig Artaxerxes es befohlen hatten. Das Gotteshaus war fertig am dritten Tag des Monats Adar, im sechsten Jahr der Regierung des Königs Darius.

Esra 6,14–15

17

Kapitel 7

Während der Herrschaft von Artaxerxes kommt Esra mit den Priestern, Leviten und anderen Beamten nach Jerusalem. Er soll die Israeliten beaufsichtigen, sie ausbilden und Richter ernennen.

Kapitel 7: Kommentar

Esra brachte eine zweite Welle heimkehrender Israeliten mit sich. Er sollte die Beachtung des Gesetzes überprüfen und Gelder für den Tempel aushändigen. Es gibt kein Anzeichen, dass er noch mehr tat, etwa Verwaltungsbeamte und Gerichtshöfe einzusetzen, die die Gesetzestreue beobachten sollten (Verse 25–26). Das wäre auf Probleme mit der örtlichen persischen Verwaltung gestoßen, daher rührt Nehemias Mission. Esras Bericht über seine Arbeit geht von 7,27 bis 9,15.

16 17

Kapitel 8

Eine Liste der Menschen, die mit Esra nach Jerusalem gingen. Esra und das Volk treten eine erfolgreiche Reise an und opfern bei ihrer Ankunft.

12 17

Kapitel 9

Esra ist entsetzt über die Heirat von Israeliten mit Nichtisraeliten. Er bittet Gott, den Israeliten ihre Sünden zu vergeben. Er fürchtet um die Zukunft des Volkes.

Kapitel 9: Kommentar

Das Verbot und die Auflösung von Ehen mit der einheimischen Bevölkerung sollte die Reinheit der Lebensweise sicherstellen, die in Babylon entwickelt wurde und nun im Judentum verbreitet war.

9 16 17

Kapitel 10

Esra befiehlt den Israeliten mit nicht israelitischen Frauen die Scheidung. Er zwingt sie, ihre Kinder zu verstoßen. Es folgt eine Liste der Israeliten, die Nichtisraeliten geheiratet hatten.

Mein Gott, ich schäme mich und wage nicht, die Augen zu dir, mein Gott, zu erheben. Denn unsere Vergehen sind uns über den Kopf gewachsen; unsere Schuld reicht bis zum Himmel. Seit den Tagen unserer Väter bis heute sind wir in großer Schuld. Wegen unserer Vergehen wurden wir, unsere Könige und Priester, den Königen der Länder ausgeliefert, dem Schwert, der Gefangenschaft, der Plünderung und der Schande, wie es noch heute der Fall ist. Jetzt, für einen kurzen Augenblick, hat der Herr, unser Gott, uns Erbarmen gezeigt; er hat einen Rest gerettet und übrig gelassen und uns einen Ruheplatz an seinem heiligen Ort gewährt. […]

Esra 9,6–8

Esras Grab
Wie es heißt, wurde Esra nahe Basra am Tigris im Irak begraben.

Weihe des neuen Tempels
Als die Israeliten nach den 70 Jahren ihres Exils nach Jerusalem zurückkehrten, erbauten sie den Tempel neu, den Nebukadnezzar zerstört hatte, und weihten ihn dem HERRN.

Nehemia

Übersicht

Nehemia, ein hoher Beamter am persischen Hof, erhielt von Artaxerxes (vermutlich Artaxerxes I., 445 v. Chr.) die Erlaubnis, die Lage der Juden zu verbessern, die aus dem Babylonischen Exil zurückgekehrt waren. Das schloss auch die Überwachung des Neubaus der Stadtmauern von Jerusalem ein. Der Großteil dieses Buchs besteht aus seinem Bericht über seine Mission (1,1–7,72; 11,1–2; 12,27–43; 13,4–31). Teil dieses Berichts sind mehrere Listen: 3,1–32, die Liste derer, die verschiedene Abschnitte der Mauern bauten; 7,6–72, die Liste der ersten Verbannten, die zurückkehrten (auch in Esra 2); 10,1–40, die

12 17

Kapitel 1

Nehemia betet zu Gott wegen des traurigen Zustands von Jerusalem und bittet Gott, dass er etwas dagegen tun dürfe. Er ist der Mundschenk des Königs.

17

Kapitel 2

Artaxerxes, König von Persien, schickt Nehemia nach Juda, damit er mit dem nötigen Geld und Material die Stadt neu aufbaue. Er macht Nehemia zum neuen Statthalter.

17

Kapitel 3

Die Israeliten beginnen mit dem Neubau der Stadtmauern. Alle, die dabei waren, sind in Listen aufgeführt, wie auch die Abschnitte der Mauer, an denen sie beteiligt waren.

Kapitel 1: **Kommentar**

Nehemia ist Mundschenk von König Artaxerxes, vermutlich damit betraut, den Wein auf Gift zu testen. Das war mit weiteren Verwaltungsaufgaben verbunden. Er scheint auf bestem Fuß mit dem persischen König gestanden zu haben: Ein bloßer Lakai wäre nicht mit einem Stab von 150 Leuten für zwölf Jahre mit Regierungsaufgaben betraut worden. Der Gouverneur der persischen Provinz Jehud, der in Samaria residiert, ist wegen dieser Einmischung in seinen Machtbereich verärgert.

Als aber Sanballat, der Horoniter, Tobija, der Knecht von Ammon, und der Araber Geschem davon hörten, verspotteten sie uns und sagten verächtlich: Was soll das, was ihr da macht? Wollt ihr euch etwa gegen den König auflehnen? Ich ließ ihnen antworten: Der Gott des Himmels wird uns Erfolg verleihen. Wir, seine Knechte, wollen ans Werk gehen und bauen. Ihr hingegen habt weder einen Anteil (an der Stadt) noch Anrecht (auf sie); es gibt keine Erinnerung an euch in Jerusalem.

Nehemia 2,19–20

Versprechen der Gemeinde; 11,1–12,26, Bevölkerungslisten. Ein weiterer wichtiger Teil ist Esras Verlesung des Gesetzes und die Annahme durch das Volk. Das kann man als Geburtsstunde des Judentums bezeichnen.

Neubau der Stadtmauern
Als Nehemia als neuer Statthalter in Jerusalem ankam, ließ er eilends die Stadtmauern erneuern, was in nur 52 Tagen geschah.

Seit jenem Tag arbeitete nur die Hälfte meiner Leute am Bau; die andere Hälfte hielt Lanzen, Schilde, Bogen und Panzer bereit und die Obersten standen hinter dem ganzen Volk Juda, das an der Mauer baute. Die Lastträger arbeiteten so: Mit der einen Hand taten sie ihre Arbeit, in der andern hielten sie den Wurfspieß. Von den Bauleuten hatte jeder sein Schwert um die Hüften gegürtet und so bauten sie. Ständig hatte ich den Hornbläser bei mir.

Nehemia 4,16–18

Kapitel 4: Kommentar

Die Abneigung des Landvolks gegen die privilegierte Stellung, die den nach Jerusalem Zurückgekehrten zugewiesen wird, kennzeichnet die beiden Bücher. Die Menschen verübelten die Umwandlung der Stadt in eine ummauerte Festung. Die Juden ihrerseits verachteten die örtlichen Bewohner, weil sie das Gesetz nicht richtig beachteten. Diese Kluft wird durch Esras Verkündigung (Kap. 8) noch verstärkt worden sein.

Kapitel 5: Kommentar

Verbitterung über das Eindringen der in sich geschlossenen jüdischen Gemeinde aus Babylon wird die wirtschaftlichen Probleme im belagerten Jerusalem noch verstärkt haben.

17

Sanballat, Tobija, die Araber und die Ammoniter lachen zunächst über die Mühe, Jerusalems Stadtmauern zu erneuern. Bald aber drohen sie Gewalt an. Nehemia bewaffnet die Bauleute.

Kapitel 4

3 17

Nehemia kritisiert die Reichen, weil sie Zinsen erheben und andere Israeliten versklaven. Er bringt sie dazu, die Schulden zu erlassen und ihre Sklaven zu befreien.

Kapitel 5

Esra verliest das Gesetz
Als Esra das Gesetz Moses den versammelten Menschen verlas, die aus dem Exil zurückgekehrt waren, feierten sie sieben Tage lang.

Nach zweiundfünfzig Tagen, am Fünfundzwanzigsten des Monats Elul, war die Mauer vollendet.

Nehemia 6,15

17

Trotz der Drohungen gegen Nehemia seitens der Gegner des Mauerbaus wird die Stadtmauer Jerusalems erfolgreich in nur 52 Tagen neu erbaut.

Kapitel 6

17

Die Bevölkerung Jerusalems war klein. Die Häuser waren nicht wiederaufgebaut worden. Nehemia erhielt eine Liste der zurückgekehrten Israeliten und berief sie zu einer Versammlung nach Jerusalem.

Kapitel 7

Kapitel 8: **Kommentar**

Das Gesetzbuch Moses, das von Esra verlesen wurde, war vermutlich der Pentateuch, vielleicht schon in seiner endgültigen Gestalt. Diesem Buch verpflichtet sich das Volk. Bezeichnenderweise sind in diesem Kapitel die Monate auf traditionell biblische Art nur nummeriert, nicht auf persische Art genannt, wie in Nehemias Berichten.

11 17

Esra verliest und erklärt dem Volk das Gesetz Moses. Sie feiern sieben Tage lang.

Kapitel 8

Kapitel 9: **Kommentar**

Sündenbekenntnis und Reue bleiben Kennzeichen der nachexilischen Spiritualität, wie man im Buch Baruch und vielen Psalmen sieht.

11 14 17

Sie bekennen ihre Sünden, tragen Sackleinen und Asche und fasten, während das Buch des Gesetzes verlesen wird. Sie treffen eine feste Vereinbarung, Gott treu zu dienen.

Kapitel 9

Kapitel 10: **Kommentar**

Diese Vereinbarung, eingeleitet von Nehemias Unterschrift, bezieht sich im Wesentlichen auf das, was durch diese Reform festgelegt wurde, weniger auf das Verlesen des Gesetzes durch Esra.

14 16 17

Eine Liste derjenigen, die den Vertrag abschlossen. Die anderen Israeliten banden sich durch einen Fluch und einen Eid, nur dem HERRN zu dienen und seine Gebote zu achten.

Kapitel 10

16 17

Zehn Prozent der Israeliten entschließen sich, in Jerusalem zu wohnen. Wer in Jerusalem lebt, wird durch Los entschieden. Es folgt eine Liste derjenigen, die in Jerusalem wohnen wollen.

Kapitel 11

16 17

Eine Liste der Priester und Leviten, die mit Serubbabel und Josua aus Babylon nach Jerusalem zurückkehrten. Die neue Stadtmauer Jerusalems wird mit Gesang und Opfer geweiht.

Kapitel 12

Kapitel 13: **Kommentar**

Nehemia scheint es mit seiner zweiten Mission einfach um Ordnung gegangen zu sein, indem er Missbräuche eliminierte, die sich eingeschlichen hatten. Die Homogenität der Gemeinde soll durch eine Sprache, das Hebräische, sichergestellt werden, unter Ausschluss lokaler Dialekte (Vers 24).

Zu jener Zeit las man dem Volk aus dem Buch des Mose vor; da fand man die Stelle, an der steht: Ammoniter und Moabiter dürfen niemals in die Gemeinde Gottes eintreten; denn sie sind den Israeliten einst nicht mit Brot und Wasser entgegengekommen. Moab hat gegen sie Bileam gedungen, der sie verfluchen sollte. Doch unser Gott verwandelte den Fluch in einen Segen. Als man dieses Gesetz gehört hatte, sonderte man aus Israel alle Mischvölker aus.

Nehemia 13,1–3

9 17

Die Israeliten schließen alle Fremden aus. Nehemia wirft Tobija aus seinem Haus, verbietet das Arbeiten am Sabbat und tadelt diejenigen, die Nichtisraeliten geheiratet haben.

Kapitel 13

Tobit

Übersicht

Das Buch Tobit ist ein Roman, fast eine Komödie, denn es vermittelt seine Lehre durch allerlei Satire, Farce und Absurditäten, wobei eine ganze Reihe übertrieben dargestellter Gestalten vorkommen. Die erfolgreiche Suche nach Geld, die Heirat und das glückliche Ende haben dem Buch auch die Bezeichnung „Romanze" eingetragen. Tobit selbst ist absurd und übertrieben fromm. Ihm gegenüber stehen seine fleißige, praktische Frau und sein schüchterner Sohn, der behutsam von einem Engel herumgeführt werden muss. Die Geschichte spielt in den frühen Tagen des Babylonischen Exils, ist

6

Kapitel 1

Tobit stellt sich dem Leser vor. Er ist ein frommer Israelit in Assyrien. Hartnäckig treu gegenüber jeder Einzelheit des Gesetzes, stellt er zugleich sicher, dass auch andere das Gesetz beachten.

6

Kapitel 2

Tobit gönnt sich seine Mittagsruhe unter einem Spatzennest und erblindet durch den Kot der Spatzen.

1

Kapitel 3

Tobits Gebet um Erlösung. Dem Leser wird Tobits Cousine Sara aus dem fernen Medien vorgestellt. Wir erfahren von dem Unglück in ihrer Ehe und ihrer verzweifelten Ausdauer im Gebet.

6

Kapitel 4

Tobit erteilt seinem Sohn Tobias den Auftrag, das Geld zurückzuholen, das er bei seiner Cousine in Medien hinterlegt hat.

Kapitel 2: Kommentar

Tobit ist bei der Beachtung des Gesetzes sehr gewissenhaft. Er zahlt den Zehnten, hilft den Bedürftigen, vermeidet unreines Essen und befreit sich von allem Unreinen. Absurd wird es, wenn er darauf besteht, dass die Ziege, die seiner Frau geschenkt wurde, zurückgegeben wird, weil sie gestohlen sein könnte. Die Belohnung dafür? Blindheit! Das ist die Verkehrung frommer Erwartungen an Gott. Tobit hält seinem Sohn dennoch eine lange Ansprache über sorgfältige Beachtung des Gesetzes, ehe er ihn auf eine Reise schickt.

Als ich ihn begraben hatte und in der Nacht nach Hause kam, legte ich mich an der Hofmauer zum Schlafen nieder, weil ich unrein geworden war. Mein Gesicht ließ ich unbedeckt, ohne auf die Sperlinge zu achten, die in der Mauer nisteten. Da ließen die Sperlinge ihren warmen Kot in meine offenen Augen fallen, und es bildeten sich weiße Flecke in meinen Augen. Ich ging zu den Ärzten, doch sie konnten mir nicht helfen. Achikar sorgte für meinen Unterhalt, bis er in die Provinz Elymaïs zog.

Tobit 2,9–10

aber historisch verworren. Auf ihre eigene Weise lehrt sie Gottes Sorge für die Seinen (am Schluss!), doch sie hat auch für Jahrhunderte den Maßstab für selbstironischen jüdischen Humor abgegeben. Einige Jahrhunderte lang schien es, als wäre der früheste Text auf Griechisch verfasst, doch es wurden sowohl hebräische wie auch aramäische Fragmente entdeckt.

6

Tobias trifft auf Rafael, einen Engel, der sich als weit gereister Israelit ausgibt. Er bietet sich Tobias als Führer an. Tobit hört nicht auf das Flehen seiner Frau, die den Sohn zu Hause behalten will.

Kapitel 5

6

Von Rafael geführt, macht sich Tobias auf. Er wird durch einen großen Fisch erschreckt und hört die Geschichte von Saras ehelichem Unglück. Rafael lehrt ihn manchen Zauber gegen Dämonen.

Kapitel 6

6

Die beiden Cousins begrüßen sich herzlich. Tobias erfährt, dass es sein Recht und seine Pflicht ist, Sara zu heiraten, und das Treffen wird mit einem Festessen begangen.

Kapitel 7

Kapitel 5: Kommentar

Rafael scheint keine Skrupel zu haben, ein paar Lügen aufzutischen, um an die Seite von Tobias zu kommen. In der gesamten Bibel bleibt kein Engel länger in Menschengestalt als er. Gott wird dargestellt als von den „Söhnen Gottes" umgeben, Höflingen, die seine Wünsche ausführen. Diese Engel sind nicht zwangsläufig sichtbar. Normalerweise manifestieren sie sich, sprechen ihre Botschaft aus und verschwinden wieder. Jede Erwähnung ihres Erscheinens soll ihre himmlische Natur betonen.

Kapitel 6: Kommentar

Der magische Gebrauch von Fischen widerspricht der Verurteilung magischer Praktiken in der Bibel. Trotz solcher Verurteilungen existierten Magie und Aberglaube in Israel neben dem Jahwismus, bis hin zum Kinderopfer, obwohl wir nicht wissen, wie verbreitet dergleichen war. Selbst Saul brach sein eigenes Verbot. Vielleicht erklärt der romanhafte Charakter der Geschichte die Anwesenheit der genannten Praktiken hier und im Falle von Saras Missgeschick.

Kapitel 7: Kommentar

Nach dem levitischen Gesetz (Deuteronomium 25,5) muss der nächste männliche Verwandte eines Mannes, der heiratet und kinderlos stirbt, die Witwe heiraten und einen Erben im Namen des Toten aufziehen. So ist auch Tobias, und nur er, verpflichtet, Sara zu heiraten.

Tobias heilt die Blindheit seines Vaters

Als Tobias und der Engel von ihrer Reise zurückkamen, verwendete Tobias die Gallenblase des Fisches, um das Augenlicht seines Vaters wiederherzustellen.

1 6

Kapitel 8

Das glückliche Paar betet vor dem Zubettgehen, während Saras Vater für alle Fälle ein Grab aushebt, in dem er Beweise verstecken kann. Das erweist sich als unnötig, und sie feiern mit einem Mahl.

6

Kapitel 9

Rafael wird beauftragt, das Geld einzusammeln, und die Gäste versammeln sich zum Hochzeitsfest.

6

Kapitel 10

Tobias' Eltern sorgen sich, weil er nach einem Jahr nicht zurückgekehrt ist. Nach dem Hochzeitsfest beschließt Tobias heimzukehren und macht sich auf, beladen mit Hochzeitsgeschenken.

6

Kapitel 11

Die Heimkehr des jungen Paares. Tobias gibt seinem Vater das Augenlicht wieder. Tobias' Dankbarkeit gegenüber Gott.

6

Kapitel 12

Tobit will Rafael für seine Dienste bezahlen, da enthüllt der seine wahre Identität, zur ehrfürchtigen Bestürzung seiner Schützlinge.

1

Kapitel 13

Tobits abschließender Dankgesang. Er dankt Gott für seine Erlösung von der Krankheit und betet für den Wiederaufbau Jerusalems.

6

Kapitel 14

Nachlese: Tobit gibt seinem Sohn letzte Anweisungen und stirbt im Alter von 112 Jahren. Tobias selbst stirbt mit 117 Jahren, voll Freude über die Zerstörung Ninives.

Kapitel 11: Kommentar

Tobits Blindheit scheint eine Art Glaukom gewesen zu sein. Sie wird beschrieben als weiße Flecken auf den Augen. Nach der Behandlung mit der magischen Gallenblase des Fisches können die Flecken verschwinden, obwohl Tobias einen Film aus den Augenwinkeln seines Vaters entfernt, eine Art primitive Katarakt-Operation.

Tobit rieb sich die Augen, weil sie brannten; da begannen die weißen Flecken, sich von den Augenwinkeln aus abzulösen. Und er konnte seinen Sohn sehen, fiel ihm um den Hals und sagte unter Tränen: Sei gepriesen, Gott, gepriesen sei dein heiliger Name in Ewigkeit. Gepriesen seien alle deine heiligen Engel.

Tobit 11,13–14

Kapitel 13: Kommentar

Nur drei Engel werden namentlich in der Bibel erwähnt: Gabriel („Kraft Gottes"), Michael („Wer ist wie Gott") und Rafael („Gott heilt"). Sie sind Mächte Gottes, durch die Gott in der Welt handelt. Michael ist die kriegerische Macht Gottes, die dem Bösen in den Weg tritt. Gabriel gibt Gottes Botschaft an die Menschen weiter, wie bei der Verkündigung an Maria. „Engel" bedeutet „Bote".

Kapitel 14: Kommentar

Auf dem Höhepunkt des assyrischen Reichs sieht Tobit auf seinem Totenbett den Fall Assyriens (609 v. Chr.) und Babylons (539 v. Chr.) zutreffend voraus. Er prophezeit außerdem den Universalismus des messianischen Zeitalters, wenn alle Völker von einem erneuerten und glorreichen Jerusalem erlöst werden.

Judit

Übersicht

Das Buch Judit ist ein Buch der Gegensätze. Es ist keine historische Geschichte, denn die Erzählung stimmt nicht mit den Gegebenheiten oder geografischen Umständen irgendeiner Geschichtsperiode überein. Nebukadnezzar (1,1) war König in Babylon, nicht von Ninive in Assyrien. Holofernes ist ein persischer Name, man kennt einen gewissen Holofernes nur als Offizier bei Artaxerxes III., Jahrhunderte nach Nebukadnezzar. Von einer Stadt Betulia weiß man nichts. Zudem scheint sie in Samaria gelegen zu haben, von wo die Israeliten lange vor Nebukadnezzar vertrieben wurden. Die ganze Geschichte wird also mit erstaunlicher Sorglosigkeit und Ungenauigkeit erzählt. Sie ist wohl eher ein Modellfall, eine erbauliche Geschichte, konstruiert um die klassische Venusfalle und den Gegensatz der beiden Hauptcharaktere. Ohne jede deutliche göttliche Intervention zeigt sie dennoch Gottes Hilfe für diejenigen, die ihm selbst in einer verzweifelten Situation vertrauen.

Der wichtigste Gegensatz besteht zwischen Judit und Holofernes. Der Triumph von Holofernes' Brutalität in den ersten sieben, dann der Triumph der Schönheit Judits in den nachfolgenden sieben

bitte umblättern >

Kapitel 1: Kommentar

Vers 1 ist derart historisch verworren (Nebukadnezzar war König von Babylon, nicht von Assyrien oder Ninive, ein König Arphaxad ist in der Geschichte nicht bekannt), dass er vielleicht darauf verweisen soll, dieses Buch nicht als Geschichtswerk zu sehen. Ähnlich ist wohl auch der Weg von Holofernes in Kap. 2 ein absichtliches geografisches Durcheinander.

Kapitel 3: Kommentar

Holofernes missachtet alle Gesten der Freundschaft, des Willkommens und der Bitte um Gnade. Ironischerweise wird die Willkommensprozession zu seiner Ankunft (Vers 7) in 15,12 wiederholt, um seinen abgeschlagenen Kopf zu grüßen.

6

Kapitel 1

Die Macht Nebukadnezzars, des „Königs von Ninive", bedroht alle Könige des Westens, die seine Boten abweisen. Dann statuiert er ein Exempel an Arphaxad und dringt in Persien ein.

6

Kapitel 2

Nebukadnezzars Oberbefehlshaber Holofernes rückt mit einer riesigen Armee vor und verwüstet den Großteil des Landes im Westen, indem er zahlreiche Umwege nimmt.

6

Kapitel 3

Die Küstenstädte Aschkelon und Aschdod bitten vergeblich um Frieden. Holofernes verwüstet ihre Territorien und lagert gegenüber von Skythopolis, in der Nähe Judas.

Kapiteln hat die Idee einer Titeländerung aufkommen lassen: „Die Schöne und das Biest." Der Name „Judit" meint schlicht „Die Jüdin". Sie ist die Personifikation jüdischer Frömmigkeit. Sie sorgt sich um Gesetzestreue, ist keusch und furchtlos. Holofernes ist dagegen die Personifikation des Bösen, ungläubig, auf sexuelle Gewalt wie auf militärische Eroberung aus. Ein zweiter Gegensatz zeigt sich zwischen dem kleinen jüdischen Volk und dem mächtigen Assyrien, über das die Juden mit Gottes Hilfe triumphieren. Ein dritter Gegensatz besteht zwischen den furchtsamen jüdischen Männern, die sich hinter den Mauern ihrer belagerten Stadt verstecken, und der mutigen Frau, die allein gegen die Macht des assyrischen Reichs kämpft und mit dem Kopf des Anführers zurückkommt. Der wohl deutlichste Kontrast liegt vor im Rollentausch der bescheidenen Frau mit dem prahlerischen Mann.

Das Buch könnte der nationalistischen Periode des späten 2. Jahrhunderts v. Chr. entstammen. Das Vorkommen von pharisäischem Gehorsam und hellenistischen Bräuchen passt dazu, obwohl das Buch zum ersten Mal im Clemensbrief an die Korinther am Ende des 1. nachchristlichen Jahrhunderts erwähnt wird. Ein zweiter Grund besteht darin, dass die Handlung in Samaria spielt, das von einer gemischten Bevölkerung bewohnt ist, von den „rechtgläubigen" Juden aber verachtet wird, und dass der heidnische Feind von Achior, einem nichtjüdischen Weisen, vor dem überwältigenden Schutz Gottes gewarnt wird.

Es existiert keine hebräische Fassung des Buchs Judit, aber die griechische Version ist eindeutig eine Übersetzung aus dem Hebräischen oder Aramäischen. Das Buch war Teil der griechischen Bibel, der ursprünglichen Bibel der christlichen Kirche, wurde jedoch nie in den hebräischen Kanon aufgenommen, vielleicht wegen der nicht regelhaften Bekehrung Achiors.

6

Kapitel 4

Alle in Juda lebenden Israeliten geraten in Panik und kommen im Tempel in Jerusalem zusammen, um zu beten.

Kapitel 4: Kommentar

Derart ernstes Gebet und Fasten im Tempel sind Hauptmerkmale dieses Buchs um Tempelfrömmigkeit. Ist es ein Stück über die Entweihung des Tempels durch den syrischen König Antiochus Epiphanes 169 v. Chr.? Pharisäische Frömmigkeit und Gehorsamkeit kennzeichnen das Buch (siehe 9,1) und vor allem Judits Verhalten.

6

Kapitel 5

Holofernes beruft einen Kriegsrat ein. Achior, ein ammonitischer Anführer, warnt ihn vor der Macht des Gottes Israels, wird aber höhnisch von Holofernes' Beratern zurückgewiesen.

6

Kapitel 6

Achior wird gefesselt und von den Angreifern außerhalb Betulias liegen gelassen. Die Einwohner Betulias fliehen panisch, kehren aber zurück, befreien Achior und heißen ihn willkommen.

Kapitel 6: Kommentar

Achior, der ammonitische Söldner, ist vielleicht eine Erinnerung an den berühmten nichtjüdischen Weisen Achikar (vgl. auch Buch Tobit). Achior steht in einer Reihe mit anderen Nichtjuden, die den jüdischen Gott anerkennen und vor seiner Stärke warnen. In 14,10 wird er zum Judentum bekehrt und beschnitten; nach späteren jüdischen Regeln hätte er auch getauft werden müssen.

6

Kapitel 7

Holofernes belagert Betulia, bis Vorräte und Wasser ausgehen. Alle jungen Männer wollen sich ergeben, doch Usijah überzeugt sie, auf Gott zu vertrauen und fünf weitere Tage auszuhalten.

6

Kapitel 8

Die Witwe Judit erscheint zum ersten Mal. Sie ruft die Ältesten zusammen, sagt ihnen, dass Gott sie nur prüfen wolle, und legt einen kühnen Plan vor, der das Problem lösen soll.

Nun lebte Judit schon drei Jahre und vier Monate als Witwe in ihrem Haus. Sie hatte für sich auf dem flachen Dach ihres Hauses ein Zelt aufstellen lassen, hatte ein Trauergewand angelegt und trug die Kleider einer Witwe. Sie fastete, seit sie Witwe war, alle Tage, außer am Sabbat und am Vortag des Sabbats, am Neumond und am Vortag des Neumonds und an den Festen und Freudentagen des Hauses Israel.

Judit 8,4–6

Judit mit dem Kopf des Holofernes
Als die Männer Betulias vor Angst nichts tun, verführt Judit Holofernes und schneidet ihm den Kopf ab.

Sie ging ganz nahe zu seinem Lager hin, ergriff sein Haar und sagte: Mach mich stark, Herr, du Gott Israels, am heutigen Tag! Und sie schlug zweimal mit ihrer ganzen Kraft auf seinen Nacken und hieb ihm den Kopf ab. Dann wälzte sie seinen Rumpf von dem Lager […]. Kurz danach ging sie hinaus und übergab den Kopf des Holofernes ihrer Dienerin, die ihn in einen Sack steckte. Sie machten sich dann beide wie gewöhnlich auf den Weg, als wollten sie zum Beten gehen. Sie gingen jedoch […] um die Schlucht herum, stiegen den Berg nach Betulia hinauf und gelangten vor das Stadttor.
Judit 13,7–10

Kapitel 16: Kommentar

Die erotische Sprache, mit der Judits Annäherung an Holofernes beschrieben wird (vor allem Vers 9), bildet einen delikaten Kontrast zu ihrer sittsamen Bescheidenheit und akribischen Beachtung des Gesetzes. Sie ist der Gipfel der Ironie, die das ganze Buch durchzieht.

12

Judits Gebet an den Herrn um Stärke gegen den Feind, damit sie zeigen kann, dass Gott denen hilft, die ihm vertrauen.

Kapitel 9

6

Herausgeputzt bricht Judit auf, begleitet nur von ihrer Dienstmagd und mit etwas koscherem Essen. Die Assyrer sind sofort von ihrer unvergleichlichen Schönheit geblendet.

Kapitel 10

6

Judit trifft Holofernes, umschmeichelt ihn und verspricht, ihn den Weg bis nach Jerusalem zu führen, vorausgesetzt, dass sie jede Nacht allein im Freien beten darf.

Kapitel 11

6

Drei Nächte lang geht Judit früh hinaus, um sich zu reinigen und zu beten. Am vierten Abend befiehlt Holofernes ein privates Festessen. Er will Judit zu der Seinen machen.

Kapitel 12

6 12

Nachdem er zu üppig gegessen hat, fällt Holofernes in Schlaf. Nach einem kurzen Gebet schneidet Judit ihm den Kopf ab, steckt sein Haupt in den Essenskorb ihrer Dienerin und trägt ihn im Triumph zurück nach Betulia.

Kapitel 13

6

Achior identifiziert den Kopf als echt, und die Juden, ermutigt durch diese Trophäe, brechen auf gegen die Assyrer. Holofernes' Haushofmeister entdeckt den Leichnam seines Herrn.

Kapitel 14

6

Israeliten aus allen umliegenden Ländern schließen sich an, um die Assyrer zu verfolgen und zu schlagen. Der Hohepriester und die Ältesten Israels beglückwünschen Judit, die Holofernes' Beute erhält.

Kapitel 15

6

Judits Dankeshymne. Sie widmet Gott die Beute von Holofernes, lebt das Leben einer Berühmtheit und stirbt im Alter von 105 Jahren.

Kapitel 16

Ester

Übersicht

Im Buch Ester wird die Geschichte einer jungen Jüdin erzählt, die Königin von Persien wird und ihr Volk vor der Vernichtung rettet. Das Buch ist nach ihr benannt: Ihr hebräischer Name ist „Hadassa", bekannter ist ihr persischer Name „Ester", die hebraisierte Form von Ishtar, einer heidnischen Fruchtbarkeitsgöttin. Es ist eine Geschichte um Intrigen, Gewalt und Rache am persischen Königshof. Allerdings werden die Ereignisse von keiner anderen historischen Quelle bestätigt. Die Handlung klingt weit hergeholt, aber die Hauptfiguren sind geistreich geschildert. Wichtige Faktoren des jüdischen Glaubens und jüdischer Praxis, wie etwa Tempel, Gesetz, Essensrituale oder Bund, werden jedoch ausgespart. Gott wird in der hebräischen Fassung nie erwähnt, obwohl klar ist, dass er im Hintergrund wirkt, über sein Volk wacht und den Gang der Dinge zu dessen Vorteil lenkt.

17

Kapitel 1

König Artaxerxes gibt ein Fest und bittet seine Königin Waschti, für die Gäste zu tanzen. Sie weigert sich, weshalb er sie absetzt.

17

Kapitel 2

König Artaxerxes veranstaltet einen Wettstreit, um Ersatz für Waschti zu finden. Er wählt Ester, die Cousine Mordechais. Mordechai deckt ein Mordkomplott gegen Artaxerxes auf.

17

Kapitel 3

Mordechai beleidigt Haman, einen Beamten von Artaxerxes, als er sich nicht vor ihm verbeugt. Da beschließt Haman, Mordechai und alle Juden zu töten. Artaxerxes befiehlt ihre Auslöschung.

12 17

Kapitel 4

Mordechai bittet Ester, etwas dagegen zu tun. Mordechai, Ester und ganz Israel erflehen im Gebet himmlischen Beistand.

Da sagte Memuchan zum König und zu den Fürsten: Nicht nur gegen den König, sondern auch gegen alle Fürsten und alle Völker, die in all den Provinzen des Königs Artaxerxes leben, hat sich Königin Waschti verfehlt. Denn das Verhalten der Königin wird allen Frauen bekannt werden, und sie werden die Achtung vor ihren Ehemännern verlieren und sagen: König Artaxerxes befahl der Königin Waschti, vor ihm zu erscheinen; aber sie kam nicht. Von heute an werden alle Fürstinnen Persiens und Mediens, die vom Verhalten der Königin hören, dies allen Fürsten des Königs vorhalten und es gibt viel Ärger und Verdruss.

Ester 1,16–18

Kapitel 2: Kommentar

Obwohl oft als Schönheitswettbewerb beschrieben, wurde die Wahl der neuen Königin nicht auf dem Laufsteg vollzogen, sondern eher im Schlafzimmer. Alle Frauen, die als zukünftige Königin in Betracht kamen, wurden aus dem Königreich ausgewählt und in den Harem des Königs aufgenommen. Dann schlief er der Reihe nach mit ihnen und beschloss erst hinterher, dass Ester den Platz seiner alten Königin Waschti einnehmen sollte. Diejenigen, die nicht als Königin erwählt wurden, blieben in seinem Harem.

Die längere griechische Version des Buchs enthält sechs weitere Abschnitte, die den Charakter des Buchs leicht ändern und es deutlich religiöser machen, indem sie die Gegenwart Gottes und die Wirksamkeit des Gebets betonen. Zudem wird die Feindschaft zwischen Juden und Nichtjuden verallgemeinert, die im hebräischen Text als private Fehde zwischen Mordechai und Haman dargestellt ist.

Der Autor dieser Geschichte ist unbekannt. Sie spielt am Hof von Artaxerxes (Ahasuerus auf Persisch), von 486 bis 464 v. Chr. König von Persien. Sprachlich passt der hebräische Text des Buchs gut zum Ende dieses Jahrhunderts. Zwei der griechischen Abschnitte (die sehr rhetorischen Briefe in Kap. 3 und 8) sind in anspruchsvollem Griechisch verfasst und stammen möglicherweise von Juden aus Alexandria. Die anderen Zusätze könnten ihren Ursprung im Hebräischen oder Aramäischen haben, sie passen gut in die beiden ersten nachchristlichen Jahrhunderte.

Dann kehrte Mordechai zum Tor des Palastes zurück. Haman aber eilte nach Haus, traurig und mit verhülltem Kopf. Und er erzählte seiner Frau Seresch und seinen Freunden alles, was ihm zugestoßen war. Seine weisen (Ratgeber) und seine Frau Seresch sagten: Wenn Mordechai, der dich schon zu stürzen begonnen hat, zum Volk der Juden gehört, wirst du nichts gegen ihn ausrichten, sondern du wirst gewiss durch ihn zu Fall kommen.

Als sie noch redeten, trafen die königlichen Kämmerer ein, um Haman in Eile zu dem Festmahl zu holen, das Ester vorbereitet hatte.

Ester 6,12–14

Kapitel 9: Kommentar

Der jüdische Feiertag Purim erwächst aus den Ereignissen, die im Buch Ester beschrieben sind. Dieser Geschichte zufolge beschloss Haman, ein Mitglied von Artaxerxes' Königshof, alle Juden im persischen Reich an einem Tag zu ermorden, der durch Los bestimmt würde. Das hebräische Wort für „Los" ist *purim*. Heute feiert das jüdische Volk diesen Tag mit der Verlesung des Buchs Ester in der Synagoge. Jedes Mal, wenn Hamans Name erwähnt wird, lärmt die Gemeinde, um den Klang seines Namens zu übertönen. Danach genießen alle ein Festmahl.

17

In ihrer vollen Schönheit lädt Ester den König und Haman zum Bankett. Inzwischen lässt Haman einen Galgen von 50 Ellen errichten, um Mordechai zu hängen.

Kapitel 5

17

Haman wird gedemütigt, als er gezwungen ist, Mordechai wegen der Aufdeckung des Mordkomplotts gegen den König Ehre zu erweisen. Danach geht er zu Esters Bankett.

Kapitel 6

17

Beim Bankett beteuert Ester die Loyalität der Juden und wirft Haman falsche Verdächtigung vor. Der König lässt Haman an dem Galgen hängen, den Haman für Mordechai errichten ließ.

Kapitel 7

17

Artaxerxes überträgt Mordechai Hamans Aufgaben und gibt Ester Hamans Eigentum. Artaxerxes erlaubt den Juden, gegen ihre Feinde zu kämpfen. Die Juden feiern, viele Menschen konvertieren zum Judentum.

Kapitel 8

17

Die Juden schlagen ihre Feinde. Seither feiern die Juden alljährlich das Purimfest, um an den Sieg über diejenigen zu erinnern, die sie vernichtet hätten.

Kapitel 9

17

Artaxerxes und sein Minister Mordechai werden immer reicher. Mordechai führt das Wohlergehen Israels auf Gott zurück. Ein Zusatz datiert die griechische Übersetzung dieses Buchs auf 114 v. Chr.

Kapitel 10

Ester und Artaxerxes
Königin Ester tritt vor König Artaxerxes und enthüllt den Plan Hamans, alle Juden im persischen Reich zu töten.

1. Makkabäer

Übersicht

Das erste Buch der Makkabäer ist hellenistische Geschichte. Es beruht auf gesicherten Informationen und Dokumenten und behandelt die Zeit von 175 bis 135 v. Chr., als das Judentum gegen die versuchte politische und religiöse Vorherrschaft des syrischen Königreichs im Norden um das Überleben kämpfte. Der Autor wollte die Legitimität des hasmonäischen Königshauses zeigen, das von Mattatias und seinem Sohn Simeon, dem Makkabäer, abstammt und das davidische Königshaus sowie das priesterliche Haus Onias ablöst. Das geschieht, indem Hingabe und Erfolg Mattatias' und Simeons dargestellt werden gegen die Versuche des syrischen Königs Antiochus IV. Epiphanes und seiner Nachfolger, das Judentum im Reich zu vertilgen. Der wahrscheinlichste Zeitpunkt der Niederschrift ist das Ende des 2. vorchristlichen Jahrhunderts.

Die Konventionen hellenistischer Geschichtsschreibung sind gewahrt, etwa der Gebrauch kunstvoller Sprache. Es ist auch biblische Geschichte, insofern das Wirken Gottes durch das Handeln der Menschen in der Geschichte betont wird, wobei Tugend belohnt, Laster bestraft wird. Gebete und andächtige Reflexionen bereichern

17

Kapitel 1

Antiochus Epiphanes wird Nachfolger Alexanders des Großen. Er dringt nach Israel ein, baut in Jerusalem eine syrische Zitadelle, entweiht den Tempel und verbietet die Befolgung jüdischer Gesetze.

Kapitel 1: Kommentar

Die Festung auf dem höchsten Punkt Jerusalems, die Akra, sollte viele Jahre lang ein Stachel im Fleisch der Juden bleiben – unangreifbar und den Tempel beherrschend, der weiter unten auf dem gleichen Berg lag. Schließlich wurde sie zum Palast Herodes' des Großen, danach Residenz der römischen Statthalter. Noch heute beherrscht sie das Jaffator in Jerusalem.

17

Kapitel 2

Die Rebellion von Mattatias und sein Eifer für das Gesetz. Sein Angriff auf einen Juden, der sich den Opferauflagen des Antiochus anpasst. Weigerung loyaler Juden, am Sabbat zu kämpfen, und Tod Mattatias'.

Kapitel 2: Kommentar

Die sorgfältige Beachtung der Sabbatregeln war Teil der Lebensweise, die sich im Babylonischen Exil herausbildete und zurück nach Jerusalem und Judäa gebracht wurde. In diesem Fall besagt die Regel, sich nicht mehr als 1000 Ellen von zu Hause zu entfernen, was die meisten Militäraktionen ausschließt. Einige Verse später aber merken die Juden, dass eine solche Selbstbeschränkung ihre ganze Lebensweise in Gefahr bringt.

17

Kapitel 3

Judas Makkabäus übernimmt die Anführerschaft. Syrische Invasion unter dem Kommando Lysias'. Die jüdische Armee versammelt sich und betet am alten Schrein von Mizpa.

den Text, ebenso scheinbar authentische Dokumente, die vollständig zitiert werden. Obwohl sich das Interesse eindeutig auf die Familie der Makkabäer konzentriert, ist der Autor nur in einer Hinsicht ernsthaft tendenziös, indem er die Bedeutung einer Gruppe innerhalb des Judentums herunterspielt, die sich der hellenistischen Kultur gerne anpassen wollte. Doch versucht er auch nicht, jüdischen Misserfolg oder Verrat zu kaschieren. Diese Periode der jüdischen Geschichte ist bemerkenswert, weil ihr jede Erwartung eines davidischen Messias oder einer Prophezeiung fehlt. Das Fehlen eines Propheten scheint man intensiv gespürt zu haben (4,46). Gott bleibt fern und transzendent, manifest nur im Geschichtsverlauf und bei Sieg oder Niederlage im Kampf. Diese Unpersönlichkeit oder Ferne wird verstärkt, indem der Name Gottes vermieden und entweder durch ein Personalpronomen oder durch „Himmel" ersetzt wird, den man für den Ort Gottes hielt.

Obwohl Origines und Hieronymus angeben, dass sie einen hebräischen Text dieses Buchs kannten, waren die beiden Makkabäerbücher nie Bestandteil weder der hebräischen Bibel noch des protestantischen Kanons. Doch sie sind Teil der griechischen Septuaginta.

17

Jüdischer Sieg in der Schlacht von Emmaus. Mithilfe von Gebeten wird Lysias ein zweites Mal zurückgeschlagen. Der Tempel wird gereinigt und neu geweiht, die täglichen Opfer werden wieder aufgenommen.

Kapitel 4

17

Judas führt jenseits der Grenzen Judäas Krieg, um die in Idumäa, Ammon, Gilead und Galiläa lebenden Juden zu verteidigen. Bedeutender Erfolg der Makkabäer, aber schwere Verluste anderer Führer.

Kapitel 5

17

Tod von Antiochus Epiphanes. Erfolgloser Kampf gegen Elefanten und Kavallerie bei Bet-Sacharja. Belagerung des Bergs Zion aufgegeben, als sich Antiochus V. zurückzieht, um seinen Thron zu sichern.

Kapitel 6

17

Demetrius I. besetzt den Thron und schickt Nikanor, den jüdischen Widerstand zu brechen. Vernichtung Nikanors und der syrischen Armee. Jährliches Fest des Nikanor-Tags begründet.

Kapitel 7

17

Judas verbündet sich mit den Römern, die Unterstützung im Krieg versprechen und Demetrius wegen seiner Angriffe gegen Judäa tadeln.

Kapitel 8

Kapitel 8: **Kommentar**

Im 2. Jh. v. Chr. wuchsen das Interesse Roms und seine Macht im östlichen Mittelmeerraum. Wichtige Momente waren der Vertrag von Apameia 188 v. Chr., der die Macht Antiochus' II. neutralisierte, und das Vermächtnis des kleinasiatischen Königreichs 133 v. Chr. an Rom. Die Römer unterstützten gern kleinere Staaten, die die Kontrolle der Großmächte in jener Weltgegend stören konnten, obwohl die Allianzen mit den Juden nicht sonderlich erfolgreich waren. Im Verlauf des nächsten Jahrhunderts sollte Rom das gesamte Territorium beherrschen und meist auch besitzen.

Schlacht von Emmaus
Der entscheidende Sieg von Judas Makkabäus über das syrische Heer.

17

Kapitel 9

Tod Judas' in der Schlacht von Elasa. Sein Bruder Jonatan übernimmt die Führung im Widerstand gegen die syrischen Besatzer, die am Ende geschlagen werden.

Jonatan und Simeon holten ihren Bruder und bestatteten ihn im Grab seiner Väter in Modein. Ganz Israel beweinte ihn und hielt um ihn eine große Totenklage ab. Sie trauerten viele Tage lang und sagten: Ach, der Held ist gefallen, Israels Retter.

1. Makkabäer 9,19–21

17

Kapitel 10

Zwei gegnerische Parteien Syriens konkurrieren um Unterstützung durch Jonatan und die Juden. Briefe beider Parteien an Jonatan. Demetrius II. provoziert Jonatan zum Kampf und wird geschlagen.

Kapitel 10: Kommentar

Die Makkabäer vermieden den Königstitel und herrschten als Hohepriester und Ethnarch (wörtlich „Herrscher der Nation"). Vermutlich erkannten sie an, dass der Königstitel traditionell wie etwa in den Psalmen Gott allein gebühre. Außerdem hatten sie durch ihre Vorfahren keinen Anspruch auf den Titel, denn ihre Herrschaft gründete allein auf ihrer Entschlossenheit und militärischen Tapferkeit. Später wurde der Königstitel erneuert, doch unter der Römerherrschaft war wieder der Hohepriester der Ethnarch.

17

Kapitel 11

Brüchige Allianz der syrischen Könige mit Jonatan. Sie bestätigen ihn als Hohepriester, doch die Kämpfe gegen unterschiedliche Parteien der gespaltenen Syrer gehen weiter.

17

Kapitel 12

Jonatan erneuert die Allianz mit Rom, verbündet sich auch mit Sparta. Er versucht, die syrische Festung zu isolieren, wird zu Verhandlungen in Ptolemaïs verleitet, wo er gefangen genommen wird.

[…] zogen die Israeliten […] mit Hymnen und Gesängen in die Burg ein; sie trugen Palmzweige in den Händen und sangen Freudenlieder. Denn Israel war von einem gefährlichen Feind befreit. Simeon setzte fest, dass dieser Tag jährlich feierlich begangen werden solle. Er ließ die zur Burg hin gelegene Seite des Tempelbergs noch stärker befestigen und nahm mit seinem Gefolge Wohnung in der Burg.

1. Makkabäer 13,51–52

17

Kapitel 13

Simeon übernimmt die Führung und versucht, Jonatans Freilassung zu verhandeln. Doch Jonatan wird getötet. Simeon verstärkt die Festungen Judäas und befreit Judäa vom syrischen Joch.

17

Kapitel 14

Simeon erneuert die Allianz mit Sparta und Rom und wird vom jüdischen Volk gepriesen.

Kapitel 14: Kommentar

Nach einem Vierteljahrhundert voller Kämpfe erreichte Simeon Makkabäus für Judäa 142 v. Chr. zumindest Unabhängigkeit, indem er die syrische Garnison aus der Zitadelle von Jerusalem vertrieb, sowie die Stadt Geser befreite. Er wurde zum Statthalter (Ethnarch), zum religiösen und politischen Führer des Volks ernannt. Die neue Ära wurde dadurch gekennzeichnet, dass man von diesem Zeitpunkt an die Jahre neu zählte. Simeon prägte auch eigene Münzen, ein typisches Zeichen der Unabhängigkeit. Er wurde 136 v. Chr. ermordet, doch seine Dynastie blieb bestehen.

17

Kapitel 15

Der neue syrische König Antiochus VII. wird zum Feind Simeons, verwirft schließlich jede Allianz mit ihm und schickt eine Armee, um Judäa zu bekämpfen.

17

Kapitel 16

Simeon schlägt den syrischen General. Er wird zu einem Bankett in die Festung von Dok, oberhalb Jerichos, gelockt, wo er ermordet wird. Sein Nachfolger als Hohepriester wird sein Sohn Johanan.

2. Makkabäer

Übersicht

Das erste und das zweite Buch der Makkabäer bilden keine durchgehende Geschichte. Das zweite Buch beginnt mit zwei Briefen, die die ägyptischen Juden ermutigen sollen, das Tempelweihfest zu feiern. Dann folgt eine Version des Werks Jasons von Kyrene, das teilweise das Gleiche wie das erste Buch berichtet. Die blumige Rhetorik des Vorworts verdeutlicht, dass der Autor den Leser eher unterhalten als einen genauen Bericht der Ereignisse geben will. Die Geschichte beschränkt sich darauf, wie Gott sein Volk und sein Heiligtum schützt, wie Treue zum Gesetz belohnt, Gottlosigkeit bestraft wird und dass Gebete wirksam sind. Sie umfasst also Berichte von Wundern, Träumen und Visionen, guten und bösen Vorzeichen, von himmlischen Reitern, die die Juden im Kampf unterstützen. Die Ausdauer und Erfolge der Helden wie auch das eitle Prahlen ihrer dämonisierten Gegner werden gezeigt. Die erste und die zweite Hälfte des Buchs enden jeweils mit dem grausamen Tod eines bösen Verfolgers des Gottesvolks und des Tempels: Antiochus bzw. Nikanor. Jüdische Misserfolge oder Rückschläge, die wir aus 1. Makkabäer kennen, werden ausgelassen. Deutlich ist die hellenistische Rhetorik in der Sprache der Figuren und in den kleinen Predigten des Autors. Wie viel von dieser Dramatik von Jason stammt, dem ursprünglichen Autor, wie viel vom Bearbeiter, wissen wir nicht.

Die Entstehungsdaten von Jasons Werk und seinem Abriss sind unbekannt. Sie können überall in der jüdisch-hellenistischen Welt entstanden sein. Der erste Begleitbrief aber wird auf 124 v. Chr. datiert, kurz nach den darin berichteten Ereignissen. Für die Glaubenslehre ist das Buch vor allem wichtig wegen der Lehre der Auferstehung der Toten, des Gebets für die Verstorbenen und der Fürbitte der Heiligen.

Kapitel 1: Kommentar

Der drastische Bericht vom Tod Antiochus' IV. in 9,28 unterscheidet sich von demjenigen in 1. Makkabäer. Der Autor hat die Geschichte vom Tod Antiochus' III. übernommen, der nach seinem Angriff auf den Artemistempel starb.

17

Zwei Briefe von den Juden in Jerusalem und Judäa an die Juden in Ägypten, sie mögen das Laubhüttenfest (Sukkot) einhalten. Der zweite Brief beschreibt den Tod von Antiochus und die Bewahrung des heiligen Feuers.

Kapitel 1

17

Kapitel 2

Fortsetzung des zweiten Briefs: Bewahrung weiterer Relikte, des heiligen Feuers und der Bibliothek Nehemias. Dazu das Vorwort des Bearbeiters, das Sinn und Absicht des Buchs erklärt.

17

Kapitel 3

Heliodor, Schatzkanzler des syrischen Königs, will den Tempel plündern. Er wird von einem himmlischen Pferd und Reiter angegriffen. Als er sich erholt, wird er zum HERRN bekehrt.

17

Kapitel 4

Intrigen wegen des Hohepriestertums und der Einführung des Hellenismus in Judäa unter Antiochus Epiphanes. Ein Geschädigter, Onias, wird ermordet, der andere, Menelaus, bleibt im Amt.

17

Kapitel 5

Jason versucht, in Jerusalem die Macht zu ergreifen. Er schlachtet seine Landsleute ab. Antiochus antwortet mit der Plünderung des Tempels, Menelaus führt ihn.

17

Kapitel 6

Antiochus verbietet die Befolgung des jüdischen Gesetzes. Der Tempel wird entweiht und zum Ort ritueller Orgien. Das edle Martyrium von Eleasar, der sich weigert, Schweinefleisch zu essen.

17

Kapitel 7

Das edle Martyrium der sieben Brüder, die von ihrer heldenhaften Mutter ermutigt werden.

17

Kapitel 8

Judas Makkabäus ruft die Juden zum Widerstand gegen syrische Entweihungen, versammelt eine Armee und schlägt Nikanors Soldaten. Auch die Truppen von Timotheus und Bakchides werden vernichtet.

17

Kapitel 9

Antiochus schwört Rache an den Juden, als er die Neuigkeiten hört, wird aber schwer krank und stirbt qualvoll. Zuvor ernennt er seinen Sohn Antiochus V. zum Nachfolger.

Kapitel 2: **Kommentar**

Der Autor will zeigen, dass die grundlegenden Symbole des Judentums geblieben sind, obwohl das Zelt der Begegnung seit der Zeit Salomos nicht mehr existierte und die Bundeslade bei der Plünderung Jerusalems ausgeraubt wurde. Nehemias Bibliothek ist ebenfalls Fiktion, die historische Kontinuität betonen soll.

Kapitel 3: **Kommentar**

Interventionen himmlischer Krieger, die den Juden helfen, sind kennzeichnend für 2. Makkabäer, etwa in 5,2, 10,29 und 11,8. Sieg ist eine Gabe Gottes. Sichtbare Interventionen des Himmels sind auch in zeitgenössischen apokalyptischen Schriften anzutreffen.

Kapitel 6: **Kommentar**

Solche dramatischen Berichte von Martyrien mit einer letzten Rede des Märtyrers wie in 7 und 14,37–46 werden zur Grundlage einer Theologie des Martyriums und zum Modell für Berichte über frühe christliche Märtyrer.

Schon war die Schlacht heftig entbrannt, da erschienen den Kämpfenden vom Himmel her fünf herrliche Reiter auf goldgezäumten Pferden und stellten sich an die Spitze der Juden. Zwei von ihnen nahmen den Makkabäer in ihre Mitte, deckten ihn mit ihren Rüstungen und schützten ihn vor jeder Verwundung; auf die Feinde aber schossen sie Pfeile und Blitze. Diese wurden geblendet und flohen verwirrt nach allen Seiten.

2. Makkabäer 10,29–30

17

Der Tempel wird gereinigt und ein jährliches Fest begründet. Der Kampf, um Judäa von den Fremden zu befreien, geht mithilfe himmlischer Krieger erfolgreich weiter.

Kapitel 10

17

Der Freiheitskampf geht weiter. Mit himmlischer Hilfe wird der syrische Regent Lysias geschlagen und bittet um Frieden. Das jüdische Gesetz wird mit Unterstützung des verbündeten Rom wieder in Kraft gesetzt.

Kapitel 11

Kapitel 12: **Kommentar**

Die Juden hatten lange geglaubt, dass die Toten ein armseliges, machtloses Leben im Scheol führen. Doch es entwickelte sich der Glaube, dass Gott die Seinen nicht aufgibt. Dieses Buch und der zeitgleich entstandene Daniel 12,2–3 verkünden die Auferstehung der Toten (7, 9). Dieser Abschnitt unterstützt auch die Idee eines Gebets der Lebenden für die Toten. Zugleich taucht im hellenistischen Judentum der Glaube an die Unsterblichkeit der Seele auf.

17

Weitere jüdische Siege. Bei allen jüdischen Opfern findet man Götzenamulette. Es gibt Opfer und Gebete für die Toten, was den Glauben an die Auferstehung der heiligen Toten belegt.

Kapitel 12

17

Weitere jüdische Siege. Ermordung des Verfolgers Menelaus. Durch erfolgreiche jüdische Operationen und Rebellion wird Antiochus V. dazu gebracht, einen unsicheren Frieden zu schließen.

Kapitel 13

Hätte er nicht erwartet, dass die Gefallenen auferstehen werden, wäre es nämlich überflüssig und sinnlos gewesen, für die Toten zu beten. Auch hielt er sich den herrlichen Lohn vor Augen, der für die hinterlegt ist, die in Frömmigkeit sterben. Ein heiliger und frommer Gedanke! Darum ließ er die Toten entsühnen, damit sie von der Sünde befreit werden.

2. Makkabäer 12,44–45

17

Alkimus, ein abtrünniger Hohepriester, holt die Syrer nach Judäa. Der syrische General Nikanor schließt Frieden mit Judas, aber der König will, dass Judas getötet wird. Wieder Krieg. Selbstmord Rasis.

Kapitel 14

17

Nikanor greift am Sabbat an, wird aber geschlagen und getötet. Sein Kopf wird an der Zitadelle aufgehängt, der Sieg wird durch den Mordechai-Tag begangen. Nachwort des Bearbeiters.

Kapitel 15

Kapitel 15: **Kommentar**

Judas' Traum der Fürbitte durch Onias und Jeremia ist das erste Anzeichen eines Glaubens an die Fürbitte der heiligen Toten für das Gottesvolk, das noch lebt. Das Nachwort des Bearbeiters ist typisch für zeitgenössische griechische und lateinische Geschichtswerke. Das Ideal ist, gleichzeitig zu unterhalten und aufzubauen. Die Abbitte ist bloße Konvention.

Vertreibung Heliodors aus dem Tempel
Als Heliodor den Tempel betrat, um ihn zu plündern, wurde er von einem Engel niedergeschlagen und gelähmt.

Ijob

Übersicht

Das Buch Ijob stellt das Problem des unverdienten Leidens des Gerechten in seiner schärfsten Form dar. Zumindest der Hauptteil des Gedichts bezieht sich nicht auf eine vorangegangene biblische Offenbarung und das Drama spielt im fernen, mythischen Land Uz, fern jeder biblischen Offenbarung. Während Ijobs „Tröster“ (öfter scheint er sie als Peiniger anzusehen) behaupten, sein Leid wäre durch absichtliche, mindestens aber unabsichtliche Sünde verdient, weist Ijob derartige einfache Lösungen von sich und beteuert nachdrücklich seine Unschuld. Während er gegen die Ungerechtigkeit Gottes wettert, hält er zugleich an dem Gott fest, der ihn peinigt. Die einfachere Lösung eines Lebens nach dem Tod, in dem alles Unrecht ausgeglichen wird, ist ihm noch nicht zugänglich, obwohl er auch in einem denkwürdigen Abschnitt seine

18

Kapitel 1

Ijob, ein aufrichtiger Mann, verliert Reichtum und Kinder, als Gott Satan gestattet, ihn anzugreifen. Ijob nimmt den Verlust an und verliert nicht das Vertrauen auf Gott.

Kapitel 1: Kommentar

Die „Söhne Gottes“ sind der himmlische Hof. Einer von ihnen, Satan, hat die besondere Aufgabe, die Menschen zu prüfen. Der Name bedeutet „Ankläger“, und trotz seines vorlauten Gesprächs mit dem HERRN ist Satan nicht notwendig ein gefallener oder böser Engel.

18

Kapitel 2

Gott erlaubt Satan, Ijob die Gesundheit zu nehmen. Doch Ijob verflucht Gott nicht, obwohl seine Frau ihm das nahelegt. Seine Freunde Elifas, Bildad und Zofar kommen, um ihn zu trösten.

Der Satan antwortete dem Herrn und sagte: Geschieht es ohne Grund, dass Ijob Gott fürchtet? Bist du es nicht, der ihn, sein Haus und all das Seine ringsum beschützt? Das Tun seiner Hände hast du gesegnet; sein Besitz hat sich weit ausgebreitet im Land. Aber streck nur deine Hand gegen ihn aus und rühr an all das, was sein ist; wahrhaftig, er wird dir ins Angesicht fluchen.

Ijob 1,9–11

5 18

Kapitel 3

Ijob spricht mit seinen Freunden und sagt ihnen, er wünschte, er wäre nie geboren worden oder zumindest bei der Geburt gestorben. Er spricht von seinem großen Elend.

5 18

Kapitel 4

Elifas sagt ihm, dass die Unschuldigen nicht verdorben werden. Gott vernichtet nur die Bösen. Kein Mensch ist wirklich gut.

Kapitel 4: Kommentar

Elifas ist der erste der weisen Männer aus dem Osten, der erklären möchte, warum Ijob leidet. Da sie aus dem Osten kommen, haben diese Weisen keine Kenntnis von der Offenbarung an Israel. Sie haben einzig natürliche Weisheit.

Überzeugung ausspricht, dass er am Ende gerechtfertigt wird. Eine Deutung der abschließenden Reden und der Erfahrung Gottes besagt, dass Menschen göttliche Anordnungen nicht verstehen können und infrage stellen dürfen. Das Problem des Leidens bleibt ungelöst. Eine solche Lesart des Buchs würde es sinnvollerweise in die Zeit des Exils datieren, als eine zweite Generation im Exil sich fragte, warum sie die Bestrafung erdulden sollte, die doch durch die Untreue ihrer Vorfahren auf sie gekommen ist.

Innerhalb der Weisheitsliteratur ist Ijob weder die erste noch die letzte Dramatisierung dieses unlösbaren Problems. Es bezieht sich auf viele Vorgänger in der Weisheitsliteratur des Nahen Ostens. Im Lauf der Geschichte wurde das Buch womöglich erweitert und umgeschrieben.

5 | 18

Elifas sagt Ijob, dass Toren und Böse alles verlieren. Doch wenn Ijob seine Untaten bereut, würde Gott seinen Wohlstand erneuern.

Kapitel 5

5 | 18

Ijob möchte, dass Gott ihn tötet. Er sagt seinen Freunden, sie seien nicht hilfreich. Er hat nichts Falsches getan. Können seine Freunde ihm zeigen, was er falsch gemacht hat?

Kapitel 6

5 | 18

Ijob sagt, dass seine Lebensspanne kurz sei. Auch wenn er sich schlecht verhalten hätte, warum könnte Gott ihm nicht vergeben, da er doch bald sterben werde.

Kapitel 7

5 | 18

Bildad antwortet: Ijobs Worte sind nutzlos. Ist Gott ungerecht? Die Schuldlosen leiden nicht, nur die Bösen leiden.

Kapitel 8

Was ist der Mensch, dass du groß ihn achtest und deinen Sinn auf ihn richtest, dass du ihn musterst jeden Morgen und jeden Augenblick ihn prüfst? Wie lange schon schaust du nicht weg von mir, lässt mich nicht los, sodass ich den Speichel schlucke? Hab ich gefehlt? Was tat ich dir, du Menschenwächter? Warum stellst du mich vor dich als Zielscheibe hin? Bin ich dir denn zur Last geworden? Warum nimmst du mein Vergehen nicht weg, lässt du meine Schuld nicht nach? Dann könnte ich im Staub mich betten; suchtest du mich, wäre ich nicht mehr da.

Ijob 7,17–21

Ijobs Leiden
Ijob verlor Kinder, Reichtum und Gesundheit, wollte sich dennoch nicht gegen Gott wenden, obwohl Gott nicht erklären konnte, warum Ijob litt.

Kapitel 7: Kommentar

Traditionell wacht Gott in der israelitischen Weisheitsliteratur über die Menschen und sorgt für sie. Ijob klagt, dass Gottes Prüfung ihn lähmt.

5 | 18

Kapitel 9

Ijob antwortet: Wie kann ich mit Gott streiten? Aber ich bin unschuldig, und also vernichtet Gott den Unschuldigen wie den Schuldigen. Gott ist ungerecht. Könnte nur jemand vermitteln zwischen uns.

5 | 18

Kapitel 10

Ijob fährt fort: Gott, warum hast du mir das getan? Warum wurde ich geboren, wenn ich nun so enden soll? Warum kannst du mich nicht in Ruhe lassen, da ich doch ohnehin bald sterbe?

5 | 18

Kapitel 11

Zofar erwidert: Ijob, du bist unwissend und arrogant. Wie kannst du Gott infrage stellen? Natürlich bist du schuldig. Wärest du rechtschaffen, würdest du nicht leiden. Also bereue. Dann wird alles gut.

Kapitel 9: Kommentar

Ijob zweifelt allmählich an seiner Unschuld, lässt dann alle Vorstellung von göttlicher Gerechtigkeit fahren und klagt Gott an, ein Tyrann zu sein.

Wie sollte denn ich ihm entgegnen, wie meine Worte gegen ihn wählen?

Und wär ich im Recht, ich könnte nichts entgegnen, um Gnade müsste ich bei meinem Richter flehen.

Wollte ich rufen, würde er mir Antwort geben? Ich glaube nicht, dass er auf meine Stimme hört. Er, der im Sturm mich niedertritt, ohne Grund meine Wunden mehrt, er lässt mich nicht zu Atem kommen, er sättigt mich mit Bitternis.

Geht es um Kraft, er ist der Starke, geht es um Recht, wer lädt mich vor?

Wär ich im Recht, mein eigener Mund spräche mich schuldig, wäre ich gerade, er machte mich krumm.

Ijob 9,14–20

Der Streit
Ijob stritt mit seinen Freunden Elifas, Bildad und Zofar über den Grund seines Leidens. Sie glaubten, Leid sei das Ergebnis schlechten Verhaltens, doch Ijob widersprach.

Kapitel 12–14: Kommentar

Am Ende der ersten Diskussionen braust Ijob auf, beteuert erneut seine Unschuld und sagt, Gott sei ein allmächtiger Tyrann. Dennoch sucht er Zuflucht in Gott. Er weiß, dass es nach dem Tod keine Rückkehr ins Leben gibt, und dennoch würde er Tag für Tag auf Erlösung und Gottes Ruf warten (14,13–14).

Eure Merksätze sind Sprüche aus Staub, eure Schilde Schilde aus Lehm.
Schweigt vor mir, damit ich reden kann. Dann komme auf mich, was mag.
Meinen Leib nehme ich zwischen die Zähne, in meine Hand leg' ich mein Leben.
Er mag mich töten, ich harre auf ihn; doch meine Wege verteidige ich vor ihm.

Ijob 13,12–15

Du brichst sogar die Gottesfurcht, zerstörst das Besinnen vor Gott.

Ijob 15,4

Ähnliches habe ich schon viel gehört; leidige Tröster seid ihr alle.
Sind nun zu Ende die windigen Worte, oder was sonst reizt dich zum Widerspruch?
Auch ich könnte reden wie ihr, wenn ihr an meiner Stelle wäret, schöne Worte über euch machen und meinen Kopf über euch schütteln.
Ich könnte euch stärken mit meinem Mund, nicht sparen das Beileid meiner Lippen.

Ijob 16,2–5

5 | 18

Ijob antwortet: Zofar, du weißt wirklich alles. Es ist leicht zu urteilen, wenn man nicht leidet. Gott kann tun, was er will, und die Menschen können nichts dagegen tun.

Kapitel 12

5 | 18

Ijob fährt fort: Ich weiß auch, was du weißt. Aber ich bin unschuldig. Könnte ich vor Gott stehen, würde ich es beweisen.

Kapitel 13

5 | 18

Ijob fährt fort: Das Leben ist kurz und voller Mühsal. Warum tut Gott mir das an, wo ich doch bald sterben werde?

Kapitel 14

5 | 18

Elifas antwortet: Ijob, du täuschst dich. Gott vernichtet die Bösen. Ihr Reichtum ist kurzlebig. Hättest du recht und könnten die Guten leiden, warum soll man dann gut sein?

Kapitel 15

5 | 18

Ijob antwortet: Du tröstest mich keineswegs. Du lässt mich nur noch elender fühlen. Ich bin unschuldig, habe alles verloren. Und du verschlimmerst nur mein Elend.

Kapitel 16

5 | 18

Ijob weiterhin: Ich bin vernichtet, mein Leben ist ruiniert, nur das Grab wartet auf mich.

Kapitel 17

5 | 18

Bildad antwortet: Ijob, du weißt nicht, was du sagst. Nur die Bösen, nur die, die Gott nicht kennen, leiden schrecklich.

Kapitel 18

5 18

Kapitel 19

Ijob antwortet: Warum vermehrst du mein Elend? Selbst wenn ich Böses getan hätte, was geht es dich an? Doch Gott hat mich ohne Grund schlecht behandelt.

5 18

Kapitel 20

Zofar erwidert: Auch wenn es dem Bösen eine Weile gut gehen wird, wird Gott ihn am Ende erreichen und ihn strafen, wie er es verdient. Er wird schrecklich leiden.

5 18

Kapitel 21

Ijob antwortet: Warum beachtest du nicht das, was ich sage und was mir zugestoßen ist? Guten Menschen kann Böses geschehen, Gutes den bösen Menschen. Gott tut, was er will.

5 18

Kapitel 22

Elifas erwidert: Glaubst du wirklich, Gott bestraft dich, weil du gut bist? Gott ist gerecht, du nicht. Also bereue, und er wird dir vergeben und deinen Wohlstand erneuern.

5 18

Kapitel 23

Ijob wünscht, er könnte seine Unschuld darlegen. Doch er kann nicht mit Gott streiten oder Gottes Taten gegen sich verhindern.

5 18

Kapitel 24

Ijob wünscht, es wäre, wie seine Freunde sagen: dass die Bösen durch Gott bestraft würden, wenn sie sich schlecht verhalten. Doch in der Realität gibt es nicht immer Gerechtigkeit.

5 18

Kapitel 25

Bildad erwidert: Gott ist mächtig, die Menschen sind schwach und böse.

5 18

Kapitel 26

Ijob erwidert: Du hast nichts getan, um mir zu helfen, oder dafür, dass es mir besser geht.

Kapitel 19: Kommentar

Ijob scheint am Ende gebrochen zu sein; er bittet seine Freunde um Mitleid. Es folgt die stärkste Bekräftigung seiner Hoffnung: Auch wenn er die Idee des Lebens nach dem Tod noch nicht kennt, ist er überzeugt, dass er gerechtfertigt wird. Im israelitischen Gesetz ist „Erlöser" ein Familienmitglied, das anderen Mitgliedern helfen wird.

Dass doch meine Worte geschrieben würden, in einer Inschrift eingegraben mit eisernem Griffel und mit Blei, für immer gehauen in den Fels.
Doch ich, ich weiß: Mein Erlöser lebt, als Letzter erhebt er sich über dem Staub.
Ohne meine Haut, die so zerfetzte, und ohne mein Fleisch werde ich Gott schauen.
Ihn selber werde ich dann für mich schauen; meine Augen werden ihn sehen, nicht mehr fremd. Danach sehnt sich mein Herz in meiner Brust.

Ijob 19,23–27

Darf man Gott Erkenntnis lehren, ihn, der die Erhabenen richtet?
Der eine stirbt in vollem Glück, ist ganz in Frieden, sorgenfrei.
Seine Schenkel sind voll von Fett, getränkt mit Mark sind seine Knochen.
Der andere stirbt mit bitterer Seele und hat kein Glück genossen. Zusammen liegen sie im Staub und Gewürm deckt beide zu.

Ijob 21,22–26

Kapitel 23: Kommentar

In seiner Verzweiflung fordert Ijob Gott zu einem Rechtsstreit heraus, obwohl er weiß, dass er nicht gewinnen kann.

So wahr Gott lebt, der mir mein Recht entzog, der Allmächtige, der meine Seele quälte:
Solange noch Atem in mir ist und Gottes Hauch in meiner Nase, soll Unrecht nicht von meinen Lippen kommen, noch meine Zunge Falsches reden.
Fern sei es mir, euch recht zu geben, ich gebe, bis ich sterbe, meine Unschuld nicht preis.
An meinem Rechtsein halt' ich fest und lass' es nicht; mein Herz schilt keinen meiner Tage.

Ijob 27,2–6

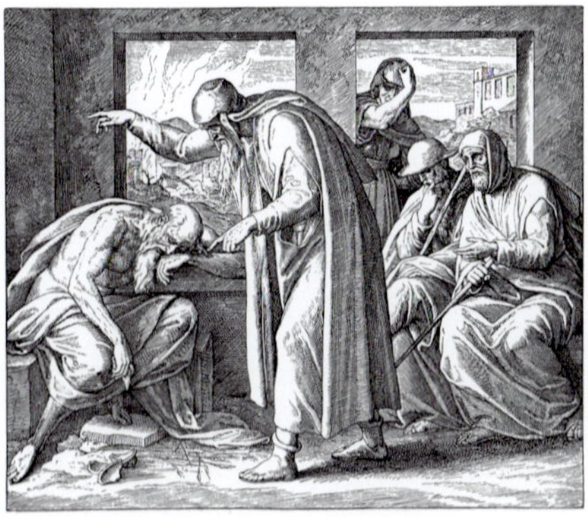

Ijobs Klage
Ijob beklagt sich bei Gott und seinen Freunden darüber, wie schlecht sie ihn behandeln.

5 | 18

Ijob weiterhin: Gott hat mich schlecht behandelt. Warum wiederholst du ständig Binsenweisheiten darüber, wie Gott die Bösen leiden lässt?

Kapitel 27

Kapitel 28: Kommentar

Dieses großartige Gedicht hat drei Strophen, getrennt durch den Refrain der Verse 12 und 20. 1. Strophe: menschlicher Scharfsinn; 2. Strophe: Erhabenheit wahrer Weisheit; 3. Strophe: göttlicher Ursprung der Weisheit, die die „Gottesfurcht" ist.

5 | 18

Ein Gedicht zum Lob der Weisheit. Wo kann man Weisheit finden?

Kapitel 28

Die Weisheit aber, wo ist sie zu finden, und wo ist der Ort der Einsicht?
Kein Mensch kennt die Schicht, in der sie liegt; sie findet sich nicht in der Lebenden Land.

Ijob 28,12–13

Kapitel 29–31: Kommentar

Ijob beendet seine Verteidigung, indem er sein früheres Glück mit dem gegenwärtigen Elend vergleicht und lautstark seine Unschuld beteuert.

5 | 18

Ijob weiterhin: Ich wünschte, mein Leben wäre wie früher, als ich noch glücklich und wohlhabend war und die Menschen mich respektierten.

Kapitel 29

5 | 18

Ijob weiterhin: Stattdessen ist mein Leben elend – und dumme, unbedeutende Leute beschimpfen mich.

Kapitel 30

5 | 18

Ijob weiterhin: Ich war ein guter Mensch und habe nicht verdient, dass mir derart Schlechtes widerfährt. Wäre ich böse gewesen, dann wäre es verständlich.

Kapitel 31

Kapitel 32–37: Kommentar

Unvermittelt taucht Elihu auf und verschwindet wieder. Nur er hat einen jüdischen Namen („Er ist mein Gott") und jüdische Vorfahren. Er nutzt einen anderen Sprachstil und anderes Vokabular. Seine Lösung nimmt die letzten Reden Gottes vorweg. Möglicherweise sind diese Kapitel später eingefügt worden, um die Dialoge näher an die orthodoxe Theologie heranzurücken.

5 | 18

Ijobs Freunde nehmen Abstand. Elihu, ein junger Mann, der dem Gespräch zwischen Ijob und seinen Freunden zugehört hat, findet, dass er etwas zu sagen hat.

Kapitel 32

Ende des Leids
Ijob dankte Gott für die Wiederkehr seiner Gesundheit, für eine neue Familie und erneuerten Reichtum.

5 | 18

Kapitel 33

Elihu behauptet, aufrecht und weise zu sein. Ijob irre, wenn er meine, unschuldig zu sein und ungerechterweise zu leiden. Gott lässt die Menschen nur leiden, damit sie bereuen.

5 | 18

Kapitel 34

Elihu weiterhin: Gott vergilt den Menschen, was sie tun. Er bestraft die Bösen. Also ist Ijob ein Sünder und Rebell.

5 | 18

Kapitel 35

Elihu weiterhin: Gott bleibt bei Menschensünde ungerührt und hat nie auf Klagen der Bedrückten reagiert. Warum also soll er auf deine wertlosen Anschuldigungen antworten?

Dort schreien sie und doch antwortet er nicht wegen des Übermuts der Bösen.
Wahrhaftig umsonst, Gott hört es nicht und der Allmächtige sieht es nicht an. Gar wenn du sagst, du sähest ihn nicht – das Gericht steht bei ihm, du aber harre auf ihn!
Jetzt aber, da sein Zorn nicht straft und er nicht groß des Frevels achtet.

Ijob 35,12–15

5 | 18

Kapitel 36

Elihu weiterhin: Gott hilft den Gerechten und straft die Bösen, damit sie sich erneut Gott zuwenden. Gott tut, was er will; wir können nicht sagen, dass er sich irrt.

5 | 18

Kapitel 37

Elihu weiterhin: Gott ist jenseits unseres Verständnisses und tut nur, was recht ist. In all seinem Handeln ist er gerecht.

5 | 18

Kapitel 38

Gott antwortet Ijob aus dem Sturm: Du weißt ja gar nicht, was passiert. Hier sind ein paar Fragen: Verstehst du, wie ich das Universum schuf? Begreifst du dessen Gesetze?

Kapitel 38–39: **Kommentar**

Unvermittelt tritt das Drama in den Bereich der israelitischen Offenbarung ein, denn Gott wird als „der HERR“ bezeichnet, der sich im Sturm zeigt, dem Standardmittel der israelitischen Offenbarung. Diese Offenbarung enthält keine Antworten auf Ijobs Fragen, geht aber über sie hinaus und zeigt, dass menschliche Weisheit das Leid genauso wenig erklären kann wie die Entstehung der Welt. Göttliche Weisheit und Macht sind überwältigend und jenseits menschlichen Begreifens. Ijob schweigt überwältigt (40,4–5).

Willst du wirklich mein Recht zerbrechen, mich schuldig sprechen, damit du recht behältst?

Hast du denn einen Arm wie Gott, dröhnst du wie er mit Donnerstimme?

So schmücke dich mit Hoheit und mit Majestät und kleide dich in Prunk und Pracht! Lass die Fluten deines Zornes sich ergießen, schau an jeden Stolzen, demütige ihn! Schau an jeden Stolzen, zwing ihn nieder! Zertritt die Frevler auf der Stelle! Verbirg sie insgesamt im Staub, schließ sie leibhaftig im Erdinnern ein!

Dann werde auch ich dich preisen, weil deine Rechte den Sieg dir verschaffte.

Ijob 40,8–14

Kapitel 40–41: Kommentar

Im Mythos sind Behemot und Leviathan Symbole des umfassend kosmischen Bösen. In dieser lyrischen Darstellung der göttlichen Macht schrumpfen sie zum Nilpferd bzw. Krokodil – Ungeheuer, die kein Mensch beherrschen kann, die für Gott aber Spielzeuge sind. Ijob gesteht wieder seine Ohnmacht ein (42,2–6).

Kapitel 42: Kommentar

Nach der großen Offenbarung göttlicher Macht und Weisheit ist das Ende des Gedichts vielleicht etwas zahm, denn Ijobs Rehabilitierung kann das Problem kaum lösen. Wie andere große Gestalten der Bibel, Abraham und Mose, wird Ijob zum Fürsprecher seiner Freunde. Sein Reichtum ist so groß, dass selbst seine Töchter Erbrechte erhalten.

Als der Herr diese Worte zu Ijob gesprochen hatte, sagte der Herr zu Elifas von Teman: Mein Zorn ist entbrannt gegen dich und deine beiden Gefährten; denn ihr habt nicht recht von mir geredet wie mein Knecht Ijob. So nehmt nun sieben Jungstiere und sieben Widder, geht hin zu meinem Knecht Ijob und bringt ein Brandopfer für euch dar! Mein Knecht Ijob aber soll für euch Fürbitte einlegen; nur auf ihn nehme ich Rücksicht, dass ich euch nichts Schlimmeres antue. Denn ihr habt nicht recht von mir geredet wie mein Knecht Ijob.

Ijob 42,7–8

5 | 18

Gott fährt fort: Kannst du mir alles über Steinböcke sagen? Über Esel? Wilde Stiere? Straußenhennen? Pferde? Falken?

Kapitel 39

5 | 18

Gott fährt fort: Kannst du mich korrigieren? Ijob schweigt. Gott fährt fort: Wärest du mächtig wie ich, könntest du dich retten. Wie mächtig bist du also? Beherrschst du den Behemot?

Kapitel 40

Opfer für die Freunde
Ijob opfert für seine Freunde, damit Gott ihnen vergibt. Ihre Behauptungen um Gottes Motive und Handeln waren falsch, und alles, was Ijob gesagt hatte, war richtig.

6 | 19

Gott fährt fort: Kannst du das Ungeheuer Leviathan beherrschen?

Kapitel 41

6 | 19

Ijob antwortet: Ich weiß, du kannst alles und weißt alles, und ich bin machtlos und unwissend. Gott segnet Ijob und sagt seinen Freunden, dass sie geirrt haben. Ijob erbittet Vergebung für sie.

Kapitel 42

Psalmen

Übersicht

Der letzte Bearbeiter des Buchs der Psalmen hat die Psalmen in fünf Abschnitte geteilt, womit er sich vielleicht an der Einteilung des Gesetzes orientierte: Genesis, Exodus, Levitikus, Numeri, Deuteronomium.

I	Buch 1 – 1–41 – Genesis
II	Buch 2 – 42–72 – Exodus
III	Buch 3 – 73–89 – Levitikus
IV	Buch 4 – 90–106 – Numeri
V	Buch 5 – 107–150 – Deuteronomium

Hinweis: Die Nummerierung der Psalmen ist unterschiedlich: Der griechische Psalm 9 ist in der hebräischen Bibel in die Psalmen 9 und 10 unterteilt, was sich bis zu Psalm 148 auswirkt. Im vorliegenden Buch wird die Nummerierung der Einheitsübersetzung verwendet, die der hebräischen Zählung entspricht.

Der Psalter ist das Buch der Poesie, der Gebete und des Gotteslobs Israels, obgleich er nicht die einzigen Gebete in der Bibel beinhaltet. Die Psalmen drücken die Stimmungen Israels in seiner Begegnung mit Gott aus: Freude, Trauer, Vertrauen und Verzweiflung. König David zugeschrieben, stammen sie tatsächlich aber aus sämtlichen Epochen der Geschichte Israels. Manche alten kanaanitischen Gebete preisen jetzt Israels Gott, manche Gebete stammen aus dem Königtum Jerusalems. Es gibt Klagen aus der Zeit des Babylonischen Exils und Weisheitsgedichte aus der nachexilischen Zeit. Die christliche Tradition geht davon aus, dass Christus selbst sie gebetet und übernommen hat, und sieht Christus als Beter der Psalmen. Hebräische Poesie reimt sich nicht und hat keinen festen Rhythmus. Der poetische Rhythmus entsteht durch die Ausgewogenheit der ausgedrückten Ideen, durch das Stilmittel der Parallelität. Dieser Parallelismus erscheint im Wesentlichen in dreierlei Gestalt: synonymisch (zwei Zeilen wiederholen dieselbe Idee: „Denn er hat ihn auf Meere gegründet, / ihn über Strömen befestigt", 24,2); antithetisch (Ausgewogenheit von positiv und negativ: „Steh ab vom Zorn und lass den Grimm; / erhitze dich nicht, es führt nur zu

Die Psalmen sind Gebete der Freude, des Leids, des Lobs und der Reue, der Feier und der Reflexion – ein Gebet für jede Gelegenheit. Manche sind voller Freude und Hochgefühl, andere geben der Niedergeschlagenheit und Sorge Ausdruck. Jeder Psalm wird hier einer Kategorie zugeordnet, wie über jeder Zusammenfassung zu sehen ist.

Buch I (Psalmen 1–41)

Weisheitspsalmen

Psalm 1

Die Gerechten, die Gottes Gesetz gehorchen, sind gesegnet, im Gegensatz zu den Bösen.

Psalm 1: Kommentar

Zu Beginn geht es um den Kontrast zwischen der Freude der Gerechten und dem Elend der Bösen, was durch einen bewässerten Baum bzw. verwehende Spreu illustriert wird.

Die hebräische Dichtung zeigt eher *ein* Individuum und *eine* Idee als drei einzelne. Die Bezeichnungen „Rat der Frevler", „Weg der Sünder", „Kreis der Spötter" sind Parallelismen oder Synonyme, die meinen: „die, die sich schlecht verhalten".

Bösem", 37,8); synthetisch (einer Idee folgt die klare Aussage: „Ihr Tore, hebt euch nach oben, / hebt euch, ihr uralten Pforten", 24,9). Psalm 32 ist ein gutes Beispiel für einen solchen Parallelismus.

Die beste Entsprechung für den Reim in diesen Gedichten ist der Gebrauch von Akrostichen – Zeilen, Verse oder Gruppen von Versen beginnen der Reihe nach mit den Buchstaben des Alphabets, was kaum in der Übersetzung wiederzugeben ist. Das klarste Beispiel hierfür ist Psalm 119, wo Gruppen von acht Versen mit je einem Buchstaben anfangen.

Die Anordnung des Psalters ist eher willkürlich. Wir wissen nicht, wie die Psalmen gesammelt, aufbewahrt oder im Kult verwendet wurden. Manche Psalmen haben deutlich öffentlichen Charakter, andere sind intime, private Gebete. Manche haben einen Refrain oder Choral, andere legen Instrumentale Begleitung nahe. Dem Schluss eines jeden Buchs ist ein Gotteslob angehängt (Ps. 40, 71, 88, 105), was sich bis zum großen Lobgesang der abschließenden Psalmen 148–150 steigert. An den Nahtstellen zwischen den Büchern ist oft ein davidischer oder messianischer Psalm eingefügt.

Illuminierte Handschrift
Eine handgeschriebene Seite des 1. Psalms aus dem 14. Jahrhundert. Sie zeigt König David, überliefert als Verfasser vieler Psalmen, beim Harfenspiel.

Psalm 2: Kommentar

Ein Krönungslied, das die Rebellionen verhöhnt, die oft auftraten, wenn ein neuer König an die Macht kam. Der König wird als Gottes Sohn angenommen. Dieser Psalm wird mehrfach im Neuen Testament zitiert, mit Bezug auf Jesus als Gottes Sohn.

Königspsalmen für einen König aus dem Haus David

Wenn die Völker sich gegen Gott und seinen gesalbten König erheben, wird Gott sie zurechtweisen. Sie wären weise, sich Gott und seinem berufenen König zu unterwerfen.

Psalm 2

Psalm 3: Kommentar

Ein Morgengebet des Vertrauens auf Gott, trotz Verfolgung.

Psalmen der Zuversicht

Ich habe viele Feinde, glaube aber, dass Gott mich schützen wird. Gott, vernichte meine Feinde und schütze mich.

Psalm 3

Psalmen der Zuversicht

Psalm 4

Ich leide. Bitte, Gott, mildere meine Bedrängnis und gib mir wieder Freude. Ich bin kein Götzendiener. Ich weiß, nur du kannst mir helfen, Gott.

Psalm 4: Kommentar

Ein ruhiges Abendgebet mit Dank für Bewahrung.

Psalmen der Zuversicht

Psalm 5

Gott, ich brauche deine Hilfe; rette mich vor meinen Feinden. Ich weiß, du wirst die Bösen verurteilen und die Gerechten schützen, weil du gerecht bist.

Psalm 5: Kommentar

Ein morgendliches Gebet des Vertrauens, das die Freude derjenigen, die Gott schützt, dem Geschick der Übeltäter gegenüberstellt.

Individuelle Klagen

Psalm 6

Gott, erbarme dich. Ich bin voller Pein. Wann wirst du mich befreien und mich vor meinen Feinden retten? Ich weiß, du hast mein Gebet erhört und wirst darauf antworten.

Psalm 6: Kommentar

Trauer wegen Sünde, Bitte um Vergebung. Vers 6, „Scheol", hebräisches Wort für das Reich der Toten, wo die Toten eine elende, machtlose Existenz führen, in der sie unfähig sind, Gott zu loben.

Psalmen der Zuversicht

Psalm 7

Ich vertraue dir, Gott. Bin ich schuldig, soll ich bestraft werden. Wenn nicht, dann strafe meine Feinde. Ich weiß, du bist gerecht und wirst meine Feinde strafen, daher lobe ich dich.

Psalm 7: Kommentar

Eine Beteuerung der Unschuld und des Vertrauens in göttlichen Schutz vor Feinden.

Lobeshymnen: Gott in der Natur

Psalm 8

Gott, verglichen mit dir und dem Universum, das du gemacht hast, sind die Menschen unbedeutend. Doch sorgst du für uns und hast uns zu Herrschern über das Universum gemacht. Du bist wunderbar.

Psalm 8: Kommentar

Lob für den Schöpfer, der die Menschen zur Krone der Schöpfung machte, nur wenig geringer als Engel, höher als alle Tiere zu Land, Wasser und in der Luft, gekrönt mit Ruhm und Ehre, fähig, den Schöpfer zu loben. In den Psalmen ist die Haltung zur Schöpfung immer eine des Lobs und des Staunens darüber, dass Gott alles am Leben erhält.

Psalmen der Zuversicht

Psalm 9

Lob Gottes für alles, was er getan hat, und für seine Gerechtigkeit. Richte weiterhin meine Feinde und alle, die sich dir widersetzen.

Psalm 9: Kommentar

Lob Gottes als Streiter für die Armen und Bedürftigen. Der Psalmist frohlockt, vertraut auf Gottes Schutz gegen unterdrückerische Völker. In der griechischen Version geht dieser Psalm direkt in Psalm 10 über (was die Nummerierung bis Psalm 148 verändert). Das Akrostichon geht durch beide Psalmen, doch die Sichtweise von Psalm 9 ist umfassender, während Psalm 10 individueller ist.

Psalmen der Zuversicht

Psalm 10

Warum hast du gezögert, uns vor unseren bösen Feinden zu erretten? Sieh, wie böse sie sind! Bitte gehe gegen sie vor. Wir wissen, du sorgst dich um die, die leiden.

Psalm 10: Kommentar

Lob Gottes als Streiter für die Armen und Bedürftigen. Der Psalmist beschreibt das Ansinnen der Bösen, bekräftigt das Vertrauen in Gottes Schutz.

Psalmen der Zuversicht

Psalm 11

Da ich doch Zuflucht finde beim HERRN, warum sagst du mir, ich solle fliehen? Der HERR wird sich um die Gerechten sorgen und die Bösen vernichten, denn er ist gerecht.

Psalm 11: Kommentar

Im Himmel thronend richtet Gott sein Auge auf die Welt und schützt seine ergebenen Freunde vor den Pfeilen der Bösen.

Psalm 12: Kommentar

Vertrauen in den Schutz des HERRN, der so treu zu seinen Verheißungen steht wie Silber, das im Ofen geläutert wurde; gegen die verlogenen Zungen der Bösen.

Psalmen der Zuversicht

HERR, hilf uns, weil wir keinem anderen vertrauen können. Die Armen leiden. Doch was Gott sagt, ist vertrauenswürdig. Gott wird sich um uns sorgen und uns vor den Bösen schützen.

Psalm 12

Psalm 13: Kommentar

Ein kleines Lied der Zuversicht; vierfaches „Wie lange noch", dreifache Bitte, dreifaches Vertrauen, Frohlocken, Singen.

Psalmen der Zuversicht

Wie lange noch muss ich elend bleiben, Gott? Bitte antworte mir und rette mich. Ich vertraue deiner unfehlbaren Liebe, frohlocke durch dein Heil und lobsinge dir.

Psalm 13

Psalm 14: Kommentar

Die Torheit, Gottes Existenz zu verleugnen, da Gott über die wacht, die ihn suchen. Dieser Psalm muss besonders populär gewesen sein, denn er kehrt fast gleichlautend in Psalm 53 wieder.

Psalmen der Zuversicht

Nur Toren glauben nicht an Gott. Jedermann ist böse, doch Gott wird die Gerechten schützen. Wir werden frohlocken, wenn der HERR sein Volk Israel errettet.

Psalm 14

Der Schöpfer ist für die Menschen da
Der Psalmist fragt, wie der Gott, der Sonne, Mond und Sterne machte, sich für die Menschen interessieren konnte, die im riesigen Universum so unbedeutend scheinen.

Weisheitspsalmen

Psalm 15

Wer wird bei Gott leben? Die, die recht tun, die Wahrheit sprechen, Übeltäter verabscheuen, ihr Versprechen halten, Bestechung ablehnen und den Armen ohne Zinsen geben.

Psalm 15: Kommentar

Ein Weisheitspsalm: die Lauterkeit und Treue, die man zum Eintritt in Gottes Haus braucht. Ein anspruchsvolles Programm für das tugendhafte Leben wird hier umrissen.

Psalmen der Zuversicht

Psalm 16

Schütze mich, Gott. Du hast mir alles gegeben, was in meinem Leben gut ist. Danke für deine Gebote und Fürsorge. Du wirst mich vor dem Tod beschützen und mich glücklich machen.

Psalm 16: Kommentar

Der HERR ist mein Anteil und mein Becher. Zu allen Zeiten tröstet er mich. Nie wird er mich Scheol preisgeben.

Psalmen der Zuversicht

Psalm 17

HERR, erhöre mein Gebet und rechtfertige mich. Ich bin kein Lügner und bin deinen Wegen gefolgt. Schütze mich und vernichte meine Feinde, die mich falsch beschuldigen.

Psalm 17: Kommentar

Ein Aufruf zum Vertrauen. Der HERR schützt seine Freunde wie seinen Augapfel gegen die Löwen, die zerfleischen, und die jungen Löwen, die sich im Versteck ducken.

Königspsalmen für einen König aus dem Haus David

Psalm 18

Ich liebe dich, HERR, du bist mein Fels. Danke für die Rettung vor den Feinden. Immer rettest du die Demütigen und Gerechten, weil deine Wege vollkommen und rein sind.

Psalm 18: Kommentar

Der Psalm besteht aus zwei Gedichten, verbunden durch die Verse 20–27, die des Psalmisten Treue bekunden. Das erste Gedicht ist konzentrisch: Jeweils folgende Zeilen nehmen Bezug aufeinander: 1 und 10, 2 und 9, 3 und 8, 4 und 7, 5 und 6. Das zweite Gedicht (Verse 28–50) ist voller Kriegsmetaphorik.

Lobeshymnen: Gott in der Natur, Weisheitspsalmen

Psalm 19

Der Himmel verkündet jedem Gottes Herrlichkeit und Macht. Gottes Gesetz ist vollkommen, gibt uns Leben und schützt uns vor dem falschen Weg.

Psalm 19: Kommentar

Dieser Psalm besteht aus zwei unabhängigen Teilen, die sich in Thema und Metrum unterscheiden; beide preisen Gottes Herrlichkeit. Der erste Teil lobt Gott im Himmel nach Art der babylonischen Sonnenhymnen, der zweite den HERRN im Gesetz.

Königspsalmen für einen König aus dem Haus David

Psalm 20

Gott möge eure Bitten gewähren und dem König den Sieg schenken, der auf Gott statt auf seine eigene Macht vertraut.

Psalm 20: Kommentar

Ein königliches Gebet vor der Schlacht. Manche vertrauen auf Streitwagen oder Pferde, wir aber auf den Namen des HERRN.

Königspsalmen für einen König aus dem Haus David

Psalm 21

Der König frohlockt, weil Gott sein Bitten erhört und ihm den Sieg geschenkt hat. Der König vertraut auf Gott. Gott wird die Feinde des Königs zerstören.

Psalm 21: Kommentar

Ein Königspsalm, vielleicht ein Krönungslied, da es die Krönung erwähnt. Dazu würde auch der Sieg über Feinde passen, denn der Antritt eines neuen Königs war oft Gelegenheit zum Aufruhr.

Individuelle Klagen

Psalm 22

Gott, ich bitte um Hilfe, doch es kommt keine. Alle sind gegen mich. Ich will dich vor allen Menschen loben, wenn du dich um mich sorgst. Das soll andere ermutigen, wenn sie in Not sind.

Psalm 22: Kommentar

Der Psalm spricht vom Diener des HERRN; er vertraut dem HERRN in Verfolgung, Leid und Demütigung. Seine endliche Rechtfertigung bringt Gott Ruhm vor allen Völkern. Auffallend ist die Ähnlichkeit zum Lied des Gottesknechts in Jesaja 53. Dem gekreuzigten Jesus in den Mund gelegt, werden viele Details der Passion in Worten dieses Psalms beschrieben.

Psalm 23: Kommentar

Der HERR als guter Hirte. Es wird nicht nur auf das Gleichnis vom guten Hirten in Johannes 10 angespielt, sondern auch auf die Geschichte der Speisung der Fünftausend am See Gennesaret.

Individueller Dank

Der HERR sorgt für sein Volk und versorgt es mit allem Nötigen, so wie ein Hirte sich um seine Herde sorgt.

Psalm 23

Psalm 24: Kommentar

Die Bedingungen für den Eintritt in den Tempel. Die letzten Verse legen eine uns unbekannte Liturgie nahe, da der HERR den Tempel betritt, vielleicht eine Erinnerung an das Überführen der Bundeslade in den Tempel.

Weisheitspsalmen für die öffentliche Liturgie

Alles gehört Gott, er schuf alles. Der Gerechte kann vor Gott treten und Gottes Segen empfangen. Gott ist stark und mächtig, seid also guten Mutes.

Psalm 24

Psalm 25: Kommentar

Ein zuversichtliches Gebet um Vergebung, ein alphabetischer Psalm. Die Notwendigkeit, das Akrostichon zu bewahren, diktiert vielleicht die etwas unzusammenhängende Anordnung der Ideen.

Psalmen der Zuversicht

Ich vertraue Gott. Lehre mich den rechten Weg. Du, Gott, bist gut. Du leitest mich und vergibst mir, wenn ich Falsches tue. Sorge für mich in meiner Einsamkeit und Bedrängnis.

Psalm 25

Psalm 26: Kommentar

Eine Beteuerung der Unschuld, zugleich aber Bitte um Gottes Erbarmen und Erlösung. Der Psalm ist frei von Selbstgefälligkeit, dank des Wissens des Psalmisten um die Notwendigkeit von Gottes Hilfe, um in Unschuld leben zu können.

Psalmen der Zuversicht

Rechtfertige mich, Gott, weil ich schuldlos bin. Zerstöre mich nicht wie die Blutdürstigen, die Übles ersinnen.

Psalm 26

Psalm 27: Kommentar

Ein inbrünstiges Gebet voller Metaphorik, nahe dem HERRN bleiben zu können, des HERRN Angesicht zu sehen und im Tempel in der Gegenwart des HERRN zu leben.

Psalmen der Zuversicht

Der HERR ist mein Licht und meine Rettung, so habe ich nichts und niemanden zu fürchten. Schütze mich und weise mich nicht ab. Ich weiß, du wirst für mich sorgen, und ich werde deine Güte sehen.

Psalm 27

Psalm 28: Kommentar

Ein Gebet in Bedrohung, das zuversichtlich endet. Der Hauptteil ist die Bitte um Vergeltung, eine Erinnerung daran, dass in der Moral des Alten Testaments die Rache nur auf das Ausmaß des Vergehens begrenzt war. Erst durch die Lehre Jesu wurde sämtliche Rache durch das Gebot der unbegrenzten Vergebung geächtet.

Individuelle Klagen, Psalmen der Zuversicht

HERR, übersieh mich nicht, zeige mir dein Erbarmen. Vergelte den Bösen ihre Untat. Danke, dass du mir hilfst. Voll Freude lobe ich dich.

Psalm 28

Psalm 29: Kommentar

Einer der ältesten Psalmen, mit der Metaphorik von Sturm, Donner und Erdbeben und den Kräften der Natur. All das wird wahrgenommen als Stimme des HERRN (sieben Mal). Der kanaanitische Gott Baal ist bloß eine Gottheit. Dieser Psalm war vielleicht ein Hymnus an Baal, dessen Bilderwelt auf das Lob des Gottes Israels übertragen wurde.

Lobeshymnen: Gott in der Natur

Bringt dem HERRN Ruhm und Macht dar, der die Welt mit Donner und Sturm erschüttert, über alles herrscht und sein Volk mit Frieden segnet.

Psalm 29

Psalm 30: Kommentar

Ein individuelles Dankeslied für die Befreiung aus Lebensgefahr.

Individueller Dank

Danke, HERR dass du mich vor den Feinden errettet hast, als ich am Tiefpunkt war. Ich rief nach Gnade, und du schenktest sie mir, meine Trauer wurde in Tanz verwandelt.

Psalm 30

Individueller Dank

Psalm 31

HERR, ich nahm Zuflucht bei dir. Ich bin in Bedrängnis, verzehrt von Angst. Hab Erbarmen mit mir. Ich vertraue auf dich. Du bist gut, ein Schutz für alle. Wir alle können dir vertrauen und dich loben.

Individueller Dank

Psalm 32

Wem vergeben wird, der ist gesegnet. Ich war elend, bis ich dir meine Sünden berichtete, du vergabst mir. Du wirst mich in meiner Not beschützen, ich kann dir lobsingen.

Lobeshymnen: Gott in der Natur

Psalm 33

Sing freudig dem HERRN! Sein Wort ist treu und wahr, er schuf das Universum, und niemand kann seine Pläne durchkreuzen. Der HERR sorgt sich um die Seinen, nur der HERR kann uns helfen.

Weisheitspsalmen

Psalm 34

Als ich den HERRN suchte, befreite er mich von aller Furcht. Kostet und seht, dass der HERR gütig ist und auf die Gerechten hört. Mögen sie auch Nöte haben, doch der HERR wird sie erretten.

Psalm 31: Kommentar

Dieser Psalm, ein Gebet um Befreiung, ist durch die wiederholte Anrufung von Gottes „unerschütterlicher Liebe" gekennzeichnet, dieser niemals endenden Familienliebe, Basis für Gottes Beziehung zu seinem Volk. Der Psalm hat eine ausgewogene Struktur:
1–5 Zuversichtliches Gebet um Hilfe.
6–8 Erklärung des Vertrauens auf den HERRN.
9–13 Klage.
14–15 Erklärung des Vertrauens auf den HERRN.
16–18 Zuversichtliches Gebet um Befreiung.
Es folgt der Dank für die Befreiung (19–24).

Herr, sei mir gnädig, denn mir ist angst;
vor Gram zerfallen mir Auge, Seele und Leib.
In Kummer schwindet mein Leben dahin, meine Jahre verrinnen im Seufzen.
Meine Kraft ist ermattet im Elend,
meine Glieder sind zerfallen.
Zum Spott geworden bin ich all meinen Feinden, ein Hohn den Nachbarn, ein Schrecken den Freunden; wer mich auf der Straße sieht, der flieht vor mir.
Ich bin dem Gedächtnis entschwunden wie ein Toter, bin geworden wie ein zerbrochenes Gefäß.
Ich höre das Zischeln der Menge – Grauen ringsum.
Sie tun sich gegen mich zusammen; sie sinnen darauf, mir das Leben zu rauben.

Psalmen 31,9–13

Psalm 32: Kommentar

Ein Freudenruf angesichts der Vergebung durch Gott.

Psalm 33: Kommentar

Ein freudiges Dankeslied für Gottes umfassende Sorge um die Schöpfung. Gott schuf durch sein Wort und leitet die Schöpfung in allem. Auch dieser Psalm ist ein Lob auf die „unerschütterliche Liebe" des HERRN, eingefasst von den Gedanken in Vers 5 und 22. Zu bemerken ist auch das nachexilische Bewusstsein um Gottes Erlösungsplan für alle Völker.

Psalm 34: Kommentar

Ein akrostischer Psalm in der Weisheitstradition. Jedes Zeilenpaar beginnt mit den Buchstaben des hebräischen Alphabets. Nach der Einladung zum Lob des HERRN gibt es Hinweise zur rechten Lebensführung, die in der Erkenntnis der Gegenwart und Beachtung des HERRN bestehen.

David bittet um Gnade
In Psalm 38 bat David Gott, sein Leid zu mildern, das er als Strafe Gottes für seine Sünden ansah.

Psalm 35: Kommentar

Diese vertrauensvolle Bitte um Hilfe gegen Feinde zerfällt in drei Teile, von denen jeder mit einem Dank für Befreiung endet (Verse 10, 18, 27–28).

Individueller Dank

Psalm 35

HERR, kämpfe gegen die, die gegen mich kämpfen. Wie lange muss ich noch leiden? Ich bin deines Schweigens müde. Ich möchte dich loben und dir für Befreiung danken.

Psalm 36: Kommentar

Ein Gebet der Zuversicht: Was auch immer die Übeltäter planen, die unerschütterliche Liebe des HERRN (Verse 6, 7, 10) wird denen helfen, die ihm treu bleiben.

Psalmen der Zuversicht

Psalm 36

Die Bösen fürchten Gott nicht; sie sinnen nur auf Böses. Doch deine Liebe endet nie, die Menschen können Zuflucht bei dir suchen. Schütze mich vor den Bösen. Ich weiß, sie werden vernichtet.

Psalm 37: Kommentar

Ein alphabetischer Weisheitspsalm, der auf der konventionellen Annahme beruht, dass Tugend belohnt wird: „Eine Weile noch und der Frevler ist nicht mehr da" (Vers 10). Diese Moral wird im Buch Ijob infrage gestellt.

Weisheitspsalmen

Psalm 37

Beneide die Bösen nicht. Ihre Zeit ist kurz. Vertraue dem HERRN. Die Gerechten werden vorankommen, die Bösen nicht. Der HERR wird die Gerechten von ihren Sorgen erlösen.

Psalm 38: Kommentar

Ein merkwürdiger, berührender Psalm. Der Psalmist steht vor dem HERRN, seiner Sünden und eiternden Wunden, seines Herzklopfens bewusst, dennoch ein Tauber, der nichts hört. Doch er gesteht seine Sünden und sehnt sich, dem HERRN, seinem Heil, nahe zu sein.

Individuelle Klagen

Psalm 38

Ich bin von meiner Schuld überwältigt. Mein Leib zerfällt, ich leide große Schmerzen. Ich bekenne meine Sünden; verlass mich nicht. Bitte, rette mich.

Psalm 39: Kommentar

Der Psalmist weiß um seine Sünden und um die Unbeständigkeit des Lebens. Noch ist das ewige Leben nicht offenbart worden, doch seine ganze Hoffnung liegt im HERRN, dass er von seinen Sünden erlöst wird und noch einmal froh wird, ehe er für immer geht.

Individuelle Klagen

Psalm 39

Ich wollte schweigen, doch ich konnte nicht. Das Leben ist flüchtig. Nimm deine Geißel von mir. Hör meinen Hilfeschrei. Lass mich das Leben wieder genießen.

Psalm 40: Kommentar

Eine Hymne auf Gottes Befreiung und das Privileg, allen Gottes Treue und Liebe zu verkünden. Die zentralen Verse 6–8 zeigen, dass Gehorsam und ein offenes Ohr mehr bedeuten als bloße Opfer. Im Hebräerbrief 10,5–7 steht „Leib" für „offenes Ohr", was sich auf die Inkarnation und das Opfer Christi bezieht. Die letzten fünf Verse dieses Psalms tauchen auch in Psalm 70 auf.

Individueller Dank

Psalm 40

Geduldig wartete ich, dass der HERR mich erhört und von meinen Sorgen errettet. Als er das tat, erneuerte er meine Freude. Allen werde ich von dir erzählen. Mögen meine Feinde vernichtet werden.

Psalm 41: Kommentar

Ein Gebet der Zuversicht bei Krankheit. Scheinbar treue Freunde erwarten das Schlimmste (Verse 5–10). Für Christen ist Vers 9 bedeutsam, weil Jesus damit auf seine Feinde hinwies. Der Segen am Ende des Psalms beschließt das erste Buch der Psalmen.

Psalmen der Zuversicht

Psalm 41

Der HERR sorgt für die, die den Schwachen helfen. Heile mich, ich habe gesündigt. Meine Feinde sind gegen mich, auch mein treuester Freund. Richte mich wieder auf, damit ich ihnen vergelten kann.

Buch II (Psalmen 42–72)

Psalmen der Zuversicht

Psalm 42

Ich sehne mich nach Gott. Früher betete ich glücklich Gott an. Warum bin ich so traurig? Warum hat Gott mich vergessen? Ich muss auf Gott hoffen. Eines Tages werde ich ihn wieder loben.

Psalmen 42–43: Kommentar

Diese Psalmen waren früher vermutlich ein Psalm, der für liturgische Zwecke getrennt wurde. Die beiden Hälften schließen mit demselben Refrain, beide enthalten die gleiche Klage, 42,10 und 43,2. Der siebenfache Hinweis auf „meine Seele", das tiefste und intimste Element der menschlichen Persönlichkeit, verstärkt das Sehnen danach, Gott nahe zu kommen.

Psalmen der Zuversicht

Psalm 43

Gott, rechtfertige mich. Warum muss ich trauern, vom Feind bedrängt? Warum bin ich so traurig? Wenn du mich rettest, will ich dich loben. Warum bin ich so traurig? Ich sollte auf Gott vertrauen.

Gemeinschaftliche Klagen

Psalm 44

Gott, wir denken daran, wie du unsere Vorfahren aus Ägypten ins Gelobte Land führtest. Doch nun haben unsere Feinde gesiegt. Warum tust du nichts? Das verdienen wir nicht.

Psalm 44: Kommentar

Ein Gebet um Erlösung vom Unglück, das Gottes früheren Schutz (Verse 1–8) der derzeit erduldeten Verfolgung scharf gegenüberstellt (Verse 9–25). Die Treuebekundungen zum Bund bedeuten, dass die Verfolgung der Makkabäerzeit gemeint ist, denn das Babylonische Exil wurde als Strafe für Untreue angesehen. Was ist aus der unverbrüchlichen Liebe des HERRN geworden?

Königspsalmen für einen König aus dem Haus David

Psalm 45

Der König ist der herrlichste und erhabenste der Menschen. Lass ihn durch deine Schönheit verzaubert sein, du bist seine Prinzessin. Genieße dein neues Haus. Deine Söhne werden Prinzen.

Psalm 45: Kommentar

Ein königliches Hochzeitslied, in dem die militärische Macht des Königs und die Schönheit seiner Braut gepriesen werden – doch kaum ein Wort über Gott. Nach dem Ende des israelitischen Königtums muss dieser Psalm seinen Platz im Psalter behalten haben, aufgrund der messianischen Bedeutung des Königtums und der Verheißung der weltweiten Herrschaft für alle Generationen.

Lobeshymnen: Gott in Zion

Psalm 46

Gott ist unsere Zuflucht, wenn wir in Nöte geraten. Siehe, was der HERR für uns getan hat: Er hat Frieden gebracht. Also beruhige dich. Der HERR ist mit uns. Er ist unsere Burg.

Psalm 46: Kommentar

Ein Hymnus in drei Teilen, der zweite und dritte enden mit demselben Refrain. Der Psalm feiert den Frieden, der der Quelle des Gihon in Jerusalem entspringt, dem Symbol von Gottes Gegenwart an seinem heiligen Aufenthaltsort. Die erste Strophe beschreibt den Aufruhr in der Natur, die dritte den Aufruhr im Krieg. Kern des Psalms ist die zweite Strophe, der Frieden in Jerusalem.

Lobeshymnen: Gott in Zion

Psalm 47

Klatscht in die Hände und jauchzt Gott zu mit lautem Jubel. Gott hat alle Völker unterworfen. Die Könige der Erde gehören Gott. Gott ist der König der ganzen Welt.

Psalm 47: Kommentar

Der erste von mehreren Psalmen, die das Königtum des HERRN feiern. Die Eroberung von Kanaan wird zum Symbol für Gottes Königtum über alle Völker in diesem lauten Festpsalm mit Händeklatschen, Gesang und Trompeten.

Lobeshymnen: Gott in Zion

Psalm 48

Jerusalem ist schön, der Ort, wo Gott seinen Tempel hat. Gott bewacht ihn und wird uns für immer führen.

Psalm 48: Kommentar

Als David die Bundeslade nach Jerusalem brachte, wurde der Berg Zion durch die Gegenwart Gottes von einem Hügel zu einem wunderbaren Berg und zur Freude der ganzen Erde. Ausgehend von dieser allumfassenden Präsenz herrscht das Recht Gottes in aller Welt. Vers 8: Tarschisch ist ein Name von unklarer Bedeutung. Man hat es für Tarsus oder Tartessos gehalten, gemeint ist vielleicht „ein weit entfernter Ort". Salomo kaufte Elfenbein, Affen und Pfauen aus Tarschisch – Produkte aus Indien. „Schiffe von Tarschisch" bedeuten vielleicht starke, hochseetaugliche Schiffe.

Psalm 49: Kommentar

Ein Weisheitsgedicht über die Gewissheit des Todes für Arme wie für Reiche. Niemand kann sich freikaufen, doch Gott wird den Psalmisten vom Tod erlösen. Die Lehre der Auferstehung von den Toten war noch nicht formuliert, doch es gibt schon eine Ahnung, dass die Liebe Gottes keine Trennung zulässt.

Weisheitspsalmen

Warum von Problemen geplagt sein? Warum auf Geld vertrauen? Der Tod kommt zu allen. Auf dich selbst oder auf Geld zu vertrauen ist töricht. Gott allein kann dich vom Tod erlösen.

Psalm 49

Doch Gott wird mich loskaufen aus dem Reich des Todes, ja, er nimmt mich auf. [Sela]
Lass dich nicht beirren, wenn einer reich wird
und die Pracht seines Hauses sich mehrt;
denn im Tod nimmt er das alles nicht mit,
seine Pracht steigt nicht mit ihm hinab.
Preist er sich im Leben auch glücklich
und sagt zu sich: „Man lobt dich, weil du dir's wohl sein lässt",
so muss er doch zur Schar seiner Väter hinab,
die das Licht nie mehr erblicken.
Der Mensch in Pracht, doch ohne Einsicht,
er gleicht dem Vieh, das verstummt.

Psalmen 49,15–20

David gesteht seine Schuld
Der Prophet Natan hielt David den Ehebruch mit Batseba vor. David gestand seine Sünde und bat in Psalm 51 um Vergebung.

Psalm 50: Kommentar

Dieser Psalm verkündet das Gericht Gottes über vergebliche und leere Opfer. Seit frühester Zeit sprachen die Propheten von der Vergeblichkeit offizieller, aber seelenloser Liturgie. Gott verkündet hier, wie sinnlos alles ist ohne Treue zu den Erfordernissen des Bundes.

Prophetische Ermahnungen

Gott spricht: „Mir gehören alle Tiere, also brauche ich eure Opfer nicht. Dankt mir, und ich erlöse euch. Ihr Bösen habt kein Recht, meine Gebote wiederzugeben, weil ihr sie nicht haltet."

Psalm 50

Psalm 51: Kommentar

Dieser Ausdruck der Reue wird oft David nach dem Ehebruch mit Batseba und dem Mord an ihrem Mann zugeschrieben. Doch der Wiederaufbau der Stadtmauer von Jerusalem (Vers 20) ist erst nach deren Zerstörung 400 Jahre nach David sinnvoll. Herz und Geist (Vers 12) müssen sich also auf die Prophetie Ezechiels 18,31 beziehen.

Individuelle Klagen

Gott, erbarme dich meiner. Ich habe gegen dich gesündigt. Reinige mich und mach mich rein. Erlöse mich von meiner Schuld. Mein zerknirschter Geist ist das einzige Opfer, das du willst.

Psalm 51

Psalm 52: Kommentar

Zunächst beschreibt der Psalmist den trügerischen Angeber, der den ganzen Tag auf Zerstörung sinnt. Dann etwas Erleichterung durch den Spott der Gerechten. Endlich die Umkehrung: Während der Angeber entwurzelt wird, hat der Psalmist tiefe Wurzeln wie der Olivenbaum. Das langsame Wachstum und die endlose Ergiebigkeit des Olivenbaums sind bekannt, er braucht 30 Jahre bis zur vollständigen Reife und trägt dann jahrhundertelang Früchte.

Weisheitspsalmen

Du bist böse, hinterlistig und prahlerisch. Du bist eine Schande, Gott wird dich vernichten. Du vertrautest deinem Reichtum anstatt Gott. Doch ich vertraue auf Gott und werde ihn immer preisen.

Psalm 52

Psalmen der Zuversicht

Psalm 53

Nur Toren glauben nicht an Gott. Alle sind böse, doch Gott wird die Gerechten schützen. Wir werden frohlocken, wenn der HERR sein Volk Israel errettet.

Psalm 53: Kommentar

Dieser Psalm ist fast identisch mit Psalm 14. Nur der göttliche Name ist anders.

Individueller Dank

Psalm 54

Errette mich, Gott. Die, die Gott nicht achten, greifen mich an. Dankbar werde ich opfern, wenn du mich von meinen Nöten befreist und ich triumphierend auf meine Feinde blicke.

Psalm 54: Kommentar

Ein liebliches Gedicht um göttlichen Schutz. Der Feindschaft der Gegner wird Gottes Fürsorge gegenübergestellt:
Vers 3 – Errette mich durch deinen Namen.
Vers 5 – Die Frechen sind gegen mich.
Vers 5 – Sie trachten nach meinem Leben.
Vers 5 – Sie haben Gott nicht vor Augen.
Vers 6 – Gott ist mein Helfer.
Vers 6 – Beschützer meines Lebens.
Vers 7 – Meine Gegner.
Vers 8 – Ich lobe deinen Namen.

Individuelle Klagen

Psalm 55

Gott, bitte antworte auf mein Gebet. Mir ist angst. Ich will mich verstecken und fortlaufen. Einer, der mein Freund war, ist nun mein Feind. Vernichte meine Feinde. Ich vertraue dir, Gott.

Psalm 55: Kommentar

Ein Gebet um Rettung vor Verfolgung und Bedrohung. Der Feind ist zum einen ein verräterischer Freund, zum anderen eine Bande, die auf den Stadtmauern umherzieht. In beiden Fällen wäre die Flucht aus Jerusalem in die friedliche Einsamkeit der judäischen Wüste eine willkommene Atempause.

Individuelle Klagen

Psalm 56

Meine Feinde sind hinter mir her. Wenn ich Angst habe, schaue ich auf zu Gott und meine Furcht schwindet. Was können Menschen mir antun, wenn Gott mir beisteht? Ich danke Gott für die Rettung vor dem Tod.

Psalm 56: Kommentar

Eine zuversichtliche Bitte um Hilfe bei Verfolgung, mit dem Refrain: „Ich vertraue auf Gott und fürchte mich nicht. Was können Menschen mir antun?"

Individuelle Klagen

Psalm 57

Hab Erbarmen mit mir, Gott. Ich vertraue darauf, dass du mich rechtfertigst. Meine Feinde sind wie Löwen, sie sind gegen mich. Ich will dich loben, Gott, weil du mächtig bist und mich liebst.

Psalm 57: Kommentar

Ein Gebet um Rettung vor Verfolgung, verbildlicht durch Löwen, Schwerter und Fallen auf dem Weg. Ausweitung ins Kosmische: Im Refrain (Verse 6 und 12) wird Gott über die Wolken und die Himmel erhoben, seine Herrlichkeit ist über der Erde. Sein Lob wird mitten unter den Völkern sein.

Verwünschungen

Psalm 58

Die Mächtigen sind ungerecht und unterdrücken; sie sind böse von Geburt an. Vernichte sie, Gott. Lass sie verschwinden. Die Gerechten werden frohlocken, wenn sie am Ende gerächt werden.

Psalm 58: Kommentar

Ein bitteres Gebet, dass ungerechte Richter vernichtet werden mögen. Nicht nur soll das Leid, das sie anrichten, aufhören, vielmehr sollen die Gerechten über die Niederlage der Ungerechten frohlocken. Dies ist kein christlicher Psalm, er ist durchsetzt mit Rachegefühlen, die Jesus überwinden wollte.

Individuelle Klagen

Psalm 59

Gott, befreie mich von meinen Feinden. Ich bin unschuldig. Wenn du sie strafst, töte sie nicht, sie sollen ihrer Verbrechen gedenken und wissen, dass Gott alles sieht. Ich kann mich auf dich verlassen.

Psalm 59: Kommentar

Ein zuversichtlicher Psalm bei Verfolgung mit zwei Refrains, einer über die Verfolger (Verse 5–6, 14–15), der andere über Zuversicht (9 und 17). Die Verfolger werden als streunende Hunde dargestellt. Statt unnachgiebig um ihre Vernichtung zu bitten, wünscht der Psalmist sie hier als Gegenstand des Spottes, um andere abzuschrecken.

Psalm 60: Kommentar

Nach einer Niederlage, die als Erdbeben beschrieben wird, bittet der Psalmist, Gott möge die nachexilischen Feinde zu den seinen machen. Juda ist sein Herrscherstab, das Gebiet Efraim sein Helm, entlegene Länder sein Waschbecken, die Erde ist unter seinem Schuh bzw. Gegenstand seines Triumphs. Vielleicht ist dies eine Bitte, dass Gott die ganze Erde für sich beanspruche.

Gemeinschaftliche Klagen, gemeinschaftlicher Dank

Du hast uns verworfen, Gott. Doch nun richte uns wieder auf und rette uns vor den Feinden. Sei bei unserem Heer und kämpfe. Bring uns den Sieg gegen die Feinde Israels.

Psalm 60

Psalm 61: Kommentar

Dieses kurze Gebet hat zwei Teile: „Höre mein Flehen" (Verse 2–5), das Gebet eines Verbannten um Rückkehr nach Zion, und „Du hast meine Gelübde gehört" (Verse 6–9), ein Gebet um die endlose Herrschaft des messianischen Königs. Die letzte Bitte um „Huld und Treue" wird erfüllt im Prolog des Johannesevangeliums: „Die Gnade und die Wahrheit kamen durch Jesus Christus."

Psalmen der Zuversicht, Hymnen über Gottes Königsherrschaft

Höre mein Flehen. Du bist meine Zuflucht. Schütze mich. Schütze den König. Immer will ich dich loben und versprechen, meine Schwüre dir gegenüber zu halten.

Psalm 61

Psalm 62: Kommentar

Dieser Psalm hat zwei Teile. Der erste (Verse 2–9) ist ein Bekenntnis des Vertrauens. Er dreht sich um zwei Refrains. Der erste: Gott ist mein Fels und mein Heil. Dagegen kämpfen die Angreifer vergebens, mit wenig Hoffnung auf Erfolg. Der zweite Refrain erneuert die Hoffnung voll Dank und Vertrauen. Der zweite Teil des Psalms (Verse 10–12) ist ein weisheitlicher Ausspruch, der menschliche Stärke göttlicher Macht gegenüberstellt.

Psalmen der Zuversicht, Verwünschungen

Ich kann sicher in Gott ruhen. Er ist ein Fels, der nie wankt. Mein Heil und meine Ehre hängen von Gott ab und ich weiß, dass ich ihm vertrauen kann. Er ist mächtig, seine Liebe wird nie enden.

Psalm 62

Psalm 63: Kommentar

Der Verfasser dieses dritten Psalms der Zuversicht kommt im Heiligtum zur Ruhe, „im Schatten deiner Flügel", wo „deine rechte Hand mich festhält".

Psalmen der Zuversicht

Ernsthaft suche ich Gott, so wie ein Durstiger nach Wasser sucht. Ich weiß, ich kann mich auf dich verlassen, und du wirst meine Feinde überwinden.

Psalm 63

Psalm 64: Kommentar

Der Psalmist betet, dass diejenigen, die Böses planen, sehen, wie sich ihre Pläne so gründlich gegen sie wenden, dass sie ein abschreckendes Beispiel für alle werden.

Verwünschungen

Gott, schütze mich vor den Feinden, die Ungerechtigkeit wollen. Ich weiß, du wirst sie vernichten und ihre bösen Pläne gegen sie wenden. Die Gerechten werden jubeln und sicher in dir ruhen.

Psalm 64

Psalm 65: Kommentar

Ein Frühlingslied, voll Freude über den Segen des Tempels und Gottes Gabe der Schönheit im kurzen Frühling in Judäa.

Lobeshymnen: Gott in der Natur

Gott, die Menschen werden dich in Zion loben, weil du uns vergeben hast und unsere Gebete erhörtest. Du gabst uns, was wir zum Leben brauchen, gabst uns Wasser und Nahrung im Überfluss.

Psalm 65

Psalm 66: Kommentar

Dieses freudige Lied handelt von Vergebung und dem Ende des Babylonischen Exils, dem zweiten Exodus. Der Psalmist gelobt Treue, Opfer und Lobpreis.

Gemeinschaftlicher Dank

Israel soll Gott loben für das, was er für sie getan hat. Ich werde Opfer zum Tempel bringen und meine Schwüre erfüllen. Danke für deine Vergebung und das Erhören meiner Gebete.

Psalm 66

Gemeinschaftlicher Dank

Psalm 67

Gott möge uns geben, was wir nicht verdienen, und die Völker der Welt sollen Gott loben. Gib, was wir brauchen, und segne uns.

Psalm 67: Kommentar

Ein schlichtes kleines Lied mit drei Refrains. Es feiert Gottes Segen für die Erde und ruft alle Menschen auf, Gott zu loben.

Psalmen für die öffentliche Liturgie

Psalm 68

Möge Gott seine Feinde vernichten. Mögen die Gerechten jubeln. Du sorgst für die Machtlosen. Du rettest uns aus unseren Nöten und bringst uns Sieg. Deshalb loben wir dich.

Psalm 68: Kommentar

Ein Siegeshymnus, der poetisch die Prozessionen und Siege in Israels Geschichte feiert. Er beschreibt die Abfolge der Prozession und gipfelt in einem allumfassenden Lobpreis.

Gemeinschaftliche Klagen

Psalm 69

Rette mich, Gott. Meine Probleme überwältigen mich. Du weißt, ich bin töricht, und du kennst meine Schuld. Vergib mir und rette mich, denn du liebst mich. Mein Dank ist besser als jede Opfergabe.

Psalm 69: Kommentar

Der Klagepsalm eines Leidenden, der spürt, dass er wegen seiner Treue zu Gott verfolgt wird. Er ist überzeugt, dass sein Opfer Gott gefällt und Gott ihn erhören wird. Das Neue Testament sieht in diesem Psalm eine Prophetie der Passion Christi und zitiert daraus nicht nur „Denn der Eifer für dein Haus hat mich verzehrt" (Vers 10, Johannes 2,17), sondern auch in der Passionsgeschichte „für den Durst reichten sie mir Essig" (Vers 22, Markus 15,36).

Individueller Dank

Psalm 70

Eile und rette mich vor denen, die mir schaden wollen. Mögen sie den Schaden erleiden. Mögen all jene jubeln, die deine Hilfe suchen. Zögere nicht, mich zu erretten.

Psalm 70: Kommentar

Dieser Psalm wiederholt die Schlussverse von Psalm 40.

Psalmen der Zuversicht

Psalm 71

Mein ganzes Leben lang habe ich mich auf dich verlassen. Gib mich nun nicht auf, da ich alt bin. Rette mich vor den Feinden. Immer habe ich Hoffnung. Allen will ich von deiner Gerechtigkeit erzählen.

Psalm 71: Kommentar

Im Alter stützt sich der Psalmist zufrieden auf Gott und sieht, dass Gott ihm schon vom Mutterschoß an geholfen hat. Immer lobt er Gott, denn trotz aller Schwierigkeiten wird Gott ihn von der Erde heraufführen (Vers 20) – ein Hinweis auf die Auferstehung.

Verwirf mich nicht, wenn ich alt bin,
verlass mich nicht, wenn meine Kräfte schwinden.
Psalmen 71,9

Königspsalmen für einen König aus dem Haus David

Psalm 72

Möge der König gerecht sein. Mögen er und sein Volk gedeihen. Möge er diejenigen erlösen, die leiden, und er selbst lange leben.

Psalm 72: Kommentar

Dieser messianische Psalm singt von der Herrschaft des Friedens und der Gerechtigkeit, die der König bringen wird – verehrt von Meer zu Meer, achtsam gegenüber den Bedürfnissen der Armen und gesegnet von allen. Selbst das Land wird mit überreicher Ernte antworten. Der abschließende Segen beschließt das zweite Buch der Psalmen.

Buch III (Psalmen 73–89)

Psalm 73: Kommentar

Ein Weisheitspsalm über das Schicksal der Stolzen. Der Psalmist fragt, warum es den Bösen gut geht und die Gerechten leiden. Die Lösung durch Glückseligkeit im Himmel, wenn schon nicht auf Erden, ist für ihn noch nicht greifbar. Eine edlere Lösung ist die Gemeinschaft mit Gott schon in dieser Welt: „Ich aber bleibe immer bei dir; du hältst mich an meiner Rechten" (Vers 23).

Weisheitspsalmen

Gott ist gut zu Israel, doch es quält mich, wie die Bösen gedeihen. Gibt es einen Grund, gut zu sein? Ich vertraue dir, dass du jedem gibst, was er verdient.

Psalm 73

Psalm 74: Kommentar

Klage um den Tempel. Wie kann es sein, dass er, der Leviathans Haupt zermalmt, der Nacht und Tag beherrscht, es zulässt, dass der Tempel so brutal zerstört wird? Ein Schrei zum HERRN, die Seinen zu verteidigen.

Gemeinschaftliche Klagen

Warum bist du so zornig auf uns, Herr? Wir leiden und es gibt kein Zeichen von dir. Wann wirst du uns endlich retten? Du hast uns in der Vergangenheit gerettet, rette uns jetzt auch.

Psalm 74

Psalm 75: Kommentar

Es wird schlicht festgestellt, dass Missetaten bestraft werden, denn Gott selbst ist der Richter. Vielleicht ist dieser Psalm absichtlich dem vorangehenden nachgestellt worden, um zu zeigen, dass diejenigen, die den Tempel entweihten, nicht ungestraft bleiben.

Gemeinschaftliche Klagen

Wir loben dich, Gott, für alles Wunderbare, das du getan hast. Du verurteilst die Bösen auf deine Art, zu deiner Zeit, an deinem Ort, und erhöhst die Gerechten, wenn es dir gefällt.

Psalm 75

Psalm 76: Kommentar

Der Psalm dreht sich um zwei dominante Vorstellungen: den überwältigenden Schrecken, den der HERR, der Heilige Israels, verbreitet, strahlend und in Juda bekannt, und die Armen und Demütigen, die Lieblinge des HERRN, die unter seinem besonderen Schutz stehen.

Lobeshymnen: Gott in Zion

Man kennt Gott in Israel. Seine Macht ist unangreifbar, seine Feinde werden geschlagen, die Unterdrückten gerettet. Haltet die Versprechen, die ihr Gott macht. Alle sollen ihn fürchten.

Psalm 76

Psalm 77: Kommentar

Ein quälendes Gebet voller Zweifel: Hat sich die Rechte des Allerhöchsten verändert? Der Psalmist denkt an das Wunder der überwältigenden Macht zu Zeiten von Mose und Aaron, die sich im Zug durch das Rote Meer zeigte. Er fragt sich, warum Gott die Gebete nicht so wie früher erhört.

Lobeshymnen: Gott in der Geschichte

Als ich Gott bat, meine Probleme zu lösen, geschah nichts. Wie oft ich auch betete, ich fühlte mich nicht besser. Ich muss mich daran erinnern, wie Gott sein Volk in der Vergangenheit errettete.

Psalm 77

Wenn Gott schweigt

Der Autor von Psalm 77, dargestellt durch eine junge Frau im Gebet, bat um Gottes Hilfe. Obwohl sich nichts verändert hat und sie keinen Frieden findet, vertraut sie auf Gott.

Das zerstörte Jerusalem
Die Zerstörung Jerusalems traumatisierte die alten Israeliten und zwang sie, noch treuer zum HERRN zu stehen.

Lobeshymnen: Gott in der Geschichte

Psalm 78

Gott gab seine Gesetze, um Aufruhr zu verhindern. Efraim brach die Gesetze und Gott verurteilte ihn. Gott erwählte Juda und suchte sich David, der das Volk gewissenhaft führte.

Psalm 78: Kommentar

Über die früheren herrlichen Taten des HERRN für Israel, die wiederkehrende Aufsässigkeit Israels während der 40 Jahre in der Wüste. Gottes Zorn und geduldige Korrekturen. Gott wies das nördliche Heiligtum in Schilo ab und erwählte David als seinen Diener. Geschichtsbetrachtung aus der Sicht des Deuteronomiums.

Lobeshymnen: Gott in der Geschichte

Psalm 79

Gott, Jerusalem wurde zerstört, dein Volk getötet, dein Tempel geschändet. Wie lange noch wirst du zornig auf uns sein? Rette uns und vernichte unsere Feinde.

Psalm 79: Kommentar

Schrei um Hilfe und Vergebung nach der Zerstörung Jerusalems. Warum dürfen die Völker den HERRN verspotten wegen seines scheinbaren Unvermögens, sein Volk zu retten?

Lobeshymnen: Gott in der Geschichte

Psalm 80

Stärke uns, Gott. Wie lange noch wirst du auf uns zornig sein? Dein Land wurde verheert. Rette uns und wir werden uns nicht von dir abwenden.

Psalm 80: Kommentar

Betrachtungen über den Weinberg Israels, der einst blühte, nun verwüstet durch den Eber aus dem Wald. Die Verse 5, 8, 15 und 20: „Gott der Heerscharen" (eine alte Bezeichnung für Gott), beziehen sich wohl auf Gottes militärische Macht oder auf die Heerscharen der Engel.

Psalmen für die öffentliche Liturgie

Psalm 81

Lobpreist Gott. Gott rettete das Volk Israel aus Ägypten und ermahnte es, ihn allein anzubeten. Doch das tat Israel nicht, weshalb er es verurteilt hat. Wenn es bereut, wird Gott ihm vergeben.

Psalm 81: Kommentar

Ein Prozessionslied für das Neumondfest mit der Erinnerung an die durch Gott bewirkte Rettung Israels aus Ägypten und an Israels Ungehorsam. Möge Israels Gehorsam ein neues machtvolles Eingreifen herbeiführen.

Psalm 82: Kommentar

Eine mythische Szene mit Gott als Richter über geringere Götter. Sie verschaffen den Schwachen und Unterdrückten keine Gerechtigkeit und werden so selbst bestraft werden. Darin enthalten sind vermutlich auch Betrachtungen über menschliche Richter.

Hymnen über Gottes Königsherrschaft, gemeinschaftliche Klagen

Gott herrscht über die Könige der Welt, die glauben, sie seien Götter, doch sie sind ungerecht. Ihr seid keine Götter, nur hochmütige Sterbliche, die wegen bösen Verhaltens sterben werden.

Psalm 82

Psalm 83: Kommentar

Der Psalmist betet, dass alle Völker, die gegen Gottes Volk sind, vernichtet werden wie die Völker, die es zu Zeiten des Buchs der Richter zu unterdrücken versuchten. Zerstreue sie wie Spreu, die durch Gottes Sturm auseinandergetrieben wird.

Lobeshymnen: Gott in der Geschichte, gemeinschaftliche Klagen

Gott, handle: Deine Feinde wollen Israel vernichten. Behandle sie, wie du früher Feinde behandelt hast. Lass sie wissen, wer du bist: der einzige Gott über alle Welt.

Psalm 83

Psalm 84: Kommentar

Ein Psalm des Willkommens in Gottes Wohnstatt. Segen für diejenigen, die dort wohnen, Segen für Pilger zur Wohnstatt Gottes, Segen für diejenigen, die dem HERRN vertrauen.

Gemeinschaftlicher Dank, Psalmen für die öffentliche Liturgie

Gott, wo du weilst, ist es schön. Gesegnet sind diejenigen, die dort leben, und selbst solche, die nur zu Besuch weilen. Ein Augenblick in Jerusalem ist besser als ein ganzes Leben irgendwo anders.

Psalm 84

Psalm 85: Kommentar

Ein Gebet, dass Gottes Zorn vergehen möge. Es schließt mit der Prophetie der Erfüllung von Gottes steter Liebe und Treue im messianischen Reich des Friedens. Gottes Zorn äußert sich dabei nicht in einem Wutausbruch, sondern ist immer korrektiv gemeint, um Israel zurück zur Treue zu bewegen.

Gemeinschaftliche Klagen

Du hast deinem Volk früher schon vergeben. Bitte vergib uns erneut. Sei nicht für immer zornig auf uns. Erlösung ist nahe für diejenigen, die Gott anbeten. Er wird zu den Gerechten gut sein.

Psalm 85

Psalm 86: Kommentar

Dieser Psalm beginnt und endet mit einem Gebet der Zuversicht auf Gottes liebendes Erbarmen (Verse 1–7 und 14–17). Im Zentrum steht die Bitte um ein treues, ungeteiltes Herz (Vers 11). Mehrere Verse sind anderen Psalmen entnommen.

Psalmen der Zuversicht

Gott, bitte antworte mir, meine Feinde nahen. Doch ich bleibe dir treu. So gib mir Freude und lass mich dir gehorsam sein. Du bist voll Erbarmen, gnädig und gütig. Vernichte meine Feinde.

Psalm 86

Psalm 87: Kommentar

Als König David die Bundeslade nach Jerusalem brachte, wählte Gott Jerusalem als seine heilige Stadt. Nun werden Angehörige aller Völker als Bürger Jerusalems gesehen. Sie haben Anteil an den Segnungen. Ein universalistischer, nachexilischer Psalm.

Lobeshymnen: Gott in Zion

Die Stadt Zion gehört Gott, Gott gehört zur ganzen Welt: zu Ägypten, Babylon, dem Philisterland, Tyrus und Kusch. Sie alle werden zu Gott singen, und sie werden so behandelt, als wären sie aus Zion.

Psalm 87

Psalm 88: Kommentar

Der traurigste aller Psalmen, ohne jeden Hoffnungsschimmer. Dreimal ruft der Psalmist den HERRN an, nachts, jeden Tag, morgens (Verse 2, 10, 14), doch es scheint keine Antwort zu folgen, und der Psalm endet in Dunkelheit, so wie er begann.

Individuelle Klagen

Ich bin Tag und Nacht von meinen Nöten überwältigt. Warum tust du nichts, Gott? Kann ich dich loben, wenn ich tot bin? Warum hast du mich abgewiesen? Ich bin allein.

Psalm 88

Psalm 89: Kommentar

Ein Lobgesang auf Gottes Macht und seinen Schutz für Israel. Vielleicht das älteste Zeugnis von Gottes Verheißung an David, dass ein messianischer König Gottes Sohn sein wird. Doch warum ist die Verheißung nicht eingetreten, warum ist der Thron zerschmettert? Wann wird sie erfüllt?

Lobeshymnen: Gott in der Geschichte, gemeinschaftliche Klagen

Gott, deine Liebe ist ewig. Du versprachst, dich immer um David und seine Nachkommen zu sorgen, doch nun hast du ihn bestraft. Wann endlich rettest du ihn und unser Volk?

Psalm 89

Buch IV (Psalmen 90–106)

Mose am Berg Sinai
In Psalm 90 bat Mose Gott um Erbarmen angesichts der menschlichen Schwachheit und Sünde, sowohl seiner eigenen als auch der des Volks Israel in der Wüste.

Psalmen der Zuversicht, Weisheitspsalmen

Psalm 90

Du warst Gott, ehe es die Welt gab, doch unser Leben ist kurz und unsere Strafe schwer. Habe Mitleid. Wann wirst du uns vergeben? Deine Gnade ruhe auf uns.

Psalmen der Zuversicht

Psalm 91

Gott wird diejenigen schützen, die ihm gehören. Ist er deine Zuflucht, kann dir nichts zustoßen. Gott wird uns retten, weil wir ihn lieben. Er wird unsere Gebete erhören.

Psalmen der Zuversicht

Psalm 92

Es ist gut, den HERRN zu loben und für ihn zu musizieren. Seine Taten sind groß, er segnet die Gerechten und verurteilt die Bösen. Gottes Feinde vergehen, doch der Gerechte ist wohlauf.

Lobeshymnen: Gott in der Natur, Hymnen über Gottes Königsherrschaft

Psalm 93

Lobeshymnen: Gott in der Natur. Hymnen über Gottes Königsherrschaft. Gott herrscht mächtig, er hat schon immer existiert. Er ist mächtiger als die Wellen des Ozeans. Seine Gesetze sind auf immer fest gegründet.

Psalm 90: Kommentar

Weisheitliche Betrachtung zur Vergänglichkeit des Lebens, beherrscht vom Bild der kurz dauernden Frische des Grases am Morgen. Bitte um Weisheit und die liebende Zuwendung Gottes.

Psalm 91: Kommentar

Ein Gebet der zuversichtlichen Ruhe im HERRN. Es verspricht göttlichen Schutz vor doppelten Gefahren: Schrecken und Pfeile, Seuche und Zerstörung, Löwen und Nattern, Löwen und Drachen. Im Bericht von Jesu Versuchung (Matthäus 4,6) wird Vers 12 vom Versucher als Herausforderung an Gottes Hilfe gewählt. In den Versen 1–2 wird Gott mit vier alten Namen angesprochen: Elyon (der Allerhöchste); Schaddai (Gott der Berge), JHWH (der persönliche Name Gottes), Elohim (gewöhnlicher Name Gottes).

Psalm 92: Kommentar

Lob für Gottes Gaben wie Stärke, ähnlich der eines Stieres (bzw. Rhinozeros im Griechischen), und Gedeihen wie die Zedern im Libanon. Dieser Psalm hat den Titel „für den Sabbattag", weil der heilige Name „HERR" sieben Mal erscheint.

Psalmen 93, 95, 96, 97, 98, 99: Kommentar

Psalmen, die das Königtum des HERRN feiern. Der irdische König in Israel wurde nur als Gesandter des HERRN gesehen, der wahre Herrscher war der HERR selbst. Der letzte Gesandte sollte der Messias sein, der das Reich Gottes verwirklicht.

Psalm 93 ist sehr alt, ursprünglich aus Kanaan, und kontrastiert die Macht und Herrlichkeit des HERRN mit den mythischen Wassern des Chaos, die durch göttliche Kraft abgehalten werden, das Universum zu erdrücken.

Psalm 95 ist eine Einladung zum Gebet, vor allem zu größerer Treue, als sie in den Wüstenwanderungen gezeigt wurde. Sein Gebrauch in Hebräer 4,1–11 ist Basis der Anschauung des christlichen Lebens als Pilgerschaft.

Psalm 96 war vielleicht ein Prozessionsgesang, wie auch seine Parallele in 1. Chronik 16,22–33. Gottes Macht über die Schöpfung wird gefeiert.

Psalm 97 feiert Gottes Königtum, veranschaulicht durch Feuer und Blitz, Reinigung und Erleuchtung.

Psalm 98: Freude über Gottes königliche Herrschaft, die der ganzen Welt Heil und Gerechtigkeit bringt.

Psalm 99: die Heiligkeit des HERRN. Bei Jesaja ist der HERR der „Heilige Israels", ein Ehrfurcht gebietender Titel, denn Gott ist ganz anders, da er zugleich ehrfürchtigen Schrecken und Liebe bewirkt.

Psalm 94: Kommentar

Eine Hymne auf Gott als Richter des Universums. Zunächst Gedanken zu Gottes Gericht über die Bösen (Verse 1–15), dann bezieht der Psalmist den HERRN als Hort der Gerechtigkeit auf sich selbst.

Wohl dem Mann, den du, Herr, erziehst,
den du mit deiner Weisung belehrst.
Du bewahrst ihn vor bösen Tagen,
bis man dem Frevler die Grube gräbt.
Psalmen 94,12–13

Psalm 100: Kommentar

Ein schlichter, freudiger und beliebter kleiner Psalm, der sieben Mal dazu auffordert, den HERRN zu preisen, und Gründe dafür aufzählt.

[Ein Psalm zum Dankopfer.]
Jauchzt vor dem Herrn, alle Länder der Erde!
Dient dem Herrn mit Freude!
Kommt vor sein Antlitz mit Jubel!
Erkennt: Der Herr allein ist Gott.
Er hat uns geschaffen, wir sind sein Eigentum,
sein Volk und die Herde seiner Weide.
Psalmen 100,1–3

Psalmen der Zuversicht, Weisheitspsalmen

Psalm 94

Der HERR vergilt. Wie lange werden die Bösen fortdauern? Gottes Zucht bringt Weisheit. Gott wird die Bösen verurteilen und die Gerechten stärken. Ich erfreue mich an Gottes Liebe.

Hymnen über Gottes Königsherrschaft, Pilgerpsalmen

Psalm 95

Kommt, lasst uns freudig zum HERRN singen. Er ist größer als alle Götter, schuf Land und Meer. Betet ihn an und gehorcht ihm, anders als unsere Vorfahren, die wegen ihres Ungehorsams litten.

Hymnen über Gottes Königsherrschaft, Psalmen für die öffentliche Liturgie

Psalm 96

Singt dem HERRN ein neues Lied. Gott ist groß und würdig unseres Lobs. Mögen Himmel, Erde und die Schöpfung vor dem HERRN jubeln, der über die Welt gerecht richten wird.

Hymnen über Gottes Königsherrschaft

Psalm 97

Gott lenkt. Seine Macht ist unaufhaltsam. Mögen die, die Gott lieben, das Böse hassen. Gott wird die Gerechten schützen, also freut euch im Herrn und lobt ihn.

Hymnen über Gottes Königsherrschaft

Psalm 98

Singt dem HERRN ein neues Lied. Er hat sich der Welt offenbart. Er zeigt seine Liebe und Treue zu Israel. Ruft freudig aus, alle Schöpfung. Er wird gerecht über die Welt richten.

Hymnen über Gottes Königsherrschaft

Psalm 99

Der HERR lenkt. Er ist mächtig, er liebt Gerechtigkeit. Gott sprach früher zu seinen Priestern und erhörte ihre Gebete. Gott straft und vergibt. Also betet Gott an.

Lobeshymnen

Psalm 100

Ruft freudig zum HERRN. Er erschuf uns und wir gehören ihm. Er liebt uns auf ewig und wird immer gut zu uns sein. Es gibt vieles, wofür man dankbar sein kann.

Die Bundeslade
Der HERR erscheint hier thronend zwischen den Kerubim auf der Bundeslade, die im Allerheiligsten des Tempels stand (Psalm 99,1).

Weisheitspsalmen

Psalm 101

Ich will singen von deiner Liebe und Gerechtigkeit, HERR. Als König verspreche ich, mich gut zu verhalten und die Bösen in die Schranken zu weisen. Wann wirst du mir helfen?

Individuelle Klagen

Psalm 102

Erhöre mein Gebet, HERR. Ich leide und brauche deine Hilfe. Rette mich vor den Feinden. Du hast das Universum erschaffen. Es wird vergehen, du aber nicht.

Gemeinschaftlicher Dank

Psalm 103

Lobt den HERRN, der Sünde vergibt, der sich Mose offenbart hat, wie ein Vater barmherzig ist und begreift, dass wir schwach sind, vergängliche Sterbliche. Doch Gott ist für immer.

Lobeshymnen: Gott in der Natur

Psalm 104

Lobt den HERRN für seine Macht und seine Gaben: für Regen, Sonne und Mond, für Wein und Nahrung – alles hat er Mensch und Tier gegeben. Ich will Gott für immer loben.

Lobeshymnen: Gott in der Geschichte

Psalm 105

Lobt den HERRN. Denkt an das, was er tat: an seine Wunder, an den Bund mit Abraham und seinen Nachkommen. Denkt daran, dass er Israel aus Ägypten ins Gelobte Land führte.

Lobeshymnen: Gott in der Geschichte

Psalm 106

Wir haben gesündigt wie schon unsere Vorfahren. Obwohl Gott sie immer wieder strafte, rettete er sie auch immer wieder. So wird Gott auch uns retten.

Psalm 101: Kommentar

Ein Weisheitspsalm, der zwei Eigenschaften rühmt. Die erste, *hesed*, ist die selbstlose Liebe in der Familie, die niemals ein anderes Familienmitglied aufgibt. Die zweite ist *mischpat*, das gerechte Urteil. Es wird hier mit Rechtschaffenheit verbunden und schließt alles Launische und Nachlässige aus. Solche Eigenschaften erbittet der Psalmist von Gott.

Psalm 102: Kommentar

Der Psalmist sieht alles als vergänglich an, wie das Gras in der heißen Sonne, wie abgetragene Kleidung. Er ist überwältigt von der Einsamkeit einer Dohle, einer Eule, einem Vogel auf dem Dach. Im zentralen Abschnitt (Verse 14–23) bittet er um Wiederherstellung der Freiheit für Zion.

Psalm 103: Kommentar

Der HERR ist Barmherzigkeit und Liebe, stets bereit, den schwachen, vergänglichen Menschen zu vergeben. Dafür können wir nur Lob und Dankbarkeit zeigen.

Psalm 104: Kommentar

Eine Würdigung des Schöpfers, der über die Täler mit ihren Vögeln und Raubtieren wacht, über Menschen bei der Arbeit, selbst über Seeungeheuer, die er sich zum Spiel schuf. Dieser Psalm ist der ägyptischen Hymne an die Sonne, von Pharao Echnaton, sehr ähnlich. Beide drücken die gleiche Liebe zur Natur und Dankbarkeit gegenüber dem Schöpfer aus.

Psalm 105: Kommentar

Ein historischer Psalm, eine Feier des Bundes, der Abraham verheißen wurde, und Dankbarkeit für Gottes Sorge um Israel in Ägypten, einschließlich der Plagen und des Exodus. Ein ganz und gar fröhlicher Psalm, ohne Anspielung auf Israels Starrsinn oder Ungehorsam.

Psalm 106: Kommentar

Im scharfen Kontrast zum vorigen Psalm bezieht sich dieses Gedicht auf Israels steten Ungehorsam und Aufruhr während der Wanderung durch die Wüste des Exodus. Immer antwortete Gott mit Korrekturen und mit Vergebung. Jedes Mal versagten die Israeliten, doch er behielt den Bund mit ihnen bei. Dieser Psalm beschließt das vierte Buch des Psalters.

Wie ein einsamer Vogel
Diese Illustration aus einem alten handschriftlichen Psalter gehört zu Psalm 102, wo der Psalmist sich mit Vögeln vergleicht, die allein und in Gefahr sind.

Buch V (Psalmen 107–150)

Psalm 107: Kommentar

Sie sollen dem HERRN für seine unerschütterliche Liebe danken. Vier Szenen schwerer Not, wo der HERR half: verloren in der Wüste, gefangen im Kerker, Krankheit, Sturm auf dem Meer. Alle sind ähnlich beschrieben: Bedürfnis – Auflösung – Dank. Am Ende eine friedvolle Szene mit Ackerbau und Ernte.

Sie alle sollen dem Herrn danken für seine Huld,
für sein wunderbares Tun an den Menschen,
weil er die lechzende Seele gesättigt,
die hungernde Seele mit seinen Gaben erfüllt hat.
Psalmen 107,8–9

Weisheitspsalmen

Dankt dem HERRN. Die von Gott gerettet wurden, können erzählen, wie schlecht alles war, ehe er sie errettete. Gott ist gut, voller Erbarmen, und er vergibt.

Psalm 107

Psalm 108: Kommentar

Eine positive und fröhliche Lobeshymne, zusammengesetzt aus Teilen von Psalm 57,8–12 und Psalm 60,7–14.

Individueller Dank

Ich will Gott loben mit Musik. Gottes Herrlichkeit soll die Erde bedecken. Möge er uns von unserem Feind Edom erretten und uns den Sieg geben.

Psalm 108

Psalm 109: Kommentar

Ein Fluch, der keinen Aspekt aus dem Leben der Feinde des Psalmisten unberührt lässt. Er dient als Modell für zukünftige Flüche. Versuche, die Verse 6–20 christlich umzudeuten und sie als Fluch der Feinde des Psalmisten darzustellen, sind schwache Ausflüchte. Zu diesem Zeitpunkt der Offenbarung fühlte man noch, dass Gott den Seinen hilft, indem er ihre Feinde verdammt.

Verwünschungen

Gott, bitte bleib nicht still. Stattdessen verfluche meinen Feind. Er soll schrecklich für alles Schlechte leiden, das er mir je antat, und auch für seine anderen bösen Taten.

Psalm 109

Psalm 110: Kommentar

Ein Psalm, der die messianische Einsetzung des Priesterkönigs von Jerusalem feiert, wahrscheinlich mit Bezug auf das vordavidische Ritual des jebusitischen Jerusalem. Verse 1–3 formulieren Gottes Eid, dem König zu helfen, in Vers 4 folgt seine Ernennung zum Priester. Vers 7 bezieht sich auf das Krönungsritual mit dem Quellwasser des Gihon, wie in 1. Könige 1,38–40. Im Neuen Testament wird dieser Psalm oft zitiert, um die Erhöhung Christi als rechte Hand Gottes bei der Himmelfahrt darzustellen.

Königspsalmen für einen König aus dem Haus David

Der HERR sagte dem König, er würde seine Feinde zu seinem Fußschemel machen. Er verkündete, der König sei ein Priester wie Melchisedek. Gott wird den König einsetzen, die Völker zu richten.

Psalm 110

Gottes große Taten
Der Psalmist berichtet von Gottes großen Taten für die Israeliten, einschließlich der Rettung aus Ägypten.

Individueller Dank, Weisheitspsalmen

Psalm 111

Lobt den HERRN. Seine Taten sind groß. Er ist barmherzig und sorgt sich um sein Volk. Gottes Gesetze sind auf immer gegründet. Gottesfurcht ist der Anfang der Weisheit.

Weisheitspsalmen

Psalm 112

Lobt den HERRN. Die Kinder jener, die Gott anbeten, werden mächtig und reich. Die Gerechten fürchten niemals schlechte Nachrichten. Nur die Bösen werden leiden.

Lobeshymnen, prophetische Ermahnungen

Psalm 113

Lobt den HERRN. Der HERR soll ewig und überall gepriesen sein. Keiner ist wie der HERR. Er sorgt für die Schwachen und rettet diejenigen, die leiden.

Lobeshymnen: Gott in der Geschichte

Psalm 114

Als Israel aus Ägypten kam, wichen die Wasser des Roten Meers und des Jordans. Warum? Weil Gott sie weichen ließ, so wie er auch Wasser aus dem Felsen in der Wüste brachte.

Lobeshymnen

Psalm 115

Lobt den HERRN für seine Liebe und Treue. Die Völker um Israel beten machtlose Götter an. Doch Israel betet den HERRN an, der mächtig ist und uns retten wird.

Psalm 111: Kommentar

Ein alphabetischer Psalm größter Dankbarkeit. Er zählt die durch Gottes barmherzige Liebe für Israel bewirkten Wohltaten auf, den Schutz des Bundes, das Geschenk des Gesetzes, die Furcht vor seinem Namen und die göttliche Weisheit.

Psalm 112: Kommentar

Dieser alphabetische Psalm ist wohl eine Ergänzung zu Psalm 111. Er ist eine Weisheitsbekundung und beschreibt genau die materiellen und geistlichen Vorteile der Ehrfurcht vor dem HERRN. In der Weisheitsliteratur galt Gottes Segen als Garant für materielles und geistliches Wohlergehen, obwohl die prophetische Tradition die Armen als besondere Empfänger der Gunst des HERRN ansah.

Psalm 113: Kommentar

Der Psalm feiert die Herrschaft des HERRN über die Welt und alle Völker. Der HERR achtet vor allem auf diejenigen, die er liebt, die Armen und Bedürftigen. Die gleichen Empfindungen finden sich auch in Marias Lobgesang, dem Magnificat (Verse 1 und 13). „Halleluja" ist hebräisch für „Lobt den HERRN". „Ya" ist die Kurzform des heiligen Namens. Die Psalmen 113–118 beginnen bzw. enden alle mit „Halleluja". Man nennt sie das „Kleine Hallel". Sie wurden bei den drei großen jährlichen Pilgerfesten gesungen, vor allem zum Paschafest. Das „Große Hallel" bezieht sich auf die Psalmen 120–136 bzw. nur auf Psalm 136.

Psalm 114: Kommentar

Dieser kurze Psalm feiert zwei Wasserdurchquerungen, bewirkt durch die Macht des HERRN. Der Zug durch das Meer markierte den Beginn des Exodus, der Zug durch den Jordan das Ende der Reise. Der letzte Vers erwähnt auch das Geschenk des Wassers, als Mose gegen den Fels in der Wüste schlug. Hier wird die griechische und hebräische Nummerierung noch verwirrender. Die hebräischen Psalmen 114 und 115 entsprechen dem griechischen Psalm 113, der hebräische Psalm 116 teilt sich in die griechischen Psalmen 114 und 115. Damit liegt die griechische Nummerierung um einen Psalm hinter der hebräischen. Wir folgen hier der hebräischen Nummerierung.

Psalm 115: Kommentar

Die erste Hälfte dieses Psalms wiederholt die Schmähungen von Deutero-Jesaja gegen die babylonische Götzenanbetung und betont die Torheit, einen Gott anzubeten, der nichts wahrnehmen kann. Die zweite Hälfte wiederholt den Segen für die Kinder Israels und Aarons.

Psalm 116: Kommentar

Der Psalm wird durch das dreifache „Ich rufe den Namen des HERRN an" in Vers 4, 13 und 17 zusammengehalten, was die Teilung des Psalms in der griechischen Fassung weniger wahrscheinlich macht. Es geht um Vertrauen auf den HERRN und Dankbarkeit, weil der HERR das Gebet des Psalmisten erhörte, – ein intimer, herzlicher Dank, der Kelch wird erhoben, ein Schwur gesprochen und ein Dankopfer dargebracht.

Psalm 117: Kommentar

Dieser kurze Psalm hat reichlich Stoff zum Gebet. Der erste Zweizeiler ruft alle Welt an, den HERRN zu loben – das spiegelt den nachexilischen Universalismus. Der zweite Zweizeiler konzentriert sich auf Gottes Liebe und Wahrheit, was als „Gnade und Wahrheit" im Prolog des Johannesevangeliums übersetzt wurde und die Erfüllung in Jesus Christus fand.

Psalm 118: Kommentar

Ein Prozessionsgesang für den Gang zum Heiligtum. Der Psalm beginnt mit mehreren chorischen Antworten und endet mit Dank und dem Zug zum Altar. In der Mitte des Gesangs wird deutlich, dass der Psalmist durch die rechte Hand des HERRN von Prüfung oder Feinden befreit wurde und seinen Dank abstattet.

Psalm 119: Kommentar

Der längste Gesang des Psalters und eine alphabetische Meisterleistung. Jede Versgruppe beginnt mit einem neuen Buchstaben. Dieser Weisheitspsalm feiert das Geschenk des Gesetzes an Israel, Gottes größte Gabe. Es zeigt, wie Israel leben muss, um Gottes Volk zu sein. Daher enthüllt es Gottes eigene Natur, und dem Gesetz zu gehorchen ist die liebevolle Antwort auf ein in Liebe gegebenes Geschenk. Gesetzestreue gibt Israel den Grund für Existenz und Würde. Jedes Gesetz, jede Weisung, jeder Befehl ist eine Gabe, die geschätzt werden muss.

Psalmen 120–134, Wallfahrtslieder: Kommentar

Diese Lieder wurden von Pilgern gesungen, als sie nach Jerusalem zu Pilgerfesten zogen. Das war Gelegenheit zu großer Freude, da die Pilger – als Minderheiten aus den verstreuten Diaspora-Außenposten mitten unter Heiden – zusammenkamen und sich mit den Mitgliedern ihrer religiösen Familie trafen. Es sind kurze, einfache, einprägsame Lieder, die ohne Probleme während der Reise gesungen werden konnten.

Psalm 120: Kommentar

Ein freudiger Gesang darüber, vom Ärgernis der Heiden befreit zu sein. Meschech ist nahe dem Schwarzen Meer, Kedar gehört zum Wüstenvolk der Nabatäer.

Das Wort Gottes wird in der Synagoge verlesen
Diese fromme Szene zeigt, wie das Geschenk der Gesetze Gottes weitergegeben wird.

Individueller Dank

Ich liebe den HERRN, er erhörte meine Gebete und rettete mich aus meinen Nöten. Ich werde ihn für immer loben, ihm danken und meinen Eid erfüllen.

Psalm 116

Lobeshymnen

Alle Menschen auf Erden sollen den HERRN wegen seiner großen Liebe und ewigen Treue loben.

Psalm 117

Psalmen für die öffentliche Liturgie

Dankt dem HERRN, denn er ist gut, und seine Liebe währt ewig. Als ich litt und zu Gott betete, erhörte er meine Gebete und rettete mich.

Psalm 118

Weisheitspsalmen

Diejenigen werden gesegnet, die Gottes Gesetze halten. Solche, die das nicht tun, werden die Folgen ihrer Torheit erleiden. Gottes Gesetze sind vollkommen und wunderbar. Sie machen unser Leben gut.

Psalm 119

Pilgerpsalmen

HERR, rette mich vor denen, die betrügerisch sind. Rette mich vor denen, die den Frieden hassen und Krieg wollen.

Psalm 120

Pilgerpsalmen

Psalm
121

Meine Hilfe kommt vom HERRN, der das Universum schuf. Er wacht über Israel und wacht über dich, um dich auf immer vor allem Schaden zu bewahren.

Psalm 121: Kommentar

Der HERR wird die Pilger vor den Gefahren der Reise bewahren, auch wenn sie schlafen.

Pilgerpsalmen

Psalm
122

Ich war froh zu erfahren, dass wir zum Haus Gottes ziehen. Und nun sind wir da. Möge auf immer Friede sein in Jerusalem. Ich will für seine Sicherheit und sein Wohlergehen beten.

Psalm 122: Kommentar

Ein dreifaches Gebet um Frieden für Jerusalem, das mit der gängigen Etymologie des Namens als „Stadt des Friedens" spielt.

Pilgerpsalmen

Psalm
123

Wie Knechte zu ihrem Herrn schauen, so schauen wir zu Gott und warten, dass er uns seine Gnade zeigt. Wir haben lange genug Verachtung erduldet.

Psalm 123: Kommentar

Eine aufrichtige Hingabe an den HERRN in Jerusalem. Die Sänger vergleichen sich mit ergebenen Knechten und Mägden.

Pilgerpsalmen

Psalm
124

Wäre der HERR nicht auf unserer Seite gewesen, wären wir vernichtet worden. Lobt den HERRN, dass er uns errettet hat. Er hat das Universum erschaffen.

Psalm 124: Kommentar

Erleichterung wegen der Erlösung von den Gefahren der Reise, die als wilde Wasser oder Vogelnetze verbildlicht werden.

Pilgerpsalmen

Psalm
125

Die auf den HERRN vertrauen, sind so sicher wie der Berg, auf dem Jerusalem ruht. Der HERR soll denen Gutes tun, die Gutes tun, und die Bösen strafen, wie sie es verdienen.

Psalm 125: Kommentar

Ein Gebet des Vertrauens auf Jerusalem, das endlich frei ist von aller Fremdherrschaft.

Pilgerpsalmen

Psalm
126

Als der HERR unser Los wendete, war es, als würden wir träumen. Wir waren so glücklich. Die mit Tränen säen, werden mit Freuden ernten.

Psalm 126: Kommentar

Lachen, Gesang und Staunen bei der Befreiung aus der Gefangenschaft, so unerwartet wie Flüsse in der Wüste.

Pilgerpsalmen, Weisheitspsalmen

Psalm
127

Ist der HERR nicht beteiligt an Bau oder Aufsicht des Hauses, ist es Zeitverschwendung. Viele Kinder zu haben ist ein Geschenk des HERRN, der die Menschen segnet und schützt.

Psalm 127: Kommentar

Betrachtungen über Jerusalem, Stadt des HERRN, und über die Notwendigkeit seines Schutzes für Wohlergehen und Nachkommen.

Pilgerpsalmen, Weisheitspsalmen

Psalm
128

Wer dem HERRN gehorcht, wird von ihm gesegnet und dessen Werk und Familie gedeihen. Möge Jerusalem vom HERRN gesegnet sein, möge Israel Frieden finden.

Psalm 128: Kommentar

Dankbarkeit für den Segen für Familie und Kinder, und ein Gebet für Jerusalem.

Psalm 129: Kommentar

Befreiung von Verfolgung und ein Gebet, dass die Verfolger verdorren wie Gras auf einem Dach.

Pilgerpsalmen

Psalm 129

Lange hat Israel Unterdrückung erlitten, doch der HERR hat Israel den Sieg gewährt. Mögen jene, die Israel hassen, leiden und nie vom HERRN gesegnet werden.

Psalm 130: Kommentar

Ein Gebet um Vergebung; Sehnsucht nach dem HERRN, so wie der Nachtwächter auf das Morgengrauen wartet.

Pilgerpsalmen

Psalm 130

Erhöre mein Gebet. Gott vergibt. Ich warte auf dich und setze meine Hoffnung auf dich. Israel kann zuversichtlich sein, weil Gottes Liebe nie endet. Der HERR wird sein Volk erretten.

Psalm 131: Kommentar

Hoffnung und Abhängigkeit vom HERRN, wie ein hilfloses Kind von der Mutter abhängig ist.

Pilgerpsalmen

Psalm 131

Ich bin nicht anmaßend, ich sorge mich nicht um große Dinge. Mein Ehrgeiz ist gering, wie der eines Kindes. Israel kann für immer auf den HERRN hoffen.

Psalm 132: Kommentar

Der Gesang über die Bundeslade. Der Eid des HERRN einer zukünftigen Dynastie Davids entspricht Davids Eid, die Bundeslade nach Jerusalem zu bringen.

Pilgerpsalmen

Psalm 132

Denke an das, was David erlitt, an all seine Versprechen, sodass der Tempel des HERRN erbaut werden konnte. Um Davids willen weise nicht den König Israels ab. Gesegnet seien Israel und sein König.

Psalm 133: Kommentar

Freude an geschwisterlicher Harmonie, die verglichen wird mit dem Salböl bei Festgelagen oder dem Tau auf dem majestätischen Berg Hermon.

Pilgerpsalmen, Weisheitspsalmen

Psalm 133

Es ist wunderbar, wenn ein Volk in Harmonie leben kann. Das geschieht, wenn der HERR seinen Segen gibt.

Psalm 134: Kommentar

Ein Gebet um Segen im Tempel in der Nacht.

Pilgerpsalmen

Psalm 134

Mögen diejenigen, die nachts im Tempel arbeiten, den HERRN loben. Und möge der HERR, Schöpfer des Universums, dich segnen.

Psalm 135: Kommentar

Ein zusammengesetzter Psalm, der sich auf viele andere bezieht, vor allem auf die Psalmen 95, 115 und 136.

Ja, das weiß ich: Groß ist der Herr,
unser Herr ist größer als alle Götter.
Alles, was dem Herrn gefällt, vollbringt er,
im Himmel, auf der Erde, in den Meeren, in allen Tiefen.
Er führt Wolken herauf vom Ende der Erde,
er lässt es blitzen und regnen,
aus seinen Kammern holt er den Sturmwind hervor.

Psalmen 135,5–7

Lobeshymnen

Psalm 135

Der HERR rettete Israel vor seinen Feinden in Ägypten, in der Wüste und im Gelobten Land. Der HERR ist wirklich und mächtig, Götzen aber sind machtloser, menschengemachter Plunder.

Psalm 136: Kommentar

Eine Danklitanei für Gottes Weisheit in der Schöpfung und für seine Sorge um Israel beim Exodus; mit Refrain.

Lobeshymnen: Gott in der Geschichte, Weisheitspsalmen

Psalm 136

Dankt dem HERRN für seine Macht, für seine Siege über Israels Feinde, vom Pharao in Ägypten bis zu Sihon und Og. Die Liebe des HERRN währt für immer.

Gemeinschaftliche Klagen, Verwünschungen

Psalm 137

Während des Exils in Babylon weinten wir, und unsere Eroberer wollten uns singen lassen für sie. HERR, gedenke, was sie uns getan haben. Vernichte sie, so wie sie uns vernichtet haben.

Psalm 137: Kommentar

Die Unmöglichkeit, den HERRN auf dem fremden Boden des Babylonischen Exils zu loben – und der Ruf nach schonungsloser Rache.

Wenn ich dich je vergesse, Jerusalem,
dann soll mir die rechte Hand verdorren.
Die Zunge soll mir am Gaumen kleben,
wenn ich an dich nicht mehr denke,
wenn ich Jerusalem nicht zu meiner höchsten Freude erhebe.

Psalmen 137,5–6

Lobeshymnen

Psalm 138

Ich will dich loben, HERR. Mögen alle Könige der Erde dich loben. Obwohl du hoch und mächtig bist, sorgst du dich um die Geringen. Rette mich aus meinen Nöten und rechtfertige mich.

Psalm 138: Kommentar

Ein Lobgesang auf Gottes beständige Liebe (Verse 2 und 8), von den Königen der Erde wie von den Geringen.

Psalmen der Zuversicht, Weisheitspsalmen

Psalm 139

HERR, du bist allmächtig, allwissend, und nirgendwo kann ich mich vor dir verstecken. Du schufst mich und weißt alles über mich. Vernichte die Bösen. Wasche mich rein von Sünden.

Psalm 139: Kommentar

Der Psalmist freut sich über Gottes intime Kenntnis seines ganzen Wesens, aller Gedanken und Taten schon vor der Empfängnis, wo immer er auch ist. Er betet, seinen Geist mit dem Geist Gottes zu verbinden.

Psalmen der Zuversicht

Psalm 140

Rette mich vor meinen Feinden, die gegen mich sinnen. Schütze mich. Ich weiß, du verschaffst den Armen Gerechtigkeit. Sicher werden dich die Gerechten loben.

Psalm 140: Kommentar

Ein Gebet um Rettung vor Feinden, im Wechsel mit großem Vertrauen in den HERRN.

Psalmen der Zuversicht, Weisheitspsalmen

Psalm 141

Erhöre mein Gebet. Halte mich von Sünden fern. Ich weiß, die Bösen werden vergehen, doch ich blicke auf zu dir, damit du mich vor den Feinden rettest. Meine Feinde sollen statt meiner leiden.

Psalm 141: Kommentar

Ein Gebet um Schutz vor dem Bösen und vor dem Umgang mit Übeltätern.

Individuelle Klagen

Psalm 142

HERR, ich brauche Erbarmen. Ich bin in großer Not. Erhöre mich und rette mich vor den Feinden. Dann werden die Gerechten dich loben, weil du gut zu mir warst.

Psalm 142: Kommentar

Eine einsame Stimme ruft zum HERRN um Erlösung aus einer schlimmen Situation der Verfolgung.

Vernimm doch mein Flehen;
denn ich bin arm und elend.
Meinen Verfolgern entreiß mich;
sie sind viel stärker als ich.
Führe mich heraus aus dem Kerker,
damit ich deinen Namen preise.
Die Gerechten scharen sich um mich,
weil du mir Gutes tust.

Psalmen 142,6–7

Lobeshymnen: Gott in der Geschichte, individuelle Klagen

Psalm 143

Ich bin angewiesen auf deine Gerechtigkeit und Treue, damit ich erlöst werde. Ich leide. Erhöre eilends mein Gebet. Rette mich vor den Feinden. Lehre mich, dir zu Willen zu sein.

Psalm 143: Kommentar

Im Wissen, dass aus Gottes Sicht niemand gerecht ist, wendet sich der Psalmist an Gottes unerschütterliche Liebe, um Rettung wie in den alten Tagen zu erbitten.

Psalm 144: Kommentar

Der erste Teil des Psalms besteht zumeist aus anderen Psalmen, vor allem dem Davidspsalm 17. Es folgt ein Gebet um Glück im Familienleben.

Individueller Dank

Lobt den HERRN, der mich den Kampf gelehrt hat. Du liebst und bist freundlich. Warum sorgst du dich um vergängliche Menschen? Rette mich vor den Feinden, dann will ich dich loben.

Psalm 144

Psalm 145: Kommentar

Auch hier wird großzügig aus anderen Psalmen zitiert. Dieser letzte alphabetische Psalm dankt dem HERRN für den vielfachen Segen, den er seiner Schöpfung gewährt hat.

Individueller Dank

HERR, man soll dich wegen deiner Macht, Liebe und deines Erbarmens loben. Du existierst schon immer, und wirst deine Versprechen ewig halten. Du sorgst dich um diejenigen, die dir vertrauen.

Psalm 145

Psalm 146: Kommentar

Der erste Psalm des letzten Hallel. Die Verlässlichkeit göttlicher Großzügigkeit wird mit der vergänglichen menschlichen Hilfe kontrastiert. Der Psalm endet mit sechs Segen, die der HERR den Bedürftigen gewährt hat.

Lobeshymnen

Lobt den HERRN und vertraut ihm statt den Menschen, die bald sterben. Der HERR erschuf das Universum. Er sorgt sich um die Unterdrückten und Machtlosen. Er ernährt die Hungrigen.

Psalm 146

Psalm 147: Kommentar

Ist dieses letzte Lob vor dem letzten Hallel ein Ganzes oder ist es zwei- bzw. dreigeteilt? Die griechische Bibel lässt in Vers 12 einen neuen Psalm beginnen, und auch in Vers 7 scheint ein neuer Anfang zu sein. Der Psalm kann als Feier der Erholung nach der Rückkehr aus dem Exil gelten. Sieht man ihn als dreifaches Lob, dann gilt das erste der Heilung der Verbannten, das zweite dem bäuerlichen Wohlergehen, das dritte Sicherheit und Frieden.

Lobeshymnen

Lobt den HERRN, der das Glück Israels nach dem Exil erneuerte. Er bringt Regen und Nahrung für alle. Nur dem Volk Israel hat der HERR das Gesetz offenbart.

Psalm 147

Psalmen 148–150: Kommentar

Ein letzter großer dreifacher Lobgesang. Psalm 148 lädt alle Elemente der Schöpfung zum Lob des HERRN ein, Psalm 149 jubelt wegen Befreiung von den Feinden, Psalm 150 lädt ein zum lauten Lob des großen alten Orchesters.

Lobeshymnen: Gott in der Natur

Mögen alle Menschen und alles im Himmel und auf Erden den HERRN loben. Der HERR hat sein Volk gestärkt.

Psalm 148

Lobeshymnen: Gott in der Natur

Lobt den HERRN mit einem neuen Lied. Israel soll ihn mit Musik und Tanz loben. Sein Lob des HERRN möge seinen Feinden Vergeltung zufügen.

Psalm 149

Lobeshymnen: Gott in der Natur

Lobt den HERRN mit Musik und Tanz für seine Macht und seine Größe. Alles, was atmet, lobe den HERRN.

Psalm 150

Alles, was atmet, lobe den Herrn! Halleluja!
Psalm 150,6

Endlich frei
In Psalm 142 bat David Gott, ihn aus dem Gefängnis seiner Nöte, seines Leids, seiner Angst und Sorge zu befreien.

Sprichwörter

Übersicht

I Salomos Buch der Sprichwörter 1,1–24,22

- **a** Einleitung 1,1–7
- **b** Mahnung zur Weisheit 1,8–9,18
  - **i** Wahl der Weisheit 1,8–4,27
  - **ii** Flucht vor Weisheit 5,1–7,27
  - **iii** Einladung der Weisheit 8,1–9,12
  - **iv** Einladung der Torheit 9,13–18
- **c** Sprichwörter Salomos 10,1–22,16
- **d** Die Worte von Weisen 22,17–24,22

II Eine weitere Sammlung der Weisen 24,23–34

III Zweite Salomonische Spruchsammlung 25,1–29,27

IV Worte Agurs 30,1–33

V Worte an König Lemuël 31,1–31

Sammlungen von Sprüchen, Sprichwörtern und Ermahnungen gibt es zuhauf in der Literatur der Nachbarvölker Israels, in Ägypten wie in Mesopotamien. Es sind Sammlungen moralischer Geschichten und Lebensregeln für junge Höflinge. Öfter noch sind es Betrachtungen über das Leben allgemein. Für Israel war der Osten ein Schatz der Weisheit. Die weisen Männer, die Ijobs Leiden zu erklären versuchen, kommen aus dem Osten wie auch die Weisen bzw. die heiligen drei Könige, die dem Stern nach Betlehem folgen. Sachkundige weise Frauen kennt man schon vor Salomo (1. Samuel 28, 2. Samuel 14), doch war Salomo der Erste, der einen organisierten Königshof mitsamt Ratgebern und Bediensteten nach ägyptischem Vorbild errichtete. Auch eine Schule für Schreiber und Höflinge wird es dort gegeben haben, denn die Weisheitsliteratur betont, dass die Weisen nach Belehrung suchen sollten (Sprichwörter 1,5; 2,4–5; 12,15). Salomo selbst hatte einen ausgezeichneten Ruf als Weiser, sowohl in Hinblick auf seine weisen Urteile als auch auf praktische Klugheit, was ihm materiellen Erfolg und Reichtum einbrachte.

3 | 5 | 18

Kapitel 1

Das Ziel der Sprichwörter ist es, den Menschen Weisheit zu geben. Höre nicht auf diejenigen, die dich zum Falschen verleiten wollen statt zur Weisheit, die dir ein langes, glückliches Leben schenkt. Sei kein Tor.

Kapitel 1: Kommentar

Das hebräische Wort für „Sprichwörter" umfasst auch Redensarten, Rätsel, Gleichnisse und Bilder – alle Aussprüche also, deren Bedeutung nur nach sorgfältigem Nachdenken erfasst werden kann. Die Gottesfurcht als „Anfang des Wissens" impliziert auch Aufnahmebereitschaft und Ehrfurcht vor der Heiligkeit und Transzendenz Gottes. Die Einleitung (Sprichwörter 1–9) ist der jüngste Teil des Buchs, vermutlich nachexilisch.

Der Weise höre und vermehre sein Wissen,
der Verständige lerne kluge Führung, um
Sinnspruch und Gleichnis zu verstehen,
die Worte und Rätsel der Weisen.

Sprichwörter 1,5–6

Weisheit und Torheit werden als Führer im Leben der Weisen oder der Unachtsamen personifiziert (Sprichwörter 8,1–9,18), mit sehr unterschiedlichen Ergebnissen. Viele der weisen Sprüche in der Weisheitsliteratur haben mit Religion oder Glauben nicht viel zu tun, sondern zeugen schlicht von gesundem Menschenverstand und zeigen uns eine zynische, weltliche Gesellschaft, oft verbunden mit Mitleid für die Armen und Unglücklichen. Der besondere Beitrag der Weisheit in Israel bestand im Bewusstsein, dass alle wahre Weisheit von Gott kommt (Sprichwörter 2,6). Der Anfang aller Weisheit ist die Gottesfurcht (Sprichwörter 1,7; 9,10). Gottes Weisheit wird in der Schöpfung gesehen (Sprichwörter 3,19) und die personifizierte Weisheit betont, dass sie vor allen Werken Gottes geschaffen wurde und es ihre Freude war, bei den Menschen zu sein (Sprichwörter 8,22–31). Diese Personifikation der Weisheit – verantwortlich für die Schöpfung, getrennt von Gott und doch vereint mit ihm – wird in den späteren Weisheitsbüchern weiterentwickelt (Baruch 3,9–4,4; Weisheit 7,22–8,1).

Mit ganzem Herzen vertrau auf den Herrn,
bau nicht auf eigene Klugheit; such ihn zu
erkennen auf all deinen Wegen,
dann ebnet er selbst deine Pfade.
Sprichwörter 3,5–6

Kapitel 5: Kommentar

So wie die Weisheit (die im Hebräischen und Griechischen weiblich ist) als Frau personifiziert wird, ist auch ihr Gegenteil, die Torheit, als Frau gezeichnet. In der Bibel wird der Bund zwischen Gott und Israel als Bund der Ehe dargestellt. Deshalb ist Ehebruch oft das Symbol der Untreue zum Gesetz, Jungfräulichkeit hingegen Zeichen der Treue zum Bund.

König Salomo
Der für seine Weisheit bekannte König Salomo gilt traditionell als Verfasser des Buchs der Sprichwörter.

3 | 5 | 18

Kapitel 2

Folgst du dem Weg der Weisheit, wirst du wissen, was recht ist und was falsch. Wenn du die Weisheit wählst, wird sie dich vor vielen leicht vermeidbaren Problemen bewahren.

3 | 5 | 18

Kapitel 3

Der Weg der Weisheit wird dein Leben verlängern sowie Frieden und Wohlstand bringen. Durch Weisheit erschuf Gott das Universum, vernachlässige sie also nicht. Sie schützt dich.

3 | 5 | 18

Kapitel 4

Weisheit ist wertvoll: Sie ist jede deiner Ausgaben wert. Sei weise und gerecht. Sei nicht töricht und böse. Weisheit ist der Pfad zum Leben, Torheit der Weg zum Tode.

3 | 5 | 18

Kapitel 5

Weisheit wird dich vor Ehebruch schützen, der zunächst ein Vergnügen zu sein scheint, doch am Ende nur zu Verwirrung und Verlust führt. Ehebruch zerstört dein Leben.

3 5 18

Kapitel 6

Sei nicht töricht. Arbeite schwer wie eine Ameise. Sei nicht faul. Die Menschen vergeben dem, der Brot stiehlt, weil er hungrig ist. Ein Ehebrecher wird für immer in Schande sein.

Wie lang, du Fauler, willst du noch daliegen, wann willst du aufstehen von deinem Schlaf? Noch ein wenig schlafen, noch ein wenig schlummern, noch ein wenig die Arme verschränken, um auszuruhen. Da kommt schon die Armut wie ein Strolch über dich, die Not wie ein zudringlicher Bettler.

Sprichwörter 6,6–11

3 5 18

Kapitel 7

Sei klug. Vermeide das Los des törichten Jünglings. Ich sah, wie er eine Affäre mit einer verheirateten Frau hatte. Er war nicht der Erste, den sie verführte, und dieses Liebesverhältnis vernichtete ihn.

3 5 18

Kapitel 8

Die Weisheit bietet dir ihre Hilfe an. Gott schuf die Weisheit, ehe er alles andere schuf. Durch Weisheit schuf er das Universum. Höre also auf die Weisheit.

Kapitel 8: Kommentar

Das Gedicht über die Rolle der Weisheit in der Schöpfung (8,22–31) ist eines von vielen in der Weisheitsliteratur, so auch in Ijob 28, Jesus Sirach 24, Weisheit 7,22–8,1 und Baruch 3,9–4,4. Der Bezug auf die Schöpfungsgeschichte in Genesis 1 ist klar: Gott erschafft durch Weisheit, doch die Weisheit selbst wird nicht im gleichen Maße erschaffen. Im Hebräischen wird ein anderes Verb verwendet, das man als „erzeugen" oder „besitzen" übersetzen kann. Die personifizierte Weisheit wird von Gott unterschieden, ist ihm aber eng verbunden: Sie ist die ausführende Kraft der Werke Gottes.

Als er den Himmel baute, war ich dabei,
als er den Erdkreis abmaß über den Wassern, als er droben die Wolken befestigte und Quellen strömen ließ aus dem Urmeer,
als er dem Meer seine Satzung gab und die Wasser nicht seinen Befehl übertreten durften,
als er die Fundamente der Erde abmaß, da war ich als geliebtes Kind bei ihm.
Ich war seine Freude Tag für Tag und spielte vor ihm allezeit.
Ich spielte auf seinem Erdenrund und meine Freude war es, bei den Menschen zu sein.

Sprichwörter 8,27–31

Salomos Urteil
Salomo, traditionell der Autor der Sprichwörter, war für seine Weisheit und Bildung sowie für seine hellsichtigen Urteile bekannt.

3 5 18

Kapitel 9

Weisheit mag zunächst schwierig scheinen, doch bietet sie wahre Sicherheit und Freude. Die Torheit behauptet, sie biete schnell Sicherheit und Freude, doch ihre Wege führen nur zum Tod.

5 18

Kapitel 10

Kluge Kinder sind ihren Eltern eine Freude, törichte bringen Kummer. Weisheit bringt Reichtum, Torheit hingegen bringt Armut. Sorge zerstört den Toren; der Weise wird bestehen.

Kapitel 10: Kommentar

Die Sammlung der zweizeiligen Sprichwörter wird dem für seine Weisheit bekannten Salomo zugeschrieben. Es sind geistreiche und bodenständige Redensarten, die Familie, Leben, Arbeit, Reichtum und Ansehen thematisieren. Sie sind typische Erzeugnisse einer mündlichen Kultur, Volksweisheiten, die in Weisheitssammlungen der Nachbarvölker viele Parallelen haben. Jedoch findet sich in diesen Sprichwörtern immer wieder das Bewusstsein, dass Gott der Quell aller Weisheit und dass Weisheit ein Segen Gottes ist.

Kapitel 12–21: Kommentar

Viele dieser eingängigen Redensarten beschreiben eine Männerwelt, die Welt des Kleinbauerntums, wo harte Arbeit, Selbstvertrauen und Zuverlässigkeit der einzige Weg zum Fortbestand und für ein gewisses Maß an Bequemlichkeit sind. Die Sprüche sind alle aus männlicher Sicht geschildert. Die Rolle der Frau ist derjenigen des Mannes untergeordnet, aber dennoch von Bedeutung, da eine anmutige Frau ihrem Mann Ehre einbringt (11,16). Eine tüchtige Frau ist die Krone ihres Mannes (12,4). Man spürt, dass die Frau des Hauses eine gewisse moralische Autorität hat; nur ein Narr verachtet seine Mutter (15,20).

Der Tor zeigt sogleich seinen Ärger,
klug ist, wer Schimpfworte einsteckt.
Sprichwörter 12,16

Schnell errafftes Gut schwindet schnell,
wer Stück für Stück sammelt, wird reich.
Sprichwörter 13,11

Wer die Rute spart, hasst seinen Sohn,
wer ihn liebt, nimmt ihn früh in Zucht.
Sprichwörter 13,24

Das Herz allein kennt seinen Kummer,
auch in seine Freude mischt sich kein Fremder.
Sprichwörter 14,10

Der Unerfahrene traut jedem Wort,
der Kluge achtet auf seinen Schritt.
Sprichwörter 14,15

Eine sanfte Antwort dämpft die Erregung,
eine kränkende Rede reizt zum Zorn.
Sprichwörter 15,1

Des Menschen Herz plant seinen Weg,
doch der Herr lenkt seinen Schritt.
Sprichwörter 16,9

Der Freund erweist zu jeder Zeit Liebe,
als Bruder für die Not ist er geboren.
Sprichwörter 17,17

5 18

Kapitel 11

Stolz führt zu Schande, Bescheidenheit bringt Weisheit. Die Gerechten werden alle Nöte überstehen. Geschwätz ist schädlich. Völker und Menschen brauchen Weisheit, um zu bestehen.

5 18

Kapitel 12

Zucht scheint unangenehm, doch am Ende wirst du dadurch Erfolg haben. Für ein gutes Leben gib acht auf deine Zunge, sei beständig, arbeite hart und sei ehrlich.

5 18

Kapitel 13

Verbringe Zeit mit dem Weisen und du wirst weise. Verbringe Zeit mit dem Toren, und du wirst töricht. Nöte sind das Los derer, die böse und dumm sind.

5 18

Kapitel 14

Einfältige Menschen glauben alles, was sie hören. Die Weisen sind kritischer. Sei achtsam. Bedenke die möglichen Folgen der Entscheidungen, die du triffst.

5 18

Kapitel 15

Rede freundlich, nicht derb, wenn du Probleme ansprichst. Denke daran, was auf Dauer am besten wirkt, nicht daran, was sich für den Moment gut anfühlt.

5 18

Kapitel 16

Gott ist der Einzige, der alles lenkt. Die Menschen mögen denken, ihre Motive seien rein. Sie glauben, sie handelten richtig, doch meistens betrügen sie sich selbst.

5 18

Kapitel 17

Es ist besser, arm und in Frieden zu sein, als reich und im Streit. Und es ist besser, einer wütenden Bärenmutter gegenüberzustehen als einem Toren. Ein wahrer Freund wird dich immer lieben.

5 18

Kapitel 18

Toren scheren sich nicht um Tatsachen, sie wollen nur den Streit gewinnen. Überblicke alle Tatsachen, ehe du entscheidest, was zu tun ist. Finde deine wahren Freunde und bleibe ihnen treu.

Die Lippen des Toren beginnen Streit, sein Mund schreit nach Schlägen.

Sprichwörter 18,6

Die Worte des Verleumders sind wie Leckerbissen, sie gleiten hinab in die Kammern des Leibes.

Sprichwörter 18,8

5 18

Kapitel 19

Bist du achtsam, arbeitest du hart, achtest auf deine Worte und übst Selbstkontrolle, dann lebst du länger und wirst erfolgreicher sein als diejenigen, die das nicht tun.

Wie das Knurren des Löwen ist der Zorn des Königs, doch wie Tau auf dem Gras ist seine Gunst.

Sprichwörter 19,12

5 18

Kapitel 20

Verliere nicht die Beherrschung, sei nicht faul. Sei respektvoll gegenüber den Mächtigen. Lass Gott dich rächen, mache es nicht selbst. Plane sorgsam deine Zukunft.

Wer kann sagen: Ich habe mein Herz geläutert, rein bin ich von meiner Sünde?

Sprichwörter 20,9

5 18

Kapitel 21

Es ist besser, das Rechte zu tun, als später um Vergebung bitten zu müssen. Gerechtigkeit bringt dem Gerechten Freude, selbst wenn sie die Bösen einschüchtert.

Besser in einer Ecke des Daches wohnen
als eine zänkische Frau im gemeinsamen Haus.

Sprichwörter 21,9

5 18

Kapitel 22

Dein Ruf ist etwas Kostbares, wertvoller als jeder Besitz. Was Menschen frühzeitig zu vollbringen lernen, das vollbringen sie auch später. Zucht ist wichtig.

Kapitel 22: Kommentar

Mehrere Redensarten in dieser Sammlung sind den gesammelten Sprüchen der Weisheit des Amenemope auffallend ähnlich. Es handelt sich dabei um eine etwa 1100 v. Chr. von einem ägyptischen Weisen angelegte Sprichwörtersammlung in 30 Kapiteln (vgl. 22,20), vielleicht ein Jahrhundert vor Salomo. Es muss aber keine direkte Verbindung geben.

Erzieh den Knaben für seinen Lebensweg,
dann weicht er auch im Alter nicht davon ab.

Sprichwörter 22,6

5 18

Kapitel 23

Achte auf dich, wenn du bei den Mächtigen bist. Lass Reichtum nicht das Wichtigste für dich sein. Meide die Toren. Züchtige deine Kinder, gehorche den Eltern. Betrinke dich nicht ständig.

Erspar dem Knaben die Züchtigung nicht; wenn du ihn schlägst mit dem Stock, wird er nicht sterben. Du schlägst ihn mit dem Stock, bewahrst aber sein Leben vor der Unterwelt.

Sprichwörter 23,13–14

5 18

Kapitel 24

Beneide nicht die Bösen und Törichten. Am Ende hilft dir die Weisheit weiter. Lass dich nicht von deinen Problemen überwältigen. Hilf denen, die du kämpfen siehst. Gott hat alles im Blick.

Freu dich nicht über den Sturz deines Feindes,
dein Herz juble nicht, wenn er strauchelt,
damit nicht der Herr es sieht und missbilligt und
seinen Zorn von ihm abwendet.

Sprichwörter 24,17–18

Kapitel 25: Kommentar

Die zweite Sprichwörtersammlung wird mit König Hiskija in Verbindung gebracht, der von 716–687 v. Chr. regierte und eine Kultreform durchführte. Diese Sprichwörter sind weniger antithetisch als diejenigen der vorigen Sammlung: Eine zweite Zeile setzt die Idee eher fort, als das Gegenteil zu formulieren.

5 | 18

Kapitel 25

Die Wege der Könige und Mächtigen sind schwer vorherzusagen. Sei umsichtig, sprich sanft und respektvoll, besuche sie nicht zu häufig. Sei freundlich zu deinen Feinden.

Wie goldene Äpfel auf silbernen Schalen ist ein Wort, gesprochen zur rechten Zeit.
Wie ein goldener Ring und Schmuck aus Feingold ist ein weiser Mahner für ein Ohr, das zuhört.
Sprichwörter 25,11–12

5 | 18

Kapitel 26

Toren verursachen Probleme, also bleibe ihnen fern, wenn du kannst. Der Faule wird jede Entschuldigung finden, um Arbeit zu vermeiden. Geschwätz ist schädlich. Hüte dich vor Schmeichelei.

5 | 18

Kapitel 27

Die Zukunft kennst du nicht, sei also vorsichtig, dich dessen zu rühmen, was noch nicht eingetreten ist. Lass dich von anderen loben, doch lass es dir nicht zu Kopf steigen. Sei ergeben und sorgsam.

5 | 18

Kapitel 28

Töricht und böse zu sein ist eine Strafe an sich. Weisheit und Gerechtigkeit sind bereits Lohn genug. Schuld ist eine nie endende Qual.

Der Übeltäter ist den Gerechten ein Gräuel.
Der Rechtschaffene ist für den Frevler ein Gräuel.
Sprichwörter 29,27

5 | 18

Kapitel 29

Weisheit wird Freude und Reichtum bringen, Torheit hingegen Sorgen und Vernichtung. Lass dich berichtigen und bessere dich. Halte dein Temperament im Zaum. Züchtige deine Kinder.

Kapitel 30: Kommentar

Die Worte Agurs stellen keine israelitische Weisheit dar, denn Massa liegt in Arabien. Doch manche Worte wie etwa in 30,9 sind eindeutig jahwistisch. Zahlensprüche sind auch in der prophetischen Literatur häufig, die Betonung liegt immer auf der letzten Zeile.

5 | 18

Kapitel 30

Am besten ist man weder zu arm noch zu reich. Außerdem wirst du nie ganz zufrieden sein. Immer wirst du mehr haben wollen. Nur Gott gibt völlige Zufriedenheit.

Kapitel 31: Kommentar

König Lemuël ist, wie Agur, unbekannt. Es ist bemerkenswert, dass die Königsmutter in den biblischen Berichten der Könige von Israel und Juda regelmäßig aufgeführt ist. Dies sowie das letzte alphabetische Gedicht über die vollkommene Ehefrau liefern einen Ausgleich zum deutlich negativen Bild der Frau in diesem Buch, obgleich der Nutzen der Ehefrau für ihren Mann sehr betont wird.

5 | 18

Kapitel 31

Könige sollten nicht betrunken sein. Eine tugendhafte Frau soll geschätzt werden. Sie wird den Mann, der sie findet, zum glücklichsten aller Männer machen. Sie wird Wohlergehen für sich und ihre Familie schaffen.

Ecclesiastes

Übersicht

I Salomos Nachdenken über die Nichtigkeit des Lebens 1,1–2,26

II Alles menschliche Leben ist Wiederholung 3,1–4,3

III Nichtigkeit des Lebens 4,4–6,12

IV Vergleiche 7,1–29

V Ungewissheit von Tod, Liebe und Zufall 8,1–11,10

VI Im Alter 12,1–8

VII Nachwort 12,9–14

Fast alles an diesem Buch ist diskutiert worden: Autorschaft, Entstehungszeit, Struktur, Bedeutung – selbst der Titel. Das Buch soll von einem König in Jerusalem stammen, dessen Erfolg, Reichtum und Weisheit Salomo als Autor vermuten lassen (1,12–2,12), doch die persischen und aramäischen Sprachelemente widersprechen dieser These. Sie legen nahe, dass das Buch 500 Jahre später entstanden ist, nach dem Exil. Die Autorschaft Salomos ist literarische Fiktion, auch wenn sie die Stellung dieses Buchs in der Bibel zwischen den Sprichwörtern und dem Hohelied begründet, die beide diesem Autor zugeschrieben werden.

Der moderne Titel „Ecclesiastes" ist eine über das Griechische vermittelte Übersetzung des hebräischen Titels „Qohelet". „Kohelet" kann „Mann der Versammlung", „Sammler oder Anführer der Versammlung", „Prediger" oder vielleicht auch „Sammler (von

5 18

Kapitel 1

Das Leben scheint bedeutungslos, weil sich alles wiederholt. Also will ich schauen, ob ich den Sinn des Lebens finden kann. Es ist nicht die Weisheit: Je mehr du weißt, desto trauriger wirst du.

5 18

Kapitel 2

Ich versuchte, den Sinn des Lebens in endlosen Vergnügungen zu finden, doch immer noch war das Leben ohne Sinn. Ich werde sowieso sterben, ob ich nun weise bin oder töricht.

Kapitel 1–2: Kommentar

Die quasiautobiografischen Details dieser Kapitel zeigen König Salomo als Autor. Der Name „Kohelet", der mit dem Verb „versammeln" verbunden ist, kennzeichnet vielleicht seine Aufgabe, die Gemeinde zusammenzurufen, oder diese klugen Worte zusammenzustellen.

5 18

Kapitel 3

Für alles gibt es eine Zeit. Alles kommt und geht. Und so gewinnen wir nichts aus unserer Arbeit. Wir sind nicht besser als die Tiere: Wir leben, wir atmen und dann sterben wir.

Kapitel 3: Kommentar

Der Sinn dieser geistreichen Gegensätze bleibt im Dunkeln. Wollen sie besagen, dass alles im Leben fest und unabänderlich ist, oder dass keiner die Antwort kennt?

Wenn jemand etwas tut – welchen Vorteil hat er davon, dass er sich anstrengt? Ich sah mir das Geschäft an, für das jeder Mensch durch Gottes Auftrag sich abmüht. Gott hat das alles zu seiner Zeit auf vollkommene Weise getan. Überdies hat er die Ewigkeit in alles hineingelegt, doch ohne dass der Mensch das Tun, das Gott getan hat, von seinem Anfang bis zu seinem Ende wiederfinden könnte. Ich hatte erkannt: Es gibt kein in allem Tun gründendes Glück, es sei denn, ein jeder freut sich, und so verschafft er sich Glück, während er noch lebt, wobei zugleich immer, wenn ein Mensch isst und trinkt und durch seinen ganzen Besitz das Glück kennenlernt, das ein Geschenk Gottes ist. […]

Ecclesiastes 3,9–14

5 18

Kapitel 4

Die Welt ist voller Leid, und alles, was wir vollbringen, beruht auf Neid. Besser ist es, nicht allein zu sein, aber egal, was du leistest, die Menschen werden dich vergessen. Das Leben ist sinnlos.

Sprüchen)" bedeuten. Eine Struktur dieses Buchs ist schwer erkennbar. Drei große Abschnitte gibt es: den „Katalog der Zeiten" (3,1–8), die Reihe der Vergleiche (7,1–29) und den poetischen Teil über das Alter (12,1–7). Abgesehen von diesen Abschnitten wird der Leser mit zahlreichen Betrachtungen konfrontiert, die einander oft widersprechen: ob das Leben sinnlos ist oder nicht, ob die herkömmliche Weisheit befürwortet wird oder nicht, ob Mensch und Tier das gleiche Schicksal ereilen wird. Es ist unklar, ob diese Widersprüche von einem Bearbeiter stammen, der die ursprüngliche Schrift abänderte. Es ist sogar unklar, ob die letzten Verse des Buchs über die Gottesfurcht als Menschenpflicht die Lehre des Buchs verdeutlichen oder später als Korrektur hinzugefügt wurden. Die Tatsache aber, dass dieses Buch in den jüdischen wie den christlichen Schriftkanon aufgenommen wurde, zeigt, dass selbst in der Welt des Glaubens solche Fragen ihren Raum haben.

Hör auch nicht auf all die Worte, die man so sagt. Denn niemals wirst du einen Untergebenen über dich schimpfen hören, und doch bist du dir bewusst, dass auch du sehr oft über andere geschimpft hast.

Ecclesiastes 7,21–22

Kapitel 7: Kommentar

Die wiederholte Wendung „Besser A als B" ist eine damals übliche Weise, über Ethik nachzudenken.

Kapitel 12: Kommentar

Die berühmte allegorische Beschreibung des Alters betont Kohelets Botschaft der Hoffnungslosigkeit. Strittig ist, ob die letzten sechs Verse des Buchs die Quintessenz des Autors Kohelet wiedergeben oder eine Mahnung eines späteren Bearbeiters sind.

Hast du alles gehört, so lautet der Schluss: Fürchte Gott und achte auf seine Gebote! Das allein hat jeder Mensch nötig. Denn Gott wird jedes Tun vor das Gericht bringen, das über alles Verborgene urteilt, es sei gut oder böse.

Ecclesiastes 12,13–14

5 | 18

Kapitel 5

Versprichst du Gott etwas, dann halte es. Auch Reichtum ist sinnlos. Je mehr du hast, desto mehr willst du. Nie wirst du zufrieden sein und am Ende stirbst du und kannst nichts mitnehmen.

5 | 18

Kapitel 6

Vielleicht hast du eine Weile Vergnügen, doch nie wirst du zufrieden sein, ganz gleich, wie viel du bekommst. Niemand kann den Sinn des Lebens oder der Zukunft enthüllen.

5 | 18

Kapitel 7

Das „gesegnete Alter" gibt es nicht. Den Schlechten widerfährt Gutes, den Guten Schlechtes. Sei nicht so schlecht, dass du leidest, und nicht so gut, dass du keine Freude hast.

5 | 18

Kapitel 8

Gehorche den Mächtigen, dann wird dein Leben leichter. Vergnüge dich, denn du findest nie heraus, was das alles bedeutet. Wer behauptet, er wüsste es, ist im Irrtum.

5 | 18

Kapitel 9

Ganz gleich, was du tust oder wie du lebst, am Ende wirst du sterben. Zeit und Zufall erreichen jeden. Das Leben bietet keine Garantien. Du kannst alles richtig machen und dennoch verlieren.

5 | 18

Kapitel 10

Die Menschen, die es nicht verdienen, kommen voran. Toren geschieht Gutes. Wenn du natürlich alles falsch machst und töricht bist, wird alles mit größerer Wahrscheinlichkeit schlecht laufen.

5 | 18

Kapitel 11

Sei also klug bei all deinen Unternehmungen. Dennoch gibt es keine Garantie, dass du Erfolg haben wirst.

5 | 18

Kapitel 12

Genieße dein Leben, wenn du jung bist. Bist du alt, wirst du nicht mehr so viel Freude haben. Es ist alles bedeutungslos, denn Gott wird am Ende über dich urteilen, egal, ob du gut oder schlecht bist.

Hohelied

Übersicht

Hinweis: Die hier vorgenommene Unterteilung der Lieder ist nur als Vorschlag zu betrachten, sie ist nicht die einzig mögliche.

Ursprünglich sind diese Liebeslieder rein weltlich. Sie feiern die Liebe zweier junger Menschen und sind voller Doppeldeutigkeiten und sexueller Anspielungen. Das Buch wird Salomo zugeschrieben, weil der Mann im dritten Lied als Salomo in voller Herrlichkeit beschrieben wird – eine allegorische Darstellung, denn Salomo, der weise und erfolgreiche König mit unzähligen Frauen und Konkubinen, war als erfolgreicher Liebhaber durchaus repräsentativ. Das reicht aber nicht aus, um Entstehungszeit und Autorschaft des Buchs mit Salomo in Verbindung zu bringen. Die Lieder beschreiben die Liebe in den Konventionen und Bildern der Liebesdichtung Ägyptens und Mesopotamiens, die bis ins zweite vorchristliche Jahrtausend zurückreicht. Die beiden Liebenden stellen tatsächlich archetypische Liebende dar. Der Zuhörer oder Leser belauscht und betrachtet sie, wie sie einander ihre zeitlose Liebe gestehen. Alle möglichen Liebesgefühle sind vertreten: Suchen und

5 10 18

Lied 1

Die beiden Liebenden drücken ihre Liebe und Bewunderung füreinander in kurzen, sich ergänzenden Reden aus. Am Ende mahnt der Chor, die Liebenden nicht zu stören.

5 10 18

Lied 2

Das Mädchen beschreibt, wie ihr Liebhaber sich ihr allmählich nähert, bis sie vereint sind. Dann beschreibt sie, wie sie ihn in der Stadt findet. Wieder mahnt der Chor, nicht zu stören.

5 10 18

Lied 3

Das Mädchen (oder der Chor) beschreibt die Annäherung des Liebhabers als König Salomo in seiner ganzen Herrlichkeit am Hochzeitstag.

5 10 18

Lied 4

Der Mann beschreibt den Körper seiner Liebsten metaphorisch, als geheimen, exotischen, verschlossenen Garten mit süß duftenden Blumen. Sie lässt ihn herein und er folgt willig.

Lied 1: Kommentar

Die *dramatis personae* sind die beiden Liebenden und ein imaginärer Chor der Töchter Jerusalems, der von beiden angerufen wird. Das Mädchen spricht über seine dunkle Hautfarbe, die vom Schafehüten herrührt, jedoch ist unklar, ob dies ihr gutes Aussehen noch erhöhen oder davon ablenken soll.

Lied 2: Kommentar

Obstgarten und Blumen sind allegorische Elemente aus der ägyptischen Liebesdichtung. Manche dieser Gaben galten als Aphrodisiaka wie etwa Rosinen (Rosinenkekse wurden bei der Anbetung von Fruchtbarkeitsgöttinnen benutzt), Alraunen und Granatäpfel.

Verzaubert hast du mich, meine Schwester Braut;
ja verzaubert mit einem (Blick) deiner Augen,
mit einer Perle deiner Halskette.
Wie schön ist deine Liebe, meine Schwester Braut;
wie viel süßer ist deine Liebe als Wein, der Duft
deiner Salben köstlicher als alle Balsamdüfte.

Hohelied 4,9–10

Finden, Abschied und Wiedervereinigung, Necken und Besänftigen, Enttäuschung und Freude.

Wie hat diese Liebesdichtung ihren Weg in die Bibel gefunden? Im gesamten Hohelied wird Gott an keiner Stelle erwähnt. Es wurde oft angemerkt, dass der Bibel etwas fehlen würde, wenn sie nicht dem elementarsten aller menschlichen Gefühle gebührenden Raum geben würde: der Liebe von Mann und Frau. Spätestens seit der Zeit von Rabbi Akiba im frühen zweiten nachchristlichen Jahrhundert, als sich der jüdische Schriftkanon ausbildete, wurde dieses Buch im Judentum als Allegorie auf die unsterbliche Liebe Gottes zu Israel gesehen, und im Christentum als Allegorie auf die ewige Liebe Christi für seine Kirche, wie es in Epheser 5,23–26 gelehrt wird. Durch alle christlichen Jahrhunderte hindurch finden sich seither in Liebesdichtungen und Musik Anspielungen auf das Hohelied und Zitate daraus.

5 | 10 | 18

Lied 5

Das Mädchen beschreibt, wie ihr Liebhaber sie besucht, dann aber fortläuft. Als sie ihn sucht, finden sie die Wächter. Eindrucksvoll beschreibt sie dem Chor jeden Körperteil ihres Geliebten.

5 | 10 | 18

Lied 6

Der Mann preist seine Geliebte, jeden Teil ihres Körpers. Auch dem Chor schildert er ausführlich ihre Lieblichkeit.

Lied 5: Kommentar

Die sexuelle Symbolik ist unmissverständlich. Das plötzliche Verschwinden ist vielleicht Teil eines Traums, in dem die Wächter die Hüter ihrer Anständigkeit sind.

Schulammit
Die Geliebte im Hohelied wurde in 7,1 als eine „Schulammit" identifiziert, was vielleicht ihre Heimatstadt meint oder die Tatsache, dass sie zu Salomo gehört.

Lied 7: Kommentar

Der Name Sulam ist die weibliche Form von Salomo. Dass die Beschreibung einer Tänzerin mit ihren Füßen beginnt, ist angemessen.

Früh wollen wir dann zu den Weinbergen gehen
und sehen, ob der Weinstock schon treibt,
ob die Rebenblüte sich öffnet, ob die Granatbäume blühen. Dort schenke ich dir meine Liebe.
Die Liebesäpfel duften; an unsrer Tür warten alle köstlichen Früchte, frische und solche vom Vorjahr;
für dich hab' ich sie aufgehoben, Geliebter.
Hohelied 7,12–13

5 | 10 | 18

Lied 7

Das Mädchen lädt ihren Geliebten in ihren geheimen Garten ein und bietet ihm ihre Liebe an.

5 | 10 | 18

Lied 8

Die beiden wechseln sich in ihren Liedern ab und drücken ihre Liebe füreinander aus.

Lied 8: Kommentar

Die Lieder enden in 8,7, es folgen vier unabhängige Ergänzungen.

Weisheit

Übersicht

I Weisheit und Schicksal des Menschen 1,1–5,23

II Salomo und das Streben nach Weisheit 6,1–9,19

III Eine Betrachtung über den Exodus 10,1–19,22

Im Buch der Weisheit heißt es, es sei von König Salomo verfasst, doch das ist literarische Fiktion. Tatsächlich ist gemeint, dass die darin enthaltene Weisheit der von Salomo herrührenden jüdischen Weisheitstradition entspricht. Ursprünglich wurde das Buch von Juden auf Griechisch, und nicht auf Hebräisch, verfasst. Diese hatten sich in der ägyptischen Stadt Alexandria niedergelassen, die für ihre griechische Kultur berühmt war. Dort wurde die Bibel zum ersten Mal ins Griechische übersetzt, denn die Juden in der Stadt hatten das Wissen um ihre Herkunftssprache verloren. Es ist vielleicht das jüngste Buch des Alten Testaments, nur wenige Jahre vor Christi Geburt verfasst und beeinflusst von griechischer Kultur und Tradition. Es steht den Ägyptern feindselig gegenüber und ergeht sich darin, was sie den Vorfahren der Juden, 1000 Jahre zuvor, zur Zeit des Exodus unter Mose, angetan hatten.

18

Kapitel 1

Gottes Weisheit erfüllt die ganze Welt und lädt alle wohlmeinenden Menschen ein, an der göttlichen Weisheit teilzuhaben. Gott erschuf das Leben und verleiht uns Unsterblichkeit.

Kapitel 1: Kommentar

„Der Geist des HERRN erfüllt den Erdkreis." Das ist noch nicht die christliche Lehre vom Heiligen Geist, führt aber in diese Richtung. Der Autor weiß sehr wohl, dass Gott die Geschichte durch den Geist beherrscht und leitet, denn der Geist Gottes ist überall.

18

Kapitel 2

Die Trostlosigkeit des Lebens ohne Gott. Eifersüchtiger Spott der Gottlosen gegen die Aufrechten, die sagen, sie seien Kinder Gottes. Der Tod kam durch den Neid des Teufels in die Welt.

18

Kapitel 3

Ein Vergleich zwischen Aufrechten und Gottlosen. Die Aufrechten werden geprüft wie Gold im Schmelzofen, ihre Hoffnung ist die Unsterblichkeit.

18

Kapitel 4

Die Gottlosen können die Hoffnung der Aufrechten nicht begreifen und machen sich lustig über sie. Doch wenn die Aufrechten jung sterben, werden sie bei Gott sein.

Kapitel 2–4: Kommentar

Der primitive Glaube in der Bibel über das Leben nach dem Tod besagte, dass die Toten eine Art machtloses Halbleben in der Unterwelt führten. Später entwickelt sich die Überzeugung wie bei Ijob und in den Psalmen, dass Gott diejenigen nicht verlassen wird, die er liebt. Im zweiten vorchristlichen Jahrhundert entwickelt sich daraus der Glaube an die vollständige körperliche Auferstehung (Daniel 12,2). Bei den griechischsprachigen Juden wird das als Unsterblichkeit der Seele ausgedrückt. Die Seele wird sicher in den Händen Gottes bleiben.

Dieses Buch ist so wertvoll vor allem aufgrund seiner Lehre eines Lebens nach dem Tod und der Unsterblichkeit der Seele. Die Juden hatten erst unlängst den Glauben entwickelt, dass unser Leben in Gott nach dem körperlichen Tod andauert. Der zweite Teil (Kap. 6–9) bietet reichliche Betrachtungen über göttliche Weisheit. Gott schuf in seiner Weisheit das Universum, aber wie steht Gott selbst zu seiner göttlichen Weisheit? Der dritte Teil ist eine brillante Satire auf die Torheit der Götzenanbetung. Er nutzt die Geschichten über die Flucht der Juden vor den Ägyptern zur Zeit des Exodus und stellt die den Juden bezeigte Gunst Gottes der Bestrafung der Ägypter gegenüber. Gottes Wille, alle Menschen zu retten, wird dennoch besonders hervorgehoben.

Kapitel 6: Kommentar

Salomo betete für die Gabe der Weisheit (1. Könige 3). Er war als Begründer der Weisheitstradition Israels bekannt. Viele Sprichwörter und weise Aussprüche wurden ihm zugeschrieben.

Kapitel 7: Kommentar

Gott schien zu fern und Ehrfurcht gebietend, um seine Hände mit der Erschaffung der Welt zu beschmutzen, also soll er sie durch Weisheit erschaffen haben. Doch wie stehen Weisheit und Gott zueinander? Eine Liste mit 21 Eigenschaften der Weisheit legt nahe, dass die Weisheit göttlich ist. In den Versen 25–26 versucht der Autor, ein Bild dafür zu finden. Im Neuen Testament (vor allem Kolosser 1,15) werden diese Bilder auf die Verkörperung der göttlichen Weisheit in Christus übertragen.

18

Die Reue der Gottlosen, wenn sie bemerken, dass ihre Freuden eitel sind und spurlos vergehen, während die Aufrechten von Gott belohnt werden.

Kapitel 5

18

Salomos Lob der Weisheit und der Lohn für diejenigen, die über Weisheit nachsinnen und die Weisheit ehren.

Kapitel 6

18

Salomos Lob der Weisheit. Seit frühester Kindheit suchte er vor allem die Weisheit. Sie ist der Abglanz des ewigen Lichts und das Bild göttlicher Güte.

Kapitel 7

18

Wie Salomo der Weisheit den Hof machte, um sie zu seiner Lebensgefährtin zu machen. Sie sollte an seinem Leben und seiner Suche nach Unsterblichkeit teilhaben.

Kapitel 8

12

Als Salomo König wurde, bat er um Weisheit und den Heiligen Geist, um als Stellvertreter Gottes das Volk Gottes zu regieren.

Kapitel 9

5 17

Weisheit war auch in der Geschichte des Exodus aus Ägypten am Werk. Gott schützte die Gläubigen vor Unterdrückung und führte sie durch das Rote Meer zur Freiheit.

Kapitel 10

5 17

Ein Vergleich: Für die Hebräer reines Wasser aus dem Fels in der Wüste, für die Ägypter faules, trübes Wasser und Angriffe wilder Tiere, die von den Ägyptern angebetet worden waren.

Kapitel 11

5 17

Gottes milde Bestrafung der götzendienerischen Bewohner Kanaans, damit sie zur Besinnung kommen und zum Glauben finden. Gottes Großzügigkeit gegenüber Israel.

Kapitel 12

18

Kapitel 13

Eine Satire auf einen Holzschnitzer, der ein Bild seines Gottes herstellt und es dann anbetet.

18

Kapitel 14

Die Torheit, ein Stück Holz anzubeten. Bilder dienen nur zur Erinnerung der Toten. Götzendienst führt zum Bösen, zu Mord und abscheulichem Verhalten.

18

Kapitel 15

Es ist töricht, Götzenbilder aus Ton oder Silber anzubeten, vor allem Bilder abscheulicher Tiere. Die Menschen stehen über solchen Kreaturen.

5 17

Kapitel 16

Eine Reihe von Vergleichen. Die ägyptischen Plagen – Frösche, Heuschrecken, Hagel – waren schlimme Strafen für die Ägypter, doch das Heil für Israel.

5 17

Kapitel 17

Weitere Vergleiche in Zusammenhang mit den ägyptischen Plagen: Dunkelheit und Tod für die Ägypter brachten Licht und Freiheit für Israel.

5 17

Kapitel 18

Gottes Wort kam herab, um die Ägypter zu vernichten, doch Gott brachte einen Befreier für Israel.

5 17

Kapitel 19

Ein weiterer Vergleich: Die Befreiung Israels beim Zug durch das Rote Meer und das Schicksal seiner Verfolger als Bestrafung für die schlechte Behandlung der Israeliten.

Ein anderer, der sich zu einer Seefahrt rüstet, auf der er wilde Wogen durchqueren wird, ruft ein Holz an, das gebrechlicher ist als das Fahrzeug, das ihn trägt. Das Fahrzeug hat der Erwerbstrieb ersonnen und die Weisheit eines Künstlers hergestellt. Deine Vorsehung, Vater, steuert es; denn du hast auch im Meer einen Weg gebahnt und in den Wogen einen sicheren Pfad. Damit zeigst du, dass du imstande bist, aus jeder Lage zu retten, sodass auch jemand, der keine Erfahrung hat, ein Schiff besteigen kann.

Weisheit 14,1–4

Kapitel 15: Kommentar

Die alten Ägypter beteten Götter in Gestalt von Tieren an: Chnum, den Totengott, als Widder; Thot, den Gott der Weisheit, als Pavian oder Ibis. Vor allem diese Form der Anbetung von Tieren war den Juden zuwider.

Kapitel 16: Kommentar

Diese poetische Dramatisierung der Ereignisse um den Exodus baut auf früheren Traditionen auf, um einen Vergleich zwischen Israel und seinen Unterdrückern anzustellen. Was den Ägyptern Unheil brachte, brachte Israel Heil.

Kapitel 19: Kommentar

Das „trockene Land" und die „grüne Ebene" sind poetische Übertreibungen. Der Ostwind war in Exodus 15 die Naturerscheinung, die Mose und seiner Gruppe den Zug durch das „Schilfmeer" erlaubte. Dieser habe den Wasserstand des verschilften Sees genügend abgesenkt, damit die Hebräer ihn überqueren konnten. Als der Wind unerklärlicherweise nachließ, stieg das Wasser wieder an und die nachfolgenden ägyptischen Einheiten versanken. Wie Mirjam es in ihrem uralten Siegesgesang ausdrückte: „Rosse und Wagen warf er ins Meer" (Exodus 15,1, 21).

Das Wesen der ganzen Schöpfung wurde neu gestaltet; sie gehorchte deinen Befehlen, damit deine Kinder unversehrt bewahrt blieben. Man sah die Wolke, die das Lager überschattete, trockenes Land tauchte auf, wo zuvor Wasser war; es zeigte sich ein Weg ohne Hindernisse durch das Rote Meer, eine grüne Ebene stieg aus der gewaltigen Flut. Von deiner Hand behütet, zogen sie vollzählig hindurch und sahen staunenswerte Wunder. Sie weideten wie Rosse, hüpften wie Lämmer und lobten dich, Herr, ihren Retter.

Weisheit 19,6–9

Anbetung des Goldenen Kalbs
Das Buch der Weisheit warnt wiederholt vor der Torheit, menschengemachte Bilder anzubeten.

Sirach

Übersicht

I Die Suche nach Weisheit 1,1–24,34

a Die Quelle der Weisheit 1,1–20

b Der Lohn der Weisheit 4,11–19

c Der Anfang der Weisheit 6,18–37

d Das Streben nach Weisheit 14,20–15,10

e Die Reden der Weisheit 24,1–22

II Praktischer Rat 25,1–42,14

III Lob der Schöpfung 42,15–43,33

IV Lob der Vorfahren 44,1–50,29

V Anhänge 51,1–30

Der vollständige Titel des Buchs lautet: „Die Weisheit des Jesus Ben Sirach". Der Standardtext ist auf Griechisch verfasst, übersetzt aus dem Hebräischen vom Enkel des Verfassers für die Griechisch sprechenden Juden in Alexandria. Das hebräische Original wurde vermutlich zwischen 190 und 180 v. Chr. geschrieben. Während der letzten 150 Jahre wurden große Teile des hebräischen Textes an verschiedenen Orten gefunden, sodass nun ungefähr zwei Drittel des Originaltextes bekannt sind. Das Buch wird auch „Ecclesiasticus" oder „Kirchenbuch" genannt, da es zu zahlreichen moralischen Fragen Ratschläge gibt. Der Verfasser war Jerusalem und dem Gesetz offenbar leidenschaftlich ergeben. So sieht er das Gesetz als Ausdruck der Weisheit an und den Tempel in Jerusalem als deren Quelle und Zentrum. Die erste Hälfte des Buchs endet mit einer lyrischen Beschreibung, wie die Weisheit ausgesandt wurde, ihren Sitz in Jerusalem einzunehmen. Die zweite

18

Kapitel 1

Lob der Weisheit, die von Gott kommt und denen Frieden und Gesundheit bringt, die sie suchen. Grundlage aller Weisheit sind Furcht und Verehrung des HERRN, bezeugt durch Gesetzestreue.

18

Kapitel 2

Vertraue auf den HERRN und glaube in Zeiten der Versuchung an ihn.

18

Kapitel 3

Pflichten gegenüber den Eltern, vor allem, wenn sie alt sind. Überlegungen zu Demut und Stolz.

18

Kapitel 4

Großzügigkeit gegenüber den Armen und Bedürftigen. Die Suche nach Weisheit und wahrer Selbsterkenntnis und Selbstbewertung.

Kapitel 1: Kommentar

Jeder der ersten vier Abschnitte des Buchs beginnt mit einem Gedicht über den Ursprung der Weisheit bei Gott. Wie menschlich Ratschläge und Sprichwörter auch scheinen mögen, so kommt doch alle Weisheit von Gott – ein das gesamte Buch durchziehender Gedanke. Die „Gottesfurcht" wird im Verlauf des Buchs mehr als 60 Mal erwähnt. Sie bedeutet eher Verehrung und Ehrfurcht als Schrecken.

Kapitel 2: Kommentar

Furcht oder Verehrung des HERRN ist Lohn an sich. Tugend wird belohnt, Laster bestraft. Der Autor ist Traditionalist, er verliert kaum ein Wort zum Leben nach dem Tod (vielleicht 48,11), obwohl wir einige Jahre später, zum Zeitpunkt der Verfolgung durch die Makkabäer, auf die Lehre der Auferstehung von den Toten stoßen sowie im griechischen Einflussbereich auf das Konzept der Unsterblichkeit der Seele. Derartige Lehren waren damals gerade erst in der Entstehung begriffen.

Sirach lehrt eine Gruppe von Menschen seine Weisheit
Obgleich Sirach ein Stadtbewohner war, beziehen sich viele seiner Aussprüche auf die Welt der Natur.

Hälfte endet mit einem Lobgesang auf die Vorfahren, gipfelnd in einer enthusiastischen Beschreibung des Hohepriesters Simon (220–195), an den der Autor sich offensichtlich erinnert.

Die Anordnung der Themen folgt keinem bestimmten Muster. Wir scheinen von einem Thema zum nächsten zu gleiten. Viele Abschnitte sind exakt 22 Zeilen lang, was der Anzahl der Buchstaben im hebräischen Alphabet entspricht. Der Autor ist streng und strikt bei Themen wie Disziplin und Strafe, er kann aber auch humorvoll sein. Frauen begegnet er mit entschiedenem Misstrauen oder sogar Zynismus. Er gewährt ihnen keine eigenen Rechte und möchte sie unter strenge Männerherrschaft stellen. Er ist sicher, dass Tugend belohnt und Laster bestraft wird. Von einem Leben nach dem Tod hat er jedoch keine Vorstellung.

18

Kapitel 5

Bestrafung durch den HERRN ist verdient, ihr kann man nicht ausweichen. Das Leid, das durch boshaftes Reden entsteht.

18

Kapitel 6

Wie man neue, dauerhafte und verdiente Freundschaft erwirbt. Die Zucht, die man braucht, um Weisheit zu erlangen, aber die Belohnung, die man erhält für den Dienst unter ihrem Joch.

18

Kapitel 7

Verschiedene Ratschläge zu persönlichen Beziehungen zwischen Freunden, zu Kindern, Eltern und den Armen.

18

Kapitel 8

Wie man unnötigen Streit vermeidet, und Menschen, die einen vermutlich in Schwierigkeiten bringen.

18

Kapitel 9

Die Gefahren sexueller Anziehung und der Beschäftigung mit weiblicher Schönheit. Einige Überlegungen zu wahrer Freundschaft.

18

Kapitel 10

Eigenschaften, die Führungspersonen benötigen, und die Torheit, sich von eigener Wichtigkeit und eigenem Stolz mitreißen zu lassen.

18

Kapitel 11

Die Gefahr, dem äußeren Schein nach zu urteilen und schnelle, unüberlegte Urteile zu fällen. Gott allein verdient absolutes Vertrauen.

18

Kapitel 12

Echte und falsche Freunde, denen man vertrauen kann oder auch nicht, und die Gefahr falscher Freunde.

Täuschung durch äußeren Schein
Einer von Jesus Sirachs weisen Ratschlägen soll die Menschen davon abbringen, dem äußeren Schein nach zu urteilen. „Unansehnlich unter den geflügelten Tieren ist die Biene, und doch bringt sie den besten Ertrag ein." (11, 3)

Kapitel 15: Kommentar

Dieser Abschnitt lehrt, dass Sünde aus dem freien Willen des Menschen resultiert. Im Judentum waren außerdem noch zwei weitere Theorien im Umlauf: dass die Sünde durch gefallene Engel zu den Menschen kam und dass Gott den Menschen sowohl einen guten als auch einen bösen Geist einpflanzte. Es ist auffällig, dass hier kein Hinweis auf Adam und Eva erfolgt.

Manche Ermahnung geschieht zur Unzeit; mancher schweigt, und der ist weise. Keinen Dank erntet, wer den Zornigen zurechtweist; wer Lob erteilt, bleibt vor Schimpf bewahrt. Wie ein Entmannter, der bei einem Mädchen liegt, ist einer, der mit Gewalt das Recht durchsetzen will.

Sirach 20,1–4

18

Die Gefahr, sich zu übernehmen und mit Menschen Umgang zu pflegen, die zu mächtig sind. Bleibe auf deinem Platz.

Kapitel 13

18

Neid, Gier und die Torheit, Reichtum für sich selbst anzuhäufen. Wahres Glück liegt in Weisheit und Selbsterkenntnis.

Kapitel 14

18

Das Gesetz als Quelle wahrer Weisheit und die Wichtigkeit, Verantwortung für eigene Entscheidungen zu übernehmen.

Kapitel 15

18

Der HERR sichert zu, dass alle den ihnen gebührenden Lohn bzw. die ihnen gebührenden Strafen erhalten. Es gibt kein Entkommen.

Kapitel 16

18

Der HERR erschuf alle Dinge und verlieh ihnen unterschiedliche Gaben und Talente. Er wacht weiterhin über sie und ermutigt sie zur Buße, solange noch Zeit dafür ist.

Kapitel 17

18

Die unermessliche Größe Gottes, seine Geduld und sein Erbarmen für die Menschen. Das Leid, das durch gedankenlose Reden entstehen kann, und wie man es vermeidet.

Kapitel 18

18

Die Gefahren von Alkoholgenuss und Geschlechtsverkehr. Ratschläge zum Umgang mit anderen, Geschwätz als Torheit. Einige Faustregeln, wie man vertrauenswürdige Menschen erkennen kann.

Kapitel 19

18

Widersprüchliche Betrachtungen über die verschiedene Art und Weise der Menschen und wie man vermeidet, in Schwierigkeiten zu kommen, vor allem durch sorgloses Reden.

Kapitel 20

18

Kapitel 21

Prägnante Zweizeiler über kluges und dummes Verhalten gegenüber anderen Menschen und denjenigen Menschen, die man meiden sollte.

18

Kapitel 22

Wie man Toren meidet und sich nicht in ihrer Torheit verfängt. Wie man sich Freunde erhält und sie wertschätzt.

18

Kapitel 23

Die Gefahren sorgloser Schwüre, der Anrufung Gottes als Zeugen für alles, sowie ungehobelter Sprache. Die Gefahr von Unzucht, da Gott alles sieht.

12 18

Kapitel 24

Eine Lobeshymne auf die Weisheit: wie sich die Weisheit Zion als Wohnort ausgesucht hat und viel Anmut und Glanz mit sich brachte. Weisheit als Quell des lebendigen Wassers.

18

Kapitel 25

Einige Zahlensprüche über verschiedene Arten von Menschen. Die Gefahren von Frauen und ihren Fehlern.

18

Kapitel 26

Sonstige Beobachtungen, vor allem über die Fehler von Frauen, aber auch über weibliche Tugenden und Werte.

18

Kapitel 27

Warnungen vor geschäftlicher Unehrlichkeit und wie man einen Menschen nach seinen Reden, seiner Ehrenhaftigkeit, Vertrauenswürdigkeit und schmeichelhaften Sprache beurteilt.

18

Kapitel 28

Die Übel der Missgunst, Launenhaftigkeit und des Streits. Die abschreckenden Folgen von sorglosem Geschwätz.

Die Bedeutsamkeit der Gesetze Gottes
Sirach vergleicht das Jerusalem eingepflanzte Gesetz mit mehreren exotischen Bäumen, die in fruchtbarer Erde wachsen.

Kapitel 24: Kommentar

Diese Lobrede auf die Weisheit beschließt den ersten Teil des Buchs. Sie fasst Weisheitsgedichte der Kapitel 4, 6 und 14 zusammen und geht, was den göttlichen Ursprung der Weisheit betrifft, über frühere Gedichte wie in Ijob 28 und Sprichwörter 8 hinaus. Sie bereitet auf die erhabene Aussage über Weisheit in Weisheit 7 vor. Die Personifikation der Weisheit ist Vorbereitung auf die Lehre des Neuen Testaments über den göttlichen Ursprung des Gottesworts.

Vor der Zeit, am Anfang, hat er mich erschaffen und bis in Ewigkeit vergehe ich nicht. Ich tat vor ihm Dienst im heiligen Zelt und wurde dann auf dem Zion eingesetzt. In der Stadt, die er ebenso liebt wie mich, fand ich Ruhe, Jerusalem wurde mein Machtbereich.

Sirach 24,9–11

Kapitel 33: Kommentar

In der antiken Welt waren Sklaven bewegliches Gut ohne eigene Rechte. Sie verdienten weder Mitgefühl noch menschliche Rücksicht. Hier bricht der Autor Konventionen, indem er dem Leser rät, einen einzigen Sklaven wie einen Bruder zu behandeln. In 7,21 rät er auch zu menschenwürdiger Behandlung. Viele Jahrhunderte sollten vergehen, ehe Christen die Lehren der Bibel zur Menschenwürde auf die Sklaverei anwandten.

Kapitel 35: Kommentar

Diese Kritik an Opfergaben ohne Aufrichtigkeit ist in der Weisheitsliteratur einzigartig, wenn auch bei früheren Propheten durchaus geläufig. Die Erfüllung des Gesetzes wurde im Judentum zusehends als Äquivalent zum Opfer angesehen, vor allem nach der Zerstörung des Tempels durch die Römer.

18

Umgang mit Geld, Gefahren des Verleihens, Wichtigkeit der Großzügigkeit gegenüber Bedürftigen. Nützliche Regeln für Gäste und wie man vermeidet, sich unbeliebt zu machen.

Kapitel 29

18

Wie man Kinder erzieht. Die Wichtigkeit von Gesundheit und einer positiven Lebenseinstellung.

Kapitel 30

18

Gefahren der exzessiven Gier nach Geld: Sie macht krank. Nützliche Regeln zum Verhalten bei Tisch, vor allem zu vernünftigen Trinkgewohnheiten.

Kapitel 31

18

Wie man sich bei einem Festessen verhält. Wie man Belehrungen annimmt und das Gesetz sorgsam beachtet.

Kapitel 32

18

Ungleichheit als Tatsache des Lebens. Jeder Mensch ist anders. Bewahre deine eigene Unabhängigkeit. Wie man Sklaven behandelt.

Kapitel 33

18

Verschiedene Ratschläge über das Beachten von Träumen, über erfolgreiches Reisen und aufrichtige Opfergaben.

Kapitel 34

18

Die Bedeutung von Echtheit und Großzügigkeit beim Kult. Wie Gott es nie unterlässt, Gebete zu erhören. Wie Gott über die Bösen streng und doch voll Erbarmen urteilt.

Kapitel 35

12 18

Ein Gebet um Schutz für Zion und das Volk Gottes. Es ist wichtig zu heiraten und eine Familie zu gründen.

Kapitel 36

18

Kapitel 37

Falsche Freunde und Ratgeber. Manchen Menschen ist zu trauen, anderen nicht, und wie man den Unterschied zwischen ihnen erkennt. Gefahren von Ausschweifungen, vor allem beim Essen.

18

Kapitel 38

Krankheit – der fleißige Arzt und die Notwendigkeit des Gebets. Klagen sollten innig, aber kurz sein. Handarbeit kann den Menschen verrohen.

18

Kapitel 39

Der vornehme Beruf des Schriftgelehrten. Die große Gelegenheit, Weisheit zu erlangen, und der Segen, den das Studium des Gesetzes mit sich bringt.

18

Kapitel 40

Der Albtraum des Ausblicks auf den Tod. Die Gegensätze im Leben zwischen Gut und Böse, Reich und Arm.

18

Kapitel 41

Die Bitterkeit des Todes für den Friedfertigen, der willkommene Tod für die Alten. Fluch über die Bösen und das Schamgefühl, das durch üble Tat bewirkt wird.

18

Kapitel 42

Eine Aufzählung von Leitsätzen, grundlegend für Erfolg im Leben. Die Sorge um unverheiratete Töchter.

18

Kapitel 43

Ein bemerkenswertes Gedicht zum Lob der Schöpfung: Sonne, Mond, Sterne, Regenbogen und andere Naturwunder in der Schöpfung.

18

Kapitel 44

Lob berühmter Männer: 1. Enoch fuhr zum Himmel auf; 2. Noach wurde vor der Flut bewahrt; 3. Abraham achtete das Gesetz; 4. Isaak und Jakob führten seinen Segen fort.

Kapitel 38–39: **Kommentar**

Die griechisch-römische Welt sah Handarbeit generell als erniedrigend und beschränkend an, ohne Zweifel aufgrund ihrer Nähe zur Sklavenarbeit. Nach der Satire auf Handel und Handwerk lobt der Autor den Schriftgelehrten, der sich den drei Bereichen der Bibel (Gesetz, Weisheit, Prophetie) widmet: sicher ein idealisiertes Selbstporträt.

Kapitel 42: **Kommentar**

Das Buch endet mit einem Aufruf, Gott für seine Herrlichkeit zu preisen, die sich in der Schöpfung und den Taten der Vorfahren zeigt.

Salomo war König in friedlichen Tagen, Gott verschaffte ihm Ruhe ringsum. Er baute ein Haus für den Namen des Herrn und errichtete ein Heiligtum für immer. Wie weise warst du in deiner Jugend, von Bildung strömtest du über wie der Nil.
Sirach 47,13–14

18

Lob berühmter Männer: 1. Mose empfing das Gesetz; 2. Aaron begründete die Priestertradition; 3. Pinhas blieb standfest, als das Volk rebellierte.

Kapitel 45

18

Lob berühmter Männer: 1. Josua führte die Schlachten des Herrn; 2. Kaleb unterdrückte eine Revolte; 3. die Richter waren nie untreu; 4. Samuel begründete das Königtum.

Kapitel 46

18

Lob berühmter Männer: 1. Natan prophezeite zu Davids Zeiten; 2. David brachte den Lobgesang ins Heiligtum; 3. Salomo erbaute den Tempel und häufte Gold an wie Eisen; 4. Rehabeam und Jerobeam.

Kapitel 47

18

Lob berühmter Männer: 1. Elija wurde in einem Feuersturm hinweggeführt; 2. Elischa hat die Sünde nicht aufgehalten; 3. Hiskija baute den Wassertunnel und schlug Sanherib; 4. Jesaja offenbarte das Ende der Zeiten.

Kapitel 48

18

Lob berühmter Männer: 1. Joschija führte Reformen durch gegen Missbräuche; 2. die letzten Könige Judas; 3. Serubbabel, Jeschua und Nehemia bauten Stadt und Tempel wieder auf.

Kapitel 49

18

Lob berühmter Männer: Simon, Sohn Johanans, der große Hohepriester, wirkte im Tempel in seinen zeremoniellen Gewändern.

Kapitel 50

12 17

Ein Dankeshymnus für die Gnade Gottes und ein Gedicht über die Suche des Autors nach Weisheit.

Kapitel 51

Enoch ging mit Gott und fuhr zum Himmel, ohne den Tod erlitten zu haben
In der frühen jüdischen Literatur wurde Enoch oft als der Offenbarer himmlischer Geheimnisse dargestellt.

Jesaja

Übersicht

Zum besseren Verständnis der prophetischen Schriften müssen einige grundlegende und möglicherweise unerwartete Tatsachen beachtet werden:

Der heutige Leser erwartet, dass der Lesestoff in mehr oder weniger chronologischer Reihenfolge präsentiert wird. Das gilt nicht für die Prophetenbücher. Zunächst kommen die vier großen Prophetenbücher Jesaja, Jeremia, Ezechiel und Daniel, die noch mehr oder weniger chronologisch angeordnet sind. Dann folgt das Zwölfprophetenbuch, dessen Reihenfolge ganz und gar nicht chronologisch ist.

Die Prophetenbücher wurden nicht von den Propheten verfasst, deren Namen sie tragen. Vielmehr wurden die Geschichten über sie und ihre Aussprüche von jenen notiert, die ihnen zuhörten, und von ihren Jüngern gesammelt. Nicht alle Aussprüche kamen tatsächlich von diesen Propheten. Sie sind nicht chronologisch geordnet, aber durch eine Vielzahl verschiedener gemeinsamer Stränge miteinander verbunden. Biblische Propheten sehen nicht in erster Linie immer die Zukunft voraus. Das „pro" in „Prophet" meint nicht „vorher". Sie prophezeiten nicht wie Meteorologen, was sich ereignen würde. Tatsächlich bedeutet das „pro" „im Namen von". Sie sprechen im Namen Gottes, sie sehen eine Situation, wie Gott sie sieht, und sprechen aus, was Gott darüber denkt. Die Propheten sind das Sprachrohr Gottes. Doch da Gott die menschlichen

5 | 7

Kapitel 1

Israel betet andere Götter an und so hat der HERR über Israel gerichtet. Sorgt euch nicht um Opfergaben: Gott verlangt Gehorsam und Schutz für die Armen und Waisen.

Kapitel 1: Kommentar

Ochse und Esel aus Vers 3, die sich von Israels Pflichtvergessenheit abheben, schmücken heute viele Weihnachtskrippen. Im Neuen Testament tauchen sie nicht auf.

5 | 7

Kapitel 2

Bald wird der Tempel des HERRN erhöht, Menschen aus aller Welt werden ihn aufsuchen. Da sich das Volk Gottes jedoch dem Götzendienst zugewandt hat, wird es Gottes Urteil erleiden.

Kapitel 1–5: Kommentar

Vor dem Bericht der Berufung Jesajas beschreibt eine Reihe grundlegender Prophetien den schlimmen Zustand des Gottesvolks in Jerusalem. Mit eingeschlossen sind zwei nachexilische Abschnitte über die zukünftige Rettung der Übriggebliebenen (2,1–5 und 4,2–5).

Werkzeuge eher auf menschliche denn auf mechanische Weise nutzt, sind sie nicht bloße göttliche Lautsprecher. Stattdessen spricht jeder die Worte Gottes auf seine Art. Da ihre Aufgabe hauptsächlich darin besteht, Gottes Missfallen an Israels Untreue auszudrücken, sagen sie voraus, was geschehen wird, wenn Israel seinen Weg nicht ändert.

Es kann kein Zweifel darin bestehen, dass das Buch Jesaja historische Situationen aus mindestens zwei Jahrhunderten in den Blick nimmt. Dies wurde von manchen als Beweis für Jesajas prophetische Voraussicht interpretiert. Die kritische Bibelforschung jedoch ist der festen Überzeugung, dass das Buch Jesaja Prophetien aus mindestens zwei gänzlich verschiedenen Zeitperioden enthält. Der Einfachheit halber behilft man sich damit, die Kapitel 1–39 im späten achten vorchristlichen Jahrhundert anzusiedeln, obwohl manches davon der letzten Zeit Jesajas angehört. Ein zweiter, einheitlicherer Teil (Kap. 40–55) wurde gegen Ende des Babylonischen Exils geschrieben, Mitte des sechsten Jahrhunderts. Ein dritter Teil (Kap. 56–66) spiegelt die Zeit nach der Rückkehr aus dem Exil 538 v. Chr.

Diese Prophetien aus verschiedenen Perioden werden durch ihre Bedeutung zusammengehalten. Durch das gesamte Buch zieht sich die Vorstellung Gottes als Ehrfurcht gebietender Heiliger Israels, der Treue und gesellschaftliche Gerechtigkeit verlangt, Israel durch einen messianischen Herrscher erlösen und Jerusalem zu früherer Größe zurückführen wird.

Jesaja bezeugt die Ankunft des versprochenen Messias
Der Prophet Jesaja lebte und wirkte in Jerusalem, umgeben von Menschen, die anderen Göttern und Göttinnen der antiken Welt gehorchten.

Der Herr steht bereit, um Recht zu sprechen; er steht da, um sein Volk zu richten.

Der Herr geht ins Gericht mit den Ältesten und den Fürsten seines Volkes: Ihr, ihr habt den Weinberg geplündert; eure Häuser sind voll von dem, was ihr den Armen geraubt habt.

Wie kommt ihr dazu, mein Volk zu zerschlagen? Ihr zermalmt das Gesicht der Armen – Spruch des Herrn der Heere.

Jesaja 3,13–15

5 7

Jerusalem und Juda müssen Gottes Urteil gewärtig sein. Die Gerechten werden bestehen, die Bösen werden leiden. Die Stolzen werden erniedrigt werden.

Kapitel 3

5 7

Die Zeiten werden hoffnungslos sein, vor allem für die Frauen. Doch am Ende wird die Stadt Jerusalem gereinigt sein, Gott wird sie neu erneuern. Die Überlebenden werden Erfolg haben und heilig sein.

Kapitel 4

Weh denen, die das Böse gut und das Gute böse nennen, die die Finsternis zum Licht und das Licht zur Finsternis machen, die das Bittere süß und das Süße bitter machen.

Jesaja 5,20

5 7

Wegen ihrer Ungerechtigkeit und der Anbetung anderer Götter als den HERRN sind Israel und Juda ein unfruchtbarer Weinberg, bestimmt für Invasion und Zerstörung.

Kapitel 5

5 7 15

Kapitel 6

Im Todesjahr des Königs Usija von Juda berief der HERR Jesaja zu seinem Propheten und zeigte ihm eine Vision des himmlischen Thronsaals.

Kapitel 6: **Kommentar**

Die Vision der Berufung Jesajas, die Erfahrung der überwältigenden Heiligkeit des Heiligen Israels und der Gegensatz zur menschlichen Sündhaftigkeit setzen den Ton für das gesamte Buch.

5 7 17

Kapitel 7

Als Israel und Aram Juda angriffen, sagte Jesaja zu König Ahas von Juda, er solle Gott um ein Siegeszeichen bitten. Ahas weigerte sich, doch Gott gab ihm dennoch ein Zeichen: ein Kind namens Immanuel.

Kapitel 7–12: **Kommentar**

Als Gefahr von den nördlichen Nachbarn Jerusalems und aus Assur droht, verheißt Jesaja, dass das Heil in der Treue zum HERRN besteht und nicht in militärischem Bündnis. Er sagt die Geburt eines Erben der David gegebenen messianischen Prophetien voraus.

Die Wurzel Jesse
Jesaja weissagte, dass ein zukünftiger Nachkomme von Jesse (Isai), dem Vater König Davids, den Thron als würdiger und gerechter Nachfolger besteigen würde.

Kapitel 8: Kommentar

Die Worte des Propheten wurden mündlich überliefert. Der Prophet besteht darauf, dass seine Worte niedergeschrieben werden (Vers 16), weil die Erfüllung nicht unmittelbar bevorsteht.

5 7

Kapitel 8

Jesajas Sohn Maher-Schalal-Hasch-Bas erfüllt die Prophezeiung: Ehe er sprechen lernt, zerstört Assur Aram und Israel. Jesaja warnt davor, Medien zu befragen.

Jeder Stiefel, der dröhnend daherstampft,
jeder Mantel, der mit Blut befleckt ist,
wird verbrannt, wird ein Fraß des Feuers.
Denn uns ist ein Kind geboren,
ein Sohn ist uns geschenkt.
Die Herrschaft liegt auf seiner Schulter;
man nennt ihn: Wunderbarer Ratgeber, Starker
Gott, Vater in Ewigkeit, Fürst des Friedens.

Jesaja 9,5–6

5 7

Kapitel 9

Jesaja prophezeit, dass die Finsternis, die Israel zu gewärtigen hat, am Ende vergeht und die Israeliten wieder zur Freude finden. Jetzt aber müssen sie wegen Götzendienst und Bosheit leiden.

5 7

Kapitel 10

Gott verkündet Unglück für diejenigen, die die Armen und Machtlosen unterdrücken. Gott kündigt ein Gericht über die Assyrer an. Danach werden Israels Überlebende sich wieder dem HERRN zuwenden.

Doch aus dem Baumstumpf Isais wächst ein Reis hervor, ein junger Trieb aus seinen Wurzeln bringt Frucht. Der Geist des Herrn lässt sich nieder auf ihm: der Geist der Weisheit und der Einsicht, der Geist des Rates und der Stärke, der Geist der Erkenntnis und der Gottesfurcht.

Jesaja 11,1–3

5 7

Kapitel 11

Das Königtum Davids wird erneuert, das Land Israel wird reich werden und alle Israeliten beten den HERRN an. Sie werden aus ihrem Exil zurückkehren.

5 7

Kapitel 12

Wenn das Volk Israel ins Gelobte Land zurückkehrt, wird es den HERRN loben und ihm danken. Die Menschen werden ihre vergangene Untreue, Gottes Erneuerung und Vergebung erkennen.

Kapitel 13–23: Kommentar

Eine Reihe von Prophezeiungen gegen die Völker, die Israel unterdrücken, angeführt von Babylon, dem mächtigsten Zwingherrn.

5 7

Kapitel 13

Jesaja prophezeit gegen Babylon und sagt dessen Eroberung und Zerstörung voraus. Er weissagt, dass Babylon nie mehr mächtig und eine Bedrohung für Israel sein wird.

Kapitel 14: Kommentar

Eine kurze Prophezeiung über die Rückkehr aus dem Exil und eine satirische Klage über die Ankunft des Königs von Babylon im Scheol, dem Reich der Toten.

5 7

Kapitel 14

Gott wird Israel sein Land zurückgeben und es zum Herrscher über seine Nachbarn machen. Die Israeliten werden über den Untergang des Königs von Babylon spotten. Die Philister werden geschlagen.

5 7

Kapitel 15

Jesaja prophezeit gegen Moab und sagt dessen Niederlage und Zerstörung voraus. Er führt das Schicksal mehrerer Gebiete innerhalb des Landes auf.

5 7

Kapitel 16

Jesaja beschreibt Moabs Niederlage und Zerstörung, das Jammern und Klagen des Volks Moab. Er weissagt, dass seine Prophezeiung sich innerhalb von drei Jahren erfüllen werde.

5 7

Kapitel 17

Jesaja prophezeit gegen die Stadt Damaskus: Sie wird zu einem Trümmerhaufen werden. Er weissagt Israel ein ähnliches Schicksal aufgrund seiner Götzenanbetung.

An jenem Tag werden die Menschen auf ihren Schöpfer blicken, ihre Augen werden auf den Heiligen Israels schauen. Sie blicken nicht mehr auf die Altäre, das Machwerk ihrer Hände, sie schauen nicht mehr auf das, was ihre Finger gemacht haben, auf die Kultpfähle und die Räucheraltäre.

Jesaja 17,7–8

5 7

Kapitel 18

Jesaja weissagt den Untergang von Kusch. Doch dann verheißt er, dass das Volk von Kusch in Zukunft den HERRN anbeten und Geschenke nach Jerusalem bringen wird.

5 7

Kapitel 19

Jesaja prophezeit Bürgerkrieg, Eroberung und Hungersnot in Ägypten. Eines Tages aber werden Ägypten und Assur den Herrn anbeten und wie die Israeliten Gottes Volk werden.

Kapitel 19: Kommentar

Die Prophezeiung gegen Ägypten bezieht sich auf einen sehr viel späteren Abschnitt, der jüdische Besiedlung und Heiligtum in Ägypten sowie die Bekehrung der Ägypter voraussetzt.

Der Herr wird sich den Ägyptern offenbaren und die Ägypter werden an jenem Tag den Herrn erkennen; sie werden ihm Schlachtopfer und Speiseopfer darbringen, sie werden dem Herrn Gelübde ablegen und sie auch erfüllen. Der Herr wird die Ägypter zwar schlagen, er wird sie aber auch heilen: Wenn sie zum Herrn umkehren, lässt er sich durch ihre Bitte erweichen und heilt sie. An jenem Tag wird eine Straße von Ägypten nach Assur führen, sodass die Assyrer nach Ägypten und die Ägypter nach Assur ziehen können. Und Ägypten wird zusammen mit Assur (dem Herrn) dienen. An jenem Tag wird Israel als Drittes dem Bund von Ägypten und Assur beitreten, zum Segen für die ganze Erde. Denn der Herr der Heere wird sie segnen und sagen: Gesegnet ist Ägypten, mein Volk, und Assur, das Werk meiner Hände, und Israel, mein Erbbesitz.

Jesaja 19,21–25

7 17

Kapitel 20

Drei Jahre lang geht Jesaja nackt umher und verdeutlicht seine Prophezeiung, dass die Ägypter und das Volk von Kusch als Gefangene nackt nach Assur gebracht werden.

5 7

Kapitel 21

Jesaja weissagt den Fall Babylons und die Belagerung durch die Meder. Er prophezeit auch den Untergang Edoms und Arabiens.

Der Späher rief: Herr, den ganzen Tag stehe ich auf meinem Posten, die ganze Nacht halte ich Wache. Seht, dort kommt ein Zug von Männern, dazu Pferdegespanne.
Und er begann zu rufen: Gefallen ist Babel, gefallen, und all seine Götterbilder hat man zu Boden geschmettert.

Jesaja 21,8–9

5 7

Kapitel 22

Jesaja prophezeit, dass Jerusalem im Tal der Vision leiden wird. Er weissagt, dass der Palastvorsteher Schebna abgesetzt wird, stirbt und Eljakim seinen Platz einnehmen wird.

5 7

Kapitel 23

Jesaja weissagt die Zerstörung von Tyrus und die Klagen seiner Handelspartner. Obwohl Tyrus in 70 Jahren wiedererstehen wird, geht all sein Gewinn an den HERRN.

Kapitel 24–27: Kommentar

Prophezeiungen kosmischer Unruhen und Katastrophen fassen die Drohungen gegen Israels Feinde zusammen. Der HERR wird die Erde verwüsten und Zion als Zentrum des Weltfriedens neu errichten. Dies feiert vielleicht den Untergang des Assyrischen Reiches oder ist eine viel spätere, allgemeiner gehaltene Prophezeiung.

Kapitel 25: Kommentar

Dieses Kapitel ruft die Vorstellung eines endzeitlichen Festmahls auf, Symbol für Frieden und Freundschaft, Freude und Heiterkeit am Ende der Zeit, wenn der Tod nicht mehr ist. Jesus benutzt dieses Bild oft in seinen Gleichnissen. Dass er Sünder bei sich aufnimmt und mit ihnen feiert, ist ein Zeichen des Aufrufs an alle Völker, sich diesem himmlischen Festmahl anzuschließen.

Der Herr der Heere wird auf diesem Berg für alle Völker ein Festmahl geben mit den feinsten Speisen, ein Gelage mit erlesenen Weinen, mit den besten und feinsten Speisen, mit besten, erlesenen Weinen.
Er zerreißt auf diesem Berg die Hülle, die alle Nationen verhüllt, und die Decke, die alle Völker bedeckt.
Er beseitigt den Tod für immer. Gott, der Herr, wischt die Tränen ab von jedem Gesicht.
Auf der ganzen Erde nimmt er von seinem Volk die Schande hinweg. Ja, der Herr hat gesprochen.

Jesaja 25,6–8

5 7

Der HERR wird die „Erde" verwüsten: Das ist das Land Juda. Alle Einwohner, von den höchsten bis zu den niedrigsten, werden gleichermaßen leiden.

Kapitel 24

5 7

Wenn Gott dem Volk Israel vergibt und es erneuert, wird es ihn loben und ihm danken. Es wird über die Vernichtung seiner Feinde frohlocken. Gott ist gerecht, treu und verlässlich.

Kapitel 25

5 7

Sie werden Gott loben, weil er Juda vergeben und dessen Feinde vernichtet hat. Sie werden dem HERRN vertrauen, ihm gehorchen und nur ihn anbeten. Er wird ihnen Frieden und Wohlstand gewähren.

Kapitel 26

5 7

Gott wird die Völker strafen, die sein Volk angegriffen und unterdrückt haben. Gott wird Israel zurück in sein Land bringen und seinen Wohlstand erneuern. Israel wird den Rest der Welt segnen.

Kapitel 27

Die Vorstellung der Auferstehung
Einer der frühesten Hinweise auf die Vorstellung der Auferstehung findet sich in Jesaja 26, wo der erneuerte Wohlstand des Volks mit der Auferstehung von den Toten verglichen wird.

5 7

Kapitel 28

Die Liebe zum Trinken wird durch die Liebe Gottes ersetzt. Gott wird dafür sorgen, dass sein Volk in Efraim und Juda ihm gehorcht.

5 7

Kapitel 29

Ariël – die Stadt Jerusalem – wird zerstört werden. Dann werden die Israeliten, anstatt nur leere Riten zu vollziehen, wahrhaft Gott anbeten und gereinigt sein von ihrer Bosheit.

Kapitel 29: Kommentar

Ariël ist ein Name Jerusalems, er bedeutet „Altar-Feuerstelle". Die Zerstörung Jerusalems wird vorhergesagt, dann sein Wiederaufbau.

Der Herr sagte:
Weil dieses Volk sich mir nur mit Worten nähert und mich bloß mit den Lippen ehrt, sein Herz aber fernhält von mir, weil seine Furcht vor mir nur auf einem angelernten menschlichen Gebot beruht, darum will auch ich in Zukunft an diesem Volk seltsam handeln, so seltsam, wie es niemand erwartet.
Dann wird die Weisheit seiner Weisen vergehen und die Klugheit seiner Klugen verschwinden.
Weh denen, die ihre geheimen Pläne vor dem Herrn verbergen, damit im Dunkel bleibt, was sie tun.
Sie sagen:
Wer sieht uns schon und wer kennt uns? Weh euch, die ihr alles verdreht. Ist denn der Ton so viel wie der Töpfer? Sagt denn das Werk von dem, der es herstellt: Er hat mich nicht gemacht? Oder sagt der Topf von dem Töpfer: Er versteht nichts?

Jesaja 29,13–16

5 7

Kapitel 30

Israel hat sich allem und jedem zugewandt außer Gott. Israels Hoffnung auf ägyptische Hilfe wird sich als nichtig erweisen. Nur wenn es sich Gott zuwendet, wird es gerettet werden. Dann wird es Gott loben.

5 7

Kapitel 31

Die Ägypter sind bloß Sterbliche, man kann sich nicht auf sie verlassen wie auf Gott. Die Israeliten müssen sich wieder Gott zuwenden und ihren Götzendienst aufgeben. Eines Tages werden sie bereuen.

5 7

Kapitel 32

Ein gerechter König wird kommen. Diejenigen, die die Wahrheit nicht erkennen konnten, werden sie plötzlich erkennen. So lange werden die Frauen Jerusalems klagen, bis Gottes Geist kommt und das Wohlergehen erneuert.

Seht: Ein König wird kommen, der gerecht regiert, und Fürsten, die herrschen, wie es recht ist.
Jeder von ihnen wird wie ein Zufluchtsort vor dem Sturm sein, wie ein schützendes Dach beim Gewitter, wie Wassergräben an einem dürren Ort, wie der Schatten eines mächtigen Felsens im trockenen Land.
Dann sind die Augen der Sehenden nicht mehr verklebt, die Ohren der Hörenden hören wieder zu.
Das Herz der Unbesonnenen gewinnt Erkenntnis und Einsicht, die Zunge der Stammelnden redet wieder deutlich und klar.
Der Dummkopf wird nicht mehr edel genannt und der Schurke wird nicht mehr für vornehm gehalten.

Jesaja 32,1–5

Die große Jesajarolle
Zu den Rollen aus Qumran, die 1948 entdeckt wurden, gehört eine Abschrift des Buchs Jesaja: die älteste, vollständig erhaltene Abschrift von Jesajas Werk, datiert auf etwa 100 v. Chr.

Kapitel 34–35: Kommentar

Die dramatische und zugleich kosmische Bilderwelt dieser Kapitel hat ihnen die Bezeichnung „Kleine Apokalypse" des Jesaja eingebracht. Kapitel 35 nimmt das Bild der Erneuerung des Deutero-Jesaja (Zweiten Jesaja) vorweg.

Dann werden die Augen der Blinden geöffnet, auch die Ohren der Tauben sind wieder offen. Dann springt der Lahme wie ein Hirsch, die Zunge des Stummen jauchzt auf. In der Wüste brechen Quellen hervor und Bäche fließen in der Steppe. Der glühende Sand wird zum Teich und das durstige Land zu sprudelnden Quellen. An dem Ort, wo jetzt die Schakale sich lagern, gibt es dann Gras, Schilfrohr und Binsen.

Jesaja 35,5–7

Kapitel 36–39: Kommentar

Dieser historische Anhang stimmt fast vollständig mit dem Bericht in 2. Könige 18–20 überein. Drei Berichte werden miteinander verbunden: 36,1–37,9 und 37–38 werden mit 37,10–35 verflochten. Eine unabhängige Erklärung von Assurs Rückzug wird in 37,36–37 gegeben.

Kapitel 40–55: Kommentar

Der zweite Teil des Buchs Jesaja heißt „Trostbuch". Es widerspiegelt die begeisterte Stimmung bei der Aussicht auf Rückkehr nach Jerusalem: ein ebener Weg durch die Wüste zu unserem Gott, ein zweiter Exodus, eine neue Schöpfung. Einheitlicher als der erste Teil des Buchs, beinhaltet er breite Versatzstücke über die Herrlichkeit des HERRN, über den neuen Exodus und den Spott über babylonischen Götzendienst und über Kyrus den Befreier als Gesalbten des HERRN. Der Verfasser ist unbekannt.

Eine Stimme ruft:
Bahnt für den Herrn einen Weg durch die Wüste!
Baut in der Steppe eine ebene Straße für unseren Gott!
Jedes Tal soll sich heben, jeder Berg und Hügel sich senken. Was krumm ist, soll gerade werden, und was hüglig ist, werde eben.
Dann offenbart sich die Herrlichkeit des Herrn, alle Sterblichen werden sie sehen.
Ja, der Mund des Herrn hat gesprochen.

Jesaja 40,3–5

5 7

Gott ist gnädig und mächtig. Die Bösen werden bestraft. Jerusalem wird erneuert und das Volk wird treu den HERRN anbeten. Dann wird Jerusalem sicher und wohlhabend sein.

Kapitel **33**

5 7

Über die Nachbarvölker Israels wird Gott richten, aufgrund ihrer Sünden, und dafür, wie sie die Israeliten misshandelt haben. Sie werden vernichtet werden.

Kapitel **34**

5 7

Die Erlösten werden frohlocken. Furchtlos werden sie ein friedliches, reiches Land bewohnen. Die Blinden werden sehen, die Tauben werden hören, die Lahmen werden gehen, die Stummen werden sprechen.

Kapitel **35**

7 17

Im 14. Jahr des Hiskija, König von Juda, greift der assyrische König Sanherib Jerusalem an und sagt dem Volk, es solle sich gegen Hiskija wenden. Er verspricht, es gut zu behandeln.

Kapitel **36**

5 7 17

Jesaja sagt Hiskija, Gott werde Jerusalem retten. Dann stirbt Sanheribs Armee unvermittelt, was Sanherib zum Rückzug zwingt. Zurück in Ninive, wird er von zweien seiner Söhne ermordet.

Kapitel **37**

5 7 17

Hiskija erkrankt. Jesaja sagt ihm, er werde sich nicht erholen. Doch er betet, und Gott schenkt ihm weitere 15 Lebensjahre. Hiskija dankt Gott für seine Genesung.

Kapitel **38**

7 17

Babylonier besuchen Jerusalem und Hiskija zeigt ihnen seinen Reichtum. Jesaja weissagt, dass die Babylonier bald wiederkommen und Jerusalem seines Reichtums berauben werden.

Kapitel **39**

5 7

Gott verspricht Trost, Erneuerung und gute Nachrichten für das Volk Israel. Gott hat die Obhut inne: Er schuf das Universum, er ist unvergleichlich und wird Hoffnung sowie Wohlstand erneuern.

Kapitel **40**

5 7

Kapitel 41

Gott unterwirft die Völker, doch Israel ist Gottes auserwählter Knecht, der nichts zu befürchten hat. Götzen sind machtlos, unfähig, die Zukunft vorherzusagen. Dies kann nur der HERR.

5 7

Kapitel 42

Gottes Knecht wird umsorgt und beschützt. Gott erfreut sich an seinem Knecht und hat ihn zur Gerechtigkeit aufgerufen. Israel war blind und taub. Es litt, weil es gesündigt hat.

5 7

Kapitel 43

Der HERR ist Israels einziger Retter. Er wird es wieder stärken. Die Blinden werden sehen, die Tauben werden hören. Trotz Israels Untreue wird Gott es vor Babylon erretten.

Kyrus der Große
Nach seiner Eroberung des babylonischen Reichs ließ Kyrus der Große das jüdische Volk in seine Heimat zurückkehren, wie der Prophet Jesaja vorhergesagt hatte.

5 7

Kapitel 44

Israel ist Gottes Knecht. Er hat es für sich erwählt. Götzen sind nichts, nur machtlose und nutzlose Statuen, anders als der HERR, der wahre Gott. Jerusalem wird wieder bewohnt werden.

5 7

Kapitel 45

Kyrus ist Gottes Gesalbter und wird die Israeliten nach Hause senden. Gott ist unsichtbar, doch mächtig. Die sichtbaren Götzen sind machtlos. Gott kennt die Zukunft, Götzen kennen sie nicht. Vertraut auf Gott.

Kapitel 42: **Kommentar**

Die Eingangsverse bringen den ersten von vier Gesängen vom Gottesknecht (42,1–9; 49,1–9; 50,4–9; 52,13–53,12), dessen geduldig ertragene Verfolgung Gottes Willen erfüllen wird. Der Gottesknecht wurde als der Prophet selbst gedeutet oder als Personifikation des leidenden Israel, doch die christliche Tradition hat im Gottesknecht immer Jesus gesehen.

Bringt das Volk her, das blind ist, obwohl es Augen hat, und taub, obwohl es Ohren hat.
Alle Völker sollen sich versammeln, die Nationen sollen zusammenkommen.
Wer von ihnen kündigt dies an und wer kann uns sagen, was früher war?
Sie sollen ihre Zeugen stellen, damit sie recht bekommen, damit man (die Zeugen) hört und sagt: Es ist wahr.
Ihr seid meine Zeugen – Spruch des Herrn – und auch mein Knecht, den ich erwählte, damit ihr erkennt und mir glaubt und einseht, dass ich es bin.
Vor mir wurde kein Gott erschaffen und auch nach mir wird es keinen geben.
Ich bin Jahwe, ich, und außer mir gibt es keinen Retter.

Jesaja 43,8–11

Kapitel 44: **Kommentar**

Die Konfrontation mit den Götzen Babylons brachte für die Religion Israels eine wichtige Entwicklung mit sich. Bis dahin waren die Israeliten Henotheisten gewesen, sie glaubten an den HERRN als ihren Gott, schlossen aber für andere Völker andere Götter nicht aus. Nun wurden sie Monotheisten und erkannten, dass die Götter und Götterbilder anderer Völker falsch und machtlos waren. Dieser Teil des Buchs Jesaja weist mehrere Satiren auf, die falsche Götter und deren Götzenbilder verhöhnen.

So spricht der Herr, Israels König, sein Erlöser, der Herr der Heere:
Ich bin der Erste, ich bin der Letzte, außer mir gibt es keinen Gott.
Wer ist mir gleich? Er soll sich melden, er tue es mir kund und beweise es mir.
Wer hat von Anfang an die Zukunft verkündet? Sie sollen uns sagen, was alles noch kommt.
Erschreckt nicht und fürchtet euch nicht!
Habe ich es euch nicht schon längst zu Gehör gebracht und verkündet?
Ihr seid meine Zeugen: Gibt es einen Gott außer mir? Es gibt keinen Fels außer mir, ich kenne keinen.

Jesaja 44,6–8

Kapitel 47: Kommentar

Die Beschreibung der Schande Babylons ist im Rhythmus eines Begräbnisgedichts abgefasst. Es ist ein spöttisch gemeinter Grabgesang.

Kapitel 48: Kommentar

Der Heilige Israels wird oft als Erlöser Israels beschrieben, was seine unerschöpfliche Liebe betont. Das für „Erlöser" benutzte Wort ist der nächste männliche Verwandte, der durch Familienpflicht und -liebe das Familienmitglied retten muss, ganz gleich, was es kostet. Durch den Bund hat Gott sich Israel auf gleiche Weise verbunden.

So spricht der Herr, dein Erlöser, der Heilige Israels:
Ich bin der Herr, dein Gott, der dich lehrt, was Nutzen bringt, und der dich auf den Weg führt, den du gehen sollst.
Hättest du doch auf meine Gebote geachtet! Dein Glück wäre wie ein Strom und dein Heil wie die Wogen des Meeres.

Jesaja 48,17–18

Kapitel 51: Kommentar

Das wiedererrichtete Jerusalem wird als neuer Garten Eden gesehen, als Quell des Gesetzes und des Friedens und Heils für alle Völker. Der zweite Teil des Buchs Jesaja betont Israels erlösende Rolle für alle Völker.

Ich bin es, ja, ich, der euch tröstet.
Was hast du, dass du dich fürchtest vor sterblichen Menschen, vor Menschen, die dahinschwinden wie Gras?
Warum vergisst du den Herrn, deinen Schöpfer, der den Himmel ausgespannt und die Fundamente der Erde gelegt hat?
Warum zitterst du dauernd vor der Wut dessen, der dich bedrängt, der darauf ausgeht, dich zu vernichten?
Wo ist denn die Wut dessen, der dich bedrängt? Bald wird der Gefesselte freigelassen; er wird nicht im Kerker sterben und es mangelt ihm nicht mehr an Brot.

Jesaja 51,12–14

5 7

Kapitel 46

Die babylonischen Götzenbilder müssen von denen getragen werden, die selbst in Gefangenschaft gehen. Denkt an das, was Gott in der Vergangenheit tat. Immer noch ist er derselbe mächtige Gott.

5 7

Kapitel 47

Babylon wird fallen, Gott wird sein gefangenes Volk erretten. Gott war zornig auf sein Volk, doch er vergibt ihm. Babylon wird für seine Götzenanbetung, seinen Stolz und Reichtum leiden.

5 7

Kapitel 48

Gott warnt Israel vor den Folgen der Götzenanbetung. Was Israel zustieß, war keine Überraschung. Doch nun wird Gott Israel aus Babylon erretten und ihm vergeben.

5 7

Kapitel 49

Gott beruft seinen Knecht, noch ehe dieser überhaupt geboren war, Israel zurück zum HERRN zu führen und es zum Licht der Nichtjuden zu machen. Israel wird wieder seinem Land zugeführt.

5 7

Kapitel 50

Ja, Israel hat gesündigt und ging in die Gefangenschaft, doch Gott hat sein Volk nicht zurückgewiesen. Gott hat die Macht zu vergeben und zu stärken.

5 7

Kapitel 51

Es gibt keinen Grund, Sterbliche zu fürchten. Gott regelt alles, ist mächtig und wird erretten. Jerusalem hat gelitten, doch das Leiden wird bald ein Ende haben. Die Geknechteten werden frei sein.

5 7

Kapitel 52

Jerusalem wird von seinen Fesseln befreit. Gott regiert. Er wird den Israeliten Grund zum Singen geben. Gott wird sein Volk heimführen. Gottes Knecht ist weise, wenn auch entstellt.

5 7

Kapitel 53

Gottes Knecht wird für die Sünden seines Volks leiden, er wird durchbohrt und zermalmt für den Frevel seines Volks. Wie ein Lamm wird er zum Schlachter geführt und zum Sündopfer werden.

5 7

Kapitel 54

Jerusalem ist wie eine unfruchtbare Frau. Gott ist wie der Ehemann, der sie rettet und zu sich ruft, nachdem sein Zorn vergangen ist. Nie wieder wird Gott Jerusalem strafen.

5 7

Kapitel 55

Gott lädt alle ein, die durstig und hungrig sind, zu ihm zu kommen, damit er ihre Bedürfnisse stillen kann. Er fordert die Menschen auf, sich von ihren Wegen ab- und den seinen zuzuwenden.

5 7

Kapitel 56

Gott möchte Gerechtigkeit sehen. Keiner soll sich ausgeschlossen fühlen. Eine Beziehung zu Gott ist für jeden möglich. Doch Israels Herrscher wollen nur ihre eigenen Begierden befriedigen.

5 7

Kapitel 57

Die Gerechten leiden und sterben. Diejenigen, die Götzen anbeten, denken, dass ihre Götzen sie retten werden. Das werden sie nicht. Nur Gott kann helfen. Gott wird vergeben und die Bösen wieder aufrichten.

5 7

Kapitel 58

Das religiöse Ritual ist unwichtig. Was zählt, ist die Rettung der Unterdrückten, Speisung der Hungrigen und Hilfe für die Armen. Mach dir Gottes Sache zu eigen, wenn du Freude haben willst.

Kapitel 53: Kommentar

Der leidende Knecht kann als Einzelner oder als das Volk Israel gesehen werden. Die Passionsgeschichte spielt mehrere Male darauf an, denn Jesu Tod war „gemäß der Schrift".

Aber er hat unsere Krankheit getragen und unsere Schmerzen auf sich geladen.
Wir meinten, er sei von Gott geschlagen, von ihm getroffen und gebeugt.
Doch er wurde durchbohrt wegen unserer Verbrechen, wegen unserer Sünden zermalmt.
Zu unserem Heil lag die Strafe auf ihm, durch seine Wunden sind wir geheilt.
Wir hatten uns alle verirrt wie Schafe, jeder ging für sich seinen Weg.
Doch der Herr lud auf ihn die Schuld von uns allen.

Jesaja 53,4–6

Sucht den Herrn, solange er sich finden lässt, ruft ihn an, solange er nahe ist.
Der Ruchlose soll seinen Weg verlassen, der Frevler seine Pläne.
Er kehre um zum Herrn, damit er Erbarmen hat mit ihm, und zu unserem Gott; denn er ist groß im Verzeihen.
Meine Gedanken sind nicht eure Gedanken und eure Wege sind nicht meine Wege – Spruch des Herrn.
So hoch der Himmel über der Erde ist, so hoch erhaben sind meine Wege über eure Wege und meine Gedanken über eure Gedanken.

Jesaja 55,6–9

Kapitel 56–66: Kommentar

Viele meinen, dieser Teil des Buchs sei von einem anderen Autor verfasst als Deutero-Jesaja. Er zeigt die Situation nach der Rückkehr aus dem Exil, den Neubau des Tempels, die vermehrte Aufnahme Fremder in den Bund (selbst als Priester und Leviten werden sie ausgewählt, 66,21), doch es gibt auch Kritik an nachlassendem Gehorsam.

Kapitel 57: Kommentar

Ein Gedicht gegen Missbräuche bei der Anbetung: Sakralprostitution, Götzenbilder und Kinderopfer können nicht Gottes Gefallen finden.

Der leidende Gottesknecht
Nach Jesaja wurde der Gottesknecht durchbohrt wegen unserer Verbrechen, wegen unserer Sünden zermalmt (Jesaja 53,5).

Kapitel 60–62: Kommentar

Diese Kapitel bilden den Höhepunkt der Botschaft des Buchs. Die Kapitel 60 und 62 über die Wiederauferstehung der Heiligen Stadt umrahmen den Höhepunkt von Kapitel 61 über die Mission des Propheten.

Kapitel 66: Kommentar

Der letzte Vers hat manches zur Bilderwelt der Hölle beigetragen. In öffentlichen jüdischen Lesungen wird dieses bedrückende Ende durch die Wiederholung der Verse 22–23 gemildert.

Wie der neue Himmel und die neue Erde, die ich erschaffe, vor mir stehen – Spruch des Herrn –, so wird euer Stamm und euer Name dastehen.
An jedem Neumond und an jedem Sabbat wird alle Welt kommen, um mir zu huldigen, spricht der Herr.
Dann wird man hinausgehen, um die Leichen derer zu sehen, die sich gegen mich aufgelehnt haben.
Denn der Wurm in ihnen wird nicht sterben und das Feuer in ihnen wird niemals erlöschen; ein Ekel sind sie für alle Welt.

Jesaja 66,22–24

5 7

Gott hat die Macht zu erretten, doch eure Sünden sind im Weg. Also wendet euch Gott zu, und er wendet sich euch zu. Gott weiß, dass ihr euch nicht selbst retten könnt, also tut er es für euch.

Kapitel 59

5 7

Die Welt wird zum HERRN hingeführt. Die Völker bringen Reichtum und helfen, Jerusalem aufzubauen. Wer Jerusalem nicht dient, wird vergehen. Gott wird das Licht Jerusalems sein.

Kapitel 60

5 7

Die Gefangenen sind freigelassen, Jerusalem wird neu gebaut. Gott liebt Gerechtigkeit, er wird sein Volk retten. Gott wird Gerechtigkeit vor der Welt erstehen lassen.

Kapitel 61

5 7

Gott wird Jerusalem und sein Volk beschützen und bewachen. Israels Retter kommt und bringt seinen Lohn. Die Israeliten werden ein heiliges Volk sein, von Gott erlöst.

Kapitel 62

5 7

Israel hat eine kurze Weile gelitten, doch nun leidet es nicht mehr. Gott hat sein Volk errettet und an den Feinden gerächt. Gott ist der Retter Israels. Als Israel litt, litt auch er.

Kapitel 63

5 7

Möge Gott doch kommen und sein Volk erretten. Selbst unsere besten Taten sind nichts weiter als ein schmutziges Kleid. Bitte vergib uns. Israel ist verwüstet, der Tempel zerstört.

Kapitel 64

5 7

Gott zeigte sich seinem Volk, das ihn nicht wollte. Gott wird sich von denen abwenden, die sich von ihm abwenden. Doch Gott wird ihnen vergeben. Noch einmal wird das Land erblühen und im Frieden sein.

Kapitel 65

5 7

Opfergaben sind nicht wirklich wichtig. Was zählt, ist Demut und Reue. Jerusalem kann frohlocken. Die Gerechten werden Gottes Ruhm den Völkern der Welt verkünden.

Kapitel 66

Jeremia

Übersicht

Das Buch Jeremia scheint für den Gelegenheitsleser ein Wirrwarr aus unzusammenhängenden Fragmenten von Prosa und Poesie zu sein. Tatsächlich werden Struktur und Absicht aber deutlich, wenn man das Buch als Interpretation der Geschichte des Falls von Jerusalem liest, jenes traumatischen Ereignisses zu Beginn des sechsten vorchristlichen Jahrhunderts. Israels anhaltendes Versagen, den mit dem HERRN geschlossenen Bund einzuhalten, zwang den HERRN, das Volk Israel zur Besserung ins Babylonische Exil zu schicken, wo sie Land und Freiheit, Kult und Bund, Tempel und König entbehrten. Die von Jeremia, dem Propheten wider Willen, erduldete Qual, seiner undankbaren Aufgabe nachzukommen und Israel die Unvermeidlichkeit dieser Strafe zu verdeutlichen, ist sein Teil an dem Leid, das sie ertrugen. Doch mitten in das dramatische Geschehen bricht das Zeichen der Hoffnung: Jeremias prophetischer Erwerb eines Feldes am Rand der verfluchten Stadt, mit der Verheißung eines Bundes (Kap. 31–33). Zum Schluss folgt der historische Bericht der Misshandlung Jeremias selbst, während sich das Königtum im Todeskampf windet, und die triumphierende Verkündigung der göttlichen Führung in den Prophetien von der Vernichtung der Verfolger.

Es wurde behauptet, dass Jeremia wenig historische Realität hat, aber es gibt genug historische Details, die zeigen, dass die Verfasser oder Bearbeiter

5 | 7 | 17

Kapitel 1

Gott beruft Jeremia als seinen Propheten, kurz bevor Juda in die Babylonische Gefangenschaft geht. Niemand wird Jeremia bezwingen, weil Gott bei ihm sein und ihn retten wird.

Kapitel 1: Kommentar

Von Mose zu Jesaja und darüber hinaus waren alle Boten Gottes unwillig, die Aufgabe anzunehmen. Jeremias Abneigung gegen seine Aufgabe wird ständig betont.

5 | 7

Kapitel 2

Gott vergleicht Israel mit einer Frau, die ein Liebesverhältnis hat, obwohl ihr Mann gut und nett ist. Andere Völker sind ihren Göttern treu, doch Israel nicht.

Kapitel 2–10: Kommentar

Die Botschaft des Buchs wird mit einer Reihe scharfer Drohungen eröffnet. Diese Gedichte sind vielleicht eine Sammlung der frühesten Worte Jeremias, verstärkt durch den Abschnitt 7,1–8,3, in dem jede Behauptung zurückgewiesen wird, dass die Anrufung der Gegenwart des HERRN im Tempel die Israeliten retten werde. Die Bilder von Juda als Prostituierte (Symbol der Untreue) sollten die Männer beschämen, war es doch deren Aufgabe, die Reinheit ihrer Frauen zu beschützen.

dieser so persönlichen Erzählung sich mit Geschichte befassen. Das heißt nicht, dass sämtliche Worte notwendig die Jeremias oder auch die seines Gehilfen Baruch sind. Einige Abschnitte mögen hinzugefügt worden sein, um das Bild zu vervollständigen. Doch die Tragödie war keine Fiktion, und das von Jeremia durchlittene Martyrium, der seiner Aufgabe treu blieb, war real.

Welthistorischer Hintergrund des Buchs ist die unaufhaltsame Machterweiterung Babylons, das sich nach der Schlacht von Karkemisch 605 v. Chr. als beherrschende Macht im Nahen Osten etablierte. Die vorige dominierende Macht, Assyrien, hatte nach und nach alle kleineren Staaten entlang der Mittelmeerküste bis nach Samaria erobert. Nun übernahm Babylon diese Rolle. 598 v. Chr., als sich König Jojachin von dem Hegemon loszureißen versuchte, plünderte Nebukadnezzar den Tempelschatz und verschleppte die ersten Adligen und Waffenhersteller nach Babylon. Zehn Jahre später rebellierte der Marionettenkönig Zidkija erneut, was weitere Vergeltung und die grausame Deportation des Königs und der übrigen Bevölkerung von Bedeutung nach sich zog. Nachfolgende schwache Aufstandsversuche führten zu weiteren Deportationen im Jahre 582 v. Chr. In diesen bedrohlichen, turbulenten Jahren weissagte Jeremia, bis er schließlich durch eine Gruppe abtrünniger Flüchtlinge nach Ägypten gebracht wurde.

In jenen Tagen, wenn ihr euch im Land vermehrt und fruchtbar seid – Spruch des Herrn –, wird man nicht mehr rufen: Die Bundeslade des Herrn! Sie wird niemand in den Sinn kommen; man denkt nicht mehr an sie, vermisst sie nicht und stellt auch keine neue her.

Jeremia 3,16

Gott spricht mit Jeremia
Gott sagte zu Jeremia, dass er beschlossen hatte, ihn zum Propheten zu machen, noch ehe dieser geboren war.

5 7

Wenn eine geschiedene Frau erneut heiratet, wird sie dann ihr erster Mann zurücknehmen? Juda ist wie eine Prostituierte. Sie weiß, was mit ihrer Schwester Israel passierte, doch sie ändert sich nicht.

Kapitel 3

5 7

Dennoch bittet Gott Israel und Juda, zu ihm zurückzukehren. Wenn sie nicht wollen, wird ein Volk aus dem Norden kommen, in Juda eindringen und Jerusalem zerstören.

Kapitel 4

5 7

Da jedermann andere Götter anbetet, warum sollte Jahwe ihnen vergeben? Sie jagen anderen Göttern nach wie ein Mann der Frau eines anderen. Und sie fragen sich, warum Gott über sie urteilte.

Kapitel 5

5 7

Jerusalem wird besetzt und zerstört werden, obwohl jeder davon überzeugt zu sein scheint, dass dies nie geschehen wird. Die anderen Propheten sagten Frieden und Wohlstand voraus, was nie eintreffen wird.

Kapitel 6

7

Kapitel 7

Die Israeliten beten Götzen an und unterdrücken die Schwachen. Gott sagt Jeremia, dass ihn niemand anhören werde, deshalb solle er sich die Haare abschneiden, sie wegwerfen und über den kommenden Zorn klagen.

5 7

Kapitel 8

Die Gräber werden geöffnet werden und die Leichen werden Sonne, Mond und Sternen ausgesetzt, die von den Israeliten angebetet werden. Die Lebenden werden in Gefangenschaft geraten.

4 5 7

Kapitel 9

Gott beklagt den kommenden Untergang seines Volks. Sein Herz ist gebrochen wegen ihrer Zurückweisung und ihrer gegenseitigen Misshandlungen, und bedrückt in Anbetracht der auf sie zukommenden Pein.

5 7

Kapitel 10

Seid nicht wie die götzendienerischen Völker. Götzen sind machtlos, aber Gott, der Schöpfer, hat die Macht zu strafen. Jeremia bittet Gott, über die Völker zu richten, die Israel zerstörten.

5 7

Kapitel 11

Gott schloss einen Vertrag mit Israel, als er sie aus Ägypten rettete. Sie brachen ihn, also muss Gott sie strafen. Manche wollen, dass Jeremia nicht mehr weissagt, und verschwören sich, ihn zu töten.

5 7

Kapitel 12

Jeremia beklagt sich bei Gott und fragt, warum die Bösen zu Wohlstand kommen. Er bittet Gott, über sie zu richten. Gott sagt ihm, dass ihn sogar seine eigene Familie abweisen wird und dass Juda vernichtet wird.

5 7

Kapitel 13

Jeremia vergräbt einen Leinengürtel. Als er ihn später ausgräbt, ist er verrottet. Gott sagt, Israel sei für ihn so wertlos wie dieser Gürtel. Israel wird wegen seiner Götzenanbetung in Gefangenschaft gehen.

Die Ernte ist vorüber, der Herbst ist vorbei, uns aber ist nicht geholfen worden.
Der Zusammenbruch der Tochter, meines Volkes, hat mich gebrochen, traurig bin ich, Entsetzen hat mich gepackt.
Gibt es denn keinen Balsam in Gilead, ist dort kein Wundarzt? Warum schließt sich denn nicht die Wunde der Tochter, meines Volkes?
Ach, wäre mein Haupt doch Wasser, mein Auge ein Tränenquell: Tag und Nacht beweinte ich die Erschlagenen der Tochter, meines Volkes.

Jeremia 8,20–9,1

So spricht der Herr:
Der Weise rühme sich nicht seiner Weisheit, der Starke rühme sich nicht seiner Stärke, der Reiche rühme sich nicht seines Reichtums. Nein, wer sich rühmen will, rühme sich dessen, dass er Einsicht hat und mich erkennt, dass er weiß: Ich, der Herr, bin es, der auf der Erde Gnade, Recht und Gerechtigkeit schafft. Denn an solchen Menschen habe ich Gefallen – Spruch des Herrn.

Jeremia 9,23–24

Kapitel 11–20: Kommentar

Jereamias scharfe Klagen zum HERRN entspringen sowohl der Liebe zu seinem Land – Anatot liegt ca. acht Kilometer nördlich von Jerusalem – als auch dem Unwillen über seine harte Aufgabe. Die Klagen werden durch Jeremias eigene symbolische Taten verstärkt: den Leinengürtel, seine strenge Lebensweise, den zerbrochenen Krug, die Feigenkörbe. Solche symbolischen Handlungen werden von Propheten häufig als bildliche Darstellung ihrer Botschaft eingesetzt.

Kapitel 13: Kommentar

Wie konnte Jeremia mehrere Hundert Kilometer durch die Wüste zum Euphrat (hebräisch: Perat) gelangen? Wahrscheinlicher ist, dass das Versteck am kleinen lieblichen Fluss Para lag, wenige Kilometer östlich von Jerusalem.

Der unglückliche Jeremia
Jeremia beklagt sich bei Gott, dass es den Bösen gut geht, während er, Gottes Knecht, zu Unrecht leidet.

Arglistig ohnegleichen ist das Herz und unverbesserlich.
Wer kann es ergründen?
Ich, der Herr, erforsche das Herz und prüfe die Nieren, um jedem zu vergelten, wie es sein Verhalten verdient, entsprechend der Frucht seiner Taten.

Jeremia 17,9–10

Kapitel 18: Kommentar

Was heißt: „Das Wort, das vom HERRN an Jeremia erging"? Ist es eine Stimme aus dem Himmel? Worte, in den Wind gesprochen? Oder vom Geist geformt? Sicherlich ging Jeremia am Nachmittag spazieren, kam zur Töpferei und war sich plötzlich dessen bewusst, dass mit Israel geschehen würde, was mit den Töpfen geschah. Er erkannte, dass dies die Art war, wie Gott auf Israel schaute. Die Propheten sehen die Wirklichkeit, wie Gott sie sieht – klar und oft unbequem.

Bald drohe ich einem Volk oder einem Reich, es auszureißen, niederzureißen und zu vernichten. Kehrt aber das Volk, dem ich gedroht habe, um von seinem bösen Tun, so reut mich das Unheil, das ich ihm zugedacht hatte. Bald sage ich einem Volk oder einem Reich zu, es aufzubauen und einzupflanzen. Tut es aber dann, was mir missfällt, und hört es nicht auf meine Stimme, so reut mich das Gute, das ich ihm zugesagt habe.

Jeremia 18,7–10

Verflucht der Tag, an dem ich geboren wurde;
der Tag, an dem meine Mutter mich gebar, sei nicht gesegnet.
Verflucht der Mann, der meinem Vater die frohe Kunde brachte: Ein Kind, ein Knabe ist dir geboren!, und ihn damit hoch erfreute.
Jener Tag gleiche den Städten, die der Herr ohne Erbarmen zerstört hat.
Er höre Wehgeschrei am Morgen und Kriegslärm um die Mittagszeit, weil er mich nicht sterben ließ im Mutterleib.
So wäre meine Mutter mir zum Grab geworden, ihr Schoß auf ewig schwanger geblieben.
Warum denn kam ich hervor aus dem Mutterschoß, um nur Mühsal und Kummer zu erleben und meine Tage in Schande zu beenden?

Jeremia 20,14–18

Kapitel **14**

Gott sagt Jeremia nochmals, er solle nicht um das Wohlergehen des Volks bitten: Es wird wegen seiner Götzenanbetung ins Exil gehen. Jeremia betet, dass Gott sein Volk nicht für immer von sich gewiesen hat.

Kapitel **15**

Gott sagt Jeremia, dass er dem Volk im Moment selbst dann nicht vergeben würde, wenn Mose und Samuel für das Volk um Vergebung bitten würden. Es muss bestraft werden. Gott verspricht, Jeremia zu beschützen.

Kapitel **16**

Gott sagt Jeremia, er solle nicht heiraten oder Kinder bekommen. Er solle nicht um die Toten klagen und mit den Lebenden feiern. Eines Tages wird Juda vergeben werden, doch jetzt noch nicht.

Kapitel **17**

Gott beschreibt Judas Götzenanbetung. Sie haben den Sabbat nicht eingehalten. Wer auf Jahwe vertraut, wird gesegnet sein, wer auf sich selbst vertraut, wird verflucht sein.

Kapitel **18**

So wie ein Töpfer mit seinem Ton nach Gutdünken verfährt, verfährt auch Gott mit Israel, wie er will: Solange Israel nicht bereut, wird Gott richten. Die Menschen verschwören sich gegen Jeremia, er bittet Gott um Schutz.

Kapitel **19**

Jahwe beauftragt Jeremia, einige der Ältesten und Priester zum Tal Ben-Hinnom mitzunehmen. Dort zerschmettert Jeremia einen Tonkrug und verkündet, dass Gott beabsichtigt, Jerusalem zu zerschmettern.

Kapitel **20**

Der Priester Paschhur hat Jeremia gefangen genommen, geschlagen und in den Block gespannt. Jeremia sagt Paschhur, dass er in Babylon sterben werde. Jeremia wünschte, er wäre kein Prophet oder er wäre nie geboren worden.

5 | 7 | 17

Kapitel
21

Zidkija, König von Juda, fragt Jeremia, ob Gott sie von Nebukadnezzar befreien würde. Jeremia verneint. Nur wer sich den Babyloniern ergibt, wird leben.

5 | 7

Kapitel
22

König Schallum wird nie zurückkehren. König Jojakim wird das Begräbnis eines Esels bekommen. Sein Sohn Jojachin wird ins Exil gehen. Keines seiner Kinder wird je auf Davids Thron sitzen.

5 | 7

Kapitel
23

Ein gerechter Spross wird von Davids Haus ausgehen, um Juda und Israel zu regieren, und die Gefangenen werden heimkehren. Andere Propheten und Priester geben trügerische Hoffnung.

7

Kapitel
24

Nachdem Jojachin und andere ins Exil gegangen sind, zeigt Gott Jeremia zwei Feigenkörbe, einen guten, einen schlechten. Die Verbannten sind die guten Feigen, die Juden, die noch in Jerusalem weilen, die schlechten.

5 | 7

Kapitel
25

Jeremia verkündet, dass die jüdische Gefangenschaft in Babylon 70 Jahre andauern werde, danach werde Gott das babylonische Reich zerstören. Gott wird über Ägypten, Juda und andere Völker richten.

5 | 7 | 17

Kapitel
26

Nachdem Jeremia im Hof des Tempels weissagt, beabsichtigt die religiöse Führungsriege, ihn zu töten, bis sie sich an einen Propheten namens Micha erinnert, der für ähnliche Worte nicht getötet wurde.

7 | 17

Kapitel
27

Jeremia trägt ein Joch, um zu zeigen, dass Juda, Edom, Moab, Ammon, Tyrus und Sidon von den Babyloniern erobert und unterdrückt werden. Wer Widerstand leistet, wird getötet.

7 | 17

Kapitel
28

Der Prophet Hananja entfernt und bricht Jeremias Joch und weissagt, dass innerhalb von zwei Jahren die Macht Babylons gebrochen sei. Jeremia sagt Hananja, dass er sich irre und sterben werde.

Kapitel 21–25: Kommentar

Jeremia setzt seine Schmähungen der Anführer der verlorenen Stadt fort: ihrer Könige (21,11–22,30) und falschen Propheten (23,9–40). Diese Beschimpfung erreicht ihren Höhepunkt in der Anrede „mein Knecht" (25,9) für Nebukadnezzar, den Zerstörer. Die Vision der zwei Feigenkörbe (24) betont, dass die Hoffnung nun auf den bereits Verbannten in Babylon liegt.

Kapitel 22: Kommentar

Hier ist eine ganze Reihe an Verurteilungen von Königen Judas aufgeführt, kontrastiert mit dem messianischen König in 23,1–8.

Kapitel 26–36: Kommentar

Diese Kapitel, umrahmt von zwei Prozessen und Ablehnungen der anhaltenden Botschaft Jeremias, beinhalten meist Berichte über Jeremias schlechte Behandlung durch die Führungsschicht Jerusalems und drehen sich um die Themen Hoffnung im Exil bzw. Untergang für Jerusalem. Der schließliche Wiederaufbau Jerusalems wird durch Jeremias symbolischen Feldkauf festgeschrieben.

König Jojakim weist Jeremia zurück
König Jojakim wies Jeremia und seine Prophetien ab und versuchte, Jeremia sowie die Worte, die er gesprochen hatte, zu vernichten.

Kapitel 30–31: Kommentar

Freudengedichte über die Wiedererrichtung Jerusalems. In dem eher sachlichen Prosabericht (31,31–34) unterscheidet sich der neue Bund, indem er innerlich, „auf ihr Herz" geschrieben (31,33) und individuell ist, ein Bund nicht nur mit dem Volk, sondern mit jedem Einzelnen.

Denn das wird der Bund sein, den ich nach diesen Tagen mit dem Haus Israel schließe – Spruch des Herrn: Ich lege mein Gesetz in sie hinein und schreibe es auf ihr Herz. Ich werde ihr Gott sein und sie werden mein Volk sein.

Keiner wird mehr den andern belehren, man wird nicht zueinander sagen: Erkennt den Herrn!, sondern sie alle, Klein und Groß, werden mich erkennen – Spruch des Herrn. Denn ich verzeihe ihnen die Schuld, an ihre Sünde denke ich nicht mehr.

Jeremia 31,33–34

Darum – so spricht der Herr: Ihr habt mir nicht gehorcht und keiner hat für seinen Stammesbruder und seinen Nächsten die Freilassung ausgerufen. Wohlan, so rufe ich euch eine Freilassung aus – Spruch des Herrn – für Schwert, Pest und Hunger und ich mache euch zu einem Bild des Schreckens für alle Reiche der Erde. Ich mache die Männer, die mein Abkommen verletzt und die Worte der Abmachung, die sie vor mir getroffen hatten, nicht gehalten haben, dem Kalb gleich, das sie in zwei Hälften zerschnitten haben und zwischen dessen Stücken sie hindurchgegangen sind. Die Großen Judas und Jerusalems, die Höflinge, die Priester und alle Bürger des Landes, die zwischen den Stücken des Kalbes hindurchgegangen sind, sie alle gebe ich in die Hand ihrer Feinde und derer, die ihnen nach dem Leben trachten. […]

Jeremia 34,17–20

Da gab der König dem Jehudi den Auftrag, die Rolle zu holen, und dieser holte sie aus der Halle des Staatsschreibers Elischama. Und Jehudi las sie dem König vor und allen Beamten, die um den König herumstanden. Der König wohnte im Winterhaus, es war ja der neunte Monat, und vor ihm brannte das Feuer auf dem Kohlenbecken. Sooft nun Jehudi drei oder vier Spalten gelesen hatte, schnitt sie der König mit dem Schreibermesser ab und warf sie in das Feuer auf dem Kohlenbecken, bis das Feuer auf dem Kohlenbecken die ganze Rolle verzehrt hatte.

Jeremia 36,21–23

7 | 17

Jeremia schreibt den Verbannten in Babylon und ermutigt sie, sich niederzulassen und ein neues Leben anzufangen. Schemaja widerspricht Jeremia, wird aber dann als falscher Prophet bestraft.

Kapitel 29

5 | 7

Gott verspricht, sein Volk Israel und Juda aus der Gefangenschaft in Assyrien und Babylon zu führen. Sie brauchen keine Angst zu haben. Gottes Zorn währt nicht für immer.

Kapitel 30

5 | 7

Die Tränen Israels werden sich in Freudentränen verwandeln. Gott wird einen neuen Bund mit ihnen schließen und ihn in ihre Herzen statt auf Tontafeln schreiben. Niemals kann Gott sein Volk Israel abweisen.

Kapitel 31

7 | 17

Als Zeichen dafür, dass Gott sein Volk in sein Land zurückführen wird, kauft Jeremia von seinem Cousin Hanamel ein Feld, während Jerusalem von der babylonischen Armee belagert wird.

Kapitel 32

5 | 7

In Zukunft wird Gott die Israeliten zurück nach Jerusalem führen, damit sie die Stadt neu errichten. Gott kann den Bund mit David und seinen Priestern nicht mehr brechen, so wenig, wie Naturgesetze gebrochen werden können.

Kapitel 33

7 | 17

Jeremia sagt König Zidkija, dass Jerusalem zerstört und er als Gefangener nach Babylon gebracht werde. Die Reichen werden verurteilt, weil sie ihre Sklaven nicht wie versprochen freiließen.

Kapitel 34

7 | 17

Gott kontrastiert die Treue der Rechabiter gegenüber den befremdlichen Regeln ihrer Vorfahren mit dem Unvermögen Israels, die vernünftigen Regeln Gottes einzuhalten. Gott segnet die Rechabiter.

Kapitel 35

7 | 17

König Jojakim verbrennt die Worte der Prophezeiungen Jeremias, als man sie ihm vorliest. Doch Gott veranlasst Jeremia, alles erneut auf eine andere Rolle zu schreiben.

Kapitel 36

7 17

Kapitel 37

Nachdem er fälschlicherweise angeklagt wurde, zu den Babyloniern desertiert zu sein, wird Jeremia eingesperrt. Er weissagt die Zerstörung Jerusalems und das Exil Zidkijas.

7 17

Kapitel 38

König Zidkija lässt Jeremia in eine Zisterne werfen, weil Jeremia das Volk ermutigt, sich den Babyloniern während der Belagerung zu ergeben.

9 17

Kapitel 39

Die Babylonier zerstören Jerusalem, während Jeremia gefangen gehalten ist. Zidkija sieht, wie seine Kinder getötet werden. Er wird geblendet und nach Babylon gebracht. Der Tempel wird niedergebrannt.

17

Kapitel 40

Aus dem Gefängnis entlassen, geht Jeremia zu Gedalja, dem von Nebukadnezzar ernannten Statthalter. Gedalja nimmt die Berichte nicht ernst, dass Jischmael Gedalja ermorden will.

17

Kapitel 41

Jischmael ermordet Gedalja und dessen Verbündete. Johanan, viele Soldaten, Frauen, Kinder und Hofbeamte wollen nach Ägypten fliehen, weil sie Nebukadnezzars Reaktion fürchten.

7 17

Kapitel 42

Johanan und die anderen bitten Jeremia, von Gott zu erfragen, was sie tun sollen. Sie versprechen, Gott zu gehorchen. Jeremia sagt ihnen, dass Gott möchte, dass sie in Israel bleiben.

7 17

Kapitel 43

Johanan und die anderen bezichtigen Jeremia der Lüge. Sie gehen also nach Ägypten und nehmen Jeremia sowie seinen Gehilfen Baruch mit. Jeremia weissagt, dass Nebukadnezzar Ägypten angreifen wird.

7 17

Kapitel 44

Jeremia sagt ihnen, dass sie ihre Götzen aufgeben sollen. Sie weisen das zurück, überzeugt davon, dass der Grund ihres Leidens darin besteht, dass sie ihren Göttern nicht treu genug waren.

Jeremia weint
Jeremia, bekannt als der weinende Prophet, beklagte den kommenden Untergang seines Volks, seiner Hauptstadt und des Tempels Gottes.

Da ergriffen sie Jeremia und warfen ihn in die Zisterne des Prinzen Malkija, die sich im Wachhof befand; man ließ ihn an Stricken hinunter. In der Zisterne war kein Wasser, sondern nur Schlamm und Jeremia sank in den Schlamm.

Jeremia 38,6

Der König von Babel ließ in Ribla die Söhne Zidkijas vor dessen Augen niedermachen; auch alle Vornehmen Judas ließ der König von Babel niedermachen. Zidkija ließ er blenden und in Fesseln legen, um ihn nach Babel zu bringen.

Jeremia 39,6–7

Als Jeremia dem ganzen Volk alle Worte des Herrn, ihres Gottes, vollständig mitgeteilt hatte, nämlich all die Worte, mit denen ihn der Herr zu ihnen gesandt hatte, da sagten Asarja, der Sohn Hoschajas, und Johanan, der Sohn Kareachs, sowie alle übermütigen Männer zu Jeremia: Was du sagst, ist erlogen. Nicht der Herr, unser Gott, hat dich gesandt mit dem Auftrag: Ihr sollt nicht nach Ägypten ziehen, um euch dort niederzulassen. Vielmehr hetzt dich Baruch, der Sohn Nerijas, gegen uns auf, um uns den Chaldäern auszuliefern, sodass sie uns töten oder nach Babel verschleppen.

Jeremia 43,1–3

Fürchte dich nicht, du, mein Knecht Jakob, verzage nicht, Israel!
Denn ich bin es, der dich aus fernem Land errettet, deine Kinder aus dem Land ihrer Gefangenschaft.
Jakob wird heimkehren und Ruhe haben; er wird in Sicherheit leben und niemand wird ihn erschrecken.
Fürchte dich nicht, du, mein Knecht Jakob – Spruch des Herrn –; denn ich bin mit dir.
Ja, ich vernichte alle Völker, unter die ich dich zerstreut habe.
Nur dich werde ich niemals vernichten; ich züchtige dich mit rechtem Maß, doch ganz ungestraft kann ich dich nicht lassen.

Jeremia 46,27–28

Kapitel 46–51: Kommentar

Diese Gedichte, die die Vernichtung der Feinde Israels verhöhnen und verspotten, sind hier in der hebräischen Version des Buchs zusammengetragen. Im griechischen Text folgen sie auf die Einführung in 25,38. Der griechische Text des Jeremia unterscheidet sich deutlich vom hebräischen. Der hebräische fügt wahrscheinlich einige Erklärungen und zusätzliches Material hinzu.

Flieht aus Babel, jeder rette sein Leben, damit ihr nicht umkommt bei seinem Schuldgericht.
Denn es ist die Zeit der Rache für den Herrn; was Babel verübt hat, zahlt er ihm heim. Babel war in der Hand des Herrn ein goldener Becher, der die ganze Erde berauschte.
Von seinem Wein haben die Völker getrunken; deshalb haben sie den Verstand verloren.

Jeremia 51,6–7

Kapitel 52: Kommentar

Der Bericht der Zerstörung Jerusalems 589 v. Chr. stimmt fast vollständig mit demjenigen in 2. Könige 24,18–25,30 überein. Der Hinweis auf die Sitzordnung bei Tisch für den geblendeten König Jojachin ist eine höfliche Umschreibung dafür, dass er unter ständigem Hausarrest stand.

7 17

Kapitel 45

Jeremia prophezeit seinem Gehilfen Baruch, dass er keine großen Dinge für sich selbst erwarten solle. Doch Jeremia versichert ihm, dass Gott ihn schützen und sein Leben schonen werde.

5 7

Kapitel 46

Jeremias Prophetie für Ägypten: Nebukadnezzar wird Ägypten besiegen, doch in Zukunft wird Ägypten gedeihen. Jeremia weissagt, dass Israel bestraft, aber nicht vernichtet wird.

5 7

Kapitel 47

Jeremias Prophetie für die Philister: Gott sagt, dass sie an der ganzen Küste entlang angegriffen und vernichtet werden, und ihre Städte Gaza und Aschkelon werden ausgelöscht.

5 7

Kapitel 48

Jeremias Prophetie für die Moabiter: Ihre Städte werden zerstört, ihre Menschen und Götter werden ins Exil verschleppt. Eines Tages aber wird ihr Glück erneuert.

5 7

Kapitel 49

Israel wird Ammon angreifen, doch eines Tages wird auch dessen Glück erneuert. Edom wird unbewohnt sein. Damaskus, Kedar, Hazor und Elam werden zerstört werden.

5 7

Kapitel 50

Babylon wird aufgrund seiner Taten gegen die Israeliten vom Norden her angegriffen und besiegt. Den Israeliten wird vergeben werden, sie werden in ihre Heimat zurückkehren.

5 7

Kapitel 51

Jeremia warnt: Wenn Babylon zerstört wird, sollten die Israeliten fliehen. Gott, der das Universum schuf, ist entschlossen, dass Babylon für die Verbrechen am Volk Israel bezahlen muss.

16 17

Kapitel 52

Ein Bericht der Zerstörung Jerusalems: Der Reichtum ist gestohlen, die Menschen ins Exil verschleppt. Jojachin, König von Juda, erhält ein gewisses Maß an Freiheit in Babylon.

Klagelieder

Übersicht

I Bittere Not 1,1–22

II Jahwes Zorn 2,1–22

III Zeugnis 3,1–66

IV Verlorenes Paradies 4,1–22

V Ein Gebet zur Erinnerung 5,1–22

Die Klagelieder bestehen aus fünf alphabetischen Gedichten, die den Untergang Jerusalems beklagen, geschrieben kurz nach diesem Ereignis im Jahr 586 v. Chr. Im dritten Gedicht folgen die ersten Buchstaben jedes Verses den 22 Buchstaben des hebräischen Alphabets, das dreimal durchgegangen wird. Wahrscheinlich sind die Gedichte anonym, sie werden gemäß einer alten Tradition Jeremia zugeschrieben, weil er einen Klagegesang für König Joschija (2. Chronik 35, 25) verfasst haben soll oder wegen seiner Klagen über den Untergang Jerusalems im Buch Jeremia. Einige Ideen allerdings kollidieren mit Jeremias eigenen Ansichten: Er hätte kaum gesagt, dass Jerusalems Propheten keine Vision vom HERRN erhalten (Klagelieder 2,9).

Zwei interessante Aspekte dieser Gedichte müssen näher erläutert werden. Zunächst ist bei den Klageliedern 1–2 eine weibliche Stimme zu vernehmen: eine Mutter, die um ihre Kinder weint. Dies ist eine der wenigen Stellen in der Bibel, wo eine rein weibliche Sicht eingenommen wird. Der zweite beachtenswerte Punkt sind die an Gott gerichteten Vorwürfe angesichts seiner schlimmen Strafen und seines Unvermögens zu vergeben. Auch wenn ein deutliches Schuldeingeständnis vorliegt, ist der Sänger wütend und verwirrt angesichts der Weigerung Gottes zu vergeben.

4 5

Kapitel 1

Die große Stadt Jerusalem ist verlassen. Sie weint um ihre Kinder, die fortgebracht wurden nach Babylon. Sie ist schuldig und leidet für ihre Vergehen.

4 5

Kapitel 2

Gott ergießt seinen Zorn über Jerusalem. Er wurde Jerusalems Feind und zerstörte die Stadt vollständig. Nie hat Gott vorher so etwas getan. Jerusalem trauert.

4 5

Kapitel 3

Gott hat seinen Zorn über Jerusalem entfesselt. Er nahm alles, was Freude brachte. Wir haben gesündigt. Wir können nur weinen, bis Gott Erlösung gewährt. Richte Babylon für das, was es uns antat.

4 5

Kapitel 4

Gott hat uns dies wegen unserer Sünden angetan. Er verstreute die Menschen unter alle Völker. Doch eines Tages wird die Strafe enden. Das Exil in Babylon wird nicht lange andauern.

4 5

Kapitel 5

Gott, vergiss nicht unseren Schmerz. Wir haben gesündigt. Bitte vergib uns, vergiss uns nicht. Richte uns wieder auf – es sei denn, du hast uns für alle Zeiten zurückgewiesen.

Kapitel 1–4: Kommentar

Hebräische Poesie verwendet keine Reime am Zeilenende. Balance und Rhythmus der Dichtung werden durch Ausgewogenheit und Parallelität der Ideen erreicht. Außerdem kommt oft ein Akrostichon vor: Jeder Vers (oder jede Zeile) beginnt der Reihe nach mit den fortlaufenden Buchstaben des hebräischen Alphabets. Dieses strenge, kunstvolle Muster liegt den Klageliedern 1–4 zugrunde. Andere großartige Beispiele dafür sind die Psalmen 111, 112, und 119.

Du aber, Herr, bleibst ewig, dein Thron von Geschlecht zu Geschlecht.
Warum willst du uns für immer vergessen, uns verlassen fürs ganze Leben?
Kehre uns, Herr, dir zu, dann können wir uns zu dir bekehren. Erneuere unsere Tage, damit sie werden wie früher.
Oder hast du uns denn ganz verworfen, zürnst du uns über alle Maßen?

Klagelieder 5,19–22

Baruch

Übersicht

I Einführung 1,1–14

II Gebet der Verbannten 1,15–3,8

III Weisheit, das Vorrecht Israels 3,9–4,4

IV Klagen und Hoffnungen Israels 4,5–5,9

V Der Brief Jeremias 6,1–72

Das Buch Baruch wurde auf Griechisch verfasst, weshalb es nie Teil der hebräischen Bibel war. Auch wenn es von der katholischen und griechisch-orthodoxen Kirche akzeptiert wurde, gehört es doch nicht zur protestantischen Bibel. Die Zuschreibung der Autorschaft an Baruch, Jeremias Gehilfen, ist fiktiv. Dem eigentlichen Buch ist ein Brief Jeremias hinzugefügt, dem ein hebräisches Original zugrunde gelegen haben muss, da Fragmente davon zwischen den Rollen von Qumran gefunden wurden.

Kapitel 1: **Kommentar**

Das verbannte Volk Israels erkannte, dass seine Untreue gegenüber seinem Gott die Plünderung Jerusalems, den Verlust von allem, was es wertgeschätzt hatte, sowie die Babylonische Gefangenschaft zur Folge hatte. Bei der Erinnerung an die Geschichte überwiegt in den Schriften das Gefühl von Schuld und Reue angesichts der Undankbarkeit Israels.

Kapitel 4: **Kommentar**

Nach 70 Jahren des Exils in Babylon ließ König Kyrus die Juden frei und in ihre Heimat ziehen. Die Schriften von der Rückkehr aus dem Exil sind voller Freude und Stolz auf Jerusalem. Gott wird wieder Frieden und Schutz bringen. Die Propheten dieser Zeit erkennen, dass Gott durch sie der ganzen Welt Frieden und Glück bringen wird: Den Völkern wird aus Jerusalem das Heil zuteilwerden.

Brief des Jeremia: **Kommentar**

Im Exil waren die Juden mit der Anbetung vieler Götter und von Menschenhand geschaffener Götzen konfrontiert. Bilder ihres Gottes herzustellen war für sie Blasphemie. Sie machten sich – wie in diesem Jeremia zugeschriebenen Brief – mit Satire Luft und verspotteten die Absurdität, derartige Statuen anzubeten.

Leg ab, Jerusalem, das Kleid deiner Trauer und deines Elends und bekleide dich mit dem Schmuck der Herrlichkeit, die Gott dir für immer verleiht. Leg den Mantel der göttlichen Gerechtigkeit an; setz dir die Krone der Herrlichkeit des Ewigen aufs Haupt!

Baruch 5,1–2

2 | 17

Kapitel 1

Einführung in das Buch und Sündenbekenntnis. Israel war dem HERRN gegenüber ungehorsam, seit der HERR es aus Ägypten führte, und so hat es die Katastrophen selbst heraufbeschworen.

2

Kapitel 2

Es wird zugegeben, dass Israel, aufgrund seiner Untreue, die Strafe des Exils verdiente. Berufung auf die Verheißung des HERRN, dass er ihnen vergibt, ein verständiges Herz schenkt und sie in das Land ihrer Vorväter zurückführt.

18

Kapitel 3

Gott allein gibt Weisheit, er gibt sie Israel. Im Buch des Gesetzes hat er Israel die Weisheit offenbart.

9 | 12

Kapitel 4

Das personifizierte Jerusalem bittet um die Rückkehr seiner Kinder und weissagt Erlösung und Trost für sie, Unglück und Zerstörung für diejenigen, die sie gepeinigt haben.

9 | 12

Kapitel 5

Eine Aufforderung an Jerusalem, sich freudig auf die Rückkehr seiner Kinder durch die Wüste vorzubereiten.

Ezechiel

Übersicht

I Die Zerstörung Jerusalems 1,1–24,27

- **a** Vision der Berufung Ezechiels 1,1–3,27
- **b** Unglücksprophetien 4,1–7,27
- **c** Die Herrlichkeit des HERRN verlässt den Tempel 8,1–11,25
- **d** Korruption in Jerusalem 12,1–14,23
- **e** Symbole Israels aufgelöst 15,1–20,44
- **f** Letzte Drohworte 21,1–24,27

II Prophetien gegen die Völker 25,1–32,32

III Der Wiederaufbau Jerusalems 33,1–48,35

- **a** Verheißungen der Rückkehr 33,1–39,29
- **b** Das neue Jerusalem 40,1–48,35

Der historische Hintergrund Ezechiels ist dem Jeremias ähnlich. Ezechiel wirkte während der letzten Jahre des Königreichs Juda , aber von Babylon aus, als einer derjenigen, die bereits verbannt waren. In Jerusalem war er Priester im Tempel gewesen. In Babylon war es seine Aufgabe, den Geist der Verbannten zu stärken und ihnen zu zeigen, dass Israels Hoffnung auf ihnen lag. Der Fall Jerusalems, die schließliche Zerstörung von Stadt, Königtum und Tempel waren unvermeidlich. Die große Vision zu Beginn handelte vom gewaltigen Streitwagen des HERRN, sie bildet den Hintergrund des gesamten Buchs. Die große Tragödie im Buch liegt darin, dass die Anbeter sich nicht vor dem Tempel verneigen, sondern vor der aufgehenden Sonne. Unweigerlich folgt die Vision der Herrlichkeit des HERRN, die den Tempel verlässt und ostwärts Richtung Babylon zieht. Die große Hoffnung im Buch besteht darin, dass die Herrlichkeit des HERRN zum neuen Tempel zurückkehrt, wie in der Vision des neuen Jerusalem in den Schlusskapiteln prophezeit.

11 15 17

Kapitel 1

Ezechiel sieht vier Gestalten mit vier Gesichtern: Mensch, Löwe, Stier und Adler. Jede hat vier Flügel. Sie stehen neben Rädern, die einen strahlenden Kristall tragen. Darauf befindet sich der Thron, auf dem der HERR sitzt.

7

Kapitel 2

Der HERR sagt ihm, er solle ein Prophet für die Israeliten sein, sie niemals fürchten und nie aufsässig sein wie sie. Dann lässt Gott Ezechiel eine Schriftrolle essen.

7

Kapitel 3

Die Schriftrolle schmeckt wie Honig. Gott sagt Ezechiel, er solle Israel ein Wächter sein. Ezechiel wird nicht sprechen können, außer wenn Gott durch ihn spricht.

7 9

Kapitel 4

Ezechiel zeichnet die Stadt Jerusalem auf einen Ziegel und belagert ihn. Dann muss er über ein Jahr auf der Seite neben ihm liegen und Brot essen, das er über Kuhdung backt.

Kapitel 1: Kommentar

Die überwältigende Vision des Thronwagens Gottes baut auf früheren Visionen des thronenden Gottes auf (1. Könige 22, Jesaja 6), wobei auch mesopotamische Elemente verwendet wurden wie etwa der riesige Steinkaribu, der den Tempeleingang bewacht. Alle Elemente dieser Tiere sind symbolisch zu verstehen, in Hinsicht auf Intelligenz, Wildheit, Macht und Kontrolle. Die Gegenwart Gottes ist nicht auf den Tempel beschränkt, denn Gott ist allgegenwärtig. Kein Mensch kann Gott sehen, nur der Abglanz seiner Herrlichkeit ist sichtbar.

Kapitel 4–5: Kommentar

Diese Zeichenhandlung ist die erste von Ezechiels symbolischen Taten. Manche der damaligen Lehmziegel sind einen halben Quadratmeter groß. Sich Bart und Haare zu schneiden ist ein Zeichen der Klage (um die Stadt) und der Zerstreuung der Einwohner.

Und ich sah eine Gestalt, die wie ein Mann aussah. Unterhalb von dem, was wie seine Hüften aussah, war Feuer und oberhalb von seinen Hüften schien etwas zu leuchten, wie glänzendes Gold. Er streckte etwas aus, das wie eine Hand aussah, und packte mich an meinen Haaren. Und der Geist hob mich empor zwischen Erde und Himmel und brachte mich in einer göttlichen Vision nach Jerusalem, an den Eingang des inneren Nordtors, dorthin, wo das Bild steht, das die Eifersucht (des Herrn) erregt. Dort sah ich die Herrlichkeit des Gottes Israels, wie in der Vision, die ich in der Ebene gesehen hatte.

Ezechiel 8,2–4

Kapitel 8–11: **Kommentar**

Die Schändung des Tempels durch Tiergötzen, Fruchtbarkeitssymbole und Verehrer des Sonnengotts hat den unvermeidlichen Auszug der göttlichen Herrlichkeit zur Folge, was den Tempel als leere, sinnlose Hülle zurücklässt. Die Stadt ist dem Untergang geweiht.

Es waren die Lebewesen, die ich unter dem Thron des Gottes Israels am Fluss Kebar gesehen hatte, und ich erkannte, dass es Kerubim waren. Jedes dieser Lebewesen hatte vier Gesichter und vier Flügel. Unter ihren Flügeln hatten sie etwas, das wie Menschenhände aussah. Ihre Gesichter glichen den Gesichtern, die ich am Fluss Kebar gesehen hatte. […]

Ezechiel 10,20–22

Das Wort des Herrn erging an mich: Menschensohn, das Haus Israel sagt: Die Vision, die er hat, handelt von späteren Tagen, er weissagt für ferne Zeiten. Darum sag zu ihnen: So spricht Gott, der Herr: Nichts von dem, was ich sage, lässt lange auf sich warten; was ich sage, geschieht – Spruch Gottes, des Herrn.

Ezechiel 12,26–28

Kapitel 12: **Kommentar**

Eine weitere Zeichenhandlung zum Exil. Jedoch bleiben falsche Propheten und Prophetinnen in Jerusalem, die Ezechiels Vorhersage eines Unheils verspotten (12,21–28).

7 9

Um das Schicksal der Juden zu symbolisieren, schneidet sich Ezechiel die Haare ab. Ein Drittel verbrennt er, ein Drittel zerhaut er mit dem Schwert, während er die Stadt umkreist, das letzte Drittel verstreut er im Wind.

Kapitel **5**

7 9

Wegen ihrer bald zerstörten Götzenbilder weissagt Ezechiel Untergang und Zerstörung für Berge und Hügel Israels und ihre Bewohner.

Kapitel **6**

5 7 9

Das Ende ist gekommen für das Volk Israel. Gottes Zorn wurde durch Israels Götzenanbetung entfesselt. Er wird kein Mitleid haben, wenn sie alles verlieren, selbst ihr Leben.

Kapitel **7**

7 9

Gottes Geist zeigt Ezechiel, dass es selbst im Tempel des HERRN Götzendienst und Anbetung anderer Götter gibt. Dafür, so Gott zu Ezechiel, werde er sein Volk ohne Erbarmen bestrafen.

Kapitel **8**

7 9

Ein Mann mit Schreibzeug setzt Gottes Zeichen auf die Stirn der Menschen von Jerusalem, die den Götzendienst beklagen. Sechs weitere Männer töten danach alle ohne das Zeichen.

Kapitel **9**

7 9 15

Gottes Herrlichkeit verlässt den Tempel, zusammen mit den vier Kerubim. Der Mann mit dem Schreibzeug nimmt die brennenden Kohlen von den Kerubim und verstreut sie über die Stadt.

Kapitel **10**

7 9

Ezechiel weissagt gegen Pelatja und alle Führer, die Wohlstand vorhersagen. Pelatja stirbt. Ezechiel prophezeit, dass die Israeliten frei von Götzendienst sind, wenn sie aus der Gefangenschaft zurückkommen.

Kapitel **11**

7 9

Ezechiel packt seine Sachen, als ginge er ins Exil, gräbt dann in der Dämmerung ein Loch in seine Hauswand. Dies zeigt, wie der Fürst und das Volk Israel bald in die Gefangenschaft gehen werden.

Kapitel **12**

7 | 9

Kapitel 13

Der Frieden, den die Propheten voraussagen, entspringt ihrer eigenen Einbildungskraft. Es wird keinen Frieden geben. Die falschen Propheten werden zusammen mit Jerusalem vernichtet.

7 | 9

Kapitel 14

Diejenigen, die Götzen anbeten, werden nur eine Botschaft von Gott hören: Tue Buße! Jerusalem wird durch Schwert, Hungersnot, wilde Tiere und Plagen verwüstet. Nur wenige werden überleben.

7 | 9

Kapitel 15

Das Holz eines Weinstocks ist nutzlos für jegliches Bauen, also wird es verbrannt. Jerusalem ist solch ein wertloser Weinstock. Es wird wegen seiner Treulosigkeit verbrannt werden.

6 | 7 | 9

Kapitel 16

Gott liebt die Stadt Jerusalem, heiratet sie und gibt ihr alles, was sie wünscht. Doch sie vergilt Gottes Freundlichkeit, indem sie zur Prostituierten wird. Gott wird sie zerstören wie ihre Schwester Samaria.

6 | 7

Kapitel 17

Ein Adler pflanzt eine Libanonzeder, die gedeiht. Doch dann wendet der Baum sich einem anderen Adler zu. Babylon ersetzt den verbannten König, doch der neue wendet sich Ägypten zu. Die Zerstörung folgt.

3 | 5 | 7

Kapitel 18

Die Menschen werden nur die Folgen ihrer eigenen Sünden erdulden. Gott erfreut sich nicht am Tod der Bösen. Lieber wäre ihm deren Buße, und er könnte vergeben.

4 | 5 | 6

Kapitel 19

Ezechiel beklagt das Los der Herrscher Israels, das sie sich durch Aufruhr und Götzenanbetung eingehandelt haben. Er vergleicht sie mit einem Löwen und einem Weinstock.

2 | 7

Kapitel 20

Gott erklärt, dass er sich lange zurückgehalten hatte, die Israeliten für ihre Untaten zu strafen, doch nun erdulden sie das Exil, das sie verdienen. Wenn sie bereuen, wird Gott sie heimführen.

Kapitel 14: Kommentar

Einer der wichtigen Punkte in Ezechiels Botschaft ist die individuelle Verantwortung. Der Einzelne kann sich nicht länger nur darauf verlassen, zum Haus Israel zu gehören. Jeder Einzelne ist für seine persönliche Beziehung zu Gott verantwortlich. Dieselbe Botschaft taucht auch in den Kapiteln 18 und 23 auf.

Kapitel 15–20: Kommentar

Ezechiel führt verehrte Symbole der nationalen Identität Israels auf und negiert eines nach dem anderen. Israel ist der Weinstock des Herrn – er wird verwelken und verdorren (Kap. 15 und 17). Israel ist die Braut des HERRN – und wird zur Hure (Kap. 16 und 23). Juda ist ein Löwenjunges – und wird gefangen (Kap. 19). Die Reise während des Exodus gestaltete sich für den HERRN und seine Braut nicht als Hochzeitsreise, sondern vielmehr als ein Weg des Aufruhrs (Kap. 20).

Musstest du auch noch meine Söhne schlachten, um sie ihnen darzubringen und für sie durch das Feuer gehen zu lassen? Bei all deinen Gräueltaten und deiner Unzucht hast du die Zeit deiner Jugend vergessen, in der du noch nackt und bloß und zappelnd in deinem Blut lagst.

Nach all diesen schändlichen Taten – wehe, weh dir! Spruch Gottes, des Herrn – hast du dir auf jedem freien Platz ein Bett und eine Kulthöhe errichtet. An jeder Straßenecke hast du deine Kulthöhen errichtet, du hast deine Schönheit schändlich missbraucht, hast dich jedem angeboten, der vorbeiging, und hast unaufhörlich Unzucht getrieben. Du hast dich den Ägyptern, deinen Nachbarn mit dem großen Glied, hingegeben und mit ihnen unaufhörlich Unzucht getrieben, um mich zu erzürnen.

Ezechiel 16,21–26

Wie kommt ihr dazu, im Land Israel das Sprichwort zu gebrauchen: Die Väter essen saure Trauben und den Söhnen werden die Zähne stumpf? So wahr ich lebe – Spruch Gottes, des Herrn –, keiner von euch in Israel soll mehr dieses Sprichwort gebrauchen. Alle Menschenleben sind mein Eigentum, das Leben des Vaters ebenso wie das Leben des Sohnes, sie gehören mir. Nur wer sündigt, soll sterben.

Ezechiel 18,2–4

Kapitel 21: Kommentar

Prophetien sind oft in einem Bild oder einem Schlüsselbegriff zusammengefasst. Hier sind drei voneinander unabhängige Prophetien im Bild des Schwerts verbunden: Lied vom Schwert des HERRN (Verse 1–12), eine poetische Drohung (Verse 13–22), das drohende Schwert des Königs von Babylon (Verse 23–37).

Die Söhne Babels kamen zu ihrem Liebeslager und machten sie unrein mit ihrer Unzucht. Als sie aber durch sie unrein geworden war, wandte sie sich jäh von ihnen ab. Weil sie so offen ihre Unzucht trieb und ihre Scham entblößte, wandte auch ich mich jäh von ihr ab, wie ich mich von ihrer Schwester abgewandt hatte. Sie jedoch ging noch weiter in ihrem unzüchtigen Treiben. Sie dachte an die Tage ihrer Jugend, als sie in Ägypten Unzucht getrieben hatte. Und es erwachte in ihr die Gier nach ihren Liebhabern, deren Glieder wie die Glieder der Esel und deren Erguss wie der Erguss der Hengste waren. Du hattest nämlich das schändliche Treiben deiner Jugend vermisst […].

Ezechiel 23,17–21

Kapitel 24: Kommentar

Ezechiels persönliche Tragödie spiegelt die des HERRN. Er verliert seine geliebte Frau. Das Verbot des Klagens darüber entspricht der erbarmungslosen Zerstörung Jerusalems.

Kapitel 25–32: Kommentar

Die Prophetien gegen die Völker, die sich am Schicksal Jerusalems weideten, stehen zusammengefasst zwischen der Drohung und der Umsetzung. Jedes Volk muss die Rache des HERRN wegen der Teilhabe an der Zerstörung hinnehmen.

Kapitel 27–28: Kommentar

Tyrus war eine große Handelsstadt an der Mittelmeerküste, sie wurde erst durch Alexander den Großen erobert. Ezechiel verhöhnt die Behauptung der Stadt Tyrus, unverletzlich und göttlich zu sein, inthronisiert in einem Garten Eden auf dem heiligen Berg.

5 7 9

Babylon ist Gottes Richtschwert gegen die Israeliten. Es straft sie für Aufruhr, Götzendienst und Gesetzlosigkeit. Sie werden den Untergang erleiden.

Kapitel 21

7 9

Jerusalem ist eine Stadt des Blutvergießens, voller abscheulicher Praktiken: Götzendienst, Misshandlung der Armen und Schutzlosen, Gesetzlosigkeit. Deshalb wird über Jerusalem gerichtet werden.

Kapitel 22

5 6 7

Samaria und Jerusalem sind Schwestern, Ohola und Oholiba. Sie sind Prostituierte, die Ehebruch gegen ihren Mann begehen, den HERRN. Gott wird sie streng bestrafen.

Kapitel 23

5 6 7

Jerusalem ist ein Kochtopf, dessen Unreinheiten weggebrannt werden. Ezechiels Frau stirbt, aber er kann nicht klagen und macht so sichtbar, dass auch Gott Jerusalems Zerstörung nicht beklagt.

Kapitel 24

7 9

Ezechiel prophezeit gegen Ammon, Moab, Edom und die Philister, weil sie an der Zerstörung Judas und Jerusalems Anteil hatten und darüber frohlockten.

Kapitel 25

5 7 9

Ezechiel prophezeit gegen die Stadt Tyrus und sagt deren Zerstörung durch Nebukadnezzar, König von Babylon, voraus. Sie wird verlassen und als Ruine zurückbleiben.

Kapitel 26

4 5 7

Ezechiel singt eine spöttisch gemeinte Klage über die Zerstörung von Tyrus und darüber, was dies für all diejenigen bedeutet, die mit der Stadt Handel trieben und existenziell auf sie angewiesen waren.

Kapitel 27

5 7 9

Ezechiel weissagt gegen den König von Tyrus, der sich als Gott sieht, doch als bloßer Sterblicher vergeht. Die Stadt Sidon wird ebenfalls zerstört und Israel wird letztlich sicher sein.

Kapitel 28

5 7

Kapitel 29

Ezechiel weissagt gegen den Pharao von Ägypten: Nebukadnezzar würde sein Land erobern. Weil der Kampf gegen Tyrus Nebukadnezzar nichts einbrachte, gibt Gott ihm Ägypten als Lohn.

4 5 7

Kapitel 30

Ezechiel klagt über die Zerstörung Ägyptens und die Abhängigkeit der Ägypter von Nebukadnezzar, König von Babylon.

5 6 7

Kapitel 31

Assur war einst eine mächtige Zeder, wurde dann aber von Babylon gefällt. Der ägyptische Pharao ist eine mächtige Zeder, auch er wird von Babylon gefällt werden.

4 7

Kapitel 32

Ezechiel beklagt den Pharao, den König Ägyptens, und vergleicht ihn mit einem im Netz gefangenen Löwen. Babylon wird den Pharao vernichten, der sterben und mit den Unbeschnittenen begraben wird.

7

Kapitel 33

Gott beauftragt Ezechiel, als Wächter zu dienen, um das Volk Israel zu warnen. Im zwölften Jahr seines Exils hört Ezechiel, dass Jerusalem wegen seines Götzendienstes und seiner Gesetzlosigkeit zerstört wurde.

Kapitel 32: Kommentar

In den Kapiteln 16 und 17 verhöhnte Ezechiel Israel, indem er dessen religiöse Symbole entwertete. Israel, die reine Braut des HERRN, wird als schamlose Hure gezeichnet. Israel als mächtige Zeder und als Weinstock, der von einem Adler in Stücke gerissen wird. Nun ist Ägypten an der Reihe: Das gewaltige Krokodil, der König des Nils, wird erniedrigt, indem es mit einem Netz gefangen wird und dann ausgeweidet am Ufer liegt. Es folgt das Bild von Elend und Schande der Völker im Scheol, die das Halbleben der Toten führen.

Kapitel 33: Kommentar

Die Verheißungen des Wiederaufbaus beginnen mit einer neuen Darstellung der Berufung des Propheten, der Weigerung der Stadt zur Umkehr und deren Folgen, der anhaltenden Notwendigkeit zur Umkehr und der Aufgabe des Propheten. Die Botschaft wird durch ein Muster zum Ausdruck gebracht: Die Verse 1 und 5 sowie 2 und 4 sind ausbalanciert, Vers 3 steht in der Mitte.

Du aber, Menschensohn, sag zum Haus Israel: Ihr behauptet: Unsere Vergehen und unsere Sünden lasten auf uns, wir siechen ihretwegen dahin. Wie sollen wir da am Leben bleiben? Sag zu ihnen: So wahr ich lebe – Spruch Gottes, des Herrn –, ich habe kein Gefallen am Tod des Schuldigen, sondern daran, dass er auf seinem Weg umkehrt und am Leben bleibt. Kehrt um, kehrt um auf euren bösen Wegen! Warum wollt ihr sterben, ihr vom Haus Israel?

Ezechiel 33,10–11

Kerubim
Die Kerubim in Ezechiel 1,10 und an anderen Bibelstellen waren in der Alten Welt weithin bekannt. Diese Elfenbeintafel einer ägyptischen Gottheit wurde in Samaria gefunden.

Kapitel 34: Kommentar

Das Bild Gottes als Hirte, und besonders als Hirte Israels, erscheint häufig in der Bibel. Hier ist der Hirte „mein Knecht David", Gottes Stellvertreter, ein messianischer Führer aus dem Hause David. Schafe sind unberechenbare, törichte Geschöpfe und brauchen sorgsame Führung auf den felsigen, kahlen Hügeln Palästinas sowie Schutz vor hungrigen Feinden. Das Bild Jesu als guter Hirte wird im Neuen Testament aufgegriffen, vor allem im Johannesevangelium.

7

Ezechiel weissagt, dass Gott Israels Hirte sein wird. Er wird die Verlorenen suchen, Kranke heilen, Schwache stärken, einen Friedensbund mit ihnen schließen und ihre Feinde vernichten.

Kapitel 34

7 9

Ezechiel weissagt gegen Edom. Dafür, wie es die Israeliten behandelt hat und über deren Untergang frohlocktem, wird es zerstört und zur verlassenen Ödnis werden.

Kapitel 35

Kapitel 36: Kommentar

Der Name des HERRN wurde von den Völkern verhöhnt, weil er es unterließ, sein Volk zu schützen. Durch die Befreiung seines Volks und die Rückkehr nach Jerusalem wird sein Name erneut geheiligt. „Geheiligt werde dein Name."

2 7

Die Berge und Hügel werden blühen, die Israeliten werden gereinigt und in ihre Heimat zurückgeführt. Ihr steinernes Herz wird durch ein Herz aus Fleisch ersetzt, und Gottes Name wird wieder geheiligt.

Kapitel 36

Kapitel 37: Kommentar

In erster Linie ist dies eine Vision der Wiedererweckung der toten Knochen Israels durch den Geist Gottes. Doch sowohl jüdische als auch christliche Tradition sehen darin auch eine Prophetie der individuellen Erneuerung des Lebens.

6 7

Ausgedörrte Knochen werden wieder zusammengefügt und erwachen zu neuem Leben; Symbol des Wiedererstehens der Nation. Juda und Israel werden wiedervereinigt und von einem König aus dem Haus David regiert.

Kapitel 37

Die Hand des Herrn legte sich auf mich und der Herr brachte mich im Geist hinaus und versetzte mich mitten in die Ebene. Sie war voll von Gebeinen. Er führte mich ringsum an ihnen vorüber und ich sah sehr viele über die Ebene verstreut liegen, sie waren ganz ausgetrocknet.

Ezechiel 37,1–2

7 13

Wenn Israel friedlich ist und gedeiht, wird Gog von Norden her eindringen und sich wie eine Wolke nähern.

Kapitel 38

Kapitel 38: Kommentar

Gog und sein Land Magog sind erfundene Namen. Diese endzeitliche Szene symbolisiert die kosmische Niederlage Babylons. Dieses Bild hat bedeutend zur christlichen Vorstellung vom endgültigen Sieg des HERRN beigetragen.

7 13

Gott wird Gog und sein Heer vernichten und ihr Fleisch an die Vögel und Tiere verfüttern. Die Israeliten kehren zurück in ihr Land, wo sie gut und sicher leben werden.

Kapitel 39

Kapitel 40–48: Kommentar

Der Entwurf der neu erbauten Stadt bildet den Hintergrund für die dritte Vision des Propheten vom thronenden HERRN. So wie der Prophet gesehen hatte, wie Gottes Herrlichkeit den Tempel verließ, wird er sehen, wie sie in 43,1–5 zurückkehrt. Der Name der Stadt ist nicht länger „Jerusalem", sondern „Hier ist der HERR" (48,35). Die Heiligkeit, die den Tempel umgibt, wird durch große Tore und Höfe verdeutlicht. Mit jeder Stufe werden die Eingangstore enger, da der Zugang zunehmend eingeschränkt wird.

7 16

Gott gibt Ezechiel die Vision eines neuen Jerusalem und seines Tempels ein, wo ihm ein Mann, glänzend wie Bronze, die Tore, den Innenhof und die Innenräume zeigt und alles mit einer Messlatte vermisst.

Kapitel 40

7 16

Kapitel 41

Der Mann vermisst den Rest des Tempels, außen und innen: die innen liegenden Heiligtümer, Eingänge und Haupthalle.

7 16

Kapitel 42

Der Mann zeigt Ezechiel die Räume für die Priester, dann vermisst er alle vier Seiten des Geländes um den Tempel.

7 16

Kapitel 43

Gottes Herrlichkeit kehrt in den Tempel zurück. Der große Altar wird vermessen und Gott gibt genaue Anweisungen zur Darbringung der Opfer.

7 16

Kapitel 44

Gott gibt genaue Regeln für die Leviten und die Priester vor. Er ermahnt die Israeliten, ihm nicht noch einmal den Gehorsam zu verweigern.

7 16

Kapitel 45

Ein großer Teil des Landes um den Tempel wird als heiliger Bezirk der Leviten ausgewiesen. Gott gibt weitere Anweisungen für Opfergaben und das Paschafest.

7 16

Kapitel 46

Gott gibt Anweisungen zum angemessenen Verhalten am Sabbat und an anderen festgesetzten Feiertagen. Er erklärt, welche Opfergaben angemessen sind.

7 16

Kapitel 47

Ein lebensspendender Fluss mit Obstbäumen an seinen Ufern fließt vom Tempel in das Tote Meer. Die Früchte bieten Nahrung, die Blätter dienen der Heilung. Gott setzt die Grenzen für das neue Gebiet Israels fest.

7 16

Kapitel 48

Jeder der zwölf Stämme erhält einen Teil des neuen Landes Israel. Die neue Stadt Jerusalem besitzt auf jeder der vier Seiten drei Tore, alle benannt nach den Stämmen Israels.

Dann führte er mich zu einem der Tore, dem Tor, das im Osten lag. Da sah ich, wie die Herrlichkeit des Gottes Israels aus dem Osten herankam. Ihr Rauschen war wie das Rauschen gewaltiger Wassermassen und die Erde leuchtete auf von seiner Herrlichkeit. Die Erscheinung, die ich sah, war wie die Erscheinung, die ich damals sah, als er kam, um die Stadt zu vernichten, und wie die Erscheinung, die ich am Fluss Kebar gesehen hatte. Da fiel ich nieder auf mein Gesicht. Und die Herrlichkeit des Herrn zog in den Tempel ein durch das Tor, das im Osten lag.

Ezechiel 43,1–4

[…] Es gehört dem Fürsten als Eigentum in Israel. Meine Fürsten werden mein Volk nicht mehr unterdrücken, sondern das Land dem Haus Israel und seinen Stämmen überlassen. So spricht Gott, der Herr: Genug, ihr Fürsten Israels! Beseitigt Gewalt und Unterdrückung! Sorgt für Recht und Gerechtigkeit! Hört auf, mein Volk von seinem Grund und Boden zu vertreiben – Spruch Gottes, des Herrn. Verwendet richtige Waagen, richtiges Efa und richtiges Bat!

Ezechiel 45,8–10

Kapitel 47: Kommentar

Die Quelle im Tempel ist der Quell lebensspendenden Wassers, das selbst dem Toten Meer Süße und Fruchtbarkeit bringt. Dieses Wasser erinnert an die Flüsse, die aus dem Garten Eden und dem mythischen, legendenhaften Paradies strömen.

Dann fragte er mich: Hast du es gesehen, Menschensohn?

Darauf führte er mich zurück, am Ufer des Flusses entlang. Als ich zurückging, sah ich an beiden Ufern des Flusses sehr viele Bäume. Er sagte zu mir: Dieses Wasser fließt in den östlichen Bezirk, es strömt in die Araba hinab und läuft in das Meer, in das Meer mit dem salzigen Wasser. So wird das salzige Wasser gesund. Wohin der Fluss gelangt, da werden alle Lebewesen, alles, was sich regt, leben können, und sehr viele Fische wird es geben. Weil dieses Wasser dort hinkommt, werden (die Fluten) gesund; wohin der Fluss kommt, dort bleibt alles am Leben. Von En-Gedi bis En-Eglajim werden Fischer am Ufer des Meeres stehen und ihre Netze zum Trocknen ausbreiten. Alle Arten von Fischen wird es geben, so zahlreich wie die Fische im großen Meer. Die Lachen und Tümpel aber sollen nicht gesund werden; sie sind für die Salzgewinnung bestimmt. An beiden Ufern des Flusses wachsen alle Arten von Obstbäumen. Ihr Laub wird nicht welken und sie werden nie ohne Frucht sein. Jeden Monat tragen sie frische Früchte; denn das Wasser des Flusses kommt aus dem Heiligtum. Die Früchte werden als Speise und die Blätter als Heilmittel dienen.

Ezechiel 47,6–12

Daniel

Übersicht

Das Buch Daniel ist eine Apokalypse, eine geheime Offenbarung. Diese Literaturgattung wurde im Judentum während der Verfolgungen populär. Der Zweck eines solchen Buchs besteht darin, den Verfolgten zu versichern, dass der HERR sie befreien wird. Die Botschaft einer solchen Apokalypse ist stets verschlüsselt und beinhaltet umfassende Visionen. Eine Apokalypse ist immer anonym, wird aber oft großen Gestalten der Vergangenheit zugeschrieben. Die Visionen dieses Buchs weisen darauf hin, dass das Buch zur Zeit der Verfolgung der Juden durch den syrischen König Antiochus Epiphanes verfasst wurde.

Die Visionen tauchen in der zweiten Hälfte des Buchs auf. Die erste Hälfte gilt der Legitimation Daniels und zeigt den Lohn für die Treue zum jüdischen Gesetz. Der Name Daniel stammt von einem Weisen des Altertums gleichen Namens. Die frühen Kapitel spielen am persischen Hof vor einem wirren historischen Hintergrund. Das Buch ist von Bedeutung, da es zeigt, dass auch diese Art von Literatur Gottes Botschaft übermitteln kann. Für die Christen hat es einen besonderen Wert, da es die Grundlage bildet für das letzte Buch des Neuen Testaments und weil es den Ausdruck „Menschensohn" in Daniel 7,13 einführt.

Kapitel 1: Kommentar

Die jungen Männer zeigen ihren Eifer, indem sie auf die Beachtung der Speisegesetze bestehen. Als das Buch entstand, setzte man deren Nichtbeachtung mit Abtrünnigkeit gleich.

17

Daniel und seine Freunde Schadrach, Meschach und Abed-Nego werden nach Babylon gebracht, studieren Sprache und Literatur ihrer Entführer und erhalten Aufgaben in der Verwaltung.

Kapitel 1

Kapitel 2: Kommentar

Die Geschichten der Kapitel 2–7 sind sorgfältig arrangiert: eine Abfolge von Königreichen – Götzendienst – Unglück für den König – Unglück für den König – Götzendienst – Abfolge von Königreichen (a-b-c-c-b-a). Die Allegorien der Kapitel 2 und 7 beschreiben die großen Reiche, die nacheinander zusammenbrechen und dem messianischen Königtum weichen. Von 2,4 bis 7,28 ist der Text auf Aramäisch, der Hofsprache des persischen Reichs, die sich bald darauf über den Nahen Osten ausbreiten sollte.

7 17

Daniel deutet Nebukadnezzars Traum von einem Standbild, das gegenwärtige und zukünftige Königreiche im Mittleren Osten symbolisiert. Nebukadnezzar preist Daniels Gott und belohnt Daniel.

Kapitel 2

15 17

Kapitel 3

Nebukadnezzar errichtet ein Standbild, das von allen angebetet werden muss. Schadrach, Meschach und Abed-Nego weigern sich und werden in den Feuerofen gesteckt. Sie überleben und Nebukadnezzar belohnt sie.

1 7 17

Kapitel 4

Nebukadnezzar träumt von einem Baum, der gefällt wird. Daniel erklärt die Bedeutung: Nebukadnezzar wird wahnsinnig werden. Als Nebukadnezzar später wieder zu Sinnen kommt, preist er Gott für seine Erlösung.

7 9 17

Kapitel 5

König Belschazzar sieht, wie eine Hand drei Worte auf die Wand schreibt. Daniel erklärt, dass die Perser Babylon erobern werden. In dieser Nacht töten die Perser Belschazzar.

17

Kapitel 6

König Darius bestimmt, dass einen Monat lang alle nur ihn anbeten dürfen. Daniel weigert sich und wird in die Löwengrube geworfen. Er überlebt und Darius preist Daniels Gott.

7 13

Kapitel 7

Während der Herrschaft Belschazzars träumt Daniel von vier mächtigen Tieren. Der Engel Gabriel deutet sie als vier zukünftige Königreiche.

7 13

Kapitel 8

Daniel hat eine Vision von einer Ziege, die einen Widder niederwirft. Gabriel deutet, dass der Widder Persien ist, die Ziege Griechenland. Ein kleines Horn der Ziege ist Zeichen für einen künftigen schlechten König.

7 12 13

Kapitel 9

Während der Herrschaft des Artaxerxes bekennt Daniel im Gebet die Sünden Israels. Gabriel erklärt, dass 70 „Jahrwochen" mit Verwüstung und Gräueltaten im Tempel enden werden.

7 13 15

Kapitel 10

Während der Herrschaft des Kyrus hat Daniel die Vision eines großen Kriegs und klagt drei Wochen lang. Der Engel Michael sagt ihm, er solle sich nicht fürchten, und verspricht eine Erklärung.

Kapitel 3: Kommentar

Das Gebet des Asarja (Abed-Nego) und das Lied der drei jungen Männer erscheinen nicht in der hebräischen Bibel, sondern sind in den griechischen und altsyrischen Versionen erhalten. Sie gehören nicht zum protestantischen Schriftkanon.

Kapitel 5: Kommentar

In diesem Kapitel gibt es viele kleinere historische Ungenauigkeiten. Belschazzar war der Sohn von Nabonid, nicht von Nebukadnezzar. Er war Mitregent, aber niemals König. Die Worte auf der Wand sind *mene* (gezählt), *tekel* (gewogen) und *u-parsin* (geteilt). Wie die Verse 26–28 erklären, wird damit der Fall von Belschazzars Königtum vorausgesagt.

Doch jene Männer bestürmten ihn und sagten: Bedenke, König, es ist bei den Medern und Persern Gesetz, dass jedes Verbot und Dekret, das der König erlässt, unabänderlich ist.

Darauf befahl der König, Daniel herzubringen, und man warf ihn zu den Löwen in die Grube. Der König sagte noch zu Daniel: Möge dein Gott, dem du so unablässig dienst, dich erretten.

Daniel 6,15–16

Kapitel 7: Kommentar

Die vier Tiere symbolisieren das babylonische, das medische, das persische und das seleukidische Reich. Die zehn Hörner sind Symbole der Stärke. Doch sie alle weichen der menschlichen Gestalt, dem „Menschensohn", der das Judentum repräsentiert. Jesus hat vielleicht auf diese Gestalt angespielt, als er vom „Menschensohn" sprach.

Kapitel 8: Kommentar

Der Widder symbolisiert das persische Reich, die Ziege aber Antiochus Epiphanes, der die täglichen Opfer im Jerusalemer Tempel abschaffte und dort ein Zeusstandbild errichten ließ.

Kapitel 10–11: Kommentar

Der deutende Engel fasst die griechische Geschichte von Artaxerxes über Alexander den Großen bis zu Antiochus Epiphanes zusammen, wird aber nach dem Zeitpunkt der Niederschrift plötzlich ungenau. Michael, „einer der ersten unter den Engelfürsten", ist Beschützer des auserwählten Volkes. Sein Name bedeutet „Wer ist wie Gott?".

Daniel in der Löwengrube
Daniel wurde zu den Löwen geworfen, weil er sich weigerte, fremde Götter anzubeten. Ihm geschah nichts.

7 13 15

Michael erklärt, dass es zum Krieg zwischen Persien und Griechenland kommen werde. Ein zukünftiger mächtiger König wird das Volk Israel und Gottes Tempel heimsuchen, ehe er schließlich besiegt wird.

Kapitel 11

7 13 15

Es wird eine Zeit großen Elends und der Not kommen, doch dann werden die Gerechten gerettet. Dies wird in ferner Zukunft geschehen.

Kapitel 12

17

Susanna, die junge Frau eines Juden, erwehrt sich der Avancen von zwei Ältesten. Um sich zu schützen, beschuldigen sie Susanna, bei einem jungen Mann gewesen zu sein, was Daniel entkräftet. Die Männer werden getötet.

Kapitel 13

Kapitel 13: **Kommentar**

Der griechischen Version des Buchs Daniel sind zwei Geschichten angehängt. Diese erste beschreibt den Triumph weiblichen Heldentums über männliche Gier durch das Urteil von Daniel, dem Weisen.

17

Die Statue eines Drachen soll angeblich essen können. Daniel bereitet ein Mahl, das in dessen Inneren explodiert. Zur Strafe muss er in die Löwengrube, wo Habakuk ihn ernährt. Daniel bleibt unversehrt.

Kapitel 14

Kapitel 14: **Kommentar**

Der zweite Anhang besteht aus zwei Geschichten, die den Götzendienst verspotten. Der machtlose Bel ist ein babylonischer Gott, der bei Jesaja und Jeremia erwähnt wird.

Hosea

Übersicht

I Hoseas Hochzeit 1,1–3,5

II Israels Untreue 4,1–7,16

III Die Bestrafung Israels 8,1–14,1

IV Versprechen für die Zukunft 14,2–10

Einige Jahrzehnte lang weissagte Hosea im nördlichen Königreich Israels, ehe Samaria von den Assyrern geplündert wurde und das Königreich ein Ende nahm. Hoseas Warnungen blieben unbeachtet. Die Prophetie wird in 1,1 auf die Jahre 743–716 v. Chr. datiert. Hosea war einer der ersten Propheten, dessen Worte gesammelt und aufgeschrieben wurden. Er tadelt Israel, weil es den Bund mit Gott aufgegeben hat, indem es Götzen anbetete, sich eher fremden Bündnispartnern als Gott zuwendete, und soziales Unrecht

6 | 7 | 9

Kapitel 1

Um zu zeigen, wie Israel Gott behandelte, lässt Gott Hosea eine Kultdirne namens Gomer heiraten. Die Namen seiner Kinder bezeichnen das zukünftige Gericht über Israel und Juda.

5 | 7 | 9

Kapitel 2

Gott tadelt und straft Israel für seinen Götzendienst und vergleicht es mit einer Ehebrecherin. Dennoch wird Gott eines Tages mit seinem Volk Israel versöhnt sein.

2 | 6 | 7

Kapitel 3

Hoseas Frau hat ihn verlassen und wurde in die Sklaverei verkauft. Er kauft sie zurück und versöhnt sich mit ihr, was Gottes Absicht gegenüber seinem Volk zeigt.

5 | 7 | 9

Kapitel 4

Gott bringt seine Klagen gegen die Israeliten vor, klagt sie der Treulosigkeit, des Götzendiensts und des Gesetzesbruchs an. Er sagt, dass sie bestraft werden.

5 | 7 | 9

Kapitel 5

Gott verkündet, dass Efraim zerstört und gefangen genommen werde. Die Israeliten werden den Zorn Gottes spüren. Gott wird sie angreifen, wie ein Löwe seine Beute angreift.

5 | 7 | 9

Kapitel 6

Israel bereut nicht. Die Israeliten üben nach außen ihre Religion aus, doch ihre Herzen sind nicht dabei. Daher wird über sie geurteilt werden.

Kapitel 1–3: Kommentar

Das Bild von Gottes Bund mit Israel als Ehevertrag hat die späteren Propheten, das Hohelied und schließlich Epheser 5 inspiriert. Gomer war nicht notwendig zum Zeitpunkt der Heirat schon eine Hure, wurde aber zu einer solchen. Die Prophetie blickt sehnsuchtsvoll auf die Zeit der Verliebtheit in der Wüste, als Israel ihrem Gemahl noch treu war.

Ich traue dich mir an
um den Brautpreis meiner Treue:
Dann wirst du den Herrn erkennen.
An jenem Tag – Spruch des Herrn –
will ich erhören:
Ich will den Himmel erhören
und der Himmel wird die Erde erhören
und die Erde erhört das Korn,
den Wein und das Öl,
und diese erhören Jesreel.

Hosea 2,20–22

Kapitel 6: Kommentar

Die Bedeutung von „am dritten Tag" (Vers 2) ist „in sehr kurzer Zeit". Dieser Absatz wird von frühen christlichen Autoren als Prophetie der Auferstehung Christi verstanden.

Gilead ist eine Stadt voller Übeltäter,
mit Blut befleckt.
Die Rotte der Priester liegt auf der Lauer
wie eine Bande von Räubern,
sie morden auf dem Weg, der nach Sichem führt,
ja, sie treiben schändliche Dinge.
In Bet-El habe ich grässliche Dinge gesehen;
dort treibt es Efraim mit den Dirnen,
dort befleckt sich Israel.

Hosea 6,8–10

verübte. Aber grundsätzlich ist Hosea der Prophet der Liebe Gottes, da er seine eigene unerschütterliche Liebe zu seiner wiederholt untreuen Frau als Abbild dieser Liebe Gottes ansieht. Vielleicht steht Hosea deshalb am Anfang des Zwölfprophetenbuchs.

Denn sie säen Wind,
und sie ernten Sturm.
Halme ohne Ähren bringen kein Mehl.
Und wenn sie es bringen,
verschlingen es Fremde.
Israel ist schon verschlungen.
Jetzt gilt es im Kreis der Völker
als wertloses Zeug.

Hosea 8,7–8

Kapitel 11: Kommentar

Gottes Liebe für Israel wird oft als *hesed* beschrieben, als unerschöpfliche Familienliebe, die nie ein Familienmitglied aufgeben wird. Hosea hat dies als eheliche Liebe dargestellt und vervollständigt nun das Bild mit der Liebe der Eltern zu ihrem Kind.

Kapitel 14: Kommentar

Ein abschließendes Gebet um Buße erweckt die Hoffnung auf Vergebung. Der letzte Vers des Buchs ist eine spätere Hinzufügung im Stil der Weisheitsbücher.

Wer weise ist, begreife dies alles,
wer klug ist, erkenne es.
Ja, die Wege des Herrn sind gerade;
die Gerechten gehen auf ihnen,
die Treulosen aber kommen auf ihnen zu Fall.

Hosea 14,9

5 | 7 | 9

Kapitel 7

Wann immer Gott daran dachte, Israel zu erneuern, hat es nur noch mehr gesündigt. Die Israeliten sind Toren. Gott will sie erneuern, aber sie haben ihn abgewiesen.

5 | 7 | 9

Kapitel 8

Israel hat das Gute zurückgewiesen. Die Israeliten folgen Götzen und missachten alle Gebote Gottes. Deshalb schätzt Gott ihre Opfer nicht bzw. nimmt sie nicht an.

5 | 7 | 9

Kapitel 9

Die Israeliten haben andere Götter neben dem HERRN angebetet. Die Zeit der Strafe für all ihre Sünden ist nahe. Sie werden zu Wanderern unter den Völkern werden.

5 | 7 | 9

Kapitel 10

Israel war hinterlistig und götzendienerisch. Anstelle von Gerechtigkeit haben sie Bosheit gesät. So werden sie das Urteil ernten.

5 | 7 | 10

Kapitel 11

Gott liebt Israel. Er hat sie aus Ägypten errettet. Er machte sie reich. Er würde sie lieber nicht strafen, doch er muss es tun, da er durch den Bund mit Israel gebunden ist.

5 | 7 | 9

Kapitel 12

Die Israeliten suchen überall nach Hilfe außer bei Gott. Sie betreiben Götzenanbetung und brechen Gottes Gebote, trotz der Warnungen der Propheten Gottes.

5 | 7 | 9

Kapitel 13

Die Israeliten haben Götzen angebetet, obwohl Gott sie ermahnte, nur ihn anzubeten, seit sie Ägypten verließen. Also wird Gott über sie richten und sie vernichten.

2 | 5 | 7

Kapitel 14

Wenn die Israeliten Buße tun und zu Gott zurückkehren, wird Gott ihnen vergeben, sie heilen und nach Hause bringen.

Joël

Übersicht

Über den Verfasser dieser Prophetie oder die Umstände der Niederschrift ist nichts bekannt. Dass weder ein König noch der Tempel erwähnt werden, dafür aber der Akzent auf den Völkern der Welt liegt, lässt vermuten, dass die Prophetie nachexilisch ist. Man hat angenommen, dass der erste Teil (1,2–2,27) als liturgischer Text für eine Bußliturgie Verwendung fand. Die Weissagung der Ausgießung des Geistes wird zur Grundlage für den Apostel Petrus, wenn er das Pfingstgeschehen erklärt.

Auf der Bedrohung des Tags des HERRN liegt das theologische Hauptaugenmerk. Das mag dazu geführt haben, dass diese Prophetie im Zwölfprophetenbuch vor Amos steht, zur Vorbereitung auf Amos, das die Thematik des Tags des HERRN

Der Prophet Joël
Der Prophet Joël, Sohn von Petuël, ist nur durch die Prophetie bekannt, die seinen Namen trägt. Wann er schrieb, wo er lebte und was aus ihm wurde, ist unbekannt.

4 5 7

Kapitel 1

Joël weissagt eine Heuschreckenplage, die wie eine Armee kommen und Israel verwüsten wird. Sie wird das Land allen Getreides berauben. Israel wird klagen.

2 5 7

Kapitel 2

Das Heuschreckenheer verschlingt das Land wie ein Feuer. Gott fordert Reue und verspricht, den Verlust zu ersetzen. Gott wird seinen Geist auf das Volk Israel ausgießen und es befreien.

5 7 9

Kapitel 3

Gott ruft die Israeliten auf, sich auf den Krieg gegen ihre Feinde vorzubereiten, die sie erfolgreich schlagen werden. Am Tag des HERRN werden Israels Feinde vernichtet.

Kapitel 2: Kommentar

In der deutschen Einheitsübersetzung ist dieses Kapitel auf die Kapitel 2 und 3 aufgeteilt, Kapitel 3 hier entspricht also Kapitel 4 der Einheitsübersetzung. Joëls Weissagung der Ausgießung des Geistes wird von Petrus bei seiner Pfingstpredigt verwendet, um zu erklären, was geschehen ist: Feuerzungen und das Sprechen in fremden Sprachen. „Ich werde von meinem Geist ausgießen über alles Fleisch. Eure Söhne und eure Töchter werden Propheten sein, eure jungen Männer werden Visionen haben. […] Jeder, der den Namen des Herrn anruft, wird gerettet.“

Ruft den Völkern zu:
Ruft den Heiligen Krieg aus!
Bietet eure Kämpfer auf!
Alle Krieger sollen anrücken und heraufziehen.
Schmiedet Schwerter aus euren Pflugscharen
und Lanzen aus euren Winzermessern!
Der Schwache soll sagen: Ich bin ein Kämpfer.
Eilt alle herbei,
versammelt euch, ihr Völker ringsum!
Dorthin führe, Herr, deine Kämpfer hinab!

Joël 3,9–11

noch erweitert. Der erste Teil der Prophetie ist beherrscht von eindringlichen Bildern der Zerstörung, der Vernichtung der Ernte, des Mangels an Futter und Nahrung, einer eindringenden Armee und kosmischen Aufruhrs – all das führt zum Ruf nach Buße und Bekehrung. Im späteren Verlauf der Prophetie wird diese wilde, grausame und kosmische Bilderwelt fortgesetzt, doch nun wird der große Tag des HERRN Befreiung und Frieden für den Berg Zion bringen sowie Zerstörung für jene Völker, über die im Tal der Entscheidung gerichtet wird.

Die Respekt einflößende Bedrohung des überwältigenden Tags des HERRN durchzieht das ganze Buch. Dieses Bild erscheint auch in der Prophetie des Amos, erreicht aber vielleicht bei Joël das ganze Ausmaß seines Schreckens: Die Sterne leuchten nicht mehr, der Mond wird zu Blut und der HERR brüllt von Zion her (Joël 2,10–11; 4,16; Amos 1,2). Es ist ein Tag, da die Welt auf den Kopf gestellt wird, ein Tag des Gerichts, wenn am Ende die Bösen bestraft und die Gerechten belohnt werden, wenn alles zuvor sorgsam Verborgene hässlich entblößt wird. Der Tag ist die Hoffnung der Demütigen und das Leid der Bösen. Bei den Propheten wird das Bild dieser Umkehrung immer schrecklicher, während die Demütigen vor Gott mehr und mehr ermutigt werden und ihnen Frieden und Wohlbehagen versprochen wird (Jesaja 2,6–21; Zefanja 2,2–3; Sacharja 14,1–5; Maleachi 3,1–24). Im Neuen Testament wiederholen sich diese Bilder, wenn Paulus den himmlischen Triumphzug des wiedererstandenen Christus erwartet (1. Thessalonicher 4,16–17), wie auch in der Trennung der Schafe und Ziegen beim Jüngsten Gericht (Matthäus 25,31–46).

Amos

Übersicht

Wie Hosea war auch Amos einer der ersten Propheten, deren Aussprüche aufgeschrieben wurden. Amos war ein Laienprophet, also weder Hofprophet noch Mitglied einer Gruppe von Propheten. Er war ein Maulbeerfeigenpflanzer, der unerwartet aus Tekoa, einem kleinen Dorf im Südreich, ins Nordreich Israel gesandt wurde, um diesem zu drohen und es zur Besserung zu bewegen. Amos übermittelte seine Botschaft im Tempel zu Bet-El, etwa zwischen 783 und 740 v. Chr., und wurde vom Priester

Der Prophet Amos
Amos war Schäfer und Züchter von Maulbeerfeigenbäumen. Er kam aus dem kleinen Dorf Tekoa, etwa zehn Kilometer südlich von Betlehem.

5 7 9

Kapitel 1

Amos beschreibt Gottes kommendes Gericht gegen Israels Nachbarn. Damaskus, Gaza, Tyrus, Edom und Amon werden wegen vier Verbrechen verurteilt, Feuer wird sie verzehren.

5 7 9

Kapitel 2

Amos beschreibt Gottes kommendes Gericht gegen Israels Nachbarn. Moab und Juda werden wegen vier Verbrechen verurteilt. Dann verkündet Amos, dass auch Israel wegen vier Verbrechen verurteilt wird.

Kapitel 1–2: Kommentar

Die Methode des Amos besteht darin, in den Zuhörern Empörung gegen die fremden Völker hervorzurufen und dieses Gefühl dann gegen sie selbst zu wenden. Ursprünglich war die siebte Anklage als Höhepunkt gegen Israel gerichtet, da die Anklage gegen Juda (2,4–5) später eingefügt wurde. Es passt nicht zur Botschaft von Amos, dass der Akzent auf dem Gesetz und auf Juda selbst liegt.

Er sprach:
Der Herr brüllt vom Zion her,
aus Jerusalem lässt er seine Stimme erschallen.
Da welken die Auen der Hirten
und der Gipfel des Karmel verdorrt.

Amos 1,2

So spricht der Herr:
Wegen der drei Verbrechen, die Israel beging, wegen der vier nehme ich es nicht zurück: Weil sie den Unschuldigen für Geld verkaufen und den Armen für ein Paar Sandalen, weil sie die Kleinen in den Staub treten und das Recht der Schwachen beugen. Sohn und Vater gehen zum selben Mädchen, um meinen heiligen Namen zu entweihen. Sie strecken sich auf gepfändeten Kleidern aus neben jedem Altar, von Bußgeldern kaufen sie Wein und trinken ihn im Haus ihres Gottes.

Amos 2,6–8

kurzerhand aus dem Tempel geworfen. Seine Botschaft ist die einer vollständigen Katastrophe. Die Versprechen der Erneuerung im Schlussteil sind spätere Ergänzungen (wie auch die drei kleinen Doxologien in 4,13; 5,8–9 und 9,5–6, vermutlich für den liturgischen Gebrauch). Wie Hosea tadelt Amos die im Nordreich vorherrschende brutale wirtschaftliche Profitgier auf Kosten der Armen, den luxuriösen Lebensstil, die leeren Opfergaben. Die Israeliten haben ihre Stellung als auserwähltes Volk Gottes verwirkt (9,7–8).

Kapitel 3–4: **Kommentar**

Amos benutzt gern die Symbolik der Zahl Sieben. In 3,3–8 verteidigt er seine Prophetien mit sieben Bildern, um zu zeigen, dass nichts ohne Ursache geschieht. In 4,2–11 schildert er sieben drohende Katastrophen: Exil, Hungersnot, Dürre, Mehltau, Plagen, Metzelei, Verheerung. In den Kapiteln 7–9 gibt es jedoch nur vier Visionen.

Kapitel 5: **Kommentar**

Vers 18 ist die früheste Erwähnung des Tags des HERRN (siehe Joël). Amos' Zuhörer erwarten, dass er für sie vorteilhaft sein wird, doch Amos desillusioniert sie. In 8,9 beginnen die kosmischen Bilder, die eine Besonderheit dieser Prophetien sind.

Kapitel 7: **Kommentar**

Der Abschnitt 7,10–17 enthält die einzige uns bekannte biografische Information über Amos und seinen Auftrag. Ein Mann aus dem Süden, der den Norden in dessen Heiligtum anprangert, konnte kaum mit einem freundlichen Empfang rechnen.

Kapitel 9: **Kommentar**

Der Schlussteil 9,11–15 ist der einzige Hoffnungsschimmer. Doch handelt es sich hier um eine spätere Ergänzung zur Botschaft von Amos, da sie sich auf Juda bezieht, nicht Israel, und den Untergang Jerusalems und das Exil voraussetzt.

5 7 9

Kapitel 3

Gott erinnert die Israeliten daran, wie er sie aus Ägypten rettete und ihnen Propheten schickte, die sie vor dem Gericht warnten. Deshalb warnt er, dass sie von ihren Feinden erobert werden.

5 7 9

Kapitel 4

Trotz der zahlreichen Warnungen Gottes und wiederholter Strafen hat Israel seine Sünden nicht bereut. Deshalb wird Gott es strafen.

4 5 7

Kapitel 5

Amos beklagt den Untergang Israels. Gott fordert die Israeliten auf, Buße zu tun, weil sie die Armen unterdrückt und andere Götter angebetet haben. Der Tag des HERRN wird eine Zeit der Qual. Exil droht.

5 7 9

Kapitel 6

Israel denkt vielleicht, es sei sicher und die Israeliten könnten stolz sein. Doch Gott wird sie strafen und ihr Land zerstören, indem er sie angreifen lässt.

5 6 7

Kapitel 7

Gott gibt Amos Visionen von Heuschrecken, Feuer und einem Senkblei. Ein Schwert wird über das Land kommen. Amos widersetzt sich der Aufforderung des Priesters Amazja, die Prophetien zu beenden.

5 6 7

Kapitel 8

Gott zeigt Amos einen Korb reifer Früchte: Israels Zeit ist ebenfalls reif für das Gericht. Die Israeliten werden klagen und leiden, weil sie nicht in der Lage sind, Gottes Wort zu hören.

2 5 7

Kapitel 9

Israel wird Gottes Gericht erdulden, doch Gott liebt Israel und wird es eines Tages erneuern. Die zerstörten Städte werden wieder aufgebaut, Israel wird nie wieder ins Exil geschickt werden.

Obadja

Übersicht

I Edom muss ausgelöscht werden 1–9

II Edoms Verbrechen gegen einen Bruder 10–15

III Das wiedererstandene Zion verbreitet sein Gesetz 16–21

Warum das Buch Obadja überhaupt in die Bibel aufgenommen wurde, ist ein Rätsel. Es ist das kürzeste Buch der Bibel. Vom Verfasser weiß man nichts. Sein Name bedeutet „Knecht des HERRN“, was gleichbedeutend sein mag mit „Prophet des HERRN“.

Warum haben diejenigen, die die Heiligen Schriften auswählten, diesem Buch ein so großes Eigengewicht beigemessen? Es gibt viele andere Prophetien gegen Edom. Rivalität und Krieg gegen Israels östlichen Nachbarn gab es seit frühester Zeit immer wieder. Dies wurde durch die Geschichte vom Kampf zwischen Isaak und seinem Bruder Edom/Esau (Genesis 25 und 27) begründet. Psalm 137 hebt die Bestrafung der Edomiter als Rache für deren Anteil an der Zerstörung Jerusalems hervor. Ein großer Teil des ersten Gedichts ist bereits in Jeremia 49 enthalten. Im dritten Gedicht wird Edom/Esau als nur eines unter vielen Völkern erwähnt. Wurde diese Prophetie nur deshalb eingefügt, um zu zeigen, dass die Feinde des HERRN nicht ungestraft davonkommen?

Der Prophet Obadja
Obadjas Name war sehr populär; mindestens elf Menschen in der Bibel heißen so. Doch außer seinem Namen weiß man nichts von ihm.

Kapitel 1: Kommentar

Diese Prophetien Obadjas gegen Edom gingen 312 v. Chr. in Erfüllung, als das Gebiet von Edom östlich des Toten Meeres von den Nabatäern vollständig überrannt wurde. Seitdem ist Edom aus der Geschichte verschwunden.

5 7 9

Kapitel 1

Edom wird wegen seiner schlechten Behandlung Israels vernichtet werden. Es wird leiden, so wie Israel gelitten hat. Edoms Königreich wird Gottes Königreich werden.

Jona

Übersicht

I Jonas Flucht 1,1–16

II Jonas Gebet 2,1–11

III Jonas Gehorsam 3,1–10

IV Jonas Gereiztheit 4,1–11

Das Buch Jona will keine wahre Geschichte sein und es ist auch keine Prophetie in dem Sinne, dass es die Zukunft voraussagt. Eine Botschaft hat es jedoch ganz sicher, da es das Handeln Gottes an der Welt verdeutlicht. Es ist eine Satire auf jüdische Selbstgerechtigkeit mit dem typischen Humor jüdischer selbstironischer Geschichten. Deutlich ist der Gegensatz zwischen Jona, dem Juden, der zum Propheten berufen wird und wegzulaufen versucht, und den Bürgern Ninives, die in eben dem Moment inbrünstig Buße tun, da ihnen gedroht wird. Wer sind hier die Auserwählten? Der „Prophet" missachtet Gott, während die Nichtjuden eilfertig sind.

Der Zeitpunkt der Geschichte ist nicht leicht zu bestimmen. Ein solches Augenmerk auf die Erlösung der Nichtjuden muss nachexilisch sein. Das Buch wird bei Tobit erwähnt, wurde also vermutlich zwischen dem sechsten und dritten vorchristlichen Jahrhundert verfasst.

Jona und der Wal
Als Jona versuchte, vor Gott wegzulaufen, schickte Gott einen Wal, der Jona verschluckte und zurückbrachte.

Und sie sagten zu ihm: Was sollen wir mit dir machen, damit das Meer sich beruhigt und uns verschont? Denn das Meer wurde immer stürmischer. Jona antwortete ihnen: Nehmt mich und werft mich ins Meer, damit das Meer sich beruhigt und euch verschont. Denn ich weiß, dass dieser gewaltige Sturm durch meine Schuld über euch gekommen ist.

Jona 1,11–12

Kapitel 1–4: **Kommentar**

Durchgehend blitzt Humor auf. Der Prophet schläft fest, während die nichtjüdischen Seeleute zu ihren Göttern beten (1,5). Der Fisch spuckt Jona aus, als dieser gerade „Vom HERRN kommt die Rettung" (2,10) betet. Selbst die Tiere tragen Sackleinen, enthalten sich des Trinkens und rufen zum HERRN (3,7–8). Der Busch wächst in einer Nacht und vergeht ebenso plötzlich (4,6–7). Gott neckt Jona und Jona schimpft mit Gott, weil dieser zu barmherzig sei (4,7–9).

7 17

Kapitel 1

Als Gott Jona auffordert, nach Ninive zu gehen, weigert er sich und besteigt ein Schiff in die andere Richtung. Als ein Sturm aufkommt, sagt Jona den Seeleuten, sie sollen ihn über Bord werfen. Ein großer Fisch verschluckt ihn.

5 12

Kapitel 2

Nach drei Tagen in dem großen Fisch betet Jona um Befreiung. Gott erhört ihn: Der Fisch speit Jona am Ufer aus, nahe der Stelle, wo Gott ihn zuerst aufforderte, nach Ninive zu gehen.

7 17

Kapitel 3

Noch einmal fordert Gott Jona auf, nach Ninive zu gehen. Dieses Mal gehorcht Jona. Zu seiner Bestürzung bereuen die Menschen in Ninive, also vergibt Gott ihnen.

3 10 17

Kapitel 4

Der enttäuschte Jona hofft, dass Gott es sich mit Ninive noch anders überlegen möge. Gott verwendet einen Busch, der Jona beschirmt, dann aber abstirbt, um Jona zu zeigen, dass Gott jeden liebt.

Micha

Übersicht

I	Gericht über Jerusalem 1,1–3,12
II	Verheißungen an Zion 4,1–5,14
III	Drohreden an Israel 6,1–7,7
IV	Micha interveniert für Zion 7,8–20

Die Überschrift der Prophetie besagt, dass Micha aus Moreschet stammte, ca. 30 Kilometer südwestlich von Jerusalem, und von 736 bis 716 v. Chr. wirkte, während der letzten Jahre des nördlichen Königreichs Israel, das 722 v. Chr. von Assyrien erobert wurde. Die Prophetien wechseln zwischen scharfer Kritik an den Ungerechtigkeiten im Nordreich und Verheißungen für Jerusalem oder Zion, von denen einige spätere Zusätze sein mögen. Alles in allem könnte der Prophet ein Zeitgenosse Jesajas in Jerusalem gewesen sein: Ein Abschnitt über die Zerstörung von Städten in Juda (1,10–16) passt gut zur Invasion Sanheribs 701 v. Chr., als nur Jerusalem als einzige Stadt Judas verschont blieb. Vor allem die Verheißungen messianischen Friedens und Wohlstands werden von manchen Wissenschaftlern für nachexilische Zusätze gehalten. Allerdings findet sich Micha 4,1–5 auch bei Jesaja 2,1–4, und beide berichten gleichermaßen von den Überresten Israels. Weitere Dopplungen gibt es noch in anderen messianischen Abschnitten (wie etwa Micha 5,2–5 und Jesaja 7,14–16), sodass man akzeptieren muss, dass diese Elemente bei beiden Propheten nachexilisch oder auch nicht sein könnten.

5 | 7 | 9

Kapitel 1

Micha weissagt, dass Gott über Samaria und Jerusalem wegen ihrer Sünden richten wird. Großes Leid und Tränen werden die Folgen sein.

2 | 5 | 7

Kapitel 2

Die Israeliten wollen nicht auf Michas Warnungen vor dem Gericht hören, lieber hören sie frohe Prophezeiungen von Wohlstand. Doch erst nach der Strafe wird ihnen vergeben, und sie werden wieder gestärkt werden.

5 | 7 | 9

Kapitel 3

Gott verurteilt Israels Führer wegen Unrecht und Unterdrückung und verurteilt die Propheten, die Lügen statt Wahrheit prophezeiten. Das Unheil wird kommen.

5 | 7

Kapitel 4

Am Ende der Tage werden viele Völker kommen, um in Jerusalem zu beten. Die Verbannten werden heimkommen, in Frieden und Wohlstand leben und den HERRN treu anbeten.

5 | 7

Kapitel 5

Ein Herrscher für Israel wird aus Betlehem hervorgehen. Doch Israel wird für eine Weile ins Exil gehen, um sich vom Götzendienst zu reinigen. Dann wird Gott es erneuern und seine Feinde vernichten.

Kapitel 5: Kommentar

Der Verfasser des neutestamentlichen Matthäusevangeliums zitiert Micha 5,1, wo prophezeit wird, dass ein Mann aus Betlehem hervorgehen wird, um über das Volk Israel zu herrschen. Der Verfasser des Matthäusevangeliums ist der Überzeugung, dass Jesu Geburt in Betlehem diese Weissagung erfüllte (Matthäus 2, 6). Im Neuen Testament beschreiben nur Matthäus und Lukas Jesu Geburt und verorten sie in Betlehem.

3 | 5 | 7

Kapitel 6

Gott ruft Berge und Fundamente der Erde an, damit sie Israels Schuld bezeugen. Gott möchte Buße, Gerechtigkeit und Barmherzigkeit sehen, keine Tieropfer.

2 | 5 | 7

Kapitel 7

Israel ist im Elend, das Böse wuchert. Doch Israel werden die Sünden vergeben, es wird zu seinem Land zurückgeführt, wo es erneut Frieden und Wohlstand finden wird.

Nahum

Übersicht

I Der HERR wird sein Volk rächen 1,1–14

II Der Kampf um Ninive 2,1–14

III Das Schicksal Ninives 3,1–19

Wir wissen so gut wie nichts über den Propheten Nahum, wenn dies überhaupt der Name des Verfassers war, da der Name auch eine Amtsbezeichnung sein könnte. Er bedeutet „Tröster" oder „Trost". Abgesehen von diesem Namen kennen wir nur den Namen seines Heimatdorfs, Elkosch, dessen Lage unbekannt ist. Die Prophetie dreht sich um den Untergang Ninives, der Hauptstadt Assyriens, die 612 v. Chr. von den Babyloniern erobert wurde. Das einzig gesicherte Datum ist der Zeitpunkt der Abfassung des Buchs nach der Eroberung Thebens 663 v. Chr. durch Assyrien. Es ist dennoch schwer zu sagen, ob die Gedichte den Untergang Ninives voraussagen oder widerspiegeln. Die bedeutsame Botschaft des Buchs lautet, kein rachsüchtiges Vergnügen an der Niederlage eines Feindes zu empfinden, der für den Untergang des nördlichen Königreichs Israel verantwortlich war und der auch Juda verwüstet hatte. Vielmehr solle man die gewaltige Macht des HERRN feiern, des obersten Herrschers der Geschichte, dem selbst mächtige Herrscher untertan sind. Das ist die Botschaft des Gedichts oder Psalms, der dem Bericht der Zerstörung Ninives vorausgeht.

Die Prophetie besteht aus einem alphabetischen Gedicht, dessen Zeilen nacheinander mit je einem Buchstaben des Alphabets beginnen (bis zur Mitte des Alphabets). Dieses Gedicht feiert die Ehrfurcht gebietende Macht Gottes über die Welt (1,1–8). Dem schließt sich (1,9–2,3) die Friedensverheißung für Juda an, das von Assyrien bedroht wurde. Dann folgen eindringliche Schilderungen von Schrecken und Verwirrung beim Ansturm auf die Stadt und ihrer Plünderung, von der Wildheit der Angreifer, von Fassungslosigkeit und Demütigung der Bewohner, vom erbarmungslosen Abschlachten der Kinder, was schließlich in der Verhöhnung einer Begräbnisfeier für die Stadt endet. Es ist die machtvolle Darstellung einer der großen Niederlagen der Geschichte.

Kapitel 1: Kommentar

Der Böses planende Mann (Vers 11) wird auf Hebräisch wörtlich „Ratgeber des Beliar" genannt. Beliar bedeutet „der Wertlose". Das Wort taucht explizit in 2. Korinther 6,15 auf: „Was für ein Einklang herrscht zwischen Christus und Beliar?" Im damaligen Judentum war Beliar eine Art Spitzname für den Teufel. Die Gestalt, auf die hier verwiesen wird, ist vielleicht Sanherib, der assyrische König, der Jerusalem angriff, sich dann aber zurückzog.

5 7 9

Kapitel 1

Der HERR ist zornig auf Ninive, Hauptstadt des assyrischen Reichs, aufgrund all dessen, was die Assyrer taten, als sie Israel zerstörten. Gott wird sein geliebtes Volk rächen.

5 7 9

Kapitel 2

Gott ist gegen Ninive. Ein rot gekleideter Angreifer mit Streitwagen wird Ninive attackieren und besiegen. Ninive wird geplündert und vernichtet.

5 7 9

Kapitel 3

Gott ist gegen Ninive wegen seiner Grausamkeit. Es wird das Schicksal Kuschs, Ägyptens, Puts und Libyens erleiden: Alle wurden vernichtet, ihre Kinder wurden in Stücke gehauen. Ninive wird brennen.

Habakuk

Übersicht

I Habakuks erste Klage 1,1–4

II Die Antwort Gottes 1,5–11

III Habakuks zweite Klage 1,12–17

IV Die Antwort Gottes 2,1–5

V Vier Weherufe 2,6–20

VI Ein Gebet 3,1–19

Vertrauen auf Gott
Habakuk konnte nicht begreifen, was Gott vorhatte, doch er vertraute darauf, dass Gott es zum Besten richten würde.

Dieses Fragment einer Prophetie ist schwierig zu deuten, und seine Vollständigkeit ist unsicher. Über den Propheten weiß man nichts, obwohl die Legende ihn noch einmal aus dem Dunkel hervorholt: in der Geschichte von der wunderbaren Speisung Daniels in der Löwengrube (Daniel 14,33–39). Ein historischer Kontext der Prophetie kann aus dem Aufstieg der Chaldäer (Babylonier) zur Macht seit ca. 615 v. Chr. herausgelesen werden (1,6). Ferner spielt die Erwähnung Gottes „in seinem heiligen Tempel" (2,20) eine Rolle, denn dies muss vor der Zerstörung des Tempels im Jahr 589 v. Chr. gewesen sein.

Ein weiteres Problem ist die Frage der Vollständigkeit dieses Buchs. Ein Kommentar über Habakuk wurde unter den Qumran-Rollen gefunden, der aber nicht Kap. 3 kommentiert. Manche haben daraus gefolgert, dass dieses Kapitel nicht zum Buch gehört. Doch es könnte auch sein, dass dieses Gedicht als nicht relevant angesehen wurde. Untersuchungen zur Linguistik haben gezeigt, dass in allen drei Kapiteln mit Wortklängen gespielt wird. Die Frage, die das Buch aufwirft, lautet: Wie kann es sein, dass sich Gewalt durchzusetzen scheint? Die enttäuschte Eingangsklage (1,1–4) weicht dem beängstigenden Ausblick auf die Chaldäer in voller Schlachtordnung (1,5–11). Doch dann wird eine Lösung verheißen, so ohne Zweifel, dass sie als bleibende Erinnerung niedergeschrieben werden muss (2,1–5). Es folgen vier Weherufe über Gewalt (2,6–20). Schließlich rundet ein ruhiges Gedicht über Vertrauen auf den HERRN die Botschaft ab.

5 7 9

Kapitel 1

Habakuk möchte, dass Gott über Israels Bosheit urteilt. Gott sagt ihm, dass die Babylonier Israel zerstören werden. Habakuk fragt, wie Gott sich der Bösen bedienen könne, um über Gerechtere zu richten.

5 7 9

Kapitel 2

Habakuk wartet auf Gottes Antwort. Gott sagt ihm, dass über Israel zwar wegen seines Götzendiensts und der schlechten Behandlung der Armen gerichtet wird, doch auch über Babylon wird gerichtet werden.

1 5 7

Kapitel 3

Habakuk erkennt Gottes Macht an, gesteht, dass er nicht versteht, und bekräftigt, dass er sich über Gott freuen wird, auch wenn alles falsch läuft und sinnlos scheint.

Kapitel 2: Kommentar

Der berühmte Vers 2,4, von Paulus in Römer 1,17 und Galater 311 benutzt, kann unterschiedlich verstanden werden. Paulus benutzt ihn für den rettenden *Glauben* des einzelnen Gläubigen. Er könnte sich aber auch auf die rettende *Treue* beziehen. Nimmt man den Kontext hinzu, ist die wahrscheinlich ursprüngliche Bedeutung die *Verlässlichkeit* der Prophetie („Der Gerechte wird durch seine Verlässlichkeit leben"). Paulus verwendet die Schrift oft außerhalb ihres Zusammenhangs.

Zefanja

Übersicht

I Gericht über das Land 1,1–3

II Gericht über Juda 1,4–2,3

III Der Tag des HERRN 2,4–3,20

Über den Propheten Zefanja weiß man kaum etwas, abgesehen von der Genealogie zu Beginn seiner Prophetie und der Tatsache, dass er während der Herrschaft des Königs Joschija weissagte, des großen Reformers am Ende des 7. Jahrhunderts, der 609 v. Chr. in der Schlacht von Karkemisch getötet wurde. Man hat die Prophetie des Zefanja wörtlich genommen, als einzelne, schlüssige Prophetie, die die Reformen Joschijas unterstützte, zur Umkehr aufrief und die Katastrophe am Tag des HERRN für die Stolzen, die Götzenanbeter und die Völker voraussagte, die sich Jerusalem entgegenstellten. Aufgrund der Drohungen gegen die Völker und der grausamen Darstellung des Tags des HERRN ist man auch davon ausgegangen, dass dieses Buch erst im oder nach dem Exil vervollständigt worden sei. In der jüngeren Forschung wurde aber weder die eine noch die andere These als stichhaltig angesehen.

Wichtiger ist Zefanjas Botschaft über die Armen und Gedemütigten im Land (2,3; 3,12–13), die Übriggebliebenen, die eher in Demut auf den HERRN, als auf irgendeine Menschenmacht vertrauen, was ihnen die Gunst des HERRN einbringt. Das ist die Spiritualität, die auch in Jesaja 57,14–21 betont wird, und die die Gläubigen in nachexilischen Zeiten inspirieren und formen wird. Dies wiederum wird in der demütigen Erwartung des Messias münden, wie in Lukas 1–2.

Kapitel 1: Kommentar

Dieses Gedicht ist vielleicht die erschreckendste aller Prophetien zum Tag des HERRN. Es weissagt die Verheerung, die Jerusalem treffen wird. Vers 15 bildet die Grundlage des mittelalterlichen Hymnus „Dies irae" („Tag des Zorns"), der oft vertont worden ist. Weitere Prophetien sprechen vom heiligen Rest, der übrig bleiben wird, doch hier wird alles vom Zorn des HERRN ausgelöscht. Dieses Gedicht würde in den Kontext einer großen Reformbewegung wie der von König Joschija passen, kurz vor dem Ende des Königreichs von Juda.

5 | 7 | 9

Kapitel 1

Gott sagt, er werde alles aus dem Land von Juda und Jerusalem vertilgen: Menschen und Tiere, Vögel und Fische – und die Götzen. Er wird die Herrscher Judas bestrafen.

5 | 7 | 9

Kapitel 2

Gott will, dass Juda Buße tut. Das Gebiet der Philister, dazu Moab und Ammon werden zerstört und dem Volk von Juda zugesprochen. Kusch und Assyrien werden gerichtet und zerstört.

2 | 5 | 9

Kapitel 3

Jerusalems Herrscher, Propheten und Priester sind nicht gerecht. Deshalb wird Gott sie ins Exil schicken. Wenn sie Buße tun, wird er sie in ihr Land zurückbringen.

Haggai

Übersicht

I Aufruf des HERRN zum Tempelbau 1,1–15

II Verheißung des HERRN, die Herrlichkeit zu erneuern 2,1–9

III Segen des HERRN für ein unreines Volk 2,10–19

IV Der HERR macht Serubbabel zu seinem Siegelring 2,20–23

Der Prophet Haggai
Der Prophet Haggai forderte die Menschen auf, den Tempel in Jerusalem wieder aufzubauen.

Die Prophetie Haggais besteht aus vier kurzen Abschnitten, die die aus dem Babylonischen Exil Zurückgekehrten aufrufen, den Wiederaufbau des Tempels voranzutreiben. Die Gruppe, die zurückgekehrt war, hatte sofort damit begonnen, den Altar wieder aufzubauen und den Grundstein des Tempels neu zu legen, doch dann stagnierten die Arbeiten. In Haggai 1,4 wird deutlich, dass profane Bauten wichtiger wurden. Die Bücher Esra und Nehemia zeigen auch, dass die Heimgekehrten dem Widerstand der benachbarten Samariter und der Einheimischen ausgesetzt waren, die ohne Zweifel ungehalten waren über die verschworene Gemeinschaft der Heimgekehrten. Als Darius (520 v. Chr.) den persischen Thron bestieg, veranlassten die beiden Propheten Haggai und Sacharja den persischen Statthalter der Provinz Jehud, aus den königlichen Archiven jenes Dekret herbeischaffen zu lassen, das den Neubau des Tempels anordnete. Dementsprechend wurde der Tempel innerhalb von fünf Jahren fertiggestellt.

Haggai sagt einerseits, dass Dürre und magere Ernten auf die Nachlässigkeit der Menschen beim Tempelwiederaufbau zurückzuführen sind (1,7–11; 2,15–19) und dass alles andere unrein wird durch die Unreinheit des unfertigen Gebäudes – rituelle Unreinheit ist ansteckend. Andererseits wird, wenn der Tempel fertiggestellt ist, die Herrlichkeit des HERRN darin wohnen, und der Segen, den er bringt, wird den Ruhm des vorexilischen Tempels überstrahlen (2,1–9).

7

Kapitel 1

Haggai fordert die aus dem Exil zurückgekehrten Menschen auf, Gottes Tempel in Jerusalem wieder aufzubauen.

7

Kapitel 2

Gott verspricht, Israels Herrlichkeit zu erneuern, und bestätigt Serubbabel, dass er tut, was Gott wünscht. So ist er wie ein Siegelring an Gottes Hand.

Kapitel 1–2: Kommentar

Der schließlich fertiggestellte Tempel leiht einem Abschnitt der jüdischen Geschichte seinen Namen: der „Zeit des Zweiten Tempels". Materiell war dieser Tempel weniger glanzvoll als derjenige Salomos, spirituell aber wurde er durch die Anwesenheit Gottes ebenso wichtig. Dieser Tempel wurde zur Zeit Christi unter König Herodes dem Großen neu gestaltet, und noch heute steht ein Teil dieser Mauern. Der römische Autor Plinius sagt, dieser Tempel habe Jerusalem zur „bei Weitem herausragendsten Stadt des Ostens" gemacht.

Sacharja

Übersicht

I Erster Sacharja 1,1–8,23

a Erste Vision: Pferde und Reiter 1,7–17

b Zweite Vision: Hörner und Schmiede 2,1–4

c Dritte Vision: Der Mann mit der Messschnur 2,5–9

d Vierte Vision: Einkleidung des Hohepriesters 3,1–10

e Fünfte Vision: Sieben Lampen und die Ölbäume 4,1–14

f Sechste Vision: Die fliegende Schriftrolle 5,1–4

g Siebte Vision: Die Frau im Fass 5,5–11

h Achte Vision: Vier Streitwagen 6,1–8

II Deutero-Sacharja 9,1–14,21

a Erste Prophetie 9,1–11,3

b Die zwei Hirten 11,4–17

c Zweite Prophetie 12,1–14,21

Die Prophetie Sacharjas ist zweigeteilt. Die erste Hälfte, Kap. 1–8, stimmt mit Haggai überein, da beide Propheten der Heimkehr aus dem Exil sind und sich dem Wiederaufbau des Tempels und der Reinheit des Landes widmen. Der erste Teil wird auf die Jahre 520–518 v. Chr. datiert (1,7 und 7,1). Er besteht aus acht konzentrisch angeordneten Visionen mit Bemerkungen des Bearbeiters. Die beiden zentralen Visionen (Kap. 3 und 4) betreffen die Stabilität des neuen Tempels und die Reinheit der zwei Gesalbten, des Hohepriesters und des Statthalters Serubbabel. Oft heißt es, Deutero-Sacharja, der zweite Teil des Buchs (Kap. 9–14), sei vom ersten Teil vollständig abgetrennt. Er ist im Ton um einiges messianischer und apokalyptischer. Das Buch endet mit einer Apokalypse, dem endzeitlichen Kampf auf dem Ölberg, der am Ende die Herrschaft Gottes über alle Völker einleiten wird.

Kapitel 1: Kommentar

Beide Visionen werden von einem Engel erklärt. Solche Erklärungen von Engeln, die eine Vision oder ein Ereignis deuten, sind in der Bibel und der jüdischen Literatur zur Zeit Christi allgegenwärtig. „Engel" bedeutet „Bote". So wird im Neuen Testament die Bedeutung der Schwangerschaft Marias vom Engel Gabriel erklärt, und die Bedeutung der leeren Grabhöhle Jesu wird gleichfalls durch einen Engel erläutert.

6 | 7

Kapitel 1

Die Männer und Pferde zwischen den Myrtenbäumen symbolisieren Gottes Sorge um Jerusalem und den Wiederaufbau des Tempels. Die vier Hörner bezeichnen die Vernichtung der Feinde Israels.

7 | 15

Kapitel 2

Ein Mann mit einer Messschnur vermisst Jerusalem, das eine Stadt ohne Mauern werden wird. Babylon wird zerstört werden. Gott wird sein Volk segnen.

7 | 15

Kapitel 3

Satan klagt den schmutzigen, ärmlich gekleideten Hohepriester Jeschua an. Der Engel des HERRN rügt Satan, reinigt Jeschua und überträgt ihm die Leitung des Tempels. Juda wird vergeben.

6 | 7 | 15

Kapitel 4

Ein goldener Leuchter mit zwei Ölbäumen links und rechts symbolisiert die Gesalbten, die dem HERRN der Erde dienen sollen. Serubbabel wird den Wiederaufbau des Tempels zum Abschluss bringen.

6 | 7 | 15

Kapitel 5

Eine fliegende Schriftrolle symbolisiert den Fluch gegen Diebe und Lügner. Eine Frau im Fass repräsentiert das Böse. Das Fass wird von zwei geflügelten Frauen nach Babylon gebracht.

7 | 15

Kapitel 6

Vier Streitwagen symbolisieren die vier Winde des Himmels, die von Gottes Gegenwart in die ganze Welt ausgehen. Sacharja lässt eine Krone anfertigen und dem Hohepriester Jeschua aufsetzen.

3 | 7

Kapitel 7

Gott ist nicht am Fasten interessiert. Er will, dass die Menschen Gerechtigkeit üben, die Armen und Schwachen nicht länger unterdrücken und einander nichts Böses mehr wollen.

5

Kapitel 8

Gott wird Jerusalem segnen und die unter die Völker verstreuten Menschen aus ihrer Verbannung heimholen. Die Fastentage werden zu Festtagen werden.

5 7 9

Kapitel 9

Das Gericht über Damaskus, Tyrus, Sidon und die Philister wird kommen. Gott wird Jerusalem und den Tempel schützen. Israels König wird auf einem Esel ankommen, der HERR selbst wird erscheinen.

5 7

Kapitel 10

Gott wird für Israel sorgen. Er wird die Israeliten aus Ägypten und Assyrien heimführen. Er wird sie wieder zu Wohlstand führen.

5 6 7

Kapitel 11

Der Hirte verwendete Ruten mit den Namen „Freundlichkeit" und „Verbindung". Als er ging, zerbrach er die Rute „Freundlichkeit", nahm 30 Silberstücke und zerbrach auch die Rute „Verbindung".

4 7 9

Kapitel 12

Am Ende werden alle, die Israel und Jerusalem angreifen, vernichtet. Dann werden das Haus David und die Bewohner Jerusalems auf den schauen, den sie durchbohrten, und um ihn trauern.

5 7 13

Kapitel 13

Das Haus David und die Bewohner Jerusalems werden gereinigt werden: Die Götzen und falschen Propheten werden verschwinden. Der Hirte wird geschlagen, die Herde zerstreut werden.

7 13

Kapitel 14

Der HERR wird die Völker gegen Jerusalem versammeln, damit er sie vernichten kann. Dann wird Gott über die Welt herrschen. Jedes Jahr werden die Völker der Welt Gott in Jerusalem anbeten.

So spricht der Herr der Heere: Es wird noch geschehen, dass Völker herbeikommen und die Einwohner vieler Städte. Die Einwohner der einen Stadt werden zur andern gehen und sagen: Wir wollen gehen, um den Zorn des Herrn zu besänftigen und den Herrn der Heere zu suchen. – Auch ich will hingehen. – Viele Völker und mächtige Nationen werden kommen, um in Jerusalem den Herrn der Heere zu suchen und den Zorn des Herrn zu besänftigen.

So spricht der Herr der Heere: In jenen Tagen werden zehn Männer aus Völkern aller Sprachen einen Mann aus Juda an seinem Gewand fassen, ihn festhalten und sagen: Wir wollen mit euch gehen; denn wir haben gehört: Gott ist mit euch.

Sacharja 8,20–23

Kapitel 11: Kommentar

Die Allegorie von den Hirten. Hirten symbolisieren oft Führer des Volks. Der Prophet erzählt eine Allegorie über Hirten, die nur auf ihren eigenen Vorteil aus sind und die Menschen vernichten. Als er die zweite Rute „Verbindung" bricht, steht das wohl für das Ende der Verbindung der Gebiete Juda und Israel. Diese allegorische Anspielung des Propheten muss sich gegen zeitgenössische Herrscher gerichtet haben, aber wir wissen nicht, gegen wen. Der dem Hirten gezahlte Lohn von 30 silbernen Schekel ist beschämend niedrig, der Preis für einen Sklaven. Dieser Abschnitt (Verse 12–13) und die gleiche niedrige Summe werden in Matthäus 27,3–9 eingesetzt, um den Verrat Judas' an Jesus und seine spätere Reue zu schildern. Dies wird an der Stelle zugleich mit dem Abschnitt über den Feldkauf des Jeremias verbunden, und der gesamte Abschnitt wird Jeremia zugeschrieben.

Denn ich versammle alle Völker zum Krieg gegen Jerusalem. Die Stadt wird erobert, die Häuser werden geplündert, die Frauen geschändet. Die Hälfte der Stadt zieht in die Verbannung; aber der Rest des Volkes wird nicht aus der Stadt vertrieben. Doch dann wird der Herr hinausziehen und gegen diese Völker Krieg führen und kämpfen […]. Seine Füße werden an jenem Tag auf dem Ölberg stehen, der im Osten gegenüber von Jerusalem liegt. Der Ölberg wird sich in der Mitte spalten und es entsteht ein gewaltiges Tal von Osten nach Westen. Die eine Hälfte des Berges weicht nach Norden und die andere Hälfte nach Süden. Ihr aber werdet zum Tal meiner Berge fliehen; denn das Tal der Berge reicht bis zum Jasol. Ja, ihr werdet fliehen, wie ihr vor dem Erdbeben geflohen seid in den Tagen Usijas, des Königs von Juda. Dann wird der Herr, mein Gott, kommen und alle Heiligen mit ihm.

Sacharja 14,2–5

Maleachi

Übersicht

Der Name „Maleachi" bedeutet „Mein Bote" und kann ein Eigenname sein oder aus 3,1 stammen: „Seht, ich sende meinen Boten, er soll den Weg für mich bahnen." Das Buch bereitet auf den großen Tag der Ankunft des HERRN vor. Um das Zwölfprophetenbuch abzurunden, feiert es die beständige Liebe des HERRN in der gesamten Geschichte (1,1–5), wie auch Hosea sie schon zu Beginn des Buchs feierte. Es ist eine Spiritualität, die auf dem Tempel und dem Gesetz basiert. Es wurde geschrieben während der persischen Zeit, um die Heimgekehrten zur Treue aufzurufen, als die erste Begeisterung nach der Rückkehr nachgelassen hatte. In jedem Abschnitt der Prophetie werden bestimmte Gruppen wegen fehlender Treue zum Bund getadelt und deren schwache Ausreden angeführt. Der abschließende Anhang schaut sowohl zurück auf Mose, der das Gesetz gab und den Bund vermittelte, als auch nach vorne auf die Ankunft Elijas, des letzten Boten. Jesus nimmt diesen Glauben auf (Markus 9,11–13) und sieht Johannes den Täufer als diesen Elija an.

Kapitel 2: **Kommentar**

Zwei Lehren zur Ehe werden hier angeführt. Die erste wendet sich gegen die Heirat mit der „Tochter eines fremden Gottes". Dieses Verbot der Mischehe sollte die Auflösung des strengen religiösen Gesetzes der Heimgekehrten durch die weniger strenge Lebensweise der Alteingesessenen verhindern. Esra 9 vertritt dieselbe Rechtsprechung für die nachexilische Gemeinde. Die zweite Lehre richtet sich gegen die Scheidung. Die einzige Rechtsprechung dazu im Gesetz lautete, dass eine Scheidung durch ein Dokument bestätigt werden musste (Deuteronomium 24,1), die Scheidung selbst war nicht verboten. Diese neue Lehre wird auch von Jesus vertreten.

Kapitel 3: **Kommentar**

Die nachexilische Gemeinde begann (Nehemia 10,39), den Zehnten ihrer Erzeugnisse den Leviten zu geben, die ihrerseits den Priestern den Zehnten gaben, wie in Numeri 18,21–32 vorgeschrieben. Dies war offenkundig vernachlässigt worden.

3 7

Israel fragt, ob Gott sie wirklich liebt. Gott verkündet, sie hätten ihn missachtet, indem sie ihm kranke und missgestaltete Opfertiere dargebracht hätten. Sie müssen damit aufhören.

Kapitel 1

3 7

Der Prophet ermahnt die Priester, Gott zu ehren und auf ihn zu hören. Er verlangt, dass sie das Gute und Wahre lehren. Sie sollen ihre Versprechen halten. Gott hasst Scheidung und Ungerechtigkeit.

Kapitel 2

3 7

Gott wird seinen Boten schicken, der ihm den Weg bahnt. Obwohl viele Israeliten untreu waren, gibt es einen kleinen Rest, der gehorsam ist und Gott anbetet.

Kapitel 3

3 7 9

Ein Tag des Gerichts wird kommen, wenn Gott die Bösen vernichtet. Doch er wird den Propheten Elija schicken, ehe der furchtbare Tag des HERRN kommt. Viele Menschen werden Buße tun.

Kapitel 4

Das Neue Testament

Die frühesten Schriften des Neuen Testaments waren wahrscheinlich die Briefe von Paulus an christliche Gemeinden im östlichen Mittelmeerraum. Die meisten dieser Gemeinden hatte Paulus selbst gegründet und sie wendeten sich an ihn mit der Bitte um Klärung ihrer Probleme, da sie ihn als ihren Vater im Glauben ansahen. Die Briefe an die Thessalonicher erwähnen Sorgen um die Wiederkunft Christi. Anlass für den ersten Korintherbrief war ein Bericht über Probleme in der schwierigen und streitsüchtigen Gemeinde, die Paulus in Korinth gegründet hatte. Dieser Bericht war ihm von Boten der Diakonin Korinths übermittelt worden, einschließlich einer Liste mit Fragen, die er beantworten sollte. Der vielleicht gewichtigste aller Briefe aber war wohl der an die christlichen Gemeinden in Rom, eine Kirche, die Paulus nicht gegründet hatte. Der Brief sollte ihre Hilfe für eine apostolische Mission im weit entfernten Westen einwerben. Ob diese Mission je stattfand, wissen wir nicht.

Nur zehn oder zwanzig Jahre nach diesen Briefen wurde Markus, ein brillanter Geschichtenerzähler, aufgefordert, die Geschichten um Jesus zusammenzutragen, die seit Langem in den christlichen Gemeinden zirkulierten. Er konzentrierte sich darauf, das Wunderbare der Persönlichkeit Jesu zu zeigen, ebenso wie die Akzeptanz Jesu, dass dieser seinem Vater nur durch sein Leiden völligen Gehorsam zeigen konnte. Das muss die christlichen Gemeinden ermutigt haben, die selbst bereits unter Verfolgungen litten. Wenn man sich den gängigen Theorien über den Ursprung der Evangelien anschließt, dann wurden wenige Jahre später zwei weitere Katecheten, die wir als Matthäus und Lukas kennen, unabhängig voneinander gebeten, dem Bericht von Markus eine Sammlung von Jesu Aussprüchen hinzuzufügen. Jeder der beiden hatte seine eigenen Zuhörer und seine eigene Botschaft. Matthäus schrieb für eine christliche Gemeinde jüdischen Ursprungs und zeigte, dass Jesus die Erfüllung aller Hoffnungen des Judentums war. Lukas hingegen schrieb für eine reichere, heidenchristliche Gemeinde und betonte die Gefahren des Reichtums und die Notwendigkeit, diesen Reichtum weise für die Benachteiligten zu verwenden. Lukas verfasste noch eine zweite Schriftrolle, in der geschildert wird, wie sich der Glaube aus der ersten, das Ideal bezeugenden, christlichen Gemeinde in Jerusalem bis in die Hauptstadt des Römischen Reichs, bis „ans Ende der Welt", ausbreitete. Darin betonte Lukas, dass jeder Schritt der über das Judentum hinausgehenden Ausbreitung des Glaubens vom Geist Jesu geleitet wurde und dass Paulus aufgrund der halsstarrigen Zurückweisung durch die Juden immer wieder gezwungen war, sich den Heiden zuzuwenden.

Vollkommen unabhängig von diesen Berichten über Dienst, Tod und Auferstehung Jesu ist ein weiterer Bericht, der auf dem Zeugnis des „Lieblingsjüngers" beruht. Die Überlieferung identifiziert ihn als Apostel Johannes. Man weiß nicht, ob diese Darstellung vor oder nach den ersten Berichten verfasst wurde. Ihre Theologie ist sicherlich weiter entwickelt, und dies hat viele zu der Annahme verleitet, dieses Evangelium sei später als die anderen entstanden. Hier liegt der Schwerpunkt nicht länger auf der Verkündigung der Herrschaft Gottes, vielmehr hat sich der Fokus von der Botschaft auf den Boten verlagert. Jesus erscheint hier als transzendente Persönlichkeit, menschlich und göttlich zugleich, als das Wort Gottes, durch den die Welt geschaffen wurde, und doch teilt Jesus mit uns völlig menschliche Gefühle und Entbehrungen. Sein demütigender Kreuzestod wird als sein königlicher Triumph angesehen, als Höhepunkt, über den er die vollkommene Kontrolle hat. Dies führt zu seinem ersten Geschenk: Der Heilige Geist fährt auf die neue christliche Gemeinde herab, die von seiner Mutter und seinen geliebten Jüngern begründet wird.

Das Neue Testament endet mit weiteren Briefen. Darunter befindet sich der bedeutende Hebräerbrief, der sowohl näher eingeht auf die Überlegenheit der Priesterschaft Christi gegenüber der jüdischen Priesterschaft, die sich auf das Gesetz beruft, als auch auf die Überlegenheit des Ziels der christlichen Pilgerschaft über den Auszug aus Ägypten. Es folgen sieben sogenannte „katholische" oder „universale" Sendschreiben, die nach abnehmender Länge angeordnet sind und anscheinend von Jakobus, Petrus, Johannes und Judas stammen. Sie behandeln christliche Ethik und christliches Verhalten. Den Abschluss des Neuen Testaments bildet das Buch der Offenbarung. Es soll die verfolgten Christen ermutigen, die sich dem römischen Götzendienst widersetzten. Mit dem Bild des triumphierenden Neuen Jerusalem, dessen Licht und Tempel Gott der HERR und das Lamm sind, bringt dieses Buch die Botschaft der Bibel zum abschließenden Höhepunkt.

Einführung in die Evangelien (Matthäus bis Johannes)

Jesus, der Retter
Die Evangelien wurden geschrieben, um zu erklären, dass Jesus der Messias war, der Sohn Gottes, der für die Sünden der Welt starb und wiederauferstand.

Der Leser des Neuen Testaments mag sich fragen, warum es vier Bücher verschiedener Verfasser gibt, die alle das Leben Christi beschreiben. Bedenkt man aber das Wesen und die Bedeutung des Parallelismus im jüdischen Denken, ist die Überraschung über die Wiederholungen vielleicht nicht mehr so groß. Während ein westlicher Autor bemüht wäre, einen einzigen, vereinheitlichten Bericht vorzulegen, war eine breit gefächerte Sichtweise eher im jüdischen Sinne. Statt sich nur auf eine Perspektive auf das Leben Christi zu verlassen, kann der heutige Leser sein Leben von mehr als einem Standpunkt aus betrachten. Es ergibt sich ein umfassenderes Bild.

Der aufmerksame Leser der Evangelien wird bemerken, dass die Ähnlichkeiten zwischen Matthäus, Markus und Lukas entschieden größer sind, und dass drei Autoren nicht einfach nur dieselbe Geschichte erzählen. Tatsächlich weisen diese drei Evangelien oft sogar fast denselben Wortlaut auf, was mindestens drei Fragen aufkommen lässt:

- Wer schrieb diese Evangelien?
- Waren die Verfasser abhängig voneinander und wenn ja, wer hing von wem ab?
- Welche weiteren Quellen nutzten die Verfasser der Evangelien, und welche hatten sie vielleicht gemein?

Es scheint deutlich zu sein, dass Matthäus fast das gesamte Markusevangelium in seine Geschichte einbezog, obgleich er die Berichte über die Wunder verdichtete, vermutlich aus thematischen Gründen. In Ergänzung zu Markus fügte Matthäus zahlreiche Aussprüche Jesu hinzu, die offensichtlich einer Quelle entstammen, die er und Lukas gemeinsam nutzten. Wissenschaftler bezeichnen diese Quelle als „Q", Abkürzung für „Quelle". Die Reihenfolge der Evangelien ist die folgende:

1. Markus
2. Matthäus, der Markus und Q nutzt.
3. Lukas, der Markus, Q und weitere Quellen nutzt.
4. Johannes, der sich offenbar nicht auf die früheren Evangelien bezog und daher nicht zu den Synoptikern gehört.

Matthäus

Übersicht

Das Evangelium nach Matthäus baut auf Markus auf, dem ersten Evangelium. Matthäus fügt Material hinzu, das er mit Lukas teilt und das wahrscheinlich der Quelle Q entnommen ist, die nicht mehr existiert. Außerdem fügt er eigenes Material hinzu und stellt das Evangelium natürlich auf seine Weise dar, mit eigenen Gewichtungen. Man kann fünf Bücher ausmachen (den fünf Büchern Moses entsprechend), mit einer Einführung und einem Schluss. Das offensichtlichste Charakteristikum des Matthäusevangeliums ist, dass Matthäus zahlreiche Lehren Jesu nennt, die bei Markus nicht vorkommen. Sie sind auf fünf große Diskurse verteilt:

Die Bergpredigt: Eintritt ins Reich Gottes 5–7
Die Gemeinschaft auf ihrer Mission 10
Bilder des Reiches Gottes 13
Die Gemeinschaft untereinander 18
Lohn und Strafen: das vollendete Reich Gottes 24–25

Matthäus ist immer schon das Lieblingsevangelium vieler Christen gewesen. Wir wissen nicht, wer der Verfasser war, doch wurde das Evangelium bereits sehr früh mit seinem Namen in Verbindung gebracht. Außer in der Aufzählung der zwölf Jünger wird er nur in diesem Evangelium erwähnt: Die Geschichte der Berufung Levis bei Markus erscheint bei Matthäus als

15 16

Kapitel 1

Josef hält sich an die Verkündigung eines Engels: Er adoptiert Jesus, der auf wunderbare Weise von Maria empfangen wurde, was Jesus zu einem Mitglied des königlichen Hauses David macht.

17

Kapitel 2

Weise Männer werden von einem Stern nach Betlehem geführt. Wie Mose dem Pharao entkam, so entkommt Jesus dem Versuch des Herodes, diesen rivalisierenden König der Juden zu töten.

7 17

Kapitel 3

Johannes der Täufer verkündet, dass Jesus die Erfüllung der Prophetie Jesajas darstellt. Der Geist Gottes fährt auf Jesus herab, als Johannes ihn im Jordan tauft.

Kapitel 1–2: **Kommentar**

Das Markusevangelium schilderte, wie der Heilige Geist auf Jesus bei dessen Taufe herabkam, aber was war er zuvor? Hier wird gezeigt, dass Jesus bei seiner Geburt durch Adoption in das Haus David aufgenommen wurde, was die Geschichte Moses wiederholt, also ist Jesus der zweite Mose. Er erfüllt damit die Hoffnungen des Judentums. Der Jude Herodes lehnt Jesus ab, während die nichtjüdischen Weisen ihn verehren – so wie der jüdische Hohepriester Jesus am Ende verwirft und der Nichtjude Pilatus ihn für unschuldig erklärt.

Als sie den Stern sahen, wurden sie von sehr großer Freude erfüllt. Sie gingen in das Haus und sahen das Kind und Maria, seine Mutter; da fielen sie nieder und huldigten ihm. Dann holten sie ihre Schätze hervor und brachten ihm Gold, Weihrauch und Myrrhe als Gaben dar. Weil ihnen aber im Traum geboten wurde, nicht zu Herodes zurückzukehren, zogen sie auf einem anderen Weg heim in ihr Land.

Matthäus 2,10–12

eigene Berufung (9,9). Zweierlei fällt bei der Lehre des Matthäus auf: Erstens bringt er die Dinge in eine Ordnung, führt der Reihe nach zehn Wunder auf und unterteilt Jesu Lehre zu bestimmten Themen in fünf entsprechende Predigten. Zweitens ist seine Bilderwelt herausragend: Er verwendet zahlreiche Bilder, oftmals von Tieren, vor allem als Gegensatzpaare. In erster Linie aber ist Matthäus ein Evangelium des Judentums. Matthäus schreibt für Christen, die dem Judentum entstammen, er geht davon aus, dass seine Zuhörer jüdische Bräuche und das Gesetz kennen. Er hält sich an jüdische Lehrformen und betont, dass das Christentum die Erfüllung des Judentums und seiner Hoffnungen darstellt. Jesus ist ein zweiter David und ein neuer Mose. Er erfüllt alles, was in den Schriften über Gottes auserwählten Knecht steht. Die christliche Gemeinde, Jesu eigene Gemeinde, hat den Platz der Gemeinde Gottes des Alten Testaments eingenommen. Die zwölf erwählten Jünger entsprechen den Begründern der zwölf Stämme Israels. Umso bitterer ist für Matthäus die Verfolgung der Anhänger Jesu durch Juden. Einige Jahre nach Markus wirkend, zeigt er deutlicher die Majestät des auferstandenen Christus sogar im irdischen Jesus auf, den Petrus als „Sohn Gottes“ bezeichnet. Er weiß auch um die beständige Gegenwart des Immanuel, „Gott mit uns“, in der Gemeinde, die Jesus auf den Aposteln begründete.

8 | 15

Jesus wird vom Teufel 40 Tage und 40 Nächte lang in der Wüste versucht. Er beruft seine ersten vier Jünger.

Kapitel 4

3 | 5

Die Bergpredigt: Jesus lehrt die Seligpreisungen und vervollständigt das jüdische Gesetz.

Kapitel 5

3

Die Bergpredigt: wie die Christen großzügig geben, beten und fasten sollen.

Kapitel 6

3

Die Bergpredigt: Vertraue auf Gott – die Goldene Regel und die beiden Wege, der breite und der schmale Weg.

Kapitel 7

8 | 15

Heilungswunder, die Berufung von Matthäus und die Forderung, Jesus nachzufolgen.

Kapitel 8

8

Weitere Wunder: Jesus isst mit den Ausgestoßenen und Sündern.

Kapitel 9

3 | 16

Belehrung der zwölf Jünger, wie die Gute Nachricht verbreitet werden kann. Die Jünger brauchen Mut, Großzügigkeit, Ausdauer und Glauben an den Heiligen Geist.

Kapitel 10

Kapitel 5–7: **Kommentar**

Wie Mose setzt sich Jesus auf den Berg, um sein neues Gesetz zu lehren. Die acht Seligpreisungen lehren grundlegende christliche Haltungen, die sechs Antithesen vervollkommnen die Lehren des Gesetzes. Einiges wird strenger (Scheidung), anderes anspruchsvoller (keine Rache), manches innerlicher (Vergebung).

Kapitel 8–9: **Kommentar**

Matthäus, der systematische Lehrer, präsentiert der Reihe nach zehn Wunder, um zu zeigen, dass Jesus die messianischen Prophetien des Alten Testaments erfüllt. Er betont die Bedeutung des Glaubens an Jesus, damit überhaupt ein Wunder geschehen kann.

1 9 12

Kapitel 11

Jesus erklärt dem Täufer seinen Auftrag: Er erfüllt die Prophetien. Er verurteilt die, die ihn abweisen, und heißt die willkommen, die sein leichtes Joch annehmen.

3 7 15

Kapitel 12

Jesus begegnet Pharisäern, die ihm vorwerfen, das Gesetz nicht einzuhalten. Selbst seine eigene Familie weist ihn ab.

6

Kapitel 13

Gleichnisse über das Himmelreich: vom Sämann, vom Weizen, vom Senfkorn und Sauerteig, vom Schatz und von der Perle, vom Fischnetz.

8 17

Kapitel 14

Der Tod Johannes des Täufers, die Speisung der Fünftausend. Petrus geht auf dem Wasser, um zu Jesus zu gelangen.

3 8

Kapitel 15

Diskussionen um rituelle Reinheit, weitere Heilungen, Speisung der Viertausend.

3 7

Kapitel 16

Widerstand von den Pharisäern. Petrus erkennt Jesus als Messias und Sohn Gottes an. Petrus ist der Fels, auf dem Jesu Gemeinde errichtet wird. Das führt zur ersten Prophetie der Passion.

8

Kapitel 17

Die Verklärung Jesu und die zweite Prophetie der Passion.

Kommt alle zu mir, die ihr euch plagt und schwere Lasten zu tragen habt. Ich werde euch Ruhe verschaffen. Nehmt mein Joch auf euch und lernt von mir; denn ich bin gütig und von Herzen demütig; so werdet ihr Ruhe finden für eure Seele. Denn mein Joch drückt nicht und meine Last ist leicht.

Matthäus 11,28–30

Jesus kam in seine Heimatstadt und lehrte die Menschen dort in der Synagoge. Da staunten alle und sagten:

Woher hat er diese Weisheit und die Kraft, Wunder zu tun? Ist das nicht der Sohn des Zimmermanns? Heißt nicht seine Mutter Maria und sind nicht Jakobus, Josef, Simon und Judas seine Brüder? Leben nicht alle seine Schwestern unter uns? Woher also hat er das alles? Und sie nahmen Anstoß an ihm und lehnten ihn ab.

Da sagte Jesus zu ihnen: Nirgends hat ein Prophet so wenig Ansehen wie in seiner Heimat und in seiner Familie.

Matthäus 13,54–57

Kapitel 13: Kommentar

Matthäus fügt den Gleichnissen von Markus weitere hinzu. Die meisten zeigen Gegensätze auf: guter und schlechter Weizen, guter und schlechter Fisch. Alle haben sie das Jüngste Gericht im Blick. Ist der Schreiber von Vers 52, der „Neues und Altes“ vermischt, Matthäus selbst?

Kapitel 15: Kommentar

Jesus verwirft jegliche Heuchelei und den jüdischen Umgang mit der Tradition, die wahre menschliche Bindungen verhindert. Dann heilt er die Tochter einer Nichtjüdin, die an ihn als den HERRN und Sohn Davids glaubt. Eine zweite wunderbare Speisung (der 4000) scheint für Nichtjuden zu sein.

Jesus sagte zu ihm: Selig bist du, Simon Barjona; denn nicht Fleisch und Blut haben dir das offenbart, sondern mein Vater im Himmel. Ich aber sage dir: Du bist Petrus und auf diesen Felsen werde ich meine Kirche bauen und die Mächte der Unterwelt werden sie nicht überwältigen. Ich werde dir die Schlüssel des Himmelreichs geben; was du auf Erden binden wirst, das wird auch im Himmel gebunden sein, und was du auf Erden lösen wirst, das wird auch im Himmel gelöst sein.

Matthäus 16,17–19

In jener Stunde kamen die Jünger zu Jesus und fragten: Wer ist im Himmelreich der Größte? Da rief er ein Kind herbei, stellte es in ihre Mitte und sagte: Amen, das sage ich euch: Wenn ihr nicht umkehrt und wie die Kinder werdet, könnt ihr nicht in das Himmelreich kommen.

Wer so klein sein kann wie dieses Kind, der ist im Himmelreich der Größte.

Matthäus 18,1–4

3 6

Belehrungen der zwölf Jünger, wie man in der Gemeinschaft leben soll.

Kapitel 18

Kapitel 18: Kommentar

Jesus lehrt über den Dienst in der christlichen Gemeinde, über die Notwendigkeit, das verlorene Schaf zu suchen, vor allem über die Notwendigkeit der gegenseitigen Vergebung. Er verspricht, bei seinen Jüngern zu bleiben, und verleiht seiner Kirche Autorität.

3

Jesu Lehre über Scheidung, Ehelosigkeit und Selbstverleugnung.

Kapitel 19

3 6 8

Das Gleichnis von den Arbeitern im Weinberg. Die dritte Prophetie über die Passion und die Lehre vom Herrschen und Dienen.

Kapitel 20

Da trat Petrus zu ihm und fragte: Herr, wie oft muss ich meinem Bruder vergeben, wenn er sich gegen mich versündigt? Siebenmal? Jesus sagte zu ihm: Nicht siebenmal, *sondern* siebenundsiebzigmal.

Matthäus 18,21–22

Da rief Jesus sie zu sich und sagte: Ihr wisst, dass die Herrscher ihre Völker unterdrücken und die Mächtigen ihre Macht über die Menschen missbrauchen. Bei euch soll es nicht so sein, sondern wer bei euch groß sein will, der soll euer Diener sein, und wer bei euch der Erste sein will, soll euer Sklave sein. Denn auch der Menschensohn ist nicht gekommen, um sich dienen zu lassen, sondern um zu dienen und sein Leben hinzugeben als Lösegeld für viele.

Matthäus 20,25–28

Speisung der Viertausend
Auf wunderbare Weise stellte Jesus mit nur wenigen Fischen und sieben Laiben Brot Nahrung für 4000 hungernde Menschen bereit.

6 8 17

Kapitel 21

Jesus erfüllt die Prophetien, indem er als Sohn Davids in Jerusalem einzieht. Als die Ältesten seine Autorität infrage stellen, antwortet er mit zwei Gleichnissen über das Versagen der Ältesten.

3 6 10

Kapitel 22

Gleichnis vom großen Gastmahl und Streit über die Steuer an den Kaiser, Auferstehung der Toten und das größte aller Gebote.

3 9

Kapitel 23

Letzte, siebenfache Klagen gegen die Schriftgelehrten und Pharisäer. Tut, was sie sagen, aber folgt nicht ihrem heuchlerischen Beispiel.

7

Kapitel 24

Die Ankunft des Menschensohnes – Gleichnisse über Bereitschaft und Wachsamkeit.

6

Kapitel 25

Die Ankunft des Menschensohnes – Gleichnisse über die zehn Jungfrauen, die Talente und über Schafe und Böcke.

7 17

Kapitel 26

Jesu letztes Mahl mit seinen Jüngern, seine Festnahme und sein Erscheinen vor dem Hohen Rat. Petrus verleugnet ihn dreimal.

17

Kapitel 27

Jesus wird von Pilatus zum Tode verurteilt und gekreuzigt.

8 17

Kapitel 28

Die Bedeutung des leeren Grabes wird durch ein Erdbeben und die Begegnung des auferstandenen Jesus mit den Frauen bekräftigt. Jesu Segen verheißt seine Gegenwart in der Kirche. Die Apostel sollen sein Wort verbreiten.

Einer von ihnen, ein Gesetzeslehrer, wollte ihn auf die Probe stellen und fragte ihn: Meister, welches Gebot im Gesetz ist das wichtigste?

Er antwortete ihm: Du sollst den Herrn, deinen Gott, lieben mit ganzem Herzen, mit ganzer Seele und mit all deinen Gedanken. *Das ist das wichtigste und erste Gebot. Ebenso wichtig ist das zweite:* Du sollst deinen Nächsten lieben wie dich selbst. *An diesen beiden Geboten hängt das ganze Gesetz samt den Propheten.*

Matthäus 22,35–40

Kapitel 24–25: Kommentar

Matthäus baut Markus' Ankündigung der Ankunft des Menschensohnes noch aus. Er fügt vier Gleichnisse über die Bereitschaft zur Wiederkunft Christi hinzu: Einige Menschen werden bereit sein, andere nicht, und sie werden ewige Strafe erdulden. Für Jesus war der Moment der Entscheidung seine eigene Ankunft, der Beginn des Königreiches Gottes. Für Matthäus ist es das Jüngste Gericht, ehe der Menschensohn in Herrlichkeit thronen wird.

Kapitel 26–27: Kommentar

Matthäus betont die Rolle der jüdischen Führungsschicht bei Jesu Verurteilung. Judas begeht Selbstmord und erfüllt damit, was in den Schriften steht. Dreimal erklärt Pilatus Jesus für unschuldig und wäscht sich die Hände. Die Menge übernimmt die Verantwortung für sich selbst und die nächste Generation, die Hohepriester und Ältesten verspotten Jesus mit den Worten der Schrift. Ein Erdbeben und die Auferstehung der heiligen Toten zeigen, dass die Kreuzigung der Tag des HERRN ist.

Die Hohenpriester nahmen die Silberstücke und sagten: Man darf das Geld nicht in den Tempelschatz tun; denn es klebt Blut daran. Und sie beschlossen, von dem Geld den Töpferacker zu kaufen als Begräbnisplatz für die Fremden. Deshalb heißt dieser Acker bis heute Blutacker. So erfüllte sich, was durch den Propheten Jeremia gesagt worden ist: Sie nahmen die dreißig Silberstücke – das ist der Preis, den er den Israeliten wert war – und kauften für das Geld den Töpferacker, wie *mir* der Herr befohlen hatte.

Matthäus 27,6–10

Kapitel 28: Kommentar

Ein Hauptthema dieses Evangeliums ist die göttliche Gegenwart Jesu in seiner Kirche. Zu Beginn wird er „Immanuel" (Gott mit uns) genannt, am Ende verheißt er seine Stärke als Menschensohn, mit Macht im Himmel und auf Erden. Dies bildet den Rahmen des Evangeliums. In der Mitte verheißt er seine ewige Gegenwart und Autorität (18,18–20).

Markus

Übersicht

I Einführung 1,1–13

II Erkenntnis, wer Jesus ist: der Messias 1,14–8,30

III Erkenntnis, dass Jesus leiden muss 8,31–10,52

IV Jesus in Jerusalem 11,1–12,44

V Ein Plan für die Zukunft 13,1–37

VI Passion und Tod Christi 14,1–15,47

VII Das leere Grab 16,1–8

VIII Später hinzugefügter Anhang 16,9–20

Die Taufe Jesu
Jesus wurde von seinem Vetter Johannes dem Täufer im Jordan getauft.

Das Evangelium des Markus war das erste schriftlich verfasste Evangelium. Darin erzählt Markus die Geschichten um Jesus, die in der christlichen Gemeinschaft zirkulierten. Mit der brillanten Kunstfertigkeit eines Geschichtenerzählers und einem Auge für das visuelle Detail legt er sorgfältig dar, wie schwer die Jünger begreifen konnten, wer Jesus war. In der Einführung erfährt der Leser (oder Zuhörer), wer Jesus ist. Der Wendepunkt ist die Erkenntnis des Petrus, dass Jesus der Messias war. Danach lehrt Jesus, dass er seine Sendung nur durch Leiden und Tod erfüllen kann. Jeder der beiden großen Offenbarungen ist symbolisch die Geschichte eines Blinden vorangestellt, der sein Augenlicht wiedererhält. Die volle Offenbarung erfolgt erst, als Jesus seine drei Titel vor dem Hohepriester akzeptiert. Markus ist vor allem an der Persönlichkeit Jesu interessiert, an seiner erstaunlichen Anziehungskraft, seiner Fähigkeit zu heilen, zu versöhnen und zu vergeben. Er betont ebenfalls, wie langsam die Jünger Jesu begriffen: Jesus war ein unerwarteter Messias und die Leidensbotschaft wird niemals leicht akzeptiert.

Wir wissen nicht, wann Markus sein Evangelium schrieb. Da Kapitel 13 die Schrecken der Plünderung Jerusalems im Jahr 70 n. Chr. beschreibt, hat man angenommen, dass das Evangelium zur Zeit dieses Ereignisses geschrieben wurde, das entweder kurz bevorstand oder noch nachhallte. Eine frühe Überlieferung verbindet Markus mit dem Apostel Petrus, doch Wissenschaftler sind sich uneinig über die Vertrauenswürdigkeit dieser Überlieferung.

8 15 17

Einführung – die Berufung der ersten Jünger – ein typischer Tag zeigt, wie Jesus in Kafarnaum lehrt und heilt.

Kapitel 1

Kapitel 2: Kommentar

Je weiter das Kapitel fortschreitet, desto tiefer wird die Feindschaft, bis in 3,6 die Entscheidung folgt, Jesus umzubringen. Tatsächlich aber haben die Schriftgelehrten und Gesetzeslehrer keinen Anteil an Jesu Tod. War der Streit mit ihnen wirklich so gravierend? Schriftgelehrte sind gewohnt, das Gesetz auszulegen, auch wenn Jesus immer wieder eine andere, mildere und humanere Sichtweise bevorzugte. Bei den Tempelwächtern verhielten sich die Dinge anders.

3 8 17

Streit mit den Schriftgelehrten über das Essen mit Sündern, über das Fasten und die Beachtung des Sabbats.

Kapitel 2

8 15 17

Kapitel 3

Weitere Auseinandersetzungen: Sie beschließen, Jesus zu töten. Jesus beruft die zwölf Apostel, wird aber von den Schriftgelehrten und selbst seiner eigenen Familie zurückgewiesen.

6 8 17

Kapitel 4

Gleichnis vom Sämann: Jesus redet über bescheidene Anfänge und große Verheißungen. Jesus beruhigt einen Sturm auf dem See.

8 15 17

Kapitel 5

Wunder: Der Besessene von Gerasa und die Schweine, eine Frau mit Blutungen und die zwölfjährige Tochter von Jaïrus werden geheilt.

3 8 17

Kapitel 6

Jesus wird in Nazaret abgewiesen. Die erste Aussendung der zwölf Jünger. Johannes der Täufer wird enthauptet. Wunder am Seeufer.

3 8 17

Kapitel 7

Streit um reine und unreine Nahrung und die Traditionen der Pharisäer. Jesus heilt die Tochter einer Heidin und wirkt jenseits von Galiläa.

3 8 17

Kapitel 8

Speisung der Viertausend. Heilung eines Blinden bei Betsaida. Petrus erkennt Jesus als Messias. Jesus gibt die erste Prophetie seiner Passion.

Jesus ging in ein Haus und wieder kamen so viele Menschen zusammen, dass er und die Jünger nicht einmal mehr essen konnten.

Als seine Angehörigen davon hörten, machten sie sich auf den Weg, um ihn mit Gewalt zurückzuholen; denn sie sagten: Er ist von Sinnen.

Die Schriftgelehrten, die von Jerusalem herabgekommen waren, sagten: Er ist von Beelzebul besessen; mithilfe des Anführers der Dämonen treibt er die Dämonen aus.

Markus 3,20–22

Er kam von den Grabhöhlen, in denen er lebte. Man konnte ihn nicht bändigen, nicht einmal mit Fesseln. Schon oft hatte man ihn an Händen und Füßen gefesselt, aber er hatte die Ketten gesprengt und die Fesseln zerrissen; niemand konnte ihn bezwingen. Bei Tag und Nacht schrie er unaufhörlich in den Grabhöhlen und auf den Bergen und schlug sich mit Steinen. Als er Jesus von Weitem sah, lief er zu ihm hin, warf sich vor ihm nieder und schrie laut: Was habe ich mit dir zu tun, Jesus, Sohn des höchsten Gottes? Ich beschwöre dich bei Gott, quäle mich nicht!

Markus 5,3–7

Jesus ging mit seinen Jüngern in die Dörfer bei Cäsarea Philippi. Unterwegs fragte er die Jünger: Für wen halten mich die Menschen? Sie sagten zu ihm: Einige für Johannes den Täufer, andere für Elija, wieder andere für sonst einen von den Propheten. Da fragte er sie: Ihr aber, für wen haltet ihr mich? Simon Petrus antwortete ihm: Du bist der Messias! Doch er verbot ihnen, mit jemand über ihn zu sprechen.

Markus 8,27–30

Kapitel 8: Kommentar

Die schlagartige Erkenntnis von Petrus ist der Wendepunkt der Geschichte. Er weiß nun, dass Jesus der Messias ist. Doch im Judentum war der Messias ein glorreicher Krieger. Die Gestalt des leidenden Gottesknechts wurde nie mit dem Messias verbunden. Für die Jünger war es schwierig, dieses Paradox zu begreifen – dass der Messias und seine Nachfolger ihr Ziel nur durch Leiden und Demütigung erreichen würden.

Verklärung Christi
Jesus nahm Petrus, Jakobus und Johannes mit auf einen Berg, wo sie Mose und Elija trafen und Jesus verklärt erschien.

Kapitel 13: Kommentar

Dieses Kapitel unterscheidet sich vom Rest des Evangeliums: nur eine Rede statt vieler kleiner Vorfälle. Sie ist eingerahmt von Warnungen, aufzupassen und wach zu bleiben, da niemand weiß, wann das Unheil kommt. Zwei entscheidende biblische Zitate aus Daniel müssen erfüllt werden: der *unheilvolle Gräuel* (Vers 14 = Daniel 9,27), und *die Ankunft des Menschensohns* (Vers 26 = Daniel 7,13). Die Entweihung des Tempels bei der Plünderung 70 n. Chr. gilt als Tag des HERRN. Es war in der Tat ein Gericht über Israel und eine Befreiung für die Christen, weil die Judenchristen nun nicht länger die christliche Praxis dominieren konnten.

Kapitel 14: Kommentar

Wir wissen nicht, ob das Abendmahl mit Jesus ein normales Paschamahl war. Wir besitzen nur einen Teilbericht mit zwei Begebenheiten, die Entdeckung des Verräters und die Einführung der Eucharistie. Ob nun Paschafest oder nicht, Jesus machte das Mahl zu einer Feier seines neuen Bundes mit seinen Jüngern, der fortgeführt werden sollte.

Da sagte Petrus zu ihm: Auch wenn alle (an dir) Anstoß nehmen – ich nicht!

Jesus antwortete ihm: Amen, ich sage dir: Noch heute Nacht, ehe der Hahn zweimal kräht, wirst du mich dreimal verleugnen. Petrus aber beteuerte: Und wenn ich mit dir sterben müsste – ich werde dich nie verleugnen. Das Gleiche sagten auch alle anderen.

Markus 14,29–31

Kapitel 15: Kommentar

Nur die Römer hatten das Recht, die Todesstrafe zu verhängen. Im Fall eines Bürgers aus der Provinz konnte der Statthalter ohne Prozess eine Exekution anordnen. Pilatus wusste, dass er mit den Feinheiten des jüdischen Gesetzes nicht vertraut war. Er war nur ein Außenstehender in Jerusalem, das vom Hohepriester verwaltet wurde. Der Hohepriester wollte keine Wiederholung der Szene im Tempel, vor allem nicht bei einem Fest, weshalb er ein politisches Vergehen konstruierte. Schon seit zehn Jahren hatten die Juden Pilatus immer wieder überlistet. Vielleicht hatte Pilatus das geahnt, gab dem Hohepriester aber doch nach. Kreuzigung war ein demütigender, qualvoller Tod, den selbst die Römer als barbarisch ansahen.

Kapitel 16: Kommentar

Das Markusevangelium endet mit Vers 8. Der Rest, eine Zusammenfassung aus anderen Quellen und auch stilistisch ganz anders, wurde später hinzugefügt. Offenbar hat auch keines der anderen Evangelien die Begegnungen mit dem Auferstandenen ausgelassen. Das ursprüngliche Markusevangelium hatte ein offenes Ende und betonte Ehrfurcht und Schrecken der Frauen angesichts dieser göttlichen Intervention.

3 | 8 | 15

Die Jünger sehen Jesus in seiner Herrlichkeit. Er heilt einen besessenen Jungen, weissagt zum zweiten Mal seine Passion. Wieder verstehen ihn die Jünger falsch.

Kapitel 9

3 | 8 | 17

Aussagen zu Scheidung und Entsagung. Die dritte Prophetie der Passion, wieder missverstanden. Der blinde Bartimäus erhält in Jericho sein Augenlicht wieder.

Kapitel 10

3 | 8 | 17

Jesus kommt in Jerusalem an und reinigt den Tempel. Die Hohepriester bestreiten seine Autorität.

Kapitel 11

3 | 6 | 17

Das Gleichnis vom Weinberg. Streitigkeiten mit mehreren Gruppen um Steuern, das Leben nach dem Tod, das wichtigste Gebot und den Messias.

Kapitel 12

7

Rede über die Endzeit – Überlegungen zum Tag des HERRN und zur Plünderung Jerusalems.

Kapitel 13

17

Das Abendmahl. Jesus in Getsemani. Jesus wird festgenommen und dem Hohen Rat vorgeführt. Petrus leugnet, Jesus zu kennen.

Kapitel 14

17

Jesus wird von Pilatus zum Tode verurteilt, gekreuzigt und begraben.

Kapitel 15

8 | 17

Jesu Grab wird von den Frauen leer vorgefunden, die erschrocken weglaufen. Eine Zusammenfassung der Begegnungen mit dem auferstandenen Christus und ihrer Folgen.

Kapitel 16

Lukas

Übersicht

Lukas begleitete Paulus auf vielen seiner Reisen und schrieb zwei Bücher, nicht nur eine Darstellung des Dienstes Jesu, sondern auch einen Bericht über die erste Ausbreitung der christlichen Gemeinschaft. Sein Evangelium und die Apostelgeschichte haben das gleiche Anliegen, und beide sind stilistisch anspruchsvoll mit entsprechendem Vokabular. Seine Einführungen zeigen, dass sich Lukas in einer größeren Welt bewegt als die anderen Verfasser der Evangelien, einer Geschäftswelt von Geldgebern, Gläubigern und Schwindlern. Deshalb warnt Lukas wiederholt vor den Gefahren des Reichtums. Er hat vielmehr die Bedürfnisse der Armen, Ausgestoßenen und Unterdrückten im Blick. Er schreibt für die Heiden in der römischen Welt und betont, dass Jesus

5 8 15

Kapitel 1

Die Eltern von Johannes dem Täufer erfahren, dass er ihnen geboren wird. Gabriel verkündet Maria, dass sie den Messias gebären wird, obwohl sie Jungfrau ist. Johannes der Täufer wird geboren.

15 17

Kapitel 2

Jesus wird in Betlehem geboren. Engel verkünden den Hirten seine Geburt. Simeon segnet Jesus am Tag der Beschneidung. Mit zwölf Jahren bleibt Jesus im Tempel zurück.

16 17

Kapitel 3

Johannes der Täufer tauft die Menschen und kündigt ihnen die Ankunft des Messias an. Johannes tauft Jesus. Gott verkündet, dass Jesus sein Sohn ist. Genealogie Jesu von Josef bis Adam.

Kapitel 1–2: Kommentar

Jesus wird parallel zu seinem Vetter Johannes dem Täufer gezeigt. So großartig Johannes auch ist – Jesus ist noch größer: zwei Verkündigungen, zwei Geburten, zwei Beschneidungen. Beide wachsen in der Frömmigkeit und Hingabe der Welt des Alten Testaments auf, wo die Erfüllung der Verheißungen an die Armen und Demütigen Israels erwartet wird. Keine Weisen aus dem Morgenland mit Goldgeschenken, nur Hirtenjungen im Stall, mit leeren Händen. Bereits hier zeigt Lukas die Gleichrangigkeit von Mann und Frau, denn auch sie werden nebeneinander dargestellt: Zacharias und Maria, Simeon und Hanna. Später werden wir sehen, wie Jesus den Sohn einer Witwe und die Tochter eines Mannes wiedererweckt, wie ein Mann ein verlorenes Schaf sucht und eine Frau eine verlorene Münze, den reuigen Zachäus und die Frau, die zu Jesu Füßen weint.

Jetzt wurde er vom Geist in den Tempel geführt; und als die Eltern Jesus hereinbrachten, um zu erfüllen, was nach dem Gesetz üblich war, nahm Simeon das Kind in seine Arme und pries Gott mit den Worten: Nun lässt du, Herr, deinen Knecht in Frieden scheiden, wie dein Wort es verheißen hat. Denn meine Augen haben das Heil geschaut, das du geschaffen hast, damit alle Völker es sehen: ein Licht, das die Heiden erleuchtet, und eine Verherrlichung deines Volkes Israel.

Lukas 2,27–32

gekommen ist, alle Völker zu retten, Männer wie Frauen, Juden wie Heiden. Auch will er zeigen, dass Rom und die Christenheit in Harmonie miteinander leben können. Er präsentiert einen barmherzigen Jesus, den letzten Boten Gottes, in der Tradition der vom Geist Gottes erfüllten Propheten. Wie Matthäus folgt auch Lukas der Vorgabe von Markus, fügt aber weiteres Material über die Lehren Jesu hinzu, vor allem über Gebet, Armut und Beharrlichkeit. Einiges davon hat er einer Quelle entnommen, die er mit Matthäus teilt, manches kommt nur in seinem Evangelium vor. Seine Gleichnisse sind voll Einsicht und zeichnen lebhafte, komplexe Gestalten, die aus falschem Grund das Richtige tun und deutlich ihre Freuden und Sorgen bekunden.

Die Verkündigung
Verkündigung der Engel an die Hirten.

8 | 15 | 17

Jesus wird 40 Tage lang vom Teufel in der Wüste versucht. Erfüllt vom Geist, legt er in der Synagoge in Nazaret seine Sendung als Bote Gottes für die Armen und für Heiden dar.

Kapitel 4

Kapitel 4: Kommentar

Erfüllt vom Geist, lehrt Jesus in der Synagoge in Nazaret, entsprechend der Bergpredigt bei Matthäus. Jesus erfüllt die Prophetien für die heidnischen Völker. Wir werden die Geschichte des dankbaren Aussätzigen aus Samaria hören, das Gleichnis vom guten Samariter und vom großen Fest, zu dem auch Nichtjuden eingeladen sind. Diese Verkündigung führt zur Mission in der Apostelgeschichte.

3 | 8 | 17

Jesus beruft seine ersten Jünger. Er heilt einen Aussätzigen und einen Gelähmten. Er beruft Matthäus als Jünger und isst mit Zöllnern. Man fragt ihn, warum seine Jünger nicht fasten.

Kapitel 5

3 | 5 | 6

Jesus heilt einen Mann am Sabbat, ernennt zwölf Jünger und lehrt die Armen vier Seligpreisungen. Er lehrt die Notwendigkeit von Erbarmen, Großzügigkeit und Rechtschaffenheit.

Kapitel 6

8 | 17

Jesus heilt den Diener eines römischen Hauptmanns und erweckt den Sohn einer Witwe zum Leben. Er preist Johannes den Täufer und vergibt einer Sünderin, die zu seinen Füßen weint.

Kapitel 7

Kapitel 8: Kommentar

Lukas betont die Unterstützung der Frauen für Jesus (Verse 1–3). Auch Maria wird in diesem Evangelium hervorgehoben: In Markus 3,33–34 ist Jesus gegenüber seiner Familie zurückhaltend; hier aber (und in 11,27–28) wird Maria als Idealbild einer Jüngerin gezeigt, die bei der Verkündigung Gottes Wort hört und bewahrt. Auch später, bei der Gemeinschaft im oberen Zimmer in Apostelgeschichte 1,14, wird sie anwesend sein.

6 | 8 | 15

Jesus erzählt die Gleichnisse vom Sämann und dem Licht. Er beruhigt einen Sturm und lässt Dämonen aus einem Mann aus- und in eine Schweineherde einfahren. Er heilt eine Frau und erweckt ein totes Mädchen zum Leben.

Kapitel 8

7 8 15

Kapitel 9

Jesus sendet die zwölf Apostel aus und speist die Fünftausend. Petrus erklärt ihn zum Messias. Jesus sagt seinen Tod und seine Auferstehung voraus, wird in himmlischer Herrlichkeit gesehen und heilt einen besessenen Jungen.

6 8 15

Kapitel 10

Jesus schickt die 72 aus. Sie heilen Kranke, predigen und treiben Dämonen aus. Jesus erzählt das Gleichnis vom guten Samariter. Er besucht das Haus von Marta und Maria.

6 12 15

Kapitel 11

Jesus lehrt das Beten, gibt ein Gleichnis über Beharrlichkeit im Gebet, wird angeklagt, Satans Macht zu gebrauchen, gibt das Zeichen Jonas und spricht Weherufe über die religiösen Führer.

3

Kapitel 12

Jesus warnt vor der Heuchelei der Pharisäer. Man solle sich nicht vor Verfolgung fürchten. Gleichnis vom reichen Toren. Sorgt euch nicht, seid wachsam, es wird Entzweiung statt Frieden geben.

3 6 8

Kapitel 13

Leiden kommt nicht von der Sünde, doch sollen die Menschen Buße tun. Jesus heilt eine Frau und erzählt das Gleichnis vom Senfkorn und dem Sauerteig. Er beklagt die kommende Zerstörung Jerusalems.

3 6

Kapitel 14

Jesus wird wegen der Heilung am Sabbat kritisiert. Er warnt davor, immer den besten Platz einzunehmen. Gleichnis vom Festessen. Er erläutert den hohen Preis der Jüngerschaft.

6

Kapitel 15

Jesus erzählt die Gleichnisse vom verlorenen Schaf, der verlorenen Münze und dem verlorenen Sohn.

6

Kapitel 16

Jesus erzählt das Gleichnis vom klugen Verwalter, dazu die Geschichte vom reichen Mann und Lazarus: Der Reiche stirbt, ihn erwarten Qualen, Lazarus stirbt und er findet in das Paradies.

Da sagte er zu ihnen: Wenn ihr betet, so sprecht:
Vater, dein Name werde geheiligt.
Dein Reich komme.
Gib uns täglich das Brot, das wir brauchen.
Und erlass uns unsere Sünden;
denn auch wir erlassen jedem, was er uns schuldig ist.
Und führe uns nicht in Versuchung.

Lukas 11,2–4

Einer aus der Volksmenge bat Jesus: Meister, sag meinem Bruder, er soll das Erbe mit mir teilen. Er erwiderte ihm: Mensch, wer hat mich zum Richter oder Schlichter bei euch gemacht?

Dann sagte er zu den Leuten: Gebt acht, hütet euch vor jeder Art von Habgier. Denn der Sinn des Lebens besteht nicht darin, dass ein Mensch aufgrund seines großen Vermögens im Überfluss lebt.

Lukas 12,13–15

Kapitel 15: Kommentar

Drei Gleichnisse unterstreichen, wie Jesus die Sünder annimmt. Bekehrung ist zentral bei Lukas, etwa bei der Frau, die zu seinen Füßen weint, und bei Zachäus. Jesus wartet nicht, dass die Sünder zu ihm kommen, sondern sucht sie selber auf. Man kann Jesus nicht nachfolgen, ohne zuerst zuzugeben, ein Sünder zu sein – selbst Petrus in 5,1–11. Die Kreuzigungsszene ist eine Szene der Bekehrung: Die Frauen Jerusalems weinen, den Henkern und dem „guten Dieb" wird vergeben, und alle, die weggehen, schlagen sich an die Brust. Der Weg ist offen für die Bekehrungen in der Apostelgeschichte.

Kapitel 16: Kommentar

Das Gleichnis vom reichen Mann und Lazarus bezeichnet das grausame Schicksal der sorglosen Reichen, wie schon das Gleichnis vom reichen Toren in 12,16–21. Lukas schrieb für eine wohlhabende Gesellschaft und betont die Notwendigkeit, Reichtum gut einzusetzen. Anstelle von Matthäus' acht Seligpreisungen über christliche Spiritualität nennt Lukas vier Seligpreisungen für diejenigen, die wirklich arm sind (6,20–23), gefolgt von vier „Weherufen" über die Reichen. Seit Beginn dieses Evangeliums sind es die Armen, die Jesus willkommen heißen.

Die Apostel baten den Herrn: Stärke unseren Glauben! Der Herr erwiderte: Wenn euer Glaube auch nur so groß wäre wie ein Senfkorn, würdet ihr zu dem Maulbeerbaum hier sagen: Heb dich samt deinen Wurzeln aus dem Boden und verpflanz dich ins Meer!, und er würde euch gehorchen.

Lukas 17,5–6

3 8

Jesus lehrt seine Jünger immer wieder zu vergeben. Er heilt zehn Männer vom Aussatz. Er lehrt, dass das Reich Gottes unter ihnen ist und Jerusalem vernichtet werden wird.

Kapitel 17

3 6 8

Das Gleichnis vom ungerechten Richter. Gegensätzliche Gebete eines Pharisäers und eines Zöllners. Jesus segnet Kinder. Ein Reicher will in Gottes Königreich. Jesus heilt einen blinden Bettler.

Kapitel 18

Kapitel 19: Kommentar

Der Einzug in Jerusalem ist Gipfelpunkt seiner Reise, bei der die Jünger lernten, wie schwer es ist, Jesus nachzufolgen. Jerusalem ist der Dreh- und Angelpunkt der Sendung: Jesus stirbt dort, begegnet seinen Jüngern nach der Auferstehung, seine Lehre verbreitet sich von hier über die Welt. In prophetischen Aussprüchen weint Jesus über das reuelose Jerusalem, als er die Stadt betritt, und als er sie zu seiner Hinrichtung verlässt. Lukas schreibt nach den Schrecken der Belagerung und Plünderung Jerusalems im Jahr 70 n. Chr.

3 6 17

Jesus lädt sich selbst zum Mahl mit Zachäus ein. Gleichnis vom Mann, der seinen Dienern zehn Minen anvertraut (eine Mine gleich drei Monatslöhne). Jesus zieht im Triumph in Jerusalem ein und vertreibt die Geldwechsler.

Kapitel 19

Er blickte auf und sah, wie die Reichen ihre Gaben in den Opferkasten legten. Dabei sah er auch eine arme Witwe, die zwei kleine Münzen hineinwarf. Da sagte er: Wahrhaftig, ich sage euch: Diese arme Witwe hat mehr hineingeworfen als alle anderen. Denn sie alle haben nur etwas von ihrem Überfluss geopfert; diese Frau aber, die kaum das Nötigste zum Leben hat, sie hat ihren ganzen Lebensunterhalt hergegeben.

Lukas 21,1–4

3 6 17

Jesus erzählt das Gleichnis von den Pächtern, die den Erben toteten. Jesus beantwortet die Frage, ob man dem Kaiser Steuern zahlen soll. Er warnt vor der Heuchelei der Schriftgelehrten.

Kapitel 20

3 7

Jesus preist die Großzügigkeit der armen Witwe, die alles, was sie hatte, dem Tempel gab. Jesus weissagt die Zerstörung Jerusalems und des Tempels.

Kapitel 21

Kapitel 22: Kommentar

Bei Lukas gibt es nur ein Gebet in Getsemani. Jesus ist nicht mehr außer sich vor Angst. Vielmehr bereitet er sich würdevoll im Gebet vor, was seinen Jüngern als Vorbild dient. Wir sahen Jesus bei seiner Taufe beten, bei der Verklärung und als er die Jünger beten lehrte. Es gibt zudem die Gleichnisse über das Beten (Pharisäer und Zöllner) und Beständigkeit im Beten (die Witwe und der ungerechte Richter). Auch in der frühen Gemeinde in Jerusalem wird das Beten betont.

17

Beim Abendmahl offenbart Jesus, dass er verraten werden wird. Jesus wird festgenommen. Petrus verleugnet Jesus dreimal. Jesus wird vom Hohen Rat verurteilt.

Kapitel 22

17

Jesus wird zu Pilatus geführt, dann zu König Herodes. Pilatus verurteilt ihn zum Tod am Kreuz. Jesus wird gekreuzigt, stirbt und wird im Grab von Josef von Arimathäa begraben.

Kapitel 23

Kapitel 24: Kommentar

Die Reise nach Emmaus ist ein Musterbeispiel des christlichen Apostolats: Die Gefährten machen sich auf den Weg. Ein Fremder erklärt ihnen die Heilige Schrift, sie hören zu. Beim Brechen des Brotes werden ihnen die Augen geöffnet: Sie sind dem auferstandenen Christus begegnet. Sie kehren um und setzen ihr Apostolat fort. Die Geschichte wird in schöner Symmetrie vorgetragen: Start in Jerusalem – Augen verschlossen – Begegnung mit Jesus – Augen geöffnet – Rückkehr nach Jerusalem. Eine ähnliche Geschichte wird von Philippus und dem Äthiopier berichtet (Apostelgeschichte 8,26–40).

8 17

Am Sonntagmorgen gehen einige Frauen zum Grab und sehen, dass Jesus von den Toten auferstanden ist. Seine übrigen Jünger erfahren bald davon. Jesus wird in den Himmel aufgenommen.

Kapitel 24

Johannes

Übersicht

I Prolog 1,1–18

II Der Dienst Jesu: das Buch der Zeichen 1,19–12,50

- **a** Verkündigung einer neuen Ordnung 1,19–4,54
- **b** Das zweite Fest in Jerusalem 5,1–47
- **c** Das Paschafest und das Brot des Lebens 6,1–71
- **d** Das Laubhüttenfest 7,1–10,21
- **e** Das Tempelweihfest 10,22–42
- **f** Die Auferstehung des Lazarus 11,1–12,50

III Die Stunde Jesu: Passion, Tod und Himmelfahrt 13,1–20,29

- **a** Jesu Abendmahl mit seinen Jüngern 13,1–17,26
- **b** Passion und Tod Jesu 18,1–19,42
- **c** Die Auferstehung 20,1–30

IV Epilog 21,1–25

Die Hochzeit in Kana
Das erste Wunder Jesu geschah bei einem Hochzeitsfest in Kana. Als der Wein ausging, machte Jesus neuen Wein.

Das Evangelium des Johannes folgt nicht dem Muster der anderen drei Evangelien. Es gibt keine Gleichnisse, keine Erwähnung von Schriftgelehrten oder Sadduzäern (die Gegner Jesu sind einfach „die Juden"), und außerdem geschehen viel weniger Vorfälle oder Heilungen. Die Methode des Johannes besteht darin, ein paar wenige „Zeichen" zu geben, deren Bedeutung von Jesus oder dem Evangelisten in längeren Betrachtungen verdeutlicht wird. Jesus kommt nach Jerusalem nicht nur einmal, nachdem er sein Wirken abgeschlossen hat, sondern viermal. Das beginnt bereits mit der Reinigung des Tempels, die in den anderen Evangelien erst am Ende erfolgt. Auch die Gestalt Jesu ist anders beschrieben: In den anderen Evangelien verkündet Jesus die Königsherrschaft Gottes, hier verkündet er sich selbst mit Worten, die von seinen Gegnern als blasphemisch empfunden werden. Statt kurzer, prägnanter Aussprüche Jesu finden sich hier ausführliche Betrachtungen, und dieser Stil zeichnet das gesamte Buch aus.

Wer ist der Verfasser dieses einzigartigen Werks? Absichtlich lässt man uns im Dunkeln. Die Überlieferung sagt, es handle sich um den Lieblingsjünger Jesu, dessen Identität aber sorgfältig verborgen wird. Er sitzt beim Abendmahl neben Jesus, begleitet Jesu Mutter zum Kreuz, erkennt die Bedeutung des leeren Grabes und setzt die Überlieferung fort. Ein Porträt also eines jeden Jüngers, den Jesus liebt. Die Botschaft bleibt stets gleich, und derselbe literarische Stil durchzieht das Evangelium, charakterisiert durch rätselhafte Fragen, Ironie, Neckereien und absichtliche Mehrdeutigkeiten –

17

Kapitel 1

Gott wird zum Menschen Jesus. Johannes der Täufer verkündet, dass Jesus der Messias ist. Andreas und Johannes werden die ersten Jünger, es folgen Petrus, Philippus und Natanaël.

Kapitel 1: **Kommentar**

Das Markusevangelium beginnt mit der Taufe Jesu. Matthäus und Lukas fügen einleitende Kapitel hinzu, um zu zeigen, dass Jesus seit Beginn seines Lebens besondere Eigenschaften und Aufgaben hatte. Johannes geht sehr viel weiter zurück, zum Anfang aller Dinge, als das Wort bereits existierte. Seine ersten Worte „Im Anfang" sind auch die ersten Worte der Genesis. Der Prolog ist symmetrisch: Er beginnt und endet mit der Beziehung zwischen Wort und Vater, im Zentrum wurde das Wort Fleisch. Auf beiden Seiten davon stehen Annahme bzw. Ablehnung, dazu die Abschnitte um Johannes den Täufer. Das Wort Gottes ist die Weisheit Gottes, Gottes Werkzeug in der Schöpfung. Das Wort ist nicht der Vater und dennoch göttlich, in lebensspendendem Verbund mit und in Abhängigkeit vom Vater.

was ist „lebendiges Wasser" oder „Brot vom Himmel"? Was ist die „Stunde Jesu"? Andererseits scheint manches in diesem Evangelium aus verschiedenen Quellen zusammengestellt zu sein: Die Geschichte des auferstandenen Lazarus steht in keinerlei Beziehung zu den Geschichten davor oder danach; es gibt drei verschiedene Versionen des Gesprächs nach dem Abendmahl; dem letzten Kapitel folgt ein Schlussabsatz (20,30–31); manche Aussprüche scheinen wiederholt zu werden (5,19–25 und 5,26–31); die Geschichte der Ehebrecherin (7,53–8,11) ist ein extremer Fall.

Der Zeitpunkt der Niederschrift dieses Evangeliums ist sehr umstritten. Manche halten es für das früheste Evangelium. Meist aber gilt es als das letzte der Evangelien. Es gibt keine Anhaltspunkte dafür, dass das Johannesevangelium als Ergänzung oder Korrektur der anderen drei geschrieben wurde. Sie sind vielmehr vollkommen unabhängig voneinander. Manche Aussprüche bei Johannes lassen vielleicht einen ursprünglicheren Zustand erkennen, sie scheinen naher am originalen Wortlaut Jesu zu sein als in den anderen Evangelien, doch ist das auch nicht an allen Stellen der Fall. Die Meinung, dass das Johannesevangelium das letzte sei, gründet auf dessen Theologie, die am weitesten entwickelt ist. Gewiss ist auch die Christologie hier deutlich fortgeschrittener. Sie betont den herausgehobenen Status Jesu mehr als die anderen Evangelien. Das aber weist nicht zwingend auf einen späteren Entstehungszeitpunkt hin, sondern vielleicht nur darauf, dass es das Werk eines anderen Theologen ist, der auf andere Weise angeregt war oder anders dachte.

Nikodemus
Nikodemus war ein Mitglied des Hohen Rats, der Jesus nachts besuchte, um mehr über ihn zu erfahren. Er wurde ein Jünger Jesu.

8 | 17

Auf einem Hochzeitsempfang geht der Wein aus. Auf Bitten seiner Mutter verwandelt Jesus Wasser in Wein. Jesus vertreibt die Geldwechsler aus dem Tempel in Jerusalem.

Kapitel 2

3 | 17

Nikodemus kommt nachts zu Jesus, um mehr über ihn zu erfahren. Jesus erklärt, er sei gekommen, die Menschheit von ihren Sünden zu retten. Johannes der Täufer erkennt Jesus als den Messias.

Kapitel 3

Kapitel 4: **Kommentar**

Das wunderbare Gespräch mit der Samariterin ist typisch für Johannes. Als würden sie einander necken, leitet Jesus sie absichtlich durch Mehrdeutigkeiten in die Irre und sie antwortet ein wenig vorlaut. Allmählich begreift sie und wertschätzt ihn, läuft dann fort, um ihre Landsleute herbeizurufen. Weil Wasser das Symbol des lebensspendenden Gesetzes ist, sagt Jesus, er sei der Quell des wahren Lebens und der wahren Anbetung im Geist.

3 | 8 | 17

Jesus spricht am Brunnen mit einer Frau aus Samaria. Viele Menschen aus Samaria glauben, er sei der Messias. Jesus heilt den Sohn eines königlichen Beamten.

Kapitel 4

3 8 17

Kapitel 5

Jesus heilt einen Lahmen, wird aber von den religiösen Führern kritisiert, weil er am Sabbat heilte. Jesus sagt, er sei Gottes Sohn, und betont die Notwendigkeit, an ihn zu glauben.

3 8 17

Kapitel 6

Jesus speist die Fünftausend und geht auf dem Wasser. Er lehrt, dass er das Brot des Lebens ist. Sie müssen ihn essen und sein Blut trinken. Viele verlassen ihn. Petrus bekräftigt, dass Jesus der Messias ist.

3 17

Kapitel 7

Jesus geht zum Laubhüttenfest und lehrt im Tempelhof. Viele in der Menge glauben, Jesus sei der Messias, doch die religiösen Führer glauben das nicht.

3 17

Kapitel 8

Die Pharisäer bringen eine Ehebrecherin zu Jesus. Er vergibt ihr. Die Pharisäer bestreiten Jesu Anspruch, der Messias zu sein. Sie glauben, er sei von Dämonen besessen.

3 8 17

Kapitel 9

Jesus heilt einen Blindgeborenen. Die Pharisäer untersuchen die Heilung und schließen den Mann aus der Gemeinde aus. Jesus sagt ihnen, sie seien die wahrhaft Blinden.

3 17

Kapitel 10

Jesus ist der gute Hirte. Jene, die ihm folgen, sind seine Schafe. Beim Tempelweihfest bestreitet die religiöse Führung die messianischen Ansprüche Jesu. Sie klagt ihn an, sich selbst Gott zu nennen, und will ihn steinigen.

3 8 17

Kapitel 11

Lazarus, der Freund Jesu, stirbt. Jesus besucht sein Grab mit dessen Schwestern Maria und Marta und erweckt Lazarus zum Leben. Der Hohe Rat trifft sich und plant, Jesus zu töten.

3 7 17

Kapitel 12

Maria aus Betanien vergießt Duftöl über Jesu Füße und trocknet sie mit ihrem Haar. Judas kritisiert diese Verschwendung. Jesus weissagt seinen eigenen Tod und seine Auferstehung. Viele glauben nicht, dass er der Messias ist.

Kapitel 5: Kommentar

Die Christologie des Johannes unterscheidet sich von der der anderen drei Evangelien. Dort wird Jesus als geheimnisvolle Gestalt gesehen, die in keine erwartete messianische Kategorie passt und die sich auf Gottes Königreich konzentriert. Bei Johannes verkündet er sich selbst, doch nirgendwo so deutlich wie in 5,19–31, worin er die Beziehung zu seinem Vater deutlich ausführt. Ist Jesus Gott? Diese Verse geben eine Antwort.

Kapitel 6: Kommentar

Die Rede vom Brot des Lebens, die auf der wundersamen Speisung der Fünftausend aufbaut, eine Predigt in der Synagoge in Kafarnaum, zeigt, wie Jesus die Symbole des Judentums vervollkommnet. Er ist das wahre Brot vom Himmel, die wahre Nahrung. Zu Beginn der Rede ist das Brot die Offenbarung Jesu, die geglaubt werden muss. In den Versen 51–58 ist Jesus das Brot des Abendmahls, das gegessen werden soll. Johannes gibt keinen Bericht von der Einsetzung des Abendmahls – für ihn beginnen die Sakramente erst nach dem Tod Jesu – dies ist seine Entsprechung.

Niemand hat den Vater gesehen außer dem, der von Gott ist; nur er hat den Vater gesehen. Amen, amen, ich sage euch: Wer glaubt, hat das ewige Leben. Ich bin das Brot des Lebens. Eure Väter haben in der Wüste das Manna gegessen und sind gestorben. So aber ist es mit dem Brot, das vom Himmel herabkommt: Wenn jemand davon isst, wird er nicht sterben. Ich bin das lebendige Brot, das vom Himmel herabgekommen ist. Wer von diesem Brot isst, wird in Ewigkeit leben. Das Brot, das ich geben werde, ist mein Fleisch, (ich gebe es hin) für das Leben der Welt.

Johannes 6,46–51

Kapitel 9: Kommentar

Die Heilung des Blindgeborenen ist ein schönes Beispiel für die Ironie des Johannes. Der Gegensatz liegt im Blinden, der sehen kann, und den sehenden Amtsträgern, die blind sind. Je mehr sie den Mann von Jesus abbringen wollen, desto mehr beharrt er auf Jesus und kommt ihm näher, bis er ihn vollständig anerkennt. Seine Eltern verweigern sich dem ängstlich, weil zu dem Zeitpunkt, als Johannes schrieb, ein solches Bekenntnis zu Jesus gleichbedeutend mit Ausschluss aus der Synagoge war.

Jesus hielt ihnen entgegen: Viele gute Werke habe ich im Auftrag des Vaters vor euren Augen getan. Für welches dieser Werke wollt ihr mich steinigen? Die Juden antworteten ihm: Wir steinigen dich nicht wegen eines guten Werkes, sondern wegen Gotteslästerung; denn du bist nur ein Mensch und machst dich selbst zu Gott.

Johannes 10,32–33

Ihr sagt zu mir Meister und Herr und ihr nennt mich mit Recht so; denn ich bin es. Wenn nun ich, der Herr und Meister, euch die Füße gewaschen habe, dann müsst auch ihr einander die Füße waschen. Ich habe euch ein Beispiel gegeben, damit auch ihr so handelt, wie ich an euch gehandelt habe. Amen, amen, ich sage euch: Der Sklave ist nicht größer als sein Herr und der Abgesandte ist nicht größer als der, der ihn gesandt hat. Selig seid ihr, wenn ihr das wisst und danach handelt.

Johannes 13,13–17

Kapitel 13–17: Kommentar

Johannes schreibt nichts über die Einsetzung des Abendmahls, denn die Sakramente kommen bei ihm erst nach Jesu Tod. Jesus beginnt mit einer zeichenhaften Handlung über den letzten Dienst an seinen Anhängern. Die Rede nach dem Essen, die die Jünger auf die zukünftige Gemeinde vorbereitet, liegt in drei Versionen vor: Kap. 14, Kap. 15–16 und Kap. 17. Wichtig ist die Gegenwart Christi durch seinen Geist, der Fürsprecher, den der Vater senden wird, um Zeugnis abzulegen und die Jünger zur Wahrheit zu führen. Kap. 17 ist ein priesterlicher Segen, eine Fürbitte nach dem Modell des Vaterunsers.

Kapitel 18: Kommentar

Die Passion Christi erscheint bei Johannes aus einem anderen Blickwinkel: Der Triumph Jesu steht im Vordergrund. Von Beginn an scheint die Göttlichkeit Jesu durch: Die Soldaten, die ihn festnehmen, beten Jesus an, als er den göttlichen Titel „Ich bin es" (Vers 5) ausspricht. Es gibt keinen Schmerz im Garten, keine demütigende Befragung durch den Rat, Jesus setzt seine Lehre vor Hannas fort. Beim Prozess vor Pilatus verurteilen die jüdischen Ältesten nicht Jesus, sondern sich selbst vor Jesus, der als König gekrönt auf dem Richterstuhl sitzt, wenn sie sagen: „Wir haben keinen König außer dem Kaiser."

Die Ehebrecherin
Jesus vergab einer Frau, die Ehebruch beging, und beschämte die Männer, die sie angeklagt hatten.

3 | 7 | 17

Während des Abendmahls wäscht Jesus seinen Jüngern die Füße. Er weissagt den Verrat des Judas und dass Petrus ihn verleugnen wird.

Kapitel 13

3 | 7 | 17

Jesus tröstet seine Jünger und sagt ihnen, dass er der Weg, die Wahrheit und das Leben ist. Er verspricht, dass der Heilige Geist zu ihnen kommen wird, wenn er zu seinem Vater zurückkehrt.

Kapitel 14

3 | 17

Jesus sagt seinen Jüngern, dass er der Weinstock ist und sie die Reben sind. Er sagt ihnen, dass die Welt sie hassen wird, so wie sie Jesus gehasst hat.

Kapitel 15

3 | 7 | 17

Der Heilige Geist wird die Jünger lehren und die Welt der Sünde schuldig sprechen. Die Trauer der Jünger wird sich bald in Freude verwandeln. Jesus schenkt ihnen Frieden während der kommenden Bedrängnis.

Kapitel 16

3 | 12 | 17

Jesus betet darum, dass er verherrlicht werde. Er betet für alle, die ihm jemals folgen werden: dass Gott sie lieben, beschützen, heiligen und führen wird.

Kapitel 17

3 | 17

Jesus wird festgenommen und dem Rat vorgeführt. Petrus verleugnet Jesus dreimal. Jesus steht vor dem römischen Statthalter Pilatus. Jesus sagt ihm, sein Reich sei nicht von dieser Welt.

Kapitel 18

17

Kapitel 19

Pilatus verurteilt Jesus zum Tode. Jesus wird gekreuzigt, stirbt und wird im Grab von Josef von Arimathäa begraben.

Danach, als Jesus wusste, dass nun alles vollbracht war, sagte er, damit sich die Schrift erfüllte: Mich dürstet. Ein Gefäß mit Essig stand da. Sie steckten einen Schwamm mit Essig auf einen Ysopzweig und hielten ihn an seinen Mund.

Als Jesus von dem Essig genommen hatte, sprach er: Es ist vollbracht! Und er neigte das Haupt und gab seinen Geist auf.

Johannes 19,28–30

Kapitel 19: Kommentar

Der gekreuzigte Jesus, als König anerkannt, stirbt erst, nachdem er seine Aufgabe beendet hat. Er vereint seine Mutter und die geliebten Jünger: Sie bilden die erste christliche Gemeinde. Erst dann fließen Wasser und Blut aus seiner Seite, was die christliche Tradition als symbolisch für die Sakramente des Abendmahls und der Taufe begreift.

Maria aus Magdala
Maria aus Magdala war der erste Mensch, den Jesus nach seiner Himmelfahrt aufsuchte.

Kapitel 20: Kommentar

Bei Johannes gibt es kein Pfingstereignis. Im oberen Zimmer erfüllt Jesus bereits die Verheißungen der letzten Rede und gibt den Jüngern Frieden, Freude und den Heiligen Geist für ihre Mission – damit sind sie von ihm vollständig autorisiert. Nur von Thomas und im Prolog (1,1) erhält Jesus den eindeutigen Titel „Gott".

3 8 17

Kapitel 20

Maria aus Magdala und die anderen Frauen finden das leere Grab und sagen es den Jüngern Jesu. Johannes und Petrus besuchen das leere Grab. Jesus erscheint Maria, den Jüngern und endlich auch Thomas.

Noch viele andere Zeichen, die in diesem Buch nicht aufgeschrieben sind, hat Jesus vor den Augen seiner Jünger getan. Diese aber sind aufgeschrieben, damit ihr glaubt, dass Jesus der Messias ist, der Sohn Gottes, und damit ihr durch den Glauben das Leben habt in seinem Namen.

Johannes 20,30–31

3 8 17

Kapitel 21

Jesus erscheint seinen Jüngern in Galiläa, wo sie ungewöhnlich viele Fische fangen. Jesus vergibt Petrus. Petrus bekräftigt seine Liebe zu Jesus.

Kapitel 21: Kommentar

Der Epilog weist einige für Johannes typische Kennzeichen auf, aber auch einige sehr untypische. Petrus und der Lieblingsjünger tauchen immer gemeinsam auf. Petri Vergebung wird durch seine dreifache Anerkennung ausgedrückt, und der Lieblingsjünger gilt als Beförderer der Tradition, die andauern wird, bis Jesus wiederkommt.

Apostelgeschichte

Übersicht

I	Einführung: Himmelfahrt 1,1–11
II	Die Kirche in Jerusalem 1,12–8,3
III	Die Kirche in Judäa und Samaria 8,4–12,25
IV	Erste Missionsreisen des Paulus 13,1–14,28
V	Das Konzil in Jerusalem 15,1–35
VI	Bis zum Ende der Welt 16,1–28,31

Das Programm dieses zweiten Buchs von Lukas wird von Jesus in Apostelgeschichte 1,8 geliefert: Die Jünger sollen für Jesus in Jerusalem Zeugnis ablegen, dann in Judäa und Samaria, danach bis „an die Grenzen der Erde", ein jüdisches Kryptogramm für Rom. Die Geschichte wird mit der ganzen Verve eines hellenistischen Historikers erzählt, der sowohl unterhalten als auch erbauen will. Viele rasante Berichte von Reisen, Gefahr, Aufruhr, Flucht, Hofszenen und Schiffbruch kommen vor. Der Autor kennt die geografischen und politischen Details der Gegend sehr genau. Die plötzliche Einfügung von „Wir"-Abschnitten („Wir bestiegen ein Schiff") legt nahe, dass der Autor Paulus auf vielen Reisen begleitete. Nach hellenistischer Art wird der Kommentar meist durch Reden vermittelt, die erklären, was vorgeht (Petrus zu Pfingsten, Stephanus am Ende der Jerusalemmission, später Petrus und Paulus). Durch die gesamte Geschichte hindurch spürt der Leser, dass die Ausbreitung der Kirche und das Zeugnis der Jünger vom Geist Christi geleitet werden, der ihr Leben in Jerusalem inspiriert und sie bei ihren Reisen lenkt. Die Jünger führen durch Lehre, Wunder und Zeugnis auch des Martyriums das Werk Jesu fort, sodass das Leben der Kirche noch immer das Leben Jesu ist. Hier besteht eine deutliche Parallele zwischen den Aposteln Petrus und Paulus, deren Wunder und Lehre einander entsprechen. Die Apostelgeschichte zeigt großes Interesse an den Heiden, was bereits im Lukasevangelium zu sehen war, denn ein Hauptthema ist die Offenheit der römischen Obrigkeiten für das Christentum. Konflikte, wie etwa Prozess und Inhaftierung des Paulus, sind auf die Feindschaft der Juden zurückzuführen.

15 17

Jesus gibt seinen Jüngern letzte Anweisungen, die Gute Nachricht in der Welt zu verbreiten, und fährt dann auf zum Himmel. Die verbleibenden elf Apostel wählen Matthias, der Judas ersetzen soll.

Kapitel 1

Kapitel 2: Kommentar

Die Ankunft des Heiligen Geistes ist die Geburtsstunde der christlichen Gemeinde, denn Jesus hatte seine Jünger ermahnt, nichts zu tun, bis der Heilige Geist erschienen wäre. Dies wird in Bildern geschildert, die an die Herabkunft des Feuers vom Himmel erinnern, als Gott Mose auf dem Berg Sinai erschien (Exodus 19,18). Dann erklärt Petrus dessen Bedeutung mit Begriffen des endzeitlichen Erscheinens des Heiligen Geistes in Joël 3. Ähnlich erklärt er die Himmelfahrt Jesu als Erfüllung der Heiligen Schrift.

3 5 12

Am Pfingsttag kommt der Heilige Geist auf die Jünger herab, die sich in Jerusalem in einem oberen Raum getroffen haben. Petrus predigt zur Menge, die sich versammelt. 3000 werden Christen.

Kapitel 2

3 8 17

Petrus und Johannes gehen zum Tempel. Petrus heilt einen lahmen Bettler und spricht dann zu der Menge über Jesus.

Kapitel 3

3 | 12 | 17

Kapitel 4

Petrus und Johannes werden dem Hohen Rat vorgeführt, weil sie über Jesus predigen. Sie werden ermahnt, damit aufzuhören. Die Gläubigen teilen ihren Besitz untereinander auf.

8 | 15 | 17

Kapitel 5

Hananias und seine Frau Saphira sterben, nachdem sie die Gemeinde belogen haben. Ein Engel befreit die Apostel, die gefangen waren. Der Rat diskutiert, was mit den Anhängern Jesu geschehen soll.

3 | 17

Kapitel 6

Wegen Uneinigkeiten zwischen hebräischen und hellenisierten Juden wählen die Apostel sieben hellenisierte Juden zu Diakonen. Einer davon, Stephanus, wird vom Hohen Rat wegen Blasphemie gefangen genommen.

Kapitel 4: **Kommentar**

Misshandlung durch die jüdischen Autoritäten wird als Ehre um Christi willen angesehen, dessen Zeugen sie sind. Dies ist ein wesentliches Element der Beschreibungen (2,42; 4,32; 5,12) der Gemeinde in Jerusalem als ideale christliche Gemeinde, die gemeinsam betet und allen Besitz miteinander teilt.

Dann sagte er: Israeliten, überlegt euch gut, was ihr mit diesen Leuten tun wollt. Vor einiger Zeit nämlich trat Theudas auf und behauptete, er sei etwas Besonderes. Ihm schlossen sich etwa vierhundert Männer an. Aber er wurde getötet und sein ganzer Anhang wurde zerstreut und aufgerieben. Nach ihm trat in den Tagen der Volkszählung Judas, der Galiläer, auf; er brachte viel Volk hinter sich und verleitete es zum Aufruhr. Auch er kam um und alle seine Anhänger wurden zerstreut. Darum rate ich euch jetzt: Lasst von diesen Männern ab und gebt sie frei; denn wenn dieses Vorhaben oder dieses Werk von Menschen stammt, wird es zerstört werden; stammt es aber von Gott, so könnt ihr sie nicht vernichten; sonst werdet ihr noch als Kämpfer gegen Gott dastehen.

Apostelgeschichte 5,35–39

Martyrium des Stephanus
Stephanus, einer der ersten Diakone, war der erste Christ, der für seinen Glauben starb.

Kapitel 7: Kommentar

Die Rede des Stephanus markiert das Ende der zweiten Chance Jerusalems, die Botschaft Jesu anzunehmen. Stephanus betont, dass dieses Versagen der jüdischen Geschichte entspricht. Der Bericht seines Martyriums ist bewusst an denjenigen Christi angelehnt, denn Stephanus hat für Jesus Zeugnis abgelegt.

Da erhoben sie ein lautes Geschrei, hielten sich die Ohren zu, stürmten gemeinsam auf ihn los, trieben ihn zur Stadt hinaus und steinigten ihn. Die Zeugen legten ihre Kleider zu Füßen eines jungen Mannes nieder, der Saulus hieß. So steinigten sie Stephanus; er aber betete und rief: Herr Jesus, nimm meinen Geist auf! Dann sank er in die Knie und schrie laut: Herr, rechne ihnen diese Sünde nicht an! Nach diesen Worten starb er.

Apostelgeschichte 7,57–60

Kapitel 9: Kommentar

Der Bericht der Berufung des Saulus zum Glauben an Christus und zur Apostelschaft erscheint mit jeweils leichten Abweichungen dreimal (auch in 22,4–16; 26,9–18). Der Bericht lehnt sich an die Schilderung der Bekehrung eines Tempelräubers in 2. Makkabäer 3,13–40 an. Der Bericht einer Vision von Paulus in 2. Korinther 12,2–4 ist vielleicht eine innerliche Darstellung desselben Ereignisses. Ob man dies als Bekehrung bezeichnen sollte, ist fraglich, denn Paulus wandte sich nicht vom Judentum ab, sondern sah Christus als Erfüllung der jüdischen Hoffnungen an.

Saulus wütete immer noch mit Drohung und Mord gegen die Jünger des Herrn. Er ging zum Hohenpriester und erbat sich von ihm Briefe an die Synagogen in Damaskus, um die Anhänger des (neuen) Weges, Männer und Frauen, die er dort finde, zu fesseln und nach Jerusalem zu bringen. Unterwegs aber, als er sich bereits Damaskus näherte, geschah es, dass ihn plötzlich ein Licht vom Himmel umstrahlte. Er stürzte zu Boden und hörte, wie eine Stimme zu ihm sagte: Saul, Saul, warum verfolgst du mich? Er antwortete: Wer bist du, Herr? Dieser sagte: Ich bin Jesus, den du verfolgst. Steh auf und geh in die Stadt; dort wird dir gesagt werden, was du tun sollst.

Apostelgeschichte 9,1–6

Kapitel 10: Kommentar

Die Bekehrung von Kornelius ist wichtig, da er der erste Heide ist – und noch dazu ein römischer Beamter –, der in die christliche Gemeinde eintritt. Dem voraus geht die Vision, Nahrungsverbote aufzugeben, wodurch der Eintritt von Heiden erst möglich wurde. Es war wichtig zu zeigen, dass dies keine persönliche Initiative von Petrus war: Der Heilige Geist kam auf Kornelius, ehe Petrus zu sprechen aufgehört hatte. Ähnlich der Geschichte der Berufung des Paulus wird auch diese Geschichte dreimal wiederholt, um sie besonders zu betonen.

3 17

Zu seiner Verteidigung gibt Stephanus ein Resümee der jüdischen Geschichte und sagt, Jesus sei der Messias. Der Rat verurteilt ihn, das Volk steinigt ihn, Saulus sieht zu und heißt dieses Martyrium gut.

Kapitel 7

8 15 17

Die Christen in Jerusalem werden verfolgt und fliehen, außer den Aposteln. Philippus predigt in Samaria, der Zauberer Simon wird bekehrt. Philippus tauft einen äthiopischen Eunuchen.

Kapitel 8

8 17

Saulus verfolgt Christen, bis ihn auf dem Weg nach Damaskus eine Vision Christi innehalten lässt. Von Blindheit geheilt, predigt er das Evangelium. Petrus heilt einen Gelähmten und erweckt eine Tote zum Leben.

Kapitel 9

8 12 17

Kornelius, Hauptmann aus Cäsarea, hört von Petrus das Evangelium, nach Petri Vision des Befehls, unreine Tiere zu essen. Er und seine Familie kommen zum Glauben, empfangen den Heiligen Geist und die Taufe.

Kapitel 10

8 12 17

Petrus sagt, dass die Bekehrung von Kornelius zeige: Auch Heiden können Christen werden. Die Gemeinde in Antiochia schickt Barnabas und Paulus mit Hilfsgeldern nach Judäa.

Kapitel 11

8 12 15

König Herodes tötet Jakobus, Bruder des Johannes, und nimmt dann Petrus fest. Ein Engel befreit Petrus, während die Gemeinde für seine Freilassung betet. Herodes wird von einem Engel getötet und von Würmern gefressen.

Kapitel 12

3 8 17

Die Gemeinde in Antiochia schickt Barnabas und Saulus, damit sie in der römischen Welt über Jesus predigen. In Paphos blenden sie einen Zauberer. Im pisidischen Antiochia predigen sie den Heiden.

Kapitel 13

3 8 17

Kapitel 14

Paulus und Barnabas predigen in Ikonion. In Lystra heilt Paulus einen Lahmen. Manche halten Paulus und Barnabas für Götter. Paulus wird gesteinigt, überlebt aber. Nach Derbe kehren sie nach Antiochia zurück.

3 17

Kapitel 15

Einige jüdische Christen verlangen die Beschneidung der Heiden. Das Konzil von Jerusalem hält das für unnötig. Paulus und Barnabas trennen sich. Barnabas geht nach Zypern, Paulus durch Syrien und Zilizien.

8 15 17

Kapitel 16

Paulus, Silas und Timotheus gehen nach Philippi. Lydia wird bekehrt. Sie treiben einen Dämon aus einem Mädchen aus und werden eingesperrt. Durch ein Erdbeben werden sie befreit und der Gefängniswärter wird bekehrt.

3 17

Kapitel 17

In Thessalonich beginnt die Menge einen Aufstand und so gehen Paulus und Silas zunächst nach Beröa, dann nach Athen, wo Paulus griechische Dichtung und Philosophie nutzt, um über Jesus zu predigen.

3 17

Kapitel 18

In Korinth predigt Paulus in der Synagoge und zu den Heiden. Er arbeitet mit Priszilla und Aquila als Zeltmacher. Sie unterweisen den Apollos. Apollos predigt danach in Achaia.

8 15 17

Kapitel 19

In Ephesus lehrt Paulus zwei Jahre in der Synagoge und in einem Lehrsaal. Widerstand regt sich aufseiten der Hersteller von Götzenbildern, die um ihr Geschäft fürchten. Fast gibt es einen Aufstand.

3 8 17

Kapitel 20

Paulus zieht durch Mazedonien, Griechenland, verlässt dann Ephesus und kehrt nach Jerusalem zurück. Paulus hält vor den Ephesern eine Abschiedspredigt und erweckt den toten Eutychus zum Leben.

7 17

Kapitel 21

In Cäsarea warnt ein Prophet Paulus vor der Festnahme in Jerusalem. Paulus geht zum Tempel, wo ihn die Menge töten will. Von Römern gerettet, bittet Paulus, zur Menge sprechen zu dürfen.

Kapitel 15: Kommentar

Das Treffen in Jerusalem beseitigte ein mögliches Hindernis für den Eintritt von Heiden in die christliche Gemeinde. Der Bericht ist gleichwohl nicht schlüssig, denn die Frage der Beschneidung wird überhaupt nicht geklärt. Vielleicht hat Lukas zwei Fragestellungen miteinander verbunden: erstens, ob die bekehrten Heiden das ganze Gesetz befolgen müssen, und zweitens, wie heidnische Konvertiten vermeiden, gesetzestreue Judenchristen zu verärgern. Der Brief (Verse 23–29) behandelt nur Letzteres. Der Prozess der Entscheidungsfindung ist ebenfalls wichtig, wie auch das Bewusstsein über die Gegenwart des Heiligen Geistes.

Kapitel 16: Kommentar

Als römischer Bürger konnte Paulus nicht ohne Prozess ausgepeitscht oder eingesperrt werden. Es ist eigenartig, dass er seinen Protest bis zum nächsten Morgen aufschob. Vielleicht wurde die Dramatik der Geschichte dadurch vergrößert.

Um Mitternacht beteten Paulus und Silas und sangen Loblieder; und die Gefangenen hörten ihnen zu. Plötzlich begann ein gewaltiges Erdbeben, sodass die Grundmauern des Gefängnisses wankten. Mit einem Schlag sprangen die Türen auf und allen fielen die Fesseln ab. Als der Gefängniswärter aufwachte und alle Türen des Gefängnisses offen sah, zog er sein Schwert, um sich zu töten; denn er meinte, die Gefangenen seien entflohen. Da rief Paulus laut: Tu dir nichts an! Wir sind alle noch da.

Apostelgeschichte 16,25–28

Kapitel 17: Kommentar

Die Rede von Paulus ist ein rhetorisches Meisterstück, voller klassischer Anspielungen. Sie mag sehr gut das Denken des Paulus wiedergeben, denn sie hat starke Anklänge an das, was er in Römer 1,19–22 schrieb. Außerdem treibt er seinen Spott mit ihnen, denn das als „fromm" übersetzte Wort (Vers 22) kann auch „abergläubisch" bedeuten.

Auch einige der umherziehenden jüdischen Beschwörer versuchten, den Namen Jesu, des Herrn, über den von bösen Geistern Besessenen anzurufen, indem sie sagten: Ich beschwöre euch bei dem Jesus, den Paulus verkündet. […] Aber der böse Geist antwortete ihnen: Jesus kenne ich und auch Paulus ist mir bekannt. Doch wer seid ihr? Und der Mensch, in dem der böse Geist hauste, sprang auf sie los, überwältigte sie und setzte ihnen so zu, dass sie nackt und zerschunden aus dem Haus fliehen mussten.

Apostelgeschichte 19,13–16

Kapitel 22: Kommentar

Paulus erzählt die Geschichte seines Damaskuserlebnisses mit leichten Anpassungen an sein Publikum. Er betont seine jüdische Herkunft, denn Gamaliel II. war einer der führenden Rabbis jener Zeit. Wieder wird Paulus durch seine römische Staatsbürgerschaft gerettet, wenn auch erst im letzten Moment.

Paulus vor Gericht
Paulus wurde festgenommen, als er Jerusalem besuchte. Er verteidigte sich vor dem römischen Statthalter Felix.

Kapitel 26: Kommentar

Zum dritten Mal wird die Geschichte erzählt, auch hier geschickt dem königlichen Zuhörer angepasst. Paulus nutzt die klassische Eröffnung mit der Begrüßung und fügt eine klassische Stichelei hinzu sowie ein Jeremia-Zitat.

Kapitel 27: Kommentar

Die Geschichte des Schiffbruchs ist stringent erzählt und beschreibt das korrekte seemännische Verhalten bei Schiffbruch. Eingestreut sind Abschnitte, in denen der Gefangene Paulus als Prophet agiert, genauer als Prophet Jona, der alle rettet (Verse 21–26 und 33–36).

Kapitel 28: Kommentar

Die Geschichte endet in Rom, wo Paulus „die Grenzen der Erde" erreicht hat (so wird Rom in manchen jüdischen Texten bezeichnet). Wir wissen nicht, was danach geschah, und die Theorie, dass Paulus freigelassen werden musste, wenn er nicht innerhalb von zwei Jahren angeklagt würde, ist nicht begründet. Und zum dritten Mal bemerkt Paulus, dass er von den Juden abgewiesen wurde, was ihn zwang, sich den Heiden zuzuwenden. Dies geschah bereits zuvor in Kleinasien (13,46) und Griechenland (18,6). Bei diesen Gelegenheiten wandte sich Paulus mit einer biblischen Zurückweisung ab, hier mit einem Zitat aus Jesaja, das bereits an anderer Stelle in diesem Sinn gebraucht wird.

3 17

Paulus erklärt, wie er Christ wurde. Als er ihnen sagt, dass Gott ihn bat, zu den Heiden zu sprechen, werden sie wütend. Die Römer nehmen Paulus gefangen und führen ihn vor den Hohen Rat.

Kapitel 22

3 17

Paulus wendet sich an den Hohen Rat, der sich zerstreitet. Nach einer Todesdrohung bringen die Römer Paulus nach Cäsarea. Er trifft auf den römischen Statthalter Felix und kommt dann im Palast des Herodes in Gewahrsam.

Kapitel 23

3 17

Der Hohepriester Hananias und weitere Älteste gehen nach Cäsarea, um Anklage gegen Paulus zu erheben. Paulus verteidigt sich. Zwei Jahre später, als Felix von Festus abgelöst wird, ist Paulus immer noch eingesperrt.

Kapitel 24

3 17

Paulus verteidigt sich vor Festus, der ihn in Jerusalem vor Gericht bringen will. Paulus weigert sich und wendet sich an den Kaiser. König Agrippa kommt an und entscheidet, Paulus zu treffen.

Kapitel 25

3 17

Paulus berichtet Agrippa, wie er Christ wurde. Agrippa stimmt Festus zu, dass Paulus keine Schuld hat. Er könnte freigelassen werden, hätte er nicht an den Kaiser appelliert.

Kapitel 26

3 7 17

Paulus segelt nach Rom und erreicht Kreta. Es ist spät im Jahr, kein guter Ort zum Überwintern. Sie segeln weiter. Ein Sturm versenkt das Schiff, doch Paulus und die Mannschaft erreichen das Festland.

Kapitel 27

3 8 17

Sie entdecken, dass sie auf Malta gelandet sind. Paulus überlebt einen Schlangenbiss. Nach drei Monaten erreichen sie endlich Rom. Paulus bleibt zwei Jahre unter Hausarrest und predigt.

Kapitel 28

Römer

Übersicht

3

Kapitel 1

Paulus schreibt an die Christen in Rom, dass er sie besuchen möchte. Die Gute Nachricht gilt der ganzen Menschheit. Gerechtigkeit kommt aus dem Glauben. Gottes Gericht ist die Folge der Sünde.

3

Kapitel 2

Gottes Gericht ist gerecht. Wer nach dem Gesetz lebt, wird danach gerichtet, wer nicht danach lebt, wird nach seinem Gewissen gerichtet werden. Gerechtigkeit kommt durch den Geist, nicht durch das Gesetz.

3 5

Kapitel 3

Die Juden haben das Wort Gottes, was ihnen einen Vorteil gibt. Doch am Ende ist kein Mensch wirklich gerecht. Gerechtigkeit kommt durch den Glauben, nicht durch gute Werke.

3

Kapitel 4

Gedanken über Abrahams Glauben. Wir können nichts selber tun, außer unbedingt und vertrauensvoll an Gottes Verheißungen festzuhalten.

2 3

Kapitel 5

Erklärung des Wirkens Christi: Adams Ungehorsam war der Anfang allen Übels. Der liebende Gehorsam des zweiten Adam hebt dies auf. So wie Adam auf dem falschen Weg war, so führt uns Christus auf den richtigen.

2 3

Kapitel 6

Wir wurden mit Jesus gekreuzigt und starben mit ihm, so erstanden wir mit ihm auch von den Toten wieder auf. Waren wir also früher Sklaven der Sünde, so sind wir nun Sklaven der Gerechtigkeit.

2 3

Kapitel 7

Wenn Menschen sterben, sind sie frei vom Gesetz. Das Gesetz lehrte mich, dass ich Fehler machte, und doch konnte ich es nicht erfüllen.

2 3 10

Kapitel 8

Wir und die ganze Schöpfung werden erneuert durch den Geist Christi. Wir sollten nach dem Geist leben und den Ungehorsam der Menschheit verwerfen. Gott liebt uns und sein Geist wird über alle Probleme siegen.

Kapitel 1–3: **Kommentar**

Nach der Einführung zeigt Paulus, dass die ganze Welt im Übel und Scheitern versunken ist, Heiden wie Juden. Nur ein Heilmittel gibt es: das Sühneopfer in Christus (3,25). Paulus gibt hier die rituelle Lösung. Eine weitere Erklärung erfolgt in 5,12–21: Christi Gehorsam hebt Adams Ungehorsam auf. Adam ist das Muster oder Urbild des Ungehorsams, während Christi Gehorsam die Menschen mit Gott versöhnt.

Kapitel 4–5: **Kommentar**

Die Begriffe der „Gerechtigkeit" bzw. der „Rechtfertigung" sind grundlegend. Sie haben nichts mit menschlichem Verhalten oder Verdiensten durch gute Werke zu tun. Gott allein ist gerecht, weil er an seiner Verheißung für Abraham festhält. Abraham verdiente Gottes Segen nicht, doch er vertraute Gott und erhielt den Segen als Geschenk. Jetzt hat Christus durch seinen Gehorsam alles recht gemacht, und wir können darauf nur vertrauen.

Kapitel 6: **Kommentar**

Paulus findet Worte, die zeigen, wie wir teilhaben an Christus, indem wir in Christi Tod eintauchen (getauft werden) und in ihm zu neuem Leben auferstehen. Bei seinem Begräbnis wurden wir begraben und sind in ihn gewachsen wie die Enden eines gebrochenen Knochens, die zusammenwuchsen. Sind wir einmal in Christus eingetaucht, teilen wir sein auferstandenes Leben; seine Auferstehung ist unsere Auferstehung.

Warum schrieb Paulus an die Römer? Verschiedene Gründe hat man dafür vorgebracht, teils ergänzen sie einander.

- Paulus plante eine Reise nach Spanien. Vielleicht sprach er kein Latein, und sicher sprach er kein Spanisch, also bat er die Christen in Rom um Hilfe.
- Der Apostelgeschichte zufolge hielt Paulus es für unnötig, dass Christen dem jüdischen Gesetz folgen, aber er erlaubte dessen Befolgung. Um von den Juden Hilfe zu erhalten, musste er seine Haltung zum Gesetz deutlich machen. Er hat das Gesetz nicht beseitigt.
- Es gibt Hinweise, dass einige Juden wegen ungebührlichen Verhaltens im Zusammenhang mit einer Person namens „Christos" aus Rom ausgewiesen wurden. Ist das Christus? Wollte Paulus einen Graben schließen, indem er jeder Gruppe zeigte, dass sie die jeweils andere brauchte?
- Der Brief ist die umfassendste Darstellung der Erlösung in Christus. Vielleicht wollte Paulus ihn vorher als Beispiel für seine Lehre und als Einführung nach Rom schicken.

Kapitel 9–11: Kommentar

Das Rätsel Israel: Paulus quält das Versagen seiner jüdischen Mitbrüder, die nicht anerkennen können, was Paulus als logischen Gipfel ihrer Geschichte als Gottes auserwähltes Volk ansieht. Er sucht in der Heiligen Schrift nach einer Erklärung und sieht, dass es unvermeidlich war, dass sie ihren Messias abweisen. Er nutzt das Bild des Ölbaums und endet mit einem Hymnus an Gottes unendliche, barmherzige Liebe.

Kapitel 12–15: Kommentar

In den Paulusbriefen wird auch erklärt, wie man ein christliches Leben führt, einschließlich all der Probleme, die sich ergeben können. Paulus besteht darauf, dass man mit der Obrigkeit zusammenarbeitet. Das muss vor den offiziellen Verfolgungen gewesen sein, denn diese begannen nach der Weigerung der Christen, Rom und den Kaiser als göttlich anzubeten.

Kapitel 16: Kommentar

Die römischen Gemeinden haben anscheinend keine übergeordnete Autorität oder Einheit aufgewiesen. Paulus grüßt verschiedene Hausgemeinden. Man bemerke die Bedeutung der Frauen, vor allem Junias. Sie nimmt „unter den Aposteln einen hervorragenden Platz" ein. Die Menschen im „Haus des Aristobul" mögen die ersten Christen in Rom gewesen sein. Aristobul war ein Enkel des Königs Herodes und starb in Rom in den späten 40er-Jahren. Vielleicht hat er Christen unter seinen Sklaven gehabt.

3

Kapitel 9

Paulus liebt das jüdische Volk und möchte, dass es Jesus als den Messias annimmt. Gott ist gerecht. Jetzt glauben die Heiden mehr an Jesus als die Juden.

2 3 12

Kapitel 10

Doch der größte Wunsch und das Gebet von Paulus an Gott ist, dass sein eigenes Volk, das jüdische Volk, Jesus als den Messias annimmt. Wer Jesu Namen anruft, der ist gerettet.

3 10

Kapitel 11

Gott hat sein Volk Israel nicht zurückgewiesen. Eines Tages wird das ganze jüdische Volk gerettet werden. Die Juden sind für immer Gottes Volk, und nichts kann das ändern.

3 10

Kapitel 12

Alle Christen sollten sich Gott vollständig hingeben. Jeder Einzelne ist wichtig und hat seine Rolle zu spielen. Wir sollten einander lieben, egal ob Freund oder Feind.

3 10

Kapitel 13

Gehorcht der Obrigkeit, seid gute Bürger. Alle Gesetze der Bibel können in einem Gebot zusammengefasst werden: einander zu lieben. Konzentriert euch nicht nur auf euch, sondern darauf, anderen zu helfen.

3

Kapitel 14

Streitet nicht über strittige Sachen. Was ihr für gut haltet, kann für andere Sünde sein und umgekehrt. Urteilt also nicht und tut nichts, was anderen Probleme bereitet.

3

Kapitel 15

Ermutigt und helft einander. Nehmt einander an, wie Jesus euch angenommen hat. Paulus drückt seinen Wunsch aus, die Menschen in Rom zu besuchen und ihnen zu dienen.

3

Kapitel 16

Paulus schließt mit persönlichen Grüßen an Menschen in Rom, die er kennt. Er bittet sie, zusammenzuarbeiten und sich von Uneinigkeit stiftenden Menschen fernzuhalten.

I. Korinther

Übersicht

Korinth war eine internationale Handelsstadt, mit zwei Häfen und alle zwei Jahre stattfindenden Spielen nach Art der Olympischen Spiele, einer umtriebigen Bevölkerung von Reichen und Armen, Hafenarbeitern, Seeleuten, reisenden Kaufleuten, Juden, Griechen und aufstrebenden Betrügern. Die Stadt war einst auch für ihre sexuelle Unsittlichkeit bekannt. Paulus blieb 18 Monate dort, um die Gute Nachricht Christi zu verbreiten. Sein Aufenthalt liefert uns das einzig sichere Datum seiner Laufbahn: Er war während Gallios Prokonsulat 51/52 n. Chr. (Apostelgeschichte 18,12) in Korinth. Die Gemeinde in Korinth war schwierig, in sich geteilt und zerstritten. Sie scheint keinen Leiter gehabt, sich vielmehr ganz auf den Heiligen Geist als Führer verlassen zu haben. Paulus schrieb mehrfach an die Korinther, und dieser 1. Korinther ist in Wirklichkeit der zweite seiner Briefe, der erste ist verschollen. Paulus war in Ephesus und hörte durch „die Leute der Chloë" von allerhand Fehlverhalten. Sie überbrachten ihm auch schriftliche Fragen, wie man sich verhalten solle. In diesem Brief behandelt er zunächst die Spaltungen und Missstände, von denen er hörte. Dieser Teil ist sehr sarkastisch, was wohl verletzend gewirkt haben muss, als der Brief in der Gemeinde verlesen wurde. Anschließend fährt er in einem sanfteren Ton fort und beantwortet die Fragen. Zum Schluss spricht Paulus vom Heiligen Geist und der letzten Verwandlung jener, die im Geist sterben. Außer in den Antworten liegt der Wert dieses Briefs in den Grundsätzen, die die Basis der Entscheidungen des Paulus bilden.

3

Kapitel 1

Paulus warnt die christliche Gemeinde in Korinth davor, einzelnen Autoritäten zu folgen. Jesu Kreuzestod ist Gottes Macht und wahre Weisheit. Christen sollen sich nur des Herrn rühmen.

3

Kapitel 2

Paulus beansprucht weder große Weisheit noch Charisma, er predigt nur über Jesu Tod am Kreuz. Die Gute Nachricht kommt von Gott, nicht vom menschlichen Verstand.

Kapitel 1–3: Kommentar

Das Problem war Uneinigkeit: Jede Gruppe wählte sich ihren eigenen Weg, Christus nachzufolgen. Es geht vermutlich um Menschen, die sich an jüdische Gebräuche halten wollten. „Kephas" ist aramäisch für „Petrus". Apollos war ein Jude aus Alexandria, vielleicht ein Philosoph. Die Griechen waren stolz darauf, Philosophen zu sein, aber Paulus sagt, dass wahre Weisheit allein Gott gehört. Im Alten Testament ist Gottes schöpferische Weisheit personifiziert, und Paulus sieht Jesus als die Weisheit an, so wie in Johannes 1,1 Christus als Logos erkannt wird, als Wort Gottes. Christus ist auch die Kraft Gottes. Beide Konzepte werden in späteren Schreiben des Paulus weiterentwickelt. Paulus versucht, die Anmaßungen der Gemeinde von Korinth durch Sarkasmus zu entschärfen.

Denn einen anderen Grund kann niemand legen als den, der gelegt ist: Jesus Christus. Ob aber jemand auf dem Grund mit Gold, Silber, kostbaren Steinen, mit Holz, Heu oder Stroh weiterbaut: Das Werk eines jeden wird offenbar werden; jener Tag wird es sichtbar machen, weil es im Feuer offenbart wird. Das Feuer wird prüfen, was das Werk eines jeden taugt. Hält das stand, was er aufgebaut hat, so empfängt er Lohn. Brennt es nieder, dann muss er den Verlust tragen. Er selbst aber wird gerettet werden, doch so wie durch Feuer hindurch.

1. Korinther 3,11–15

3

Gott schafft Dienst und Aufgabe der Kirche, niemand sonst. Gott erwählt unbedeutende Menschen, um die Selbstgefälligen zu verwirren.

Kapitel 3

3

Wahre Apostel sind Diener Jesu, keine Herren. Paulus spricht von seinem Leiden und der Verfolgung und bemerkt bissig, wie groß im Gegensatz zu ihm die Korinther sein müssen.

Kapitel 4

3 9

Paulus kritisiert die Versammlung in Korinth, weil sie jemanden als Mitglied toleriert, der die Frau seines Vaters zu seiner eigenen gemacht hat. Er sagt ihnen, sie sollten ihn ausschließen.

Kapitel 5

3 9

Paulus kritisiert die Versammlung in Korinth, weil sie einander verklagen. Sie sollten lieber ihre Differenzen untereinander beilegen. Wir sind frei in Christus, und sollten unsere Freiheit nicht für schlechtes Verhalten ausnutzen.

Kapitel 6

3

Angesichts der Probleme der Christen im Römischen Reich mag es klug sein, allein zu bleiben. Dennoch ist die Ehe gut. Scheidung sollte nach Möglichkeit vermieden werden.

Kapitel 7

3

Götzen sind nichts; man darf das ihnen geopferte Fleisch essen. Wenn man damit aber das Gewissen eines anderen verletzt, so solle man es sein lassen. Man bringe nicht andere Menschen dazu, gegen ihr Gewissen zu handeln.

Kapitel 8

Kapitel 7: Kommentar

In der zweiten Briefhälfte beantwortet Paulus die ihm gestellten Fragen; nun ist er weniger sarkastisch. Sein Rat zur Sexualität ist von seiner Ansicht bestimmt, dass der Tag des Herrn unmittelbar bevorsteht. Es ist nicht gut, Kinder in eine Welt zu setzen, die kurz vor der Katastrophe steht. Er gibt eine Reihe von Anordnungen unterschiedlicher Stärke, die vom Herrn kommen (Vers. 10), vom Geist (Vers 40), und aus seiner eigenen Meinung resultieren (Vers 28). In einer männlich dominierten Zeit ist sein Bestehen auf gleichen sexuellen Rechten auch für Frauen bemerkenswert.

Kapitel 8: Kommentar

Vers 6 lehrt über Christus. Paulus nimmt das Grundbekenntnis des jüdischen Glaubens, „Höre, Israel! Jahwe, unser Gott, Jahwe ist einzig" (Deuteronomium 6,4), und ergänzt es um Christus: Für Christen gilt: „so haben doch wir nur einen Gott, den Vater […] Und einer ist der Herr: Jesus Christus. Durch ihn […]". Der Vater ist der Ursprung, für den wir existieren, aber wir existieren durch Jesus Christus. Wieder ist dies die Lehre des Alten Testaments über göttliche Weisheit, durch die Gott alles schuf (Sprichwörter 8,22; Weisheit 7,25).

Römischer Gerichtssaal
Paulus glaubte, dass Christen einander nicht verklagen sollten. Stattdessen sollte Zwietracht unter Christen durch die Gemeinde beigelegt werden.

3

Kapitel 9

Obwohl Paulus als Apostel gewisse Rechte hat, will er sie nicht ausüben. Er kümmert sich mehr um die Bedürfnisse anderer als um eigene. Übt Selbstdisziplin.

3

Kapitel 10

Gott kann uns über Versuchungen siegen lassen. Als Gläubiger hast du das Recht zu tun, was du willst. Aber nicht alles ist segensreich. Was du auch tust, tue es zur Ehre Gottes.

3 | 11

Kapitel 11

Traditionell sollen Frauen ihr Haupt bedecken, wenn sie beten oder prophezeien. Feiert das Mahl des Herrn gemeinsam. Denkt daran, dass ihr dabei nicht euren Hunger stillen sollt.

3 | 11

Kapitel 12

Jeder Christ hat von Gott Gaben des Geistes erhalten, damit er der Gemeinde hilft. Deshalb sind alle Christen wichtig und sie sollten ihre Gaben zum Wohle aller einsetzen.

Verhalten der Frauen
Paulus sagte den Frauen, sie sollten ihr Haupt bedecken, wenn sie in der Kirche beten oder prophezeien.

Wer leistet denn Kriegsdienst und bezahlt sich selber den Sold? Wer pflanzt einen Weinberg und isst nicht von seinem Ertrag? Oder wer weidet eine Herde und trinkt nicht von der Milch der Herde?

Sage ich das nur aus menschlicher Einsicht? Sagt das nicht auch das Gesetz? Im Gesetz des Mose steht doch: Du sollst dem Ochsen zum Dreschen keinen Maulkorb anlegen. Liegt denn Gott etwas an den Ochsen? Sagt er das nicht offensichtlich unseretwegen? Ja, unseretwegen wurde es geschrieben. Denn der Pflüger wie der Drescher sollen ihre Arbeit in der Erwartung tun, ihren Teil zu erhalten. Wenn wir für euch die Geistesgaben gesät haben, ist es dann zu viel, wenn wir von euch irdische Gaben ernten? Wenn andere an dem, was euch gehört, teilhaben dürfen, dann erst recht wir.

Aber wir haben von diesem Recht keinen Gebrauch gemacht. Vielmehr ertragen wir alles, um dem Evangelium Christi kein Hindernis in den Weg zu legen.

1. Korinther 9,7–12

Kapitel 11: Kommentar

In den Versen 23–25 gibt uns Paulus die älteste Überlieferung des Mahls des Herrn, fast gleichlautend mit Markus, aber auf Griechisch, nicht auf Aramäisch. Paulus ermahnt die Korinther jedoch, dass das Abendmahl die Feier einer in Liebe und Fürsorge geeinten Gemeinschaft sein soll. Mit „Leib" meint er das Brot des Abendmahls wie auch die Gemeinschaft.

Kapitel 12–14: Kommentar

Die Lehre von Paulus über den Geist in der Gemeinde steht im Zentrum des Briefs. Die christliche Gemeinschaft ist ein Leib, belebt vom Geist Christi, der sich auf vielen Wegen manifestiert, die alle der Gemeinschaft dienen sollen. Keiner ist dem anderen überlegen, keiner sollte Grund zur Überlegenheit geben. Dies sind die Gaben der christlichen Gemeinschaft, alle sind nötig für das Funktionieren des Leibes, alle der Gemeinschaft statt dem Einzelnen zugehörig. Das Bild des Leibes als politischer Organismus ist in der Alten Welt sehr geläufig. Doch die Lehre, dass dies der Leib eines Menschen, nämlich Christi, ist, ist spezifisch paulinisch.

Denn wie der Leib eine Einheit ist, doch viele Glieder hat, alle Glieder des Leibes aber, obgleich es viele sind, einen einzigen Leib bilden: So ist es auch mit Christus.

Durch den einen Geist wurden wir in der Taufe alle in einen einzigen Leib aufgenommen, Juden und Griechen, Sklaven und Freie; und alle wurden wir mit dem einen Geist getränkt.

1. Korinther 12,12–14

3 10 11

Liebe ist wichtiger als alles andere: Sie ist geduldig, vertrauensvoll und irrt nie. Sie sorgt sich nur um andere. Alles wird vergehen, nur die Liebe bleibt ewig.

Kapitel 13

Die Liebe ist langmütig, die Liebe ist gütig. Sie ereifert sich nicht, sie prahlt nicht, sie bläht sich nicht auf. Sie handelt nicht ungehörig, sucht nicht ihren Vorteil, lässt sich nicht zum Zorn reizen, trägt das Böse nicht nach. Sie freut sich nicht über das Unrecht, sondern freut sich an der Wahrheit. Sie erträgt alles, glaubt alles, hofft alles, hält allem stand.

Die Liebe hört niemals auf. Prophetisches Reden hat ein Ende, Zungenrede verstummt, Erkenntnis vergeht.

1. Korinther 13,4–8

3 11

Gott ist ein Gott der Ordnung, nicht der Verwirrung. Wenn alles in Verwirrung ist, ist Gott nicht der Grund dafür. Haltet eure Gottesdienste auf ordentliche und verständliche Weise ab.

Kapitel 14

Kapitel 14: Kommentar

Die Verse 34–35 werden oft als Beispiel für die frauenfeindliche Haltung von Paulus zitiert. Das Verbot der öffentlich sprechenden Frau widerspricht 11,5, wo die Kleidung der in der Versammlung sprechenden Frau vorgeschrieben wird. Vielleicht gilt das Verbot für schwatzhafte Frauen, die die Liturgie unterbrechen.

3 8

Die Gute Nachricht besteht darin, dass Jesus für unsere Sünden gestorben und wiederauferstanden ist. Wäre er nicht auferstanden, wäre das Christentum Lüge. Auch wir werden wie Jesus von den Toten auferstehen.

Kapitel 15

Kapitel 15: Kommentar

Die Korinther haben sich offenbar so auf den Geist konzentriert, dass sie die körperliche Auferstehung bestritten, vielleicht irregeführt von der platonischen Verachtung des Körpers. So zitiert Paulus zuerst die sehr alte Überlieferung der Auferstehung Christi und erklärt sie dann. Er erörtert nicht, was der auferstandene Leib ist (Vers 36), sagt aber im Grunde, dass der Leib in den Bereich des Göttlichen transformiert werde und unvergängliche göttliche Herrlichkeit und Macht annehme, nicht mehr durch die Seele belebt, sondern durch den Geist Gottes (Verse 42–44).

Ist aber Christus nicht auferweckt worden, dann ist unsere Verkündigung leer und euer Glaube sinnlos. Wir werden dann auch als falsche Zeugen Gottes entlarvt, weil wir im Widerspruch zu Gott das Zeugnis abgelegt haben: Er hat Christus auferweckt. Er hat ihn eben nicht auferweckt, wenn Tote nicht auferweckt werden. Denn wenn Tote nicht auferweckt werden, ist auch Christus nicht auferweckt worden. Wenn aber Christus nicht auferweckt worden ist, dann ist euer Glaube nutzlos und ihr seid immer noch in euren Sünden; und auch die in Christus Entschlafenen sind dann verloren. […]

1. Korinther 15,14–19

3

Paulus erklärt, dass er für die Bedürftigen in Jerusalem sammeln wolle. Er hat noch persönliche Bitten. Er fordert die Korinther auf, alles mit Liebe zu tun und einander mit Kuss zu begrüßen.

Kapitel 16

Auferstehung
Paulus erklärte, wenn Jesus nach der Kreuzigung nicht zum Leben erweckt worden wäre, wäre das Christentum sinnlos, wertlos und falsch.

2. Korinther

Übersicht

I Einführung 1,1–11

II Kürzliche Ereignisse, neu bewertet 1,12–7,16

III Aufruf zur Sammlung 8,1–9,15

IV Verteidigung des Paulus 10,1–13,10

V Schluss 13,11–13

Der grimmige Spott von Paulus im ersten Korintherbrief hat die Empfänger offenbar verärgert, denn die Beziehungen blieben stürmisch. Sein nächster Besuch bei ihnen war schwierig und danach wurde der Vertreter, den er zu ihnen schickte, beleidigt. Deshalb schrieb Paulus einen Tadel, der sie endlich gewann. Es folgt der 2. Korinther, der, zumindest dessen erster Teil, milde und versöhnlich, sogar entschuldigend ist. Manche Wissenschaftler halten den 2. Korinther für eine Zusammenlegung mehrerer Briefe. Der Reichtum von 2. Korinther besteht in der Reflexion des Paulus über den Aposteldienst als Dienst des Lichts und des selbstlosen Ausharrens im Dienste Christi.

3

Kapitel 1

Paulus erklärt, dass er sehr auf die Rückkehr nach Korinth gehofft hatte, seine Situation ihn aber bisher davon abgehalten habe, doch das war nur gut so.

Kapitel 1: Kommentar

Der Dank beschränkt sich auf die Leiden des Paulus für Christus, auf die er in 11,16–33 noch ausführlicher eingeht. In 1. Korinther 15,32 erwähnt er Kämpfe mit wilden Tieren in Ephesus, vielleicht symbolisch. Er erwähnt auch (12,7) einen „Stachel im Fleisch", der ihn quälte, vielleicht eine wiederkehrende Krankheit. Er sah, dass diese Leiden ihn zum Knecht Christi machten, so wie Jesus der Knecht Gottes gewesen war. Dieses Erdulden von Leid gab ihm größere Autorität als den sogenannten „Überaposteln".

2 3

Kapitel 2

Paulus sagt der korinthischen Gemeinde, dass sie dem Mann vergeben sollten, den sie ausschlossen, da er nun Buße getan hätte. Paulus erklärt seine Möglichkeiten zum Dienst in Troas und Mazedonien.

3

Kapitel 3

Wir schlagen aus Gottes Wort keinen Profit. Der alte Bund Moses war herrlich, doch der neue Bund des Geistes ist noch besser. Der alte Bund brachte Tod, der neue Bund bringt Leben.

Kapitel 3: Kommentar

Der Ausdruck „alter Bund" oder „Altes Testament" kommt in der Bibel nur hier vor, in Vers 14. Der neue Bund wird von Jeremia in 31,31 angekündigt und von Jesus beim Abendmahl eingesetzt.

3

Kapitel 4

Trotz der gegenwärtigen Verfolgung, des Leids und der Zurückweisung der Guten Nachricht geben wir nicht auf. Gott erneuert unseren Geist, weil wir das Unvergängliche im Blick haben.

Kapitel 4: Kommentar

Paulus sieht sein Apostolat als Dienst des „Lichts", womit er vielleicht auf das Licht Moses anspielt, das dieser benötigte, um nach seiner Erfahrung Gottes auf dem Sinai nicht gesehen zu werden (3,7; 13), oder womit er seine eigene Erfahrung Christi als Licht auf dem Weg nach Damaskus meint. Er sieht Christus als Bild oder Symbol Gottes, als Personifikation der Weisheit, als Teilhabenden an der Herrlichkeit Gottes.

3 7

Kapitel 5

Wir sehen der Auferstehung und unserem neuen Leib entgegen, der nie vergehen wird. In der Zwischenzeit versuchen wir Menschen zu überzeugen, an die Gute Nachricht zu glauben.

Kapitel 5: Kommentar

Dieser Absatz über die Freude darauf, mit dem Herrn vereint zu sein, ist einzigartig bei Paulus, weil er sich der Sprache der griechischen Philosophie von Körper und Seele bedient, wo man sich des Körpers entledigen kann. Andernorts sieht er den Menschen als belebten Körper an, der nach dem Vorbild der Auferstehung Christi (1. Korinther 15) nach dem Tod verwandelt wird. Zu diesem Leben möchte er aufgenommen werden, um beim Herrn zu wohnen.

Paulus wird festgenommen
In Korinth wurde Paulus festgenommen und zum Prozess vor den Bema gebracht. Doch die Anklage wurde von Gallio, Prokonsul von Achaia, abgelehnt.

Kapitel 6: Kommentar

Der Abschnitt 6,14–7,1 gegen Kompromisse bei der Götzenanbetung durchbricht den Gedankenstrang, der in 7,2 fortgesetzt wird. Man hat angenommen, dass dies der verschollene frühe Korintherbrief ist, der in 1. Korinther 5,9 erwähnt wird. Andere halten dies für eine spätere nichtpaulinische Einfügung.

Kapitel 8–9: Kommentar

Paulus war sehr auf eine Geldsammlung für die Armen der Gemeinde in Jerusalem bedacht. Er sah dies als Akt der Dankbarkeit für die Gemeinschaft an, aus der die Kirche entsprungen war. Auch würde dies als dringend benötigte Zusicherung seiner eigenen Loyalität gegenüber der Muttergemeinde angesehen. Als er dann das Geld nach Jerusalem brachte, wurde es jedoch nur unter dem Vorbehalt genommen, dass er damit die Kosten eines Gelübdes im Tempel bezahlt (Apostelgeschichte 21,23–24). Kap. 8, an die Korinther gerichtet, ist wohl wegen der Erwähnung von Titus in 7,14 und 8,6 hier eingefügt. Dazu gehört auch der eher allgemein gehaltene Brief von Kap. 9 an die gesamte Provinz Achaia.

Kapitel 10–12: Kommentar

Wir erfahren aus seinen Briefen mehr über die Person und Lebensgeschichte von Paulus. Er ist stolz auf seine jüdische Herkunft, und die Behauptung, er wäre von Gamaliël (Apostelgeschichte 22) erzogen worden, beruht auf der in seinen Briefen bezeugten Fähigkeit, rabbinisch zu argumentieren. Hier erfahren wir auch von seiner mystischen Erfahrung Christi, die er nicht in Worten ausdrücken kann (12,4). Er durchlebte damals die Mühen, Nöte und Gefahren der Seefahrt und des einsamen Reisens im rauen, unwirtlichen Land. Er erwähnt, von Juden (vielleicht wegen seiner Behauptungen über Jesus) ausgepeitscht und mit Stöcken geschlagen worden zu sein, vielleicht, weil er sich weigerte, den Kaiser als „Herrn" anzuerkennen, und er spricht von Sorgen mit dem Apostolat. Er macht deutlich, dass er sich mit Missbrauch und Spott in Korinth auseinandersetzen musste.

3 | 5

Paulus beschreibt sein Leiden. Dank Gottes Hilfe konnte er dennoch weiterwirken. Er warnt die Christen in Korinth vor Götzenanbetung.

Kapitel 6

3 | 4

Paulus ist froh, dass sein früherer Brief die Gemeinde zur Buße brachte. Obwohl dieser Brief sie verletzte, war er zu ihrem Besten. Er sagt ihnen, wie sehr Titus den Aufenthalt bei ihnen genoss.

Kapitel 7

3

Paulus berichtet, wie großzügig die mazedonische Gemeinde für die Bedürftigen Jerusalems gesammelt habe. Auch in Korinth möge man großzügig sein. Titus wird die großzügige Spende einsammeln.

Kapitel 8

3

Paulus weiß, wie gern sie helfen wollen. Wer wenig sät, wird wenig ernten. Wer reich sät, wird reich ernten. Doch das Geben muss freiwillig geschehen.

Kapitel 9

3

Paulus verteidigt seinen Dienst bei ihnen. Er ist in Person nicht anders als in seinen Briefen. Sie sollen seine äußere Scheu nicht als Zeichen dafür nehmen, dass er innerlich womöglich genauso ist.

Kapitel 10

3

Paulus listet nur ungern seine Leistungen auf, die Korinther seien zu sehr am Status einer Person interessiert. Sie sollten sich nur von der Botschaft Gottes beeindrucken lassen, ganz gleich, wer der Bote ist.

Kapitel 11

3 | 15

Paulus sagt, er wäre nicht vollkommen. Er ist besorgt, wie leicht sich die Korinther von anderen Menschen ausnutzen lassen. Sie sollten Geschwätz, Arroganz, Unordnung und andere Sünden vermeiden.

Kapitel 12

3

Paulus gibt letzte Ermahnungen. Er fordert die korinthischen Gläubigen auf, Jesus und dem Evangelium treu zu bleiben.

Kapitel 13

Galater

Übersicht

Der Brief von Paulus an die Galater ist ungehalten. Er lässt alle übliche Höflichkeit fahren und nennt die Galater „unvernünftig". Manche Judenchristen aus Jerusalem kamen zu den christlichen Konvertiten in diesen jüdischen Gemeinden und sagten ihnen, sie müssten dem jüdischen Gesetz nach wie vor gehorchen. Paulus ist wütend: Habt ihr den Geist, durch den ihr Wunder wirkt, durch Christus oder durch das Gesetz erfahren? Er erzählt die Geschichte einer früheren Konfrontation zu diesem Thema zwischen ihm und Petrus, in der er Petrus offen rügte. Das Christentum gründet noch immer auf den Verheißungen an Abraham, die in Jesus Christus erfüllt wurden. Genau das mag bewirkt haben, dass sich das Christentum hin zu einer eigenständigen Lebensweise änderte und nicht mehr nur eine Strömung innerhalb des Judentums darstellte. Dieser Brief zeigt Paulus nicht nur sehr energisch, er ist für uns auch wertvoll wegen seiner Lehre über die Grundlagen der christlichen Erlösung. Wir können zu unserer Erlösung selbst nichts tun, wir können nur auf Gottes Verheißungen vertrauen. Kein äußerer Zwang kann uns helfen, wir müssen durch Gottes Geist inspiriert werden.

Hagar und Sara
Paulus verglich die Sklavin Hagar mit dem Gesetz, Abrahams Frau Sara aber mit dem Evangelium (Galater 4,21–31).

3

Kapitel 1

Paulus ist verwundert, dass die Galater die Gute Nachricht zugunsten von etwas aufgeben, das überhaupt nicht gut ist: Legalismus. Die Botschaft des Paulus kommt von Jesus, aus dem menschlichen Verstand.

Kapitel 1: Kommentar

In seinen anderen Briefen beachtet Paulus die üblichen Höflichkeitsnormen seiner Zeit und fängt mit Gruß und Segen oder Dank an. Hier ist er so erbost, dass er sich kaum vorstellt, aber seine Autorität betont. Er lässt den Segen aus und bekundet sein Missfallen, dass die Galater einer so inakzeptablen Lehre zuhören. Das war eine Kampfansage: Was ist die Grundlage der Nachfolge Christi, der Glaube oder eine Verhaltensnorm? Wir können leicht an unserem gewohnten Verhalten festhalten, auch wenn es nicht mehr sinnvoll ist. Beschneidung und andere jüdische Praktiken verbanden die Menschen miteinander, aber war dies nötig für diejenigen, die Christus als Retter angenommen hatten?

2 | 3

Kapitel 2

In Jerusalem trifft Paulus die Apostel, doch was er predigt, kommt von Jesus, nicht von ihnen. Einst kritisierte er Petrus. Wenn Gerechtigkeit von der Gesetzestreue kommt, warum starb Jesus dann?

Kapitel 2: Kommentar

Wie alle tiefgreifenden Veränderungen brauchten die Auswirkungen des Christentums ihre Zeit und eine Reihe von Konfrontationen, um sich durchzusetzen, vor allem, da das Alltagsleben im Judentum so wichtig war. Zunächst gab es die Bekehrung des Kornelius, dann Beschluss und Brief der Gemeinde in Jerusalem (Apostelgeschichte 15). Dann hielt sogar Petrus am alten Weg fest. Waren einige Praktiken des Judentums nötig? Waren einige lediglich hilfreich?

Kapitel 3: **Kommentar**

Paulus schreibt offenbar für Juden. Er zeigt seine Fähigkeit, rabbinisch zu argumentieren. Zunächst benennt er die Grundlage des Judentums, die Verheißungen an Abraham (Vers 6, zitiert Genesis 15,6). Dann argumentiert er hoch kompliziert und bezieht sich auf den zweifachen Wortsinn von „verflucht" in Deuteronomium (Gal. 3,10 und 13). Mit zwei weiteren Argumenten stellt er das Judentum gleichsam auf den Kopf: Die Verheißung sah Christus voraus, aber nicht alle Nachkommen Abrahams (Vers 16). Die Vermittlung durch Engel war keine Bekräftigung, sondern eine Beschränkung der Bedeutung des Gesetzes (Vers 19).

Ihr unvernünftigen Galater, wer hat euch verblendet? Ist euch Jesus Christus nicht deutlich als der Gekreuzigte vor Augen gestellt worden? Dies eine möchte ich von euch erfahren: Habt ihr den Geist durch die Werke des Gesetzes oder durch die Botschaft des Glaubens empfangen? Seid ihr so unvernünftig? Am Anfang habt ihr auf den Geist vertraut und jetzt erwartet ihr vom Fleisch die Vollendung. Habt ihr denn so Großes vergeblich erfahren? Sollte es wirklich vergeblich gewesen sein? Warum gibt euch denn Gott den Geist und bewirkt Wundertaten unter euch? Weil ihr das Gesetz befolgt oder weil ihr die Botschaft des Glaubens angenommen habt?

Galater 3,1–6

Kapitel 4: **Kommentar**

Alle Christen sind Söhne Gottes und Abrahams, auch weibliche Söhne, denn im jüdischen Gesetz konnten nur Söhne, nicht Töchter, Erben sein. So sind alle Christen Erben und als Söhne angenommen. Dieses Erbe sitzt tief in unseren Herzen und lässt uns „Abba" rufen. Es ist auffällig, dass der aramäische Ausdruck, den Jesus benutzt haben muss, auch im Griechischen beibehalten wird. Es handelt sich nicht um eine kindliche Ausdrucksweise wie „Papa", sondern um einen von einem liebenden Erwachsenen verwendeten Ausdruck. Im Abschnitt über die beiden Bünde kehrt Paulus die übliche jüdische Interpretation fast um, denn er macht Jerusalem zur Sklavenstadt, die Christen aber zu Erben des freien und himmlischen Jerusalem.

Kapitel 5: **Kommentar**

Die düstere Aufzählung der Werke des Fleisches und die inspirierende Aufzählung der Werke des Geistes zeigen, dass „fleischlich" nicht einfach „sinnlich" meint. Es bezieht die Folgen menschlicher Genusssucht und Schwachheit ein, etwa Götzendienst und Neid. Während das Gesetz eine äußere Prüfung darstellt, gibt der Geist den inneren Anstoß, der die Freiheit nicht hemmt, sondern vergrößert.

3

Die Galater haben den Heiligen Geist, weil sie glaubten, nicht weil sie dem Gesetz folgten. Wir wurden vom Gesetz befreit. Als Kinder Gottes leben wir durch den Glauben.

Kapitel 3

3

Ehe ihr Gott kanntet, wart ihr Sklaven falscher Götter. Geht nicht zu den Lügen zurück. Hagar, die Sklavin, repräsentiert das Gesetz. Sara, die freie Frau, repräsentiert die Gute Nachricht.

Kapitel 4

2 3 10

Wir wurden dank Jesu Opfer vom Gesetz befreit. Die alten Regeln zählen nicht. Das ganze Gesetz wird in dem Gebot, einander zu lieben, zusammengefasst.

Kapitel 5

2 3

Achtet aufeinander; stärkt diejenigen, die in Sünde verstrickt sind. Tut allen Gutes. Denkt daran, Beschneidung ist unwichtig. Was zählt, ist das neue Leben in Jesus.

Kapitel 6

Konfrontation

Paulus stellte Petrus wegen seiner Heuchelei zur Rede und kritisierte ihn öffentlich wegen seiner Behandlung der Heidenchristen.

Epheser

Übersicht

I Siebenfacher Segen 1,2–14

II Versöhnung aller in Christus 1,15–2,22

III Paulus, der Diener des Mysteriums 3,1–21

IV Ermahnung: ein Aufruf zur Einheit 4,1–16

V Leben als Kinder Gottes 4,17–6,20

Viele meinen, dieser Brief sei von einem Nachfolger des Paulus verfasst worden, der dessen Denken gut verstand, es aber weiterentwickelte und viele Sätze aus früheren Briefen des Paulus übernahm. Das Denken ist in ein neues Stadium eingetreten. Die Kämpfe mit dem Judentum sind vorbei, die Wand zwischen den beiden ist niedergerissen: Juden und Heiden können in einem Herrn, einem Glauben, einer Taufe vereint sein und teilhaben an den Privilegien des Volkes Israel. Die Vorherrschaft Christi, das Mysterium, das am Ende der Zeiten offenbart wird, umfasst nun das ganze Universum.

3 12

Kapitel 1

Paulus lobt Gott und dankt ihm für den Segen, den er und die Gemeinde in Jesus haben. Er bittet, dass die Gemeinde die Hoffnung und Herrlichkeit begreift, die Jesus ihr gegeben hat.

Kapitel 1: Kommentar

Dieser Brief, der mit dem siebenfachen Segen von Gottes Plan in Christus beginnt, war vielleicht ein Rundschreiben. Es gibt keine Antworten auf bestimmte Fragen oder Situationen wie in den früheren paulinischen Briefen. Die Worte „in Ephesus" (Vers 1) fehlen in manchen Handschriften und sind vielleicht später eingefügt worden. Andererseits hat der Brief große Ähnlichkeit mit dem Kolosserbrief, Kolossä liegt nicht weit von Ephesus.

2 3

Kapitel 2

Unsere Sünden sind uns vergeben dank Jesu Tod am Kreuz. Er brachte die Juden und die Heiden zusammen und machte sie zu einem Leib in Christus.

Kapitel 2: Kommentar

In den früheren paulinischen Briefen liegt die Erlösung noch in der Zukunft: Wir sind versöhnt worden mit Gott, doch wir werden gerettet werden. In diesem Brief sind wir bereits gerettet und haben mit Christus einen Platz im Himmel, der darauf wartet, offenbart zu werden. Die trennende Wand zwischen Juden und Heiden (Vers 14) kann eine Reminiszenz an die Barriere im Tempel sein, die den Hof der Heiden markierte, und die kein Heide bei Todesstrafe überschreiten durfte.

2 3

Kapitel 3

Dank für das, was Jesus am Kreuz tat. Die Heiden können sich dem Volk Israel anschließen, mit Israel ein Leib in Christus werden. Gott kann mehr für uns tun, als wir uns vorstellen und erbitten können.

3 11

Kapitel 4

Der gefangene Paulus drängt die Epheser, eins zu sein. Jesus gibt der Kirche Apostel, Propheten, Evangelisten, Hirten und Lehrer. Erneuert euren Geist in Jesus und meidet das Böse.

3 10

Kapitel 5

Unter Christen sollte es kein schlechtes Verhalten geben. Seid nicht länger Sklaven eures selbstsüchtigen Verlangens. Unterwerft euch einander und arbeitet zum Wohl des anderen.

Kapitel 5: Kommentar

In der Gesellschaft Roms war die Frau Eigentum ihres Mannes. Deshalb ist es auffällig, dass sich auch der Ehemann seiner Frau unterordnen soll. Bemerkenswert ist ebenfalls das Bild des Ehemannes als selbstlos Liebender, der sich für seine Braut hingibt. Die Liebe des Mannes zu seiner Frau ist ein Bild der Liebe Christi für seine Kirche, die eine so dauerhaft wie die andere. Auch Eltern werden gegenüber ihren Kindern verpflichtet, dabei hatten Kinder in der Antike normalerweise keine Rechte.

3 12 15

Kapitel 6

Legt die Rüstung Gottes an. Wir kämpfen nicht gegen Menschen, sondern gegen böse Geister. Benutzt keine menschlichen Mittel in diesem Kampf. Hört niemals auf zu beten.

Kapitel 6: Kommentar

Oft nutzt Paulus Bilder von Spielen (Boxen, Laufen, Kämpfen) und aus Gladiatorenwettkämpfen, die damals das Publikum so fesselten wie Fußball heute. Hier aber sind es Bilder von wahren Kämpfen mit den Mächten des Bösen, die in der hellenistischen Welt gefürchtet oder verehrt wurden.

Philipper

Übersicht

- **I** Einführung 1,1–11
- **II** Paulus' gegenwärtige Situation 1,12–30
- **III** Der Geist Christi 2,1–18
- **IV** Timotheus und Epaphroditus 2,19–30
- **V** Praktisches Leben 3,1–4,20
- **VI** Schluss 4,21–23

Paulus hatte eine besondere Zuneigung zur Gemeinde in Philippi. Es war die erste Stadt, die er in Europa besuchte, und die einzige Gemeinde, von der er Geldgeschenke annahm – wofür er in diesem Brief dankt. Einst war Philippi eine Militärkolonie, gegründet für ehemalige Soldaten. Ihre Beamten wurden „Generäle" genannt. Hier (in 1,1) treffen wir zum ersten Mal auf die Amtsinhaber, ***episcopoi*** auf Griechisch, die später „Bischöfe" genannt werden. Es ist ein intimer, freudiger Brief, worin Paulus offen von seinem Wunsch spricht, zu sterben und bei Jesus zu sein, gleichzeitig aber auch von seiner Bereitschaft, zu bleiben und der Kirche zu dienen. Paulus schreibt aus dem Gefängnis, doch wo er eingekerkert war, wissen wir nicht – vielleicht in Ephesus. Die Apostelgeschichte berichtet, dass er mehr als zwei Jahre in Ephesus blieb, aber sie sagt wenig über seine länger dauernden Aktivitäten dort. Vielleicht wurde die Gefängniszeit verschwiegen.

Kapitel 1: **Kommentar**

Paulus schreibt von seiner Sehnsucht, ganz mit Christus vereint zu sein. Er lebt bereits ein Leben mit Christus, doch das wäre die Vollendung. Er erkennt jedoch an, dass er seine Aufgabe für Christus erfüllen muss.

3

Paulus dankt Gott für die Philipper. Seine Gefangenschaft diente dazu, die Gute Nachricht zu verbreiten. Er fordert die Philipper auf, ein Leben zu führen, das der Guten Nachricht würdig ist.

Kapitel 1

Kapitel 2: **Kommentar**

Der Hymnus an Christus kann frühchristlichen Ursprungs und von Paulus aufgegriffen sein. Er erscheint für Paulus selbst ungewöhnlich ausgewogen und formal. Vielleicht wird hier der zweite dem ersten Adam gegenübergestellt: Beide wurden nach dem Bilde Gottes geschaffen, doch der erste Adam wollte wie Gott sein und nicht gehorchen; er wurde erniedrigt. Auf Christus aber wendet Paulus den streng monotheistischen Abschnitt aus Jesaja 45,23 an und impliziert damit, dass die Gott allein gebührende Anbetung Christus zuteilwird, zur Herrlichkeit Gottes, des Vaters. Das ist vielleicht Paulus' stärkste Bekundung der Göttlichkeit Christi, denn „Herr", *kyrios*, ist eigentlich eine göttliche Anrede.

2 3 5

Christen sollten Jesus nachahmen. Obwohl er Gott war, wählte er das Leben als Mensch, sodass er für unsere Sünden sterben konnte. Beklagt euch nicht. Gott wirkt für seine Herrlichkeit und seine Absichten.

Kapitel 2

Kapitel 3: **Kommentar**

In einem weiteren bewegenden Abschnitt wendet Paulus, der seine jüdische Herkunft betont, den beleidigenden, sonst für Heiden verwendeten Ausdruck „Hunde" auf die Juden an. Beschneidung verhöhnt er als „Verlust". So wie Christus seine göttlichen Privilegien ablegte, legt Paulus die Privilegien des Judentums ab.

2 3

Paulus warnt vor denen, die meinen, Christen müssten dem Gesetz folgen und beschnitten werden. Paulus fordert die Christen auf, seinem Vorbild zu folgen.

Kapitel 3

1 3

Christen sollten gemeinsam und in Eintracht arbeiten und standfest im Glauben bleiben. Sie sollten sich stets freuen, weil sie für immer Jesus gehören. Paulus dankt den Philippern für ihre Hilfe.

Kapitel 4

Kolosser

Übersicht

I Einführung 1,1–14

II Die Stellung Christi 1,15–2,3

III Warnung vor Irrlehren 2,8–3,4

IV Ermahnung 3,5–4,6

Kolossä war eine jüdische Großstadt im Tal des Lykos im westlichen Teil Kleinasiens. Sie wurde entweder durch Paulus oder seinen Helfer Epaphras evangelisiert. Dieser Brief zeigt bedeutende Entwicklungen gegenüber den früheren paulinischen Briefen auf. Der Stil ist rhetorischer und es findet sich eine Reihe von Formulierungen aus früheren Schriften des Paulus. Man hat angenommen, der Brief wäre von einem treuen Anhänger von Paulus verfasst worden. Stil und Theologie sind denen im Epheserbrief ähnlich, der wiederum mehrere Formulierungen aus dem Kolosserbrief übernommen hat. Der Kolosserbrief hat eine erhabenere Sichtweise auf die Majestät Christi, denn Christus wird als göttliche Weisheit gesehen, als Abbild Gottes und Vorbild, nach dem Gott alle Dinge schuf, größer als alle übernatürlichen Mächte. In den wichtigsten Paulusbriefen ist die Kirche der Leib Christi. Hier ist Christus das Haupt des Leibes, der die Kirche darstellt, und damit Quell der Leitung, Autorität und Stärkung.

3

Kapitel 1

Paulus dankt Gott für die Christen in Kolossä. Jesus ist Gott. Er ist der Schöpfer des Universums. Er hat uns durch seinen Kreuzestod mit dem Vater versöhnt.

2 3

Kapitel 2

Paulus warnt davor, sich auf Regeln und Vorschriften zu konzentrieren. Regeln sind der Weg der Welt, nicht der Weg Christi. Gerechtigkeit kommt durch Jesu Kreuzestod, nicht durch unser Verhalten.

2 3 10

Kapitel 3

Da wir mit Christus auferstanden sind, sollten wir unsere Aufmerksamkeit geistlichen Dingen zuwenden. Dank Jesus haben wir ein neues Leben begonnen. Liebt also einander, ordnet euch einander unter.

3 12

Kapitel 4

Paulus fordert die Christen in Kolossä auf, sich dem Gebet hinzugeben. Er dankt ihnen für ihre Hilfe und fügt Grüße von denen hinzu, die bei ihm sind.

Kapitel 1: Kommentar

Das Loblied auf Christus (Verse 15–20) hat zwei parallele Strophen. Die erste zeigt Christus als Weisheit Gottes, als Erstgeborenen der Schöpfung; sie beruht überwiegend auf Weisheit 7,22. Diese neue Entwicklung ist vielleicht die Folge des Vergleichs Christi mit den himmlischen Mächten. Die zweite Strophe zeigt Christus als den Erstgeborenen der Toten, als Prinzip der Auferstehung, welche die ganze Menschheit versöhnt. Überraschend ist, dass am Ende der ersten Strophe die Kirche als Leib Christi erscheint. Es wäre eher zu erwarten, dass die gesamte Schöpfung sein Leib ist. Doch sind hier zwei Vorstellungen miteinander verknüpft.

Kapitel 2: Kommentar

Eine polemische Wendung gegen verschiedene jüdische Überzeugungen und Praktiken wie Beschneidung, jüdische Feste, extreme Verehrung von Engeln und Reinheitsvorschriften. Die Feindschaft gegenüber dem Judentum steht in starkem Kontrast zu der herzlichen Annäherung an das Judentum im Epheserbrief.

Kapitel 4: Kommentar

Der Brief nach Laodizea (wenige Kilometer von Kolossä entfernt, zudem eine der sieben Gemeinden in der Offenbarung), in Vers 16 erwähnt, ist verschollen. Aufschlussreich ist, dass die Briefe von einer Gemeinde zur anderen weitergereicht wurden.

1. Thessalonicher

Übersicht

- **I** Einführung 1,1
- **II** Dank 1,2–10
- **III** Verteidigung 2,1–3,13
- **IV** Leben für Gott 4,1–12
- **V** Die Toten in Christus 4,13–5,11
- **VI** Die Gemeinde 5,12–22
- **VII** Schluss 5,23–28

Dies ist der älteste der Paulusbriefe, den wir besitzen. Thessalonich war eine kleine Hafenstadt im Norden Griechenlands. Ohne Zweifel gab es dort eine jüdische Gemeinde, die Paulus aufgenommen hatte. Doch der Mangel an Anspielungen auf die Heilige Schrift legt nahe, dass die meisten Mitglieder der christlichen Gemeinde ursprünglich Heiden waren. Der Brief vermittelt uns das Bild einer geschlossenen Gemeinde. Sie waren jedoch über den Tod einiger Christen beunruhigt, denn Paulus hatte sie gelehrt, dass Christus den Tod besiegt hat. Deshalb gibt Paulus hier seine erste wichtige Lehre über die Wiederkunft Christi.

Kapitel 1: Kommentar

Paulus hebt hervor, dass sie mit dem Götzendienst gebrochen haben, was nahelegt, dass der Großteil der Gemeinde heidnischen Ursprungs war. Die Gemeinde in Thessalonich war keine reiche Gemeinde. Paulus sagt, er arbeitete Tag und Nacht, um für sie keine Last zu sein, und ermutigt sie, weiter mit eigenen Händen zu arbeiten (4,11). Ein Übertritt zum Christentum würde sie von vielen gesellschaftlichen Aktivitäten abschneiden, die mit heidnischen Kulten und selbst mit Spielen und dem Theater verbunden seien. Das führe unvermeidlich zu einer gewissen Isolation und sogar Unbeliebtheit. Sie brauchen die „Freude, die der Heilige Geist gibt", um auszuharren.

Kapitel 4–5: Kommentar

Wenn Christus den Tod besiegt hat, wie konnten dann einige aus der Gemeinschaft sterben? Paulus zeichnet ein Bild der Wiederkunft Christi, mit Begriffen des Triumphzugs eines römischen Generals nach einem großen Sieg. Dies ist eine jüdische Interpretation des Tags des Herrn. Es ist klar, dass Paulus erwartete, dieser Tag käme bald, denn manche, denen der Brief vorgelesen wurde, würden dann noch leben und sich in jenem Triumphzug den Freunden anschließen, die schon gestorben waren.

Denn der Herr selbst wird vom Himmel herabkommen, wenn der Befehl ergeht, der Erzengel ruft und die Posaune Gottes erschallt. Zuerst werden die in Christus Verstorbenen auferstehen; dann werden wir, die Lebenden, die noch übrig sind, zugleich mit ihnen auf den Wolken in die Luft entrückt, dem Herrn entgegen. Dann werden wir immer beim Herrn sein. Tröstet also einander mit diesen Worten!

1. Thessalonicher 4,16–18

3

Paulus dankt Gott für den Glauben der Christen in Thessalonich. Sie wurden zu Nachahmern von Paulus und des Herrn sowie zu Vorbildern für Christen in Mazedonien und Achaia.

Kapitel 1

3

Paulus erinnert an seine Zeit in Thessalonich und wie die Menschen Jesus treu geblieben sind. Paulus sagt, wie gerne er wiederkommen und die Thessalonicher treffen würde.

Kapitel 2

3

Paulus berichtet die positiven Nachrichten, die Timotheus ihm von den Gläubigen aus Thessalonich mitgeteilt hat, und wie sehr er ermutigt ist, weil sie Gott treu geblieben sind.

Kapitel 3

3 7 10

Christen sollten immer ein gottgefälliges Leben führen. Bei Jesu Wiederkunft werden diejenigen, die gestorben sind, wiederauferstehen. Sie werden für immer mit Jesus leben.

Kapitel 4

3 7

Der Tag des Herrn kommt ohne Vorwarnung. Seid bereit, führt ein gottgefälliges, kein ausschweifendes Leben. Ermutigt einander, zu lieben und gute Werke zu tun.

Kapitel 5

2. Thessalonicher

Übersicht

I Gruß 1,1–2

II Dank 1,3–12

III Die Wiederkunft 2,1–17

IV Bitte um Gebet 3,1–5

V Warnung vor Müßiggang 3,6–15

VI Schluss 3,16–18

Eine Kirche in Thessalonich
Paulus schrieb an die christliche Gemeinde in Thessalonich, die jahrhundertelang geblüht und ausgehalten hatte. Paulus half, dort eine Gemeinde zu gründen.

Der erste Brief an die Thessalonicher war friedvoll und warmherzig. Paulus schreibt ihnen und mahnt, dass die Wiederkunft Christi so plötzlich kommen wird wie ein Dieb in der Nacht. Die Gemeinde aber, an die der zweite Brief gerichtet ist, steht eindeutig unter Druck und Verfolgung. Paulus mahnt, dass heftige Verfolgung, eine Rebellion des „Menschen der Gesetzwidrigkeit", der Wiederkunft vorausgehen müsse. Angesichts der Verfolgung sollten sie also nicht überrascht sein. Die Umstände und Probleme der Gemeinde haben sich also geändert. Auch der Verfasser des Briefes? Viele der hier verwendeten Formulierungen finden sich auch in 1. Thessalonicher, doch es fehlen Wärme und Freundlichkeit im Tonfall. Der Autor warnt vor einem Brief, der besagt, dass der Tag des Herrn schon gekommen sei; es sei ein dreister Betrüger, der ausgerechnet den Brief als Fälschung bezeichnet, den er selber nachahmt! Es gibt zahlreiche Beispiele anonymer Schriften dieser Zeit, die bekannten Persönlichkeiten zugeschrieben wurden, um diesen Schriften mehr Autorität zu verleihen. Die Autorschaft ist daher rätselhaft, und man kann nicht ausschließen, dass dieser zweite Brief anonym ist und Paulus nur zugeschrieben wird.

3 12

Kapitel 1

Paulus dankt Gott für die Gläubigen in Thessalonich. Wo immer er hingeht, berichtet er von ihrer Stärke und Beharrlichkeit während der Verfolgung. Und er betet die ganze Zeit für sie.

3 7 13

Kapitel 2

Jesus ist noch nicht wiedergekommen. Ehe das geschieht, gibt es Aufruhr: Ein Gesetzloser wird sich selbst erhöhen und verkünden, er sei Gott. Bleibt also fest im Glauben.

3 12

Kapitel 3

Paulus bittet die Christen, für die schnelle Verbreitung der Guten Nachricht zu beten. Betet, um von bösen Menschen befreit zu werden. Gott wird die Christen stärken. Seid fleißig und arbeitet hart.

Kapitel 2: Kommentar

Das Bild des Vorspiels zur Wiederkunft Christi ist sehr ausführlich: eine Rebellion und ein Gesetzloser, der behauptet, Gott zu sein, dabei aber für den Satan arbeitet. Das Wichtigste dabei ist jedoch, dass sich die Wiederkunft nicht ereignen kann, ehe eine Zeit des Aufruhrs und der Prüfung gewesen ist. Diese Botschaft stellt einen Gegensatz, aber keinen Widerspruch zu 1. Thessalonicher dar, so als ob die Zuhörer von 1. Thessalonicher so beeindruckt waren, dass sie aufhörten zu arbeiten und auf das Ende warteten.

Kapitel 3: Kommentar

Meist diktierte Paulus seine Briefe, aber er beendete sie oft mit seiner persönlichen Unterschrift. Dies ist jedoch meist eher Ausdruck der Zuneigung als eine Garantie für Authentizität. Und genau das macht die vorliegende Unterschrift etwas verdächtig.

1. Timotheus

Übersicht

I Gruß 1,1–2

II Timotheus' Aufgabe in Ephesus 1,3–11

III Dank 1,12–20

IV Gottesdienst und Verhalten 2,1–6,21

Die drei Briefe an Timotheus und Titus sind an zwei Stellvertreter von Paulus gerichtet und unterweisen diese, wie man die Organisation in christlichen Gemeinden aufbaut. Man geht davon aus, dass diese „Pastoralbriefe" unter einem Pseudonym geschrieben wurden, dass sie also von ihrem Verfasser fälschlicherweise Paulus zugeschrieben wurden, um ihnen Autorität zu verleihen.

Das Wort ist glaubwürdig und wert, dass man es beherzigt: Christus Jesus ist in die Welt gekommen, um die Sünder zu retten. Von ihnen bin ich der Erste. Aber ich habe Erbarmen gefunden, damit Christus Jesus an mir als Erstem seine ganze Langmut beweisen konnte, zum Vorbild für alle, die in Zukunft an ihn glauben, um das ewige Leben zu erlangen.

1. Timotheus 1,15–16

3

Kapitel 1

Paulus fordert Timotheus auf, falschen Lehrern zu widerstehen. Paulus dankt Gott dafür, dass er ihm Stärke gab. Um Timotheus zu ermutigen, erinnert ihn Paulus an die Prophetien über ihn.

3 11

Kapitel 2

Paulus lehrt Timotheus, wie man Gottesdienste leitet, einschließlich Gebet, passender Bekleidung und der Rolle von Männern und Frauen im Gottesdienst.

Kapitel 2: **Kommentar**

Diese Briefe misstrauen den Frauen und haben zum Vorwurf der Frauenfeindlichkeit geführt. Doch Frauen spielten eine wichtige Rolle in frühen christlichen Gemeinden, wie die Apostelgeschichte belegt. Lydia war die erste europäische Christin. In Römer 16 grüßt Paulus mehrere Leiterinnen römischer Hauskirchen. Der Brief wurde durch die Diakonin Phoebe nach Rom gebracht. Es gab Katechetinnen und einen Zusammenschluss von Witwen, dem man förmlich beitreten musste. Paulus stellt lediglich Regeln auf für eine zurückhaltende Bekleidung der Frauen, die in der Versammlung sprechen. Die Lehre über Frauen in diesen Pastoralbriefen entspricht den gesellschaftlichen Verhältnissen jener Zeit.

3 5 11

Kapitel 3

Paulus erklärt die Qualifikationen von Leitern und Diakonen. Er hofft, Timotheus bald besuchen zu können, doch sollte dieser die Information schon jetzt bekommen, falls Paulus später käme.

3

Kapitel 4

Paulus warnt Timotheus: Es gebe einige, die vom Glauben abfallen und stattdessen seltsame Regeln und Vorschriften predigen. Alles, was Gott gemacht hat, ist gut. Predige fleißig die Gute Nachricht.

Kapitel 4: **Kommentar**

Die jüdischen Gemeinden am Mittelmeer wurden von einem Ältestenrat geleitet, dem ein gewählter Leiter (oder eine Leiterin) vorstand. Timotheus soll dieses Amt durch den Segen mittels Handauflegen von Propheten und Ältesten erhalten haben (Vers 14). Er scheint eine führende Rolle bei der Postenvergabe (5,19–22) gehabt zu haben. Das Amt kann ihm aber auch von Paulus übertragen worden sein. Die Berufung der Ältesten einschließlich des Vorsitzenden war Titus' erste Aufgabe in Kreta. Unbekannt ist, wann die Dreierstruktur Bischof – Presbyter – Diakon, in Antiochia schon 108 n. Chr. vorhanden, einsetzte bzw. zur Regel wurde.

3

Kapitel 5

Paulus sagt ihm, wie er die Menschen in seiner Gemeinde behandeln solle, vor allem die Witwen. Christen, die in der Kirche arbeiten, sollen nach Zeitaufwand bezahlt werden.

3

Kapitel 6

Er fordert christliche Sklaven auf, ihre Herren zu respektieren. Hüte dich vor falschen Lehrern. Lass dich nicht vom Streben nach Reichtum ablenken. Konzentriere dich lieber auf Gott und diene ihm.

2. Timotheus

Übersicht

Paulus im Gefängnis
Laut Überlieferung schrieb Paulus seinen zweiten Brief an Timotheus, während er im Gefängnis auf seine Hinrichtung wartete.

Der 2. Timotheusbrief wird der zweite genannt, weil er kürzer ist als der erste, nicht unbedingt, weil er später verfasst wurde. Er greift einige Formulierungen und Vorstellungen aus dem ersten Brief auf. Es ist der persönlichste Pastoralbrief, was Tonfall, persönliche Neuigkeiten von Paulus sowie die Bitten am Schluss betrifft. Persönlich auch insofern, als er Beispiele für gutes und schlechtes Verhalten gibt – vor allem für Letzteres. Es ist der Abschiedsbrief eines alten Mannes, der eingesperrt ist, anscheinend in Rom. Er erwartet den Prozess, der ihn, wie er meint, sicher ins himmlische Königreich bringt, kaum in die Freiheit. Tatsächlich glaubt er, dass er als Heilstrunk schon ausgegossen ist. Er bereitet seinen jungen Nachfolger darauf vor, sein Erbe zu bewahren, und sieht sein Leben und Werk zu Ende gehen. Dennoch ist die Sorge um Ordnung und Treue zur Tradition so deutlich wie in 1. Timotheus zu spüren. Persönlich ist er mit sich im Reinen, doch die Zukunft sieht er nicht allzu optimistisch. Er warnt vor falscher Lehre und unnötigem Gezänk um Worte, das begleitet ist vom allgemeinen Niedergang der Moral, wenn die letzten Tage anbrechen. Er ist immer noch besorgt um Dinge des Lebens, mit ein wenig Altersvergesslichkeit (der Mantel und die Schriftrollen in 4,13). Es ist vielleicht typisch für einen alten Mann, dass er Ratschläge zu allem erteilt, wobei er nicht lange bei einem Punkt verweilt und viele unterschiedliche Bilder benutzt. Der stete Fortgang von einem Thema zum nächsten macht es schwierig, einen stimmigen Abriss des Briefes zu erstellen.

3

Kapitel 1

Paulus wünscht, er könnte Timotheus besuchen, der weiter die Gute Nachricht verkünden muss. Paulus klagt über diejenigen, die ihn verließen, und lobt diejenigen, die bei ihm blieben.

3

Kapitel 2

Paulus ermutigt Timotheus, fest im Glauben zu stehen. Er erklärt, wie man mit falschen Lehrern umgeht, die sich um Belangloses streiten, was Zeitverschwendung ist.

3

Kapitel 3

Dunkle Tage kommen, wenn die Menschen sich und das Geld mehr als Gott lieben. Paulus erinnert Timotheus an seine Treue zu Gott und an die Gute Nachricht.

3

Kapitel 4

Timotheus muss weiter die Gute Nachricht predigen. Paulus ist im Gefängnis und wird bald hingerichtet. Er hofft, Timotheus vor seinem Tod zu sehen, und klagt über diejenigen, die ihn misshandelten.

Kapitel 1: Kommentar

Die Tatsache, dass Timotheus' Mutter und Großmutter als Christinnen dargestellt werden, kann bedeuten, dass er ein Christ der dritten Generation ist. Das könnte auf ein spätes Datum schließen lassen, obwohl die drei Generationen auch schnell aufeinander Christen geworden sein können.

Wenn wir mit Christus gestorben sind, werden wir auch mit ihm leben; wenn wir standhaft bleiben, werden wir auch mit ihm herrschen; wenn wir ihn verleugnen, wird auch er uns verleugnen. Wenn wir untreu sind, bleibt er doch treu, denn er kann sich selbst nicht verleugnen.

2. Timotheus 2,11–13

Titus

Übersicht

Titus, der Heidenchrist, wurde auserwählt, um Paulus zu den Verhandlungen in Jerusalem über die Beachtung des jüdischen Gesetzes (Galater 2,3) zu begleiten. Paulus beauftragte ihn zudem, die Gemeinde in Korinth zu besänftigen, nachdem Paulus ihr den grimmigen Brief (1. Korinther) gesandt hatte, wie in 2. Korinther 7,13–16 erwähnt. Titus muss ein geschickter Vermittler gewesen sein. Dieser Brief ist an ihn gerichtet, um Hinweise zu geben, wie die christliche Gemeinde in Kreta mit voller Autorität zu leiten sei.

Der Brief geht davon aus, dass es Gemeinden in mehreren Städten gibt, denn in den „einzelnen Städten" sollen Älteste ernannt werden; einer von ihnen soll der Aufseher sein, griechisch *episcopos*, was später zu „Bischof" wurde. Der Begriff wird auch in Titus 1,7 und in 1. Timotheus 3,2 verwandt. Die meisten Ratschläge in diesem Brief betreffen hauptsächlich gutes Verhalten entsprechend dem Kanon der hellenistischen Ethik jener Zeit, damit der gute Ruf der Gemeinde gewahrt bleibt. Auch gute Sitten in der Familie sind sehr wichtig, da sie ein Beispiel geben. Wenn ein Ältester die Gemeinde gut leiten soll, muss er als Erstes in der Lage sein, seine eigene Familie gut zu führen. Der Rat geht an Älteste, an ältere Männer und Frauen sowie jüngere Männer und Frauen.

Kapitel 1: Kommentar

Ein wichtiger Fortschritt in der Christologie ist der Gebrauch des Ausdrucks „Retter", der sonst im Neuen Testament kaum verwendet wird, nur zweimal bei Lukas. Im Alten Testament ist Gott der Retter im Zusammenhang mit der Befreiung Israels aus Ägypten oder aus der Babylonischen Gefangenschaft. Im vorliegenden Brief wird Gott in 1,3; 2,10 und 3,4 als „Retter" bezeichnet, während Christus in 1,4; 2,13 und 3,6 als „Retter" gilt – als wären diese Stellen absichtlich parallel gesetzt. Die Passage in 2,13 kann man als Anrufung Christi, „unseres großen Gottes und Retters", verstehen. Sie ist eine der wenigen Stellen im Neuen Testament, wo Jesus „Gott" genannt wird.

Als aber die Güte und Menschenliebe Gottes, unseres Retters, erschien, hat er uns gerettet – nicht weil wir Werke vollbracht hätten, die uns gerecht machen können, sondern aufgrund seines Erbarmens – durch das Bad der Wiedergeburt und der Erneuerung im Heiligen Geist. Ihn hat er in reichem Maß über uns ausgegossen durch Jesus Christus, unseren Retter, damit wir durch seine Gnade gerecht gemacht werden und das ewige Leben erben, das wir erhoffen.

Titus 3,4–7

3 | 11

Kapitel 1

Paulus beschreibt die Eigenschaften jener, die als Älteste der Kirche gewählt werden. Er kritisiert Christen, die aufsässig und faul sind.

3

Kapitel 2

Paulus ermutigt Titus, die reine, „gesunde" Lehre zu verkünden. Er solle seine Botschaft jeder Altersgruppe, jedem Geschlecht und dem gesellschaftlichen Niveau der Gemeinde anpassen.

3

Kapitel 3

Christen sollen Autoritätspersonen gehorchen und sie respektieren. Jesus errettete sie von ihren Sünden, damit sie anderen Gutes tun können und nicht ihre selbstsüchtigen Begierden befriedigen.

Philemon

Übersicht

Dieser Brief an Philemon ist kaum mehr als eine Notiz (25 Verse) des gefangenen Paulus über Philemons Sklaven Onesimus. Es gibt zwei mögliche Interpretationen. Entweder war Onesimus geflohen und hatte bei Paulus Schutz gesucht, weshalb Paulus Philemon bittet, Onesimus zu verzeihen und ohne Strafe wieder aufzunehmen, da entlaufene Sklaven normalerweise auf brutalste Weise getötet wurden. Oder Philemon hatte Onesimus geschickt, damit er Paulus eine Zeit lang hilft, und Paulus bittet Philemon nun, die hilfreiche Anwesenheit des Onesimus zu verlängern. Der Brief ist voller Zuneigung und unbeschwerter Wortspiele, denn der Name Onesimus bedeutet „nützlich". Onesimus wurde Christ und Paulus bittet Philemon, ihn wie einen Bruder zu behandeln. Er deutet an, dass Philemon Onesimus aus der Sklaverei befreien sollte. Das war in der römischen Welt eine unerhörte Idee, weil Sklaven als nichtmenschliches Gut galten. Erst Jahrhunderte später erkannten Christen, dass dieser Brief bereits den Keim der Idee in sich trägt, die Sklaverei im Christentum zu ächten.

Wir wissen nicht, wann der Brief verfasst wurde oder wo Paulus gefangen saß. Wenn es in Ephesus war (wie im Überblick zum Philipperbrief angenommen), wäre die Reise zu Philemon nach Kolossä nicht sehr weit. Von Rom aus wäre es aber eine gewaltige Distanz.

Handgeschriebene Seite
Recht früh galt der Brief an Philemon in der christlichen Gemeinde als Teil der Schrift und wurde vor der Erfindung des Buchdrucks von Hand vervielfältigt.

Kapitel 1: Kommentar

Unter den frühen Christen war das Gefühl für Bruderschaft besonders ausgeprägt. Man spürte, dass alle Christen eine Familie bilden. In der frühesten Gemeinde in Jerusalem legte man alle Güter zusammen, betete gemeinsam und besaß alles gemeinsam. Bald sollten die Christen durch die Verfolgung noch enger zusammengeschweißt werden. Deshalb sieht Paulus den neuen Christen Onesimus als seinen Bruder an und drängt Philemon, das Gleiche zu tun.

2 3

Kapitel 1

Onesimus war ein entlaufener Sklave, den Paulus zum Christentum bekehrte. Paulus schickt ihn zurück zu seinem christlichen Herrn Philemon und bittet diesen, Onesimus freizulassen.

Hebräer

Übersicht

I Prolog 1,1–4

II Der Sohn ist größer als die Engel 1,5–2,18

III Jesus, der vertrauenswürdige und mitfühlende Hohepriester 3,1–5,10

IV Die Priesterschaft Jesu Christi 5,11–10,18

a Christi Priesterschaft höher als levitische Priesterschaft 7,1–28

b Überlegenheit von Christi Opfer und Bund 8,1–9,28

c Zusammenfassung: die Wirksamkeit von Christi Opfer 10,1–18

V Ermahnung zur Beständigkeit 10,19–12,29

VI Anhang 13,1–25

Dieser anonyme Brief, direkt hinter den Paulusbriefen, erhielt im 2. Jahrhundert n. Chr. die Überschrift „An die Hebräer", denn vermutlich handelte es sich um einen Brief an judenchristliche Priester, die sich nach den alten jüdischen Ritualen sehnten. Er verwendet Abschnitte aus der Schrift und jüdische Deutungsmuster, um zu zeigen, dass Opfer und Bund Christi die Verheißungen Gottes erfüllen und die Gläubigen zur Vollkommenheit führen; sie werden denjenigen gegenübergestellt, die noch dem alten Glauben anhängen. Die Theologie des Briefs handelt nicht nur von der wirksamen Priesterschaft Christi, sondern auch von seiner göttlichen und menschlichen Natur. Erst durch seine menschliche Natur konnte er die Qual des menschlichen Leids teilen und mitfühlen.

Erklärungen über Christi Priesterschaft wechseln sich ab mit Abschnitten moralischer Ermahnungen. Der Autor betont, dass die Pilgerschaft der Israeliten durch die Wüste nur ein Abbild der christlichen Pilgerschaft zum letzten Ort der Ruhe und dass der Glaube der großen Patriarchen ein Vorbild für christlichen Glauben und Beständigkeit sei.

Dass das Hauptaugenmerk auf dem jüdischen Ritual liegt, muss nicht heißen, dass der Brief vor der Zerstörung des Tempels im Jahre 70 n. Chr. verfasst wurde. Auch vorher schon war der Ritus zeitweilig unterbrochen worden, und der Autor konnte annehmen, dass er irgendwann fortgesetzt würde.

Kapitel 1: Kommentar

Eine wunderbare Darlegung der Stellung Christi. Er ist Erbe des Vaters (Römer 5–6), das Licht der Herrlichkeit Gottes (Weisheit 7,25–26). Vers 8 ist einer der wenigen Stellen im Neuen Testament, wo Jesus die Bezeichnung „Gott" erhält. Das ganze Kapitel, vor allem der Gegensatz zu den Engeln, erklärt, was damit gemeint ist. Engel spielten in der jüdischen Theologie und religiösen Praxis eine wichtige Rolle, doch Christus ist weit mehr als diese gewaltigen Mächte Gottes.

3 | 5 | 15

Kapitel 1

Jesus überragt alles in der Schöpfung, selbst die Engel. Denn Jesus ist Gott. Alle im Himmel und auf der Erde beten ihn an.

Kapitel 2: Kommentar

Der Autor schreibt an jüdische Priester und bedient sich jüdischer Deutungsmethoden, wenn er die Stellung Jesu in den Worten von Psalm 8 erklärt. Er sagt, dass der Gehorsam Jesu die menschliche Sünde nur tilgen konnte, wenn Jesus in jeder Hinsicht ein Mensch war, der menschliche Sorgen und Leiden teilte. So ist Jesus derjenige, der von Sünden reinigt. Versöhnung oder Sühne sind immer Gottes Werk, kein menschliches. Doch weil Jesus Mensch und Gott war, ist er derjenige, der versöhnt.

3 | 5 | 15

Kapitel 2

Jesus wurde Mensch, also konnte er Menschen heiligen. Menschen sind nun seine Brüder und Schwestern. Jesus litt und wurde in Versuchung geführt wie wir alle.

3 | 5

Kapitel 3

Jesus ist größer als Mose. Glaubt heute, dass Jesus der Messias war. Weist ihn nicht ab, so wie die Israeliten Gott abwiesen, nachdem sie Ägypten verlassen hatten. Sie mussten 40 Jahre wandern.

Der neue Bund
Der Verfasser des Hebräerbriefs betont, dass Gott durch Tod, Begräbnis und Auferstehung Jesu einen neuen Bund mit seinem Volk geschlossen hat.

Kapitel 4

Die, die Gott zurückwiesen, kamen nie in das Land der Ruhe mit Gott. Heute bietet Gott diese Ruhe in Jesus. Gott hat sich von seinem Schöpfungswerk ausgeruht. Auch wir werden einen Ort der Ruhe finden.

Kapitel 4: Kommentar

Wieder interpretiert der Autor einen Psalm. Er will zeigen, dass Gottes Verheißung der Ruhe noch nicht beim Exodus erfüllt war, sondern noch immer eine Verheißung ist, die für Gottes Volk noch erfüllt werden muss. Darauf gründet die Sichtweise, dass Christen ein Volk sind, das sich noch auf der Pilgerschaft befindet. Auch das ewige Ziel der Christen wird anders gedeutet: Der Himmel ist nicht „da oben", sondern Gottes vollkommener Friede, die Erfüllung jedes Verlangens in Gott.

Kapitel 5

Jesus ist der große Hohepriester nach der Ordnung Melchisedeks. Er wurde versucht und sündigte doch nicht. Er hat Gott gehorcht und wurde zum Quell der ewigen Erlösung.

Kapitel 5: Kommentar

Christi Priesterschaft ist der Kern dieses Briefs. Sie wird nach Psalm 110 als königliche Priesterschaft erklärt wie die des legendären Melchisedek. Uns wird zudem eine andere Darstellung von Jesu Gebet vor der Passion gegeben. Der zentrale Punkt des Gebets und der Passion selbst ist Jesu liebender Gehorsam gegenüber dem Vater, was den Ungehorsam Adams aufhebt. Als Mensch lernte Jesus mehr und mehr, gehorsam zu sein bis zur vollkommenen Akzeptanz, was ihn zur Quelle ewiger Erlösung machte.

Kapitel 6

Fallt nicht ab. Diejenigen, die abgefallen sind, können nie mehr bereuen. Sie können nur noch Gottes Gericht erwarten. Jesus ist für immer unser Hohepriester.

Kapitel 7

Abraham, Vorfahr der Leviten, zahlte Melchisedek den Zehnten. Damit steht Melchisedek über den Leviten und Jesus, ein Priester wie Melchisedek, steht ebenfalls über den Leviten.

Kapitel 7: Kommentar

Wieder eine jüdische Interpretation der Schrift: Weil Melchisedeks Vorfahren nicht erwähnt werden, kann angenommen werden, dass er keine hatte und sein Leben ohne Anfang und Ende war. Die Priesterschaft Christi ist ewig: Die Opfergaben des alten Gesetzes waren für einzelne Sünden vorgesehen und dennoch unwirksam, während Christi Opfer alle Sünden betrifft, sogleich und für alle Zeiten. Weiterhin kontrastiert der Verfasser Christi einmaligen und endgültigen Eintritt ins Heiligtum des Himmels mit dem wiederholten Betreten des Allerheiligsten durch die Hohepriester am jährlichen Versöhnungstag.

Kapitel 8

Durch Jesus sind wir in einen neuen Bund mit Gott eingetreten. Der Bund ist in unsere Herzen geschrieben, nicht auf Steintafeln. Dieser neue Bund ist dem alten überlegen.

Jetzt aber ist ihm ein umso erhabenerer Priesterdienst übertragen worden, weil er auch Mittler eines besseren Bundes ist, der auf bessere Verheißungen gegründet ist. Wäre nämlich jener erste Bund ohne Tadel, so würde man nicht einen zweiten an seine Stelle zu setzen suchen.

Denn er tadelt sie, wenn er sagt: Seht, es werden Tage kommen – spricht der Herr –, in denen ich mit dem Haus Israel und dem Haus Juda einen neuen Bund schließen werde.

Hebräer 8,6–8

Kapitel 9: Kommentar

Der neue Bund musste mit Blut besiegelt werden – wieder ein Vergleich mit dem Bund vom Berg Sinai. Blut ist das Zeichen des Lebens. Wenn das Blut ausläuft, ist kein Leben mehr. Blut ist heilig, weil es Gott gehört, dem Urheber des Lebens. Die Menschen mit Blut zu besprengen hieß, sie zu heiligen und ihnen den Segen des Lebens, die Gabe Gottes, zu geben. Um wie viel wirksamer ist dann das Blut Christi, das zugleich Symbol seiner vollständigen Hingabe an Gott ist?

Kapitel 11: Kommentar

Warum diese lange Liste der Vorfahren? Wie das kurze Zitat am Ende von Kapitel 10 zeigt, brauchen wir jetzt, nach Christi Opfer, Beharrlichkeit, um an Glauben und Treue festzuhalten. In diesem Kapitel ist Glaube nicht nur eine Sache des Intellekts, sondern auch des Zähnezusammenbeißens und Dranbleibens in der Überzeugung, dass Gott sein Wort nicht brechen wird. Gott kann man vertrauen, so wie Jesus ihm vertraute und den Platz zu seiner Rechten einnahm.

Kapitel 12: Kommentar

Im abschließenden Vergleich des alten und neuen Bundes werden die beiden Themen des Briefs – Wirksamkeit von Christi Opfer und Pilgerschaft der Christen – zusammengeführt. Der Bund zu Beginn des großen Exodus war Ehrfurcht gebietend und beängstigend, der neue Bund in Christus aber wird uns nach Hause führen.

Haltet aus, wenn ihr gezüchtigt werdet. Gott behandelt euch wie Söhne. Denn wo ist ein Sohn, den sein Vater nicht züchtigt? Würdet ihr nicht gezüchtigt, wie es doch bisher allen ergangen ist, dann wäret ihr nicht wirklich seine Kinder, ihr wäret nicht seine Söhne. Ferner: An unseren leiblichen Vätern hatten wir harte Erzieher und wir achteten sie. Sollen wir uns dann nicht erst recht dem Vater der Geister unterwerfen und so das Leben haben? Jene haben uns für kurze Zeit nach ihrem Gutdünken in Zucht genommen; er aber tut es zu unserem Besten, damit wir Anteil an seiner Heiligkeit gewinnen. Jede Züchtigung scheint zwar für den Augenblick nicht Freude zu bringen, sondern Schmerz; später aber schenkt sie denen, die durch diese Schule gegangen sind, als Frucht den Frieden und die Gerechtigkeit.

Hebräer 12,7–11

Euer Leben sei frei von Habgier; seid zufrieden mit dem, was ihr habt; denn Gott hat versprochen:
Ich lasse dich nicht fallen und verlasse dich nicht. *Darum dürfen wir zuversichtlich sagen:*
Der Herr ist mein Helfer, ich fürchte mich nicht. Was können Menschen mir antun?

Hebräer 13,5–6

2 | 3

Im Tempel muss für die Sünden regelmäßig geopfert werden. Doch das Opfer Jesu am Kreuz ist ein einmaliges Opfer, das alle Sünden für immer beseitigt.

Kapitel 9

2 | 3 | 5

Das Gesetz ist bloß der Schatten dessen, was Jesus am Kreuz tat. Gebt nicht auf. Jesus hat uns für immer von Sünden gereinigt, wodurch er uns rein und heilig machte. Wir leben durch den Glauben.

Kapitel 10

3 | 17

Leben durch den Glauben ist nicht neu. Seht auf die Menschen im Alten Testament, die durch den Glauben lebten, von Abel, Noach und Abraham bis zu Samuel und David.

Kapitel 11

2 | 3 | 9

Gott züchtigt die Menschen, um sie besser zu machen. Züchtigung ist unangenehm, aber letztlich heilsam. Lebt also in Hoffnung und Freude: Gottes Reich kommt, und ihr habt Anteil daran.

Kapitel 12

1 | 3 | 10

Liebt einander weiterhin, unterwerft euch der Autorität eurer Vorsteher und preist Jesus. Betet für uns und grüßt einander herzlich.

Kapitel 13

Opferung Isaaks
Durch den Glauben war Abraham bereit, Isaak zu opfern, weil er wusste, Gott könnte ihn zu neuem Leben erwecken und seine Verheißung dennoch erfüllen.

Jakobus

Übersicht

Auf die Briefe von Paulus folgen sieben Briefe an alle Christen. Eingefügt ist aber noch der Hebräerbrief, den man früher Paulus zuschrieb. Zuweilen nennt man diese Briefe auch „Katholische Briefe", weil sie für alle Gemeinden bestimmt waren („katholisch" bedeutet „weltweit"). Jeder dieser Briefe soll von einem der zwölf Jünger verfasst worden sein, mit Ausnahme des ersten, der Jakobus, dem Bruder des Herrn, zugeschrieben wird. Diese Zuschreibungen hat man bezweifelt, dennoch wurden sie als Teil des Schriftkanons akzeptiert, auf dem die christliche Kirche aufbaut. Es war im Judentum üblich, ein Werk einer bedeutenden Gestalt der Vergangenheit zuzuschreiben und damit die Behauptung zu verbinden, dass diese Person unter gleichen Umständen das Gleiche gesagt hätte.

Der Jakobusbrief ist ein gutes Beispiel für eine christliche Weisheitsschrift nach Art der jüdischen Weisheitsliteratur. In der Überzeugung, dass alle wahre Weisheit von Gott kommt, liefert der Brief eine Reihe schöner Aphorismen über wahres christliches Verhalten, durchsetzt mit hellenistischen Vorstellungen. Es ist eher praktische als theoretische Weisheit mit besonderer Sorge um die Armen, um die Kontrolle der eigenen Zunge, um Beständigkeit und Gebet.

3 | 18

Kapitel 1

Lasst euch nicht von Problemen überwältigen. Denkt daran: Wenn ihr versucht werdet, dann niemals von Gott. Hört auf Gott und tut dann, was er sagt.

3 | 18

Kapitel 2

Bevorzugt niemanden. Worte sind billig, nur die Tat zählt. Wird euer Glaube nicht durch eure Taten belegt, dann habt ihr keinen Glauben.

3 | 18

Kapitel 3

Am schwersten sind die eigenen Worte zu kontrollieren. Kann man seine Zunge hüten, übt man wirkliche Selbstbeherrschung. Weisheit zeigt sich in Taten.

3 | 15 | 18

Kapitel 4

Unterwerft euch Gottes Willen. Gott lenkt euer Leben und alles, was euch zustößt. Seid also nicht anmaßend.

3 | 18

Kapitel 5

Vertraut nicht auf euren Reichtum, er ist nicht von Dauer. Übervorteilt ihr andere, wird Gott euch richten. Leiden ist schwer, doch Gott wird euch lotsen. Gott wird eure Gebete erhören.

Kapitel 1: Kommentar

Der Gruß an die zwölf verstreuten Stämme zeigt ein Interesse an einer größeren Welt als nur an Jerusalem. Ist es ein Zeichen, dass der Brief nach dem Martyrium des Jakobus geschrieben wurde? Gott wie auch Christus werden unterschiedslos als „der Herr" angesprochen, was auf eine weit entwickelte Sichtweise auf die Göttlichkeit Christi schließen lässt.

Kapitel 2: Kommentar

Geschieht Errettung durch Glauben an Christus oder durch Taten? Paulus besteht auf dem Ersteren, Jakobus auf dem Letzteren. Steht beides im Widerspruch zueinander? Jakobus lehrt, dass die bloße Behauptung des Glaubens nichts bedeutet, wenn sie keine Auswirkung auf das Verhalten hat. Wie man sich verhält, so glaubt man auch. Abraham zeigte sein Vertrauen auf Gott durch seine Bereitschaft, seinen Sohn Isaak zu opfern, und sein Glaube verstärkte sich noch durch seine Tat. Ein Gegensatz von Paulus und Jakobus tut sich nur auf, wenn Jakobus so verstanden wird, dass nach ihm Abraham Erlösung nur durch seine Bereitschaft zur Opferung Isaaks erlangte.

I. Petrus

Übersicht

I Gruß und Segen 1,1–12

II Die christliche Berufung 1,3–2,10

III Haltung gegenüber der Gesellschaft 2,11–3,12

IV Ausharren bei Verfolgung 3,13–5,11

V Schluss 5,12–14

Dieser Brief ist an Christen in mehreren Provinzen Kleinasiens gerichtet. Er ermutigt sie, auch in Bedrängnis fest zu bleiben. Blutige Verfolgungen werden allerdings nicht erwähnt, auch wenn wir aus römischen Quellen wissen, dass dergleichen im frühen 2. Jahrhundert in jenen Provinzen vorkam. Der Brief erinnert Christen an ihre Würde als lebendige Steine, errichtet auf Christus, dem Grundstein. Sie sind fremd in der Welt, doch ihr Leiden ist mit demjenigen Christi verbunden, der zurückgewiesen wurde. Der Brief betont die Großzügigkeit, mit der sie sich in einer fremden Welt verhalten sollten, und er spricht von dem Lohn, der sie erwartet.

Der Apostel Petrus
Petrus verbrachte die Zeit nach der Himmelfahrt Jesu mit Lehre und Predigt.

1 3 5

Lobt Gott, weil er uns durch Jesu Auferstehung neues Leben geschenkt hat. Setzt also eure Hoffnung auf die Gute Nachricht und darauf, dass ihr für immer mit Jesus leben werdet.

Kapitel 1

3 5

Befreit euch von schlechtem Verhalten. Arbeitet gemeinsam, lebt mit den Ungläubigen gut zusammen, gebt ihnen keinen Grund zur Kritik. Seid gehorsame Bürger und verhaltet euch wie Jesus.

Kapitel 2

3 5 10

Ordnet euch denen unter, die um euch sind. Gebt ihnen keinen Grund, schlecht von euch zu sprechen. Leidet ihr für rechtes Tun, seid ihr gesegnet. Bewahrt ein reines Gewissen.

Kapitel 3

3

Lebt für Gott, nicht für euch selbst. Das Ende ist nahe, seid also wachsam und liebt einander. Gott wird im Leid mit euch sein. Lasst euch nicht durch Probleme vom rechten Handeln abbringen.

Kapitel 4

3 15

Älteste sollten gute Hirten sein und über die wachen, die Gott ihnen anvertraut hat. Seid wachsam und achtet auf die Schwierigkeiten, die Satan euch bereiten will. Ihr seid nicht allein im Leid.

Kapitel 5

Kapitel 2: **Kommentar**

Die Erschütterung der Gesellschaft gehörte wohl nicht zu den frühen christlichen Missionen. Gehorsam gegenüber Verwaltung und Kaiser wird hier verlangt. Widerstand gegen die Sklaverei steht außer Frage. Alle Hinweise deuten darauf hin, dass Sklaven einen Großteil der ersten Generation von Christen ausgemacht haben. Andererseits wird die Gleichheit aller Menschen betont: Auch Sklaven wurden durch Christus erlöst. Eine deutlich andere christliche Haltung zum Götzendienst im Römischen Reich wird im Buch der Offenbarung gezeigt.

Kapitel 3: **Kommentar**

Die frühe christliche Lehre, dass Christus in die Hölle oder Unterwelt hinabfuhr, um von dort die geheiligten Toten zu holen, erfährt in den Versen 18–19 eine gewisse Unterstützung. Diese Lehre gründet jedoch eher auf der apokalyptischen Überlieferung. Die „Geister im Gefängnis" in Vers 19 mögen ein Hinweis auf einen Mythos von bösen Geistern sein, die einst die Welt beherrschten. Christi Predigt wird hier nach und nicht vor der Himmelfahrt angesetzt.

2. Petrus

Übersicht

I Gruß 1,1–11

II Das Zeugnis des Petrus 1,12–21

III Falsche Lehrer 2,1–22

IV Der Tag des Herrn 3,1–16

V Schluss 3,17–18

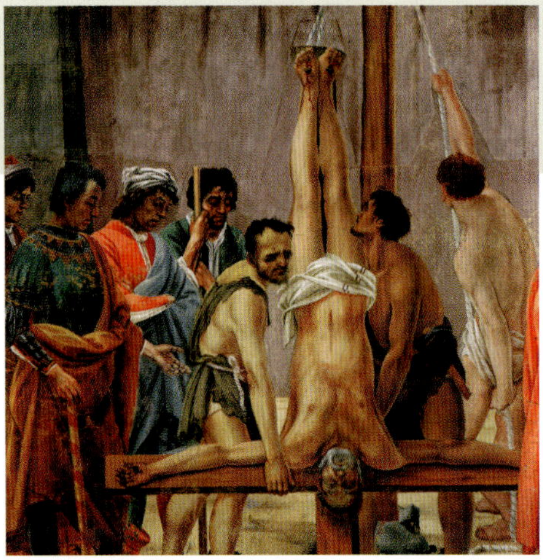

Das Martyrium des Petrus
Der Überlieferung zufolge wurde Petrus auf seine Bitte hin kopfüber gekreuzigt. Er meinte, nicht verdient zu haben, wie Jesus zu sterben.

Der zweite Petrusbrief wurde im Stil eines Abschiedsbriefs verfasst, als letzter Belehrungsbrief eines Lehrers an seine Schüler vor der Abreise oder dem Tod. Er scheint einer Behauptung entgegenzutreten, dass es kein Gericht über die Bösen, keine Wiederkunft Christi gebe, und dass Habsucht und vor allem sexuelle Ausschweifung ungestraft bleiben. Der Verfasser führt sein eigenes Zeugnis der Herrlichkeit Christi bei der Verklärung als Beweis an, dass die Wiederkunft eintreten wird, und benennt ausführlich die Strafe, die die falschen Propheten erwartet, die sagen, dass es keine Wiederkunft gebe. Ungeduld ist hier unangebracht, denn Gottes Zeitgefühl ist nicht wie unseres: „Beim Herrn" sind „ein Tag wie tausend Jahre und tausend Jahre wie ein Tag" (3,8).

Trotz des Anspruchs, die Verklärung erlebt zu haben, ist es unwahrscheinlich, dass dieser Brief tatsächlich von dem Apostel Petrus geschrieben wurde. Solch eine Behauptung ist Teil der Konventionen bei der Arbeit mit Pseudonymen. Die Rhetorik (z. B. die Reihe der Tugenden in 1,5–7) ist viel zu anspruchsvoll für den ungebildeten Fischer aus Galiläa. Der Brief setzt voraus, dass eine Reihe von Paulusbriefen bereits existiert und in Umlauf ist (3,16). Dass „Petrus" seinen eigenen Tod erwartet, wie von Jesus offenbart (1,14), setzt sehr wahrscheinlich das Johannesevangelium voraus (Johannes 21,18). Vor allem aber hätte eine Frage über die Verzögerung des Tags des Herrn nie kurz nach der Zerstörung Jerusalems im Jahr 70 n. Chr. aufkommen können.

3 | 10

Kapitel 1

Gott hat euch alles gegeben, was ihr zu einem Leben für ihn braucht. Achtet auf Gottes Worte durch die Propheten: Ihr könnt euch auf das verlassen, was Gott gesagt hat.

3 | 9 | 15

Kapitel 2

So wie es früher falsche Propheten gab, gibt es sie auch heute. Hütet euch vor ihnen. Sie sind anmaßend und wissen nicht, wovon sie reden. Gott wird sie richten.

Kapitel 2: Kommentar

Dieser Brief und Judas 4–19 sind eng miteinander verwandt. Beide Briefe nehmen den Fall der Engel, Sodom und Gomorra sowie Bileam als Beispiele für ein Verhalten, über das gerichtet wird. In der damaligen jüdischen Literatur sind dies gängige Beispiele.

7 | 9 | 13

Kapitel 3

Der Tag des Herrn naht. Glaubt nicht, dass er ausbleibt, nur weil er sich verzögert. Tut also das Rechte. Führt ein heiliges Leben, damit ihr bereit seid, wenn der Tag des Herrn endlich kommt.

1. Johannes

Übersicht

- **I** Einführung 1,1–4
- **II** Im Licht wandeln 1,5–2,29
  - **a** Brechen mit der Sünde 1,5–2,2
  - **b** Haltet das Gebot der Liebe 2,3–11
  - **c** Distanz von der Welt 2,12–17
  - **d** Hütet euch vor Feinden 2,18–29
- **III** Leben als Kinder Gottes 3,1–4,6
  - **a** Brechen mit der Sünde 3,1–10
  - **b** Haltet das Gebot der Liebe 3,11–24
  - **c** Hütet euch vor Feinden 4,1–6
- **IV** Liebe und Glaube 4,7–5,12
  - **a** Liebe 4,7–5,4
  - **b** Glaube 5,5–12
- **V** Schluss 5,13–21

Der erste Johannesbrief ist kein gewöhnlicher Brief, es fehlen ihm die gewohnten Eingangs- und Schlussgrüße. Man bezeichnet ihn besser als Predigt oder Ermahnung, obwohl er immer schon zur Sammlung der katholischen bzw. universalen Briefe gehörte. Er ist eng mit dem Johannesevangelium verbunden, vor allem wegen der zentralen Rolle der Liebe. Sein Ethos baut vollständig auf der Bedeutung des neuen Gebots der Liebe auf. Trotzdem gibt es klare Unterschiede: Einige Schlüsselbegriffe des Evangeliums fehlen, z. B. die Herrlichkeit oder der Heilige Geist. Trotz der Ähnlichkeiten ist es unwahrscheinlich, dass der Brief vom Verfasser des Evangeliums geschrieben wurde.

Kapitel 1

3

Wir verkünden Jesus, einen Menschen, den wir kannten und berührten. Er schenkt das Licht. Jene im Dunkeln gehören nicht zu ihm. Wir alle sündigen. Wer etwas anderes sagt, lügt.

Kapitel 1: Kommentar

Die Eingangsverse erinnern stark an den Prolog des Johannesevangeliums. Doch anstelle der Präexistenz des Wortes wird die Menschlichkeit des Wortes betont, das wir sahen und hörten und mit unseren Händen berührten. Der Brief hebt durchgängig das menschliche Werk Christi hervor, weniger seine Göttlichkeit.

Kapitel 2

3 5 10

Es gibt ein altes Gebot: Liebt einander. Liebt man andere, ist man im Licht. Tut man das nicht, ist man im Dunkeln. Jene, die Jesus als Messias verleugnen, sind Antichriste.

Kapitel 2: Kommentar

Die geheimnisvolle Gestalt des Antichristen (Vers 18) taucht nur in 1. und 2. Johannesbrief auf, kann aber vielleicht mit dem „Widersacher" in 2. Thessalonicher 2,4 gleichgesetzt werden, der vor dem Tag des Herrn erscheinen soll. Dass dieser Brief so sehr die letzten Tage hervorhebt, unterscheidet ihn vom Johannesevangelium, das eher die aktuelle Gegenwart des Geistes in der Gemeinde betont, wo das ewige Leben bereits begonnen hat. Der Irrtum des Antichristen besteht in der Leugnung der wahren Beziehung von Sohn und Vater, die im Zentrum aller Schriften von Johannes steht.

Kapitel 3

2 3 10

Gott hat uns zu seinen Kindern gemacht. Jesus hat unsere Sünden von uns genommen, sodass wir nun nicht mehr sündigen müssen. Das ist Liebe: Jesus starb für uns. Sein Gebot: Liebt einander.

Kapitel 4

2 3 10

Wer leugnet, dass Jesus von Gott kam und Mensch wurde, kennt Gott nicht. Gott ist Liebe. Wenn wir sagen, wir lieben Gott, gleichzeitig aber jemanden hassen, lieben wir Gott nicht wirklich.

Kapitel 5

2 3

Wer glaubt, dass Jesus der Messias ist, hat das ewige Leben. Wenn ihr nicht glaubt, dass Jesus der Messias ist, dann habt ihr nicht das ewige Leben. Wir sind Kinder Gottes.

2. Johannes

Übersicht

Der zweite und dritte Johannesbrief sind im Unterschied zum ersten typisch für die kurzen Papyrusbriefe jener Zeit.

Dieser Brief hängt deutlich mit dem ersten zusammen, da er das neue Gebot der Liebe erwähnt, das so zentral für den ersten Brief wie auch für das Johannesevangelium ist. Er erwähnt zudem die Gefahr der Täuschung durch den Antichristen. Dieser Name wird sonst nirgendwo in der Literatur jener Zeit benutzt. Während Evangelium und der erste Brief ihren Verfasser jedoch nicht angeben, wird er hier als der „Älteste" bezeichnet. Viele frühe Gemeinden wurden durch eine Gruppe Ältester geleitet, was auch für die jüdischen Diasporagemeinden gilt. Doch wer ist hier damit gemeint? Papias, der frühe Bischof von Hierapolis in Kleinasien, erwähnt einen „Johannes, den Ältesten" in Ephesus, was zahlreiche Möglichkeiten eröffnet.

Es besteht ein deutlicher Kontrast zwischen der Wärme, die sich im Brief hauptsächlich findet, und der brüsken Reaktion auf jene, denen der Autor widerspricht. Der Brief ist sehr behutsam an die „auserwählte Herrin" und ihre Kinder gerichtet – eine feinfühlige Art, einen Brief von einer Gemeinde zur nächsten anzuzeigen. Der Brief selbst ist voller Liebe und Freude bis zu den Versen 9–10. Ein solcher Gegensatz macht die Ernsthaftigkeit einer Abweisung nur umso deutlicher und zeigt die akute Gefahr, wie der Verfasser sie einschätzt. Der Brief sollte offenkundig diese Warnung aussprechen, und der Verfasser hatte wohl einen bestimmten Menschen im Sinn, den er aber nicht beim Namen nennt. Im 2. Jahrhundert gab es viele Arten der Verehrung Jesu, meist aber wurde nicht daran geglaubt, dass er wahrhaft Mensch gewesen sei. Er galt eher als Mensch, der von Göttlichkeit durchdrungen war, die ihn aber vor der Kreuzigung wieder verließ. Die Lehre der Menschwerdung ist so paradox, dass viele versuchten, sie zu vermeiden oder wegzuerklären.

Die Briefe des Johannes
Entweder der zweite oder der dritte Johannesbrief könnte ein Begleitschreiben zum ersten sein, der ihn in die Gemeinde einführte, an die er gesandt war.

3

Kapitel 1

Johannes ist erfreut zu hören, dass die christliche Gemeinde in der Wahrheit lebt. Achtet auf Irrlehrer, die leugnen, dass Jesus Mensch war. Wer das sagt, ist der Antichrist.

Kapitel 1: Kommentar

Diese beiden kurzen Briefe stammen vom „Ältesten". Die jüdischen Gemeinden im Mittelmeerraum wurden von einem Ältestenrat geleitet. Einer von ihnen wurde für einen begrenzten Zeitraum als Leiter oder Leiterin gewählt. Das Wort kann auch einfach einen älteren Mann meinen. Hier also kann entweder ein Ältester oder ein älterer Mensch gemeint sein, vielleicht Johannes.

3. Johannes

Übersicht

I Gruß 1,1

II Über Gaius 1,2–8

III Über Diotrephes 1,9–10

IV Über Demetrius 1,11–12

V Schluss 1,13–15

Diese kurze Notiz ähnelt dem zweiten Brief: Auch sie stammt vom „Ältesten", den wir nicht identifizieren können. Und auch sie könnte ein Begleitschreiben zum ersten Brief sein, dem alles Formale eines Briefs fehlt. Manches deutet darauf hin, dass diese Notiz mit anderen Schriften des Johannes verbunden ist, etwa der für Johannes typische Ausdruck, „in der Wahrheit zu leben" (Verse 3–4). Außer dem kurzen Ausfall gegen Diotrephes scheint das Anliegen des Briefs eine Empfehlung für die Freunde zu sein (Verse 5–6). Derartige Empfehlungsschreiben waren in Zeiten ohne E-Mail und Telefon für Reisende wichtig. Für uns aber ist der Brief wertvoll, weil er die Freundschaft zwischen den verschiedenen christlichen Gemeinden belegt. In den ersten Jahrhunderten des Christentums bildeten die Gemeinden des Mittelmeerraums eine Gemeinschaft, die durch häufige ausführliche Briefe und Verabredungen in Kontakt blieb.

Dem zweiten Brief vergleichbar ist dieser Brief auch in seiner Wärme und Liebe, abgesehen von dem Ausfall gegen Diotrephes, der gegen den Autor falsche Beschuldigungen vorgebracht hat. Verglichen mit den üblichen Gepflogenheiten jener Zeit ist der Tadel bemerkenswert mild, denn schriftliche Meinungsverschiedenheiten waren von keinerlei Vorstellungen politischer Korrektheit beeinflusst.

Wir wissen nichts über die hier erwähnten Personen. Gaius ist sicherlich der Älteste der empfangenden Gemeinde. Es besteht zudem Grund zur Annahme, dass Demetrius der Leiter der reisenden Brüder war. Vergleichbare Probleme der Datierung liegen auch beim ersten und zweiten Brief vor.

Der Tod des Johannes
Der Überlieferung zufolge starb der Apostel Johannes als einziger der zwölf Jünger Jesu im hohen Alter einen friedvollen Tod.

Kapitel 1: Kommentar

„Wahrheit" (Vers 4) ist in allen Schriften von Johannes ein Schlüsselbegriff. Jesus beschreibt sich selbst als „der Weg und die Wahrheit und das Leben" (Johannes 14,6). Er betet, dass sein Vater seine Nachfolger in der Wahrheit heiligen wird, und verheißt, dass sein Geist, der Geist der Wahrheit, sie in alle Wahrheit führen wird. In der Wahrheit zu leben heißt, in Christus zu leben.

3

Johannes hofft, dass es Gaius gut geht, und preist ihn für seine Gastfreundschaft. Er warnt ihn vor Diotrephes und lobt Demetrius. Gerne würde er mehr schreiben, doch das spart er sich auf, bis er ihn trifft.

Kapitel 1

Judas

Übersicht

I Anrede und Gruß 1–2

II Die Notwendigkeit des Aufrufs 3–4

III Hintergrund der Untergangsprophetien 5–19

IV Aufforderung, Zweiflern zu helfen 20–23

V Schluss 24–25

Jesu Halbbruder
Der Überlieferung zufolge war Judas einer der Halbbrüder Jesu.

Dieser kurze Brief galt als Juwel der frühen jüdisch-christlichen Interpretation der Heiligen Schrift. Er bedient sich einer Auslegung, die uns aus den zeitgleichen Qumran-Funden bekannt ist. Im Wesentlichen handelt es sich um einen Aufruf an die Leser, Christen gegen „gottlose" Menschen zu stärken. Mehrfach werden hier Zügellosigkeit und Begierde erwähnt, woraus man folgern kann, dass diese „gottlosen" Menschen Christen durch ihren Antinomismus irreführten, also durch die Lehre, der Glaube allein reiche aus zur Erlösung. Anders gesagt: Wenn du glaubst, so ist es gleichgültig, was du tust, da du nicht nur frei bist vom jüdischen Gesetz, sondern von allen Sittengesetzen. Das ist eine Entstellung der christlichen Botschaft, die aber für Christen einleuchtend schien, die vom Judentum herkamen.

Man hat auch diesen Brief für eine fälschliche Zuschreibung gehalten. Es spricht aber manches dafür, dass er tatsächlich von Judas stammt. Jemand, der diesen Namen als Pseudonym verwendet, hätte vermutlich behauptet, dass er „Judas, Bruder des Herrn" ist anstelle des demütigeren „Judas, Knecht Jesu Christi, Bruder des Jakobus". Der Rückgriff auf die Heilige Schrift passt zur damaligen Auslegung. Der Stil des Griechischen ist sehr kultiviert, doch nicht unerreichbar, und konnte durchaus einem galiläischen Priester zur Verfügung stehen, der eine Zeit lang die Botschaft in griechischer Umgebung verkündet hatte. Somit könnte der Brief eine der ersten Schriften des Neuen Testaments sein.

3 | 9 | 15

Kapitel 1

Judas schreibt über Sünde und das kommende Unheil für die gottlosen Irrlehrer, die jede Autorität abweisen. Er ruft die Christen auf, in schweren Zeiten durchzuhalten. Er lobt Gott.

Kapitel 1: Kommentar

Die Methode des Verfassers, diese Sichtweise zu bekämpfen, besteht darin, vier Warnungen anzuführen in Form von Texten, die er interpretiert. Verse 5–7: drei Gruppen aus dem Alten Testament: Aufrührer beim Exodus, abgefallene Engel, Sodom und Gomorra; Vers 11: drei Personen des Alten Testaments: Kain, Bileam und Korach; Vers 14: Prophetie des Henoch (nicht im Kanon, galt damals aber als heilige Schrift); Vers 17: Vorhersagen der Apostel. Darauf folgt ein Aufruf, den Zweifelnden zu helfen.

Offenbarung

Übersicht

I Briefe an die Gemeinden in Asien 1,4–3,22

II Die prophetischen Visionen 4,1–22,5

a Vorspiel zum großen Tag 4,1–16,21

b Bestrafung Babylons 17,1–20,15

c Das neue Jerusalem 21,1–22,5

III Schluss 22,6–15

IV Epilog 22,16–21

Die Offenbarung des Johannes stellt ein gutes Beispiel für apokalyptische Literatur dar (zur apokalyptischen Literatur siehe die Einführung zu Daniel, S. 201). Sie sollte den Christen versichern, dass sie schließlich von den Verfolgungen durch die römischen Machthaber erlöst würden.

3 5

Johannes schreibt an die sieben Gemeinden in der römischen Provinz Asien. Wie sie hat er gelitten. Er hatte eine Vision Jesu gehabt, die ihn beauftragte, eine Botschaft an die sieben Gemeinden zu schreiben.

Kapitel 1

3 9

Ephesus muss weiter ausharren. Smyrna muss während der Verfolgung treu bleiben. Pergamon muss Irrlehren abweisen, Thyatira muss Leid tragen und Unmoral zurückweisen.

Kapitel 2

3 9

Johannes ermahnt Sardes, sich daran zu erinnern, was gelehrt wurde. Philadelphia muss sich an das halten, was es hat. Laodizea muss aufhören, sich auf den Reichtum zu verlassen.

Kapitel 3

11 13 15

Johannes sieht den himmlischen Thronsaal. Gott sitzt auf seinem Thron, 24 Älteste und vier Kerubim preisen Gott ohne Ende – ihn, der das Universum erschuf.

Kapitel 4

11 13 15

Gott lässt eine Buchrolle mit sieben Siegeln verschließen. Die Ältesten und die Kerubim beten das Lamm an, das würdig ist, die Siegel zu öffnen, weil es für die Sünden der Welt starb.

Kapitel 5

9 13 15

Das Lamm öffnet die Siegel. Katastrophen werden offenbart, dargestellt von Reitern: Eroberung, Krieg, Hungersnot und Tod. Märtyrer warten auf Vergeltung. Es gibt ein Erdbeben, Sterne fallen.

Kapitel 6

Kapitel 1: Kommentar

Die sieben Sendschreiben an die sieben Gemeinden sind wohl der jüngste Teil des Buches (wie das oft bei Vorworten ist). Sie zeigen von Anfang an, dass der auferstandene Herr, dessen strahlende Vision vor ihnen steht, der Herr der ganzen Geschichte ist. Die Gemeinden sind alle im Lykostal in der heutigen Mitteltürkei angesiedelt. Dort gab es große jüdische Gemeinden, von denen vermutlich einige Mitglieder Christen wurden. Die Briefe spielen auf hervorstechende Eigenschaften der Gemeinden an. Die Gemeinden sind zudem die erste von mehreren Siebenergruppen in diesem Buch: sieben Siegel, sieben Posaunen, sieben Plagen, sieben Schalen, sieben Mal „Ich komme bald“, sieben Mal „Christus“, zweimal sieben Mal (14) „Jesus“.

Wen ich liebe, *den weise ich zurecht und nehme ihn in Zucht. Mach also Ernst und kehr um! Ich stehe vor der Tür und klopfe an. Wer meine Stimme hört und die Tür öffnet, bei dem werde ich eintreten und wir werden Mahl halten, ich mit ihm und er mit mir. Wer siegt, der darf mit mir auf meinem Thron sitzen, so wie auch ich gesiegt habe und mich mit meinem Vater auf seinen Thron gesetzt habe.*

Offenbarung 3,19–21

Kapitel 4–5: Kommentar

Wie alle Beschreibungen und Szenen dieses Buchs baut die Bilderwelt auf einer reichen biblischen Symbolik auf und kann ohne Bezug auf diese nicht gewürdigt werden. Diese wunderbare Vision des Herrn verbindet Visionen Gottes aus 1. Könige 22, Jesaja 6, Ezechiel 1 und Daniel 7 miteinander. Einmal scheint Gott, einmal das Lamm auf dem Thron zu sitzen und von der ganzen Schöpfung angebetet zu werden. Das Lamm vereint die Bilder des siegreichen Osterlamms und des erhabenen Ziegenbocks, der die Buchrolle hält – Zeichen seiner Herrschaft über die Geschichte.

11 | 13 | 15

Kapitel 7

Vier Engel halten die vier Winde zurück. Ein weiterer Engel setzt den 144 000 aus den zwölf Stämmen Israels ein Siegel auf die Stirn. Unzählige Menschen in weißen Kleidern preisen Gott und das Lamm.

9 | 13 | 15

Kapitel 8

Das siebte Siegel wird geöffnet: eine halbe Stunde Stille. Sieben Engel blasen die Posaunen: Hagel und Feuer verbrennen das Land. Ein brennender Berg verwandelt das Meer zu Blut, Fische sterben, die Sonne wird dunkel.

9 | 13 | 15

Kapitel 9

Die fünfte Posaune: Ein Stern fällt und öffnet den Abgrund. Dessen Rauch wird zu Heuschrecken, die alle ohne Gottes Siegel auf der Stirn stechen. Engel vom Eufrat töten ein Drittel der Menschheit.

9 | 13 | 15

Kapitel 10

Ein Engel setzt seinen rechten Fuß auf das Meer, den linken auf das Land. Er ruft laut, daraufhin grollen sieben Donner. Johannes wird aufgefordert, eine Schriftrolle zu essen und zu prophezeien.

9 | 13 | 15

Kapitel 11

Johannes vermisst Gottes Tempel. Das Tier aus dem Abgrund tötet zwei Zeugen. Sie stehen von den Toten auf. Ein Erdbeben zerstört Jerusalem. Das Königreich der Welt wird zum Königreich Gottes.

9 | 13 | 15

Kapitel 12

Eine Frau gebärt einen Sohn. Gott schützt ihn vor dem Drachen, dem Satan. Michael und seine Engel schlagen Satan und seine Engel. Gott schützt die Frau vor Satan, der daraufhin die Christen angreift.

9 | 13 | 15

Kapitel 13

Ein Tier mit zehn Hörnern und sieben Köpfen erscheint, greift Gottes Volk an, regiert die Welt und wird angebetet. Ein zweites Tier zwingt alle, das Zeichen des ersten Tieres auf Stirn oder Hand zu tragen.

9 | 13 | 15

Kapitel 14

Die 144 000 haben das Tier nicht angebetet. Ein Engel verkündet das Gericht, ein zweiter den Fall Babylons, der dritte das Gericht über diejenigen mit dem Tierzeichen. Die Tieranbeter werden vernichtet.

Kapitel 7: Kommentar

Die Verzögerung zwischen dem sechsten und siebten Siegel steht für den Aufschub des Tags des Herrn, damit das siegreiche Heer des Lamms mit dem Siegel versehen werden kann, um zu zeigen, dass das Lamm es besitzt und beschützt. Wie alle Zahlen in diesem Buch ist auch diese symbolisch: zwölf Stämme im Quadrat, multipliziert mit Tausend, dazu noch eine unzählbare Menge.

Kapitel 8: Kommentar

Stille im Himmel ist das direkte Vorspiel des göttlichen Gerichts. Auch werden dadurch die Gebete der Heiligen im Himmel gehört. Dann verkünden die Posaunen des Heiligen Kriegs Gottes Gericht. Die Zerstörung eines Drittels von Erde, Meer, frischem Wasser und der Sterne ist Aufforderung zur Buße.

Kapitel 11: Kommentar

Für ein gültiges Zeugnis werden zwei Zeugen gebraucht. Diese beiden erinnern an Mose und Elija, die Plagen als Strafe für reuelose Sünder bewirken konnten. Der Messstab ist eine Garantie für das Bestehen des Tempels.

Kapitel 12: Kommentar

Der Widerstreit zwischen dem Drachen und der Frau wiederholt denjenigen vom Garten Eden. Damit verbunden ist der Mythos von Apollo, dessen Mutter von der Schlange bedroht wurde, die Apollo später erschlug. Die zwölf Sterne kennzeichnen die Frau als das Volk Israel. Die christliche Tradition hat die Frau als Maria, die Mutter des Herrn, gedeutet.

Kapitel 13: Kommentar

Im Hebräischen werden Buchstaben auch als Zahlen verwendet. Die Buchstaben von „Nero Caesar" ergeben die Zahl 666, was auch eine Dreieckszahl ist. Sie ist zugleich dreistellig kleiner als die vollkommene Zahl 777 und somit in jeder Hinsicht ein Symbol des Bösen.

Kapitel 14: Kommentar

Wie in Joël 4,12–13 gibt es eine gute und eine schlechte Ernte. Die erste Ernte wird von den Völkern eingefahren, dann werden die Unbekehrten in einer Weinpresse, Gottes Zorn, gesammelt. Darauf folgt die Vernichtung des gesamten Kosmos.

Dann sah ich aus dem Maul des Drachen und aus dem Maul des Tieres und aus dem Maul des falschen Propheten drei unreine Geister hervorkommen, die wie Frösche aussahen. Es sind Dämonengeister, die Wunderzeichen tun; sie schwärmten aus zu den Königen der ganzen Erde, um sie zusammenzuholen für den Krieg am großen Tag Gottes, des Herrschers über die ganze Schöpfung. Siehe, ich komme wie ein Dieb. Selig, wer wach bleibt und sein Gewand anbehält, damit er nicht nackt gehen muss und man seine Blöße sieht. Die Geister führten die Könige an dem Ort zusammen, der auf Hebräisch Harmagedon heißt.

Offenbarung 16,13–16

9 | 13 | 15

Sieben Engel kommen mit den sieben letzten Plagen in sieben Schalen – dem Zorn Gottes. Diejenigen, die Gott treu geblieben sind, singen Loblieder auf Gott.

Kapitel 15

9 | 13 | 15

Gottes Zorn aus den sieben Schalen: eiternde Geschwüre, ein Meer von Blut, Ströme von Blut, versengende Sonne, Dunkelheit und die Schlacht bei Harmagedon. Ein Erdbeben zerstört die Stadt, Hagelsteine fallen.

Kapitel 16

Kapitel 17–18: Kommentar

Prostitution ist das Standardbild für Untreue durch Götzendienst. Die große Prostituierte ist Rom auf den sieben Hügeln, ihre Füße am Tiber, mit sieben Kaisern. Ihr Kult (der Kult des Kaisers und Roms) ist Symbol alles Bösen. Ihre fantastischen, zugleich beschämenden Waren werden unter den satirischen Klageliedern der Kaufleute der Welt einzeln aufgeführt (18,12–13).

9 | 13 | 15

Die Hure Babylon, trunken vom Blut des Gottesvolks, reitet auf dem Tier mit sieben Köpfen und zehn Hörnern. Sie ist die große Stadt, die die Welt beherrscht. Sie wird vernichtet werden.

Kapitel 17

9 | 13 | 15

Klage über Fall und Vernichtung Babylons. Die Stadt wird gerichtet und zerstört wegen allem, was sie Gottes Volk antat. Kaufleute beklagen den Verlust des Handels, aber Gottes Volk jubelt.

Kapitel 18

Kapitel 20: Kommentar

Das Böse muss eine sehr lange Zeit gefesselt bleiben, nur zur letzten, aussichtslosen Schlacht darf es hervorkommen. Im frühen Christentum jedoch wurden diese 1 000 Jahre oftmals wörtlich als irdische Herrschaft Christi gedeutet.

9 | 13 | 15

Babylons Vernichtung bringt Jubel. Die Hochzeit des Lamms naht. Jesus besiegt das siebenköpfige Tier und dessen Heere mit dem Schwert, das aus seinem Mund kommt: dem Wort Gottes.

Kapitel 19

9 | 13 | 15

Satan wird für 1 000 Jahre eingesperrt, dann freigelassen. Er führt ein Heer gegen Jesus und das Gottesvolk, wird aber vernichtet. Satan wird in den Feuersee geworfen, die Toten werden gerichtet.

Kapitel 20

Kapitel 21: Kommentar

Die Stadt, die wie eine Braut herabsteigt, ist das jungfräuliche, d. h. treue Volk Gottes, das zwölf mal zwölf, multipliziert mit 1 000, Menschen zählt, die größte von den Griechen benutzte Zahl. Sie ist kubisch, wie der *debir* des Tempels, und dabei riesig. Die kostbaren Steine entsprechen denen der Brustplatte der Priester. Gott, der Herr, und das Lamm *ist* das Licht und der Tempel, dessen Diener *ihn* anbeten (das Verb im Singular und das Subjekt im Plural verweisen auf eine einzige Gottheit).

13 | 15

Ein neuer Himmel und eine neue Erde erscheinen. Das neue Jerusalem, die Braut des Lamms, fährt vom Himmel herab. Nur diejenigen, deren Namen im Buch des Lebens verzeichnet sind, sind dort.

Kapitel 21

Kapitel 22: Kommentar

Das abschließende „Komm, Herr" ist die griechische Übersetzung eines sehr alten aramäischen Gebets, gefolgt von einem Briefschluss, der die Entsprechung zu den sieben Briefen des Buchanfangs darstellt.

13 | 15

Ein Fluss mit dem Wasser des Lebens fließt vom Thron Gottes und des Lamms. Daneben wächst der Baum des Lebens. Gottes Volk wird für immer mit ihm leben. Jesus wird bald wiederkehren.

Kapitel 22

INDEX

Kursive Seitenzahlen verweisen auf Bildunterschriften. Eintragungen in Fettdruck verweisen auf Bücher der Bibel.

A

B

K

ZUM WEITERLESEN

Allgemein

Bocian, M.: *Lexikon der biblischen Personen. Mit ihrem Fortleben in Judentum, Christentum, Islam, Dichtung, Musik und Kunst,* KTA 460, Stuttgart ²2004

Calwer Bibelatlas, bearb. v. W. Zwickel, Stuttgart 2000

Calwer Bibellexikon, hg. v. O. Betz, B. Ego, W. Grimm, Stuttgart ²2006

Dieckmann, D./Kollmann, B.: *Das Buch zur Bibel. Die Geschichten – Die Menschen – Die Hintergründe,* Gütersloh 2010

Grünwaldt, K.: *Gott und sein Volk. Die Theologie der Bibel*, Darmstadt 2006

Hann, M.: *Die Bibel, KulturKompakt*, Paderborn 2005

Oeming, M.: *Biblische Hermeneutik. Eine Einführung*, Darmstadt ⁴2013

Scholl, N.: *Die Bibel verstehen,* Darmstadt 2004

Zwickel, W.: *Die Welt des Alten und Neuen Testaments. Ein Sach- und Arbeitsbuch*, Stuttgart 1997

Altes Testament

Augustin, M./Kegler, J.: *Bibelkunde des Alten Testaments. Ein Arbeitsbuch*, Gütersloh ²2000

Childs, B. S.: *Die Theologie der einen Bibel,* Freiburg 1994/1996 (= Darmstadt 2003)

Gertz, J. C. u. a.: *Grundinformation Altes Testament*, Göttingen 2006

Kaiser, O.: *Der Gott des Alten Testaments. Wesen und Wirken. Theologie des Alten Testaments*, Göttingen, 1993–2003

Mommer, P.: *Altes Testament (Module der Theologie)*, Gütersloh 2009

Schmid, K.: *Literat* *Testaments. Eine*

Zenger, E. u. a.: *E* *KStTh 1,1*, Stuttg

Neues Tes

Bull, K.-M.: *Bibelk* *Die kanonischen* *Väter. Überblicke,* Neukirchen-Vluy

Berger, K.: *Paulus,*

Conzelmann, H. / *Arbeitsbuch zum* Tübingen ¹⁴2004

Dormeyer, D.: *Ein* *Neuen Testament*

Fenske, W.: *Paulus* *Leitfaden zur Biog* *Apostels*, Stuttgar

Heiligenthal, R./D *Jesus. Lebensbilde* Darmstadt 2001

Kollmann, B.: *Einf* *Neutestamentlich* Darmstadt ³2014

Kollmann, B.: *Jeru* *Stadt im Zeitalter*

Richert, F.: *Platon* *des Neuen Testan*

Roose, H.: *Neues* *Theologie)*, Güter

Schnelle, U.: *Einführung in die* UTB 1253, Götti

AUSKLAPPSEITE

Klappen Sie diese Seite aus, um einen Überblick über das Farb- und Zahlensystem zu erhalten, mit dem die Themen der Bibel erfasst sind. Halten Sie diese Seite während der Lektüre geöffnet, bis Sie mit dem System vertraut sind.

Jesaja bezeugt die Ankunft des verheißenen Messias
Der Prophet Jesaja lebte und wirkte in Jerusalem, umgeben von Menschen, die anderen Göttern und Göttinnen der Alten Welt folgten.

Danksagung

Quarto möchte den folgenden Agenturen für die Bereitstellung der Bilder danken, die in diesem Buch eingesetzt wurden.

AKG London, S. 27, 145
Alamy, S. 127, 170
Art Archive, S. 7, 14, 19, 25, 26, 28, 41, 47, 60, 63, 66, 74, 141, 144, 183, 211, 216, 223, 227, 230, 236, 242, 249, 250, 253, 254, 262, 267, 269, 270
Bridgeman, S. 2, 10 oben, 10 unten, 22, 29, 30, 33, 38, 39, 43, 44, 45, 48, 50, 53, 57, 59, 61, 65, 71, 73, 77, 78, 87, 88, 92, 97, 99, 130, 107, 109, 111, 114, 118, 122, 123, 125, 130, 133, 137, 138, 140, 143, 149, 152, 159, 174, 178, 188, 190, 198, 207, 208, 210, 233, 237, 239, 251, 255, 260, 264, 266, 272, 273, 274, 173
Dover, S. 203, 100, 94, 121, 185, 186
Mary Evans, S. 36, 79, 80, 90, 91, 93, 95, 96, 151, 163, 166/167, 177, 180, 214, 229, 240, 245
Pitts Theology Library, Candler School of Theology, Emory University, S. 165

Es wurde alles unternommen, um die Rechteinhaber zu nennen. Sollten dabei Auslassungen oder Fehler unterlaufen sein, entschuldigt sich Quarto und wird bei zukünftigen Auflagen die entsprechenden Korrekturen vornehmen.

Über die Bilder

nach Allori, Cristofano (1577–1621), S. 107
Arpo, Guariento di (ca. 1310–ca. 1370), S. 10 unten
Assyrische Kunst, S.198
Bartolo di Fredi, auch Manfredi de Battilori (ca. 1330–ca. 1410), S. 122
Bassano, Jacopo (Jacopo da Ponte) (1510–1592), S. 48
Bassano, Leandro da Ponte (1557–1622), S. 183
Bellini, Giovanni (ca. 1430–1516), S. 230
Bendixen, Siegfried Detlev (1786–1864), S. 2, 10 oben
Blake, William (1757–1827), S. 123
Bruegel, Pieter d. Ä. (1525–1569), S. 66
Buonarroti, Michelangelo (1475–1564), S. 207
Caravaggio, Michelangelo (1571–1610) (Schüler), S. 59
Carracci, Annibale (1560–1609), S. 242
Cavallino, Bernardo (1616–1656), S. 71
Claeissens, Anthuenis (1536–1613) (Werkstatt), S. 109
Coli, G. (1643–1681) und Gherardi, F. (1643–1704) (Umkreis), S. 78
Correggio, Antonio Allegri (1489–1534), S. 240
Cranach, Lucas d. Ä. (1472–1553), S. 175
Deutsche Schule (15. Jh.), S. 43, 45, 50, 97
Deutsche Schule (19. Jh.), S. 77
Eeckhout, Gerbrand van den (1621–1674), S. 63
Englische Schule (12. Jh.), S. 125, 143, 149, 266
Englische Schule (14. Jh.), S. 130
Englische Schule (19. Jh.), S. 38
Englische Schule (20. Jh.), S. 188
Fetti oder Feti, Domenico (1589–1624), S. 274
Fouquet, Jean (ca. 1420–ca. 1480) und Werkstatt, S. 111
Fragonard, Jean-Honore (1732–1806), S. 73
Französische Schule (15. Jh.), S. 22, 210
Französische Schule (19. Jh.), S. 87
Ghirlandaio, Ridolfo (Bigordi), II. (1483–1561), S. 255
Guyart Desmoulins, Douce, S. 145
Hemessen, Jan Sanders van (ca. 1500–ca. 1566), S. 239
Hermann, Franz Georg II. (1692–1768), S. 152
Hole, William Brassey (1846–1917), S. 99
Italienische Schule (15. Jh.), S. 264
Italienische Schule (17. Jh.), S. 53
Jaquerio, Giacomo (ca. 1403–ca. 1453), S. 273
Jordaens, Jacob (1593–1678), S. 237
nach Jordan, L. (20. Jh.), S. 39
Juan de Borgoña (ca. 1470–ca. 1535), S. 208
Kronberg, Julius (1850–1921), S. 65
Lairesse, Gerard de (1640–1711), S. 114
Létin, Jacques de (1597–1661), S. 47
Leyden, Lucas van (1494–1533), S. 227
Martin, John (1789–1854), S. 144
Massys oder Metsys, Jan (1509–1575), S. 103
Moreau, Gustave (1826–1898), S. 159
Murillo, Bartolomé Estéban (1618–1682), S. 236
Niederländische Schule (16. Jh.), S. 92
Orsel, Victor (1795–1850), S. 254
nach Raphael (Raffaello Sanzio da Urbino) (1483–1520), S. 88
Rembrandt Harmenszoon van Rijn (1606–1669), S. 33, 190, 262
Rumänische Schule (17. Jh.), S. 140
Sassoferato (Giovanni Battista Salvi) (1609–1685), S. 250
Scheits, Matthias (ca. 1630–ca. 1700), S. 133
Scorel, Jan van (1495–1562) (Schüler), S. 61
Serra, Pedro (ca. 1375–ca. 1408), S. 269
Solimena, Francesco (1657–1747), S. 57
Surikov, Vasilij Ivanovi' (1848–1916), S. 137
nach Texier, Charles Felix Marie (1802–1871), S. 260
Tiepolo, Giambattista (1696–1770), S. 267
Tissot, James (1836–1902), S. 28, 41, 60, 216
Trevisani, Francesco (1656–1746), S. 251
Uffizien, Florenz, Italien, S. 151
Vincent, François-André (1746–1816), S. 118
Wet oder Wett, Jacob Willemsz de (ca. 1610–ca. 1672), S. 30, 233
Zurbarán, Francisco de (1598–1664) (Schüler), S. 272